北京理工大学“双一流”建设精品出版工程

Practical Management

实用管理学

罗斌　罗暘洋 ◎ 著

北京理工大学出版社
BEIJING INSTITUTE OF TECHNOLOGY PRESS

图书在版编目（CIP）数据

实用管理学/罗斌，罗暘洋著．--北京：北京理工大学出版社，2022.4

ISBN 978-7-5763-1239-3

Ⅰ．①实… Ⅱ．①罗…②罗… Ⅲ．①管理学 Ⅳ．①C93

中国版本图书馆 CIP 数据核字（2022）第 059321 号

出版发行／北京理工大学出版社有限责任公司
社　　址／北京市海淀区中关村南大街 5 号
邮　　编／100081
电　　话／（010）68914775（总编室）
（010）82562903（教材售后服务热线）
（010）68944723（其他图书服务热线）
网　　址／http://www.bitpress.com.cn
经　　销／全国各地新华书店
印　　刷／保定市中画美凯印刷有限公司
开　　本／787 毫米×1092 毫米　1/16
印　　张／19
字　　数／443 千字
版　　次／2022 年 4 月第 1 版　2022 年 4 月第 1 次印刷
定　　价／68.00 元

责任编辑／武丽娟
文案编辑／武丽娟
责任校对／刘亚男
责任印制／李志强

PREFACE 前言

管理学作为一门实践性强的新兴学科，它的研究和发展历史较短，而我国的相关研究更是滞后于西方发达国家。改革开放以来，随着社会主义市场经济体系的建立与发展，我国管理学在引进和消化西方相关理论知识的基础上，得到了快速发展，社会的整体管理水平和对管理的重视程度也达到了前所未有的高度。整体看，目前我国管理学研究和发展的速度很难跟上社会需要增长的步伐，如新技术、新经济、新格局、新模式等快节奏的变化，产生了越来越多新的管理研究领域；期望学习管理知识的群体范围也在快速扩大，导致社会对管理学教材的新颖性、实用性、适应性、趣味性等要求不断提高等。这是作者编写本教材的现实背景。

管理学在所有经济管理专业教学计划中，是一门管理理论教学的主干必修课。随着社会对管理知识重视度的日益提高，目前许多高校也在非经济管理专业开设了相关综合课程，作者也承担了相关类型的管理课程教学工作。显然，非管理专业学生的管理知识教学内容和专业学生的管理知识教学内容是应该有区别的，非管理专业的学生更期望在有限时间内学习更多实用的管理理论和方法，因此，需要对目前的教学内容进行适当的调整和创新。这是作者编写本教材的学术背景。

作者借鉴国内外学者的相关研究成果，结合多年管理学的教学经验和相关研究，设计并撰写了本教材，旨在为 MBA 和专业学生的基础教学、非专业类综合班的管理学教学、管理人才的培训、管理学知识的社会普及等提供教材和学习训练资料，注重实际社会价值从而使读者容易上手，活学活用。因此，本教材定名为《实用管理学》，这既是本教材的特色，也是期望能实现的目标。

教材的结构和内容方面。在结构上，本教材借鉴了管理学的主体理论框架，按照计划、组织、领导、激励、协调、控制等管理职能进行整体结构设计。在内容上，以管理学的核心知识为基础，融入了战略管理、运营管理、组织行为学等其他学科的实用理论和方法。如将战略课程的部分重要知识融入计划章节中，将组织行为学、管理沟通、领导科学等课程的部分重要知识融入组织、领导、激励、协调等章节中，将运营管理等部分重要知识融入控制等章节中等。此外，还在多个章节增加了作者对一些实际管理问题的思考和知识归纳，如关于计划工作的要求和评价标准、中小企业和创业企业的主要问题分析框架、灵活多样的战略制定方法、系统竞争策略的形成方法、无竞争市场的主要分析框架等，形成了知识内容的创新和综合集成特色。

教材的知识内容选择方面。本教材将分析思路、分析框架或维度、分析方法、操作步骤或程序、识别标准、判断和决策标准等作为内容的主要选择对象，以便降低读者应用管理知识和分析实际管理问题的难度，提高读者学习管理知识的信心和积极性等，从而强化知识内容本身对实际管理的指导价值。

教材的知识表述方面。本教材所有的理论方法介绍均开门见山、突出核心、简明扼要，尽量做到干货多等，以便让读者提高阅读的实际收获。同时，在理论方法介绍后，均讲述实际应用步骤或对实际管理工作的启示或举例说明等，使读者容易理解和将理论与实际联系起来。在问题和习题的设计上，也以思考实际管理问题和提高管理知识的实际应用能力为主要形式。在案例分析方面尽量实现学生主动思考和被动思考相结合，且以指导学生主动获取和思考案例为主，以便将读者的思维和兴趣引到现实的管理场景中等。

期望读者通过本教材的学习或实施相关的教育培训，理解管理的基本概念、基本理论、基本原理、基本方法，树立正确的管理思想、管理观念和思维方法，真正形成一定的实际管理技能和分析决策能力，掌握和了解计划、组织、领导、控制、激励、协调等相关的理论、工作方式及其实际操作程序。

本教材由北京理工大学管理与经济学院的罗斌与华北电力大学经济管理学院的罗暘洋（原北京理工大学管理学博士生）共同完成。其中，罗斌是本教材整体结构内容和写作思路方法的设计者，也是第一章、第三章、第四章和第六章的内容写作完成人，罗暘洋是第二章、第五章、第七章和第八章的内容写作完成人。由于本教材只是作者对实用管理学教材的初步研究，难免存在许多不足和问题，恳请并感谢学术界同人、实际管理者和其他读者给予坦诚的批评、指导和建议。

罗　斌　罗暘洋

2022 年 4 月

目 录
CONTENTS

第一章
管理概述

本章的主要内容包括：管理、管理者、管理对象和管理职能；管理学及其学科特性；管理的应用范围及作用；管理的基本原理和基本方法。

第一节　管理的重要性

一、管理影响组织的生存和发展

众所周知，科技是第一生产力，对企业的发展具有重要作用，但管理对企业发展的作用也是不能轻视的。依据美国咨询公司的调查，在破产的企业中，战略决策错误导致企业破产的占比达到85%，而战略是管理中计划工作的基本形式之一。也就是说，因日常的技术问题，除战略以外的其他管理工作失误以及其他原因加起来，也只是导致了15%的企业破产。因此，我们有理由认为，管理是影响企业发展最重要的因素之一。

二、管理影响经营活动的效率和成功率

为了便于理解，下面以研发活动为例，粗略分解出技术开发过程可能涉及的主要管理活动：

（一）确定研发目的

如支持其他产品的创新、形成公司的竞争优势、为公司带来新的市场和利润增长点等。显然，这是研发工作开展前有必要确定的。

（二）新产品的用途和市场定位

如新产品的性质和用途定位、目标市场或目标顾客定位等。

（三）新产品的功能或性能定位

如顾客的功能需求调研、新产品的成本定位、产品的功能设计决策、产品的结构和材料选择、产品技术标准制定等。

（四）产品开发的可行性研究

如技术调研和技术可行性研究，开发投入预算、投资回收期等经济可行性研究，生产设备、生产条件调研和生产的可行性研究，开发的风险分析等。

（五）新产品的销量预测和价格定位

如顾客的购买意愿调研、顾客的价格承受能力调研、价格决策、销量预测等。

（六）研发阶段的研发模式选择

如充分利用企业自身资源进行自主研发，整合企业外部资源与其他企业合作进行合作研

发，委托其他单位研发等。

（七）产品的开发方案决策和开发计划的制订

（八）开发计划实施的控制标准和考核标准

如产品开发的技术考核标准制定、过程控制标准制定、开发人员能力要求等。

（九）生产阶段的生产模式选择

如大规模定制、多品种小批量柔性生产、混合生产模式等选择。

（十）市场方向和销售模式选择

如群体选择、区域选择、渠道选择、媒体选择、市场激励模式和政策选择等。

（十一）各个阶段的日常管理

如对员工工作进行组织、合理分配任务和进度控制管理，采购和物流管理，对设备的引进和管理，对日常销售情况的管理等，对人员的绩效考核，对员工的培训工作，与客户和供应商的沟通等。

不难看出，上述活动均为管理活动，且其中（一）至（十）为管理中的计划工作范畴，我们很难想象这些计划工作全部决策错误后，新产品开发活动还能有20%以上的成功率。也就是说，依据上述活动分析很容易得到结论，管理决定着技术开发活动的成功率。

从这种看上去纯技术的活动对管理的依赖强度，我们不难得出结论：管理是影响各类活动成败最关键的因素之一。

三、管理的影响范围广泛

（一）管理的应用范围广泛，任何类型的组织都离不开管理

管理适合于任何类型的组织，如企业、行政机构、军队、医院、学校、博物馆、报社、电台、行业部门、党派、学会、宗教组织等都需要有效的管理。对于营利性组织，其产品创新、服务创新、生产及其品质管理、市场管理、人员的激励等都需要靠有效的管理来实现高水平的发展和运行；对于非营利性组织，尽管这些组织的目标不是为了赚钱，但组织的高效率运转和组织的社会效益目标等也需要靠有效的管理来实现；对社会来说，劳动的分工协作产生的协作力，往往会大于成员单独劳动效率之和，各种资源的配合会创造出各种社会财富等，这种协作力和资源配置力的来源就是管理形成生产力的方式；对国家来说，管理是一个国家实现稳定、协调、持续和高水平发展的关键因素。我们很难想象，低素质的管理者、不合理的管理体制和管理机制，能实现一个组织、社会和国家的高水平发展。

（二）科学技术和管理是推动企业、组织和社会发展的两个车轮

人们大多能认识到科技对社会发展的重要性，对管理重要性的认识相对较弱。如：有人提出生产力应该 = 科技 ×（劳动者 + 劳动资料 + 劳动对象）。不难理解，离开管理所有资源包括科技均不可能发生作用或创造财富，且负方向的管理还会产生破坏性作用。因此，我们认为，生产力更合适的表述应该 = 管理 ×（劳动者 + 劳动资料 + 劳动对象），当然，这里的劳动资料应该包括科技等各类有形和无形的资源。实际上，离开管理（如劳动分工等），科技还会失去发展的基础，两者是相互依赖的。因此，科学技术和管理是推动企业、组织和社会发展的两个车轮，两者缺一不可。

（三）管理知识在教学中的作用

管理学基础知识在所有经济管理专业教学计划中，是一门管理理论教学的主干必修课。

随着管理知识的社会重视度日益提高，目前许多学校也在非经济管理专业中开了相关课程。

（四）管理对个人素质培养和发展的作用

个人一旦开始职业生涯，你要么是管理者，要么是被管理者，即便是自由职业者，也要与组织打交道。管理学基础理论方法对各类管理人员的管理工作，各类业务人员的业务工作，以及个人的职业发展、家庭管理、日常的人际交往等均具有重要指导价值。

总之，人类的管理影响人类的发展，国家的管理影响国家的发展，企业及其他组织的管理影响企业及其他组织的发展，个人的管理影响个人的发展。

第二节　管理、管理者和管理对象

一、管理的本质

英国历史学家阿克顿讲过一个“分粥博弈”的故事，或许可以帮助我们理解管理的本质。

有七个人组成的小团体，他们都是地位平等的理性个体，希望通过合理的制度管理来解决每天的吃饭问题，其解决问题的目标是：如何在没有称量用具或有刻度的容器的条件下，合理地分食一锅粥。

为了实现公平合理，大家试验了多种方法，最终形成了一个相对可行的制度。“分粥博弈”的过程如下：

方法1：大家指定一个人具体负责分粥事宜。很快发现，这个人为自己分的粥最多。当然，大家对这种方法不会满意。这表明，无约束的权力很容易导致腐败，制度有效率而无公平；

方法2：每人轮流主持分粥一天，这个办法看起来不错，即每个人都享有了分粥的权力，分粥应该是公平的。结果，主持分粥的人在这一天能吃饱且有剩余，其余六个人都不能吃饱肚子。这个制度下，每个人的权力平等了，但这种办法造成了资源浪费和不合理使用，制度既无公平又无效率；

方法3：大家通过选举，推出了一个信得过的人主持分粥。开始这位品德高尚的人基本能公平分粥，但不久，他经不住一些拍马的人讨好，开始为自己和讨好的人多分一些粥，对其他人显然就不公平了。这表明，放任会使人堕落，该制度有效率而无公平；

方法4：大家进行协商，选举一个分粥委员会和一个监督委员会，以形成监督和制约机制。分粥终于做到了公平，可问题又出现了，等分粥完毕时，大家常常只能吃到已经凉了的粥。这种制度虽然公平，但工作效率低，监管成本高，难以达到当初制定制度时所设想的目的，制度有公平而无效率；

方法5：通过对前面分粥经验进行总结，大家集思广益，终于协商出了一个更为合理的分粥方案：每个人轮流值日分粥，但是分粥的那个人要最后一个领粥。在这个制度下，七个碗里的粥每次都是一样多，像用仪器量过一样。这种制度下，权力、责任和权力的约束均得到了较好体现，且运行方便，监督简单且成本低，充分实现了公平和效率的结合。

“分粥故事”给我们的主要启示：

（1）管理的真谛在“理”不在“管”。管理者的优秀不在于权力的大小，而在于是否能建立一些好的制度或规则，让员工按规则实现有序管理。

（2）成功的管理者，一定要重视借制度之力去管理组织，而有效和公平是好制度最重要的特征和评价标准。

在现实中，制度选择的最基本、最基础的制约因素是体制（权力分配制度）。好的体制是好的机制产生的前提。在有缺陷的体制下，先进的机制也不能得到有效遵循。在企业中，这种体制主要表现为公司治理结构。公司治理结构，决定了谁拥有公司，如何控制公司，风险和收益如何在利益相关者中（股东、债权人、员工、顾客、供应商以及公司所有的社区等）分配等问题。

二、管理概念的表述

管理的定义存在多种解释，如：管理是确切地了解你希望工人干些什么，然后设法使他们用最好、最节约的方法完成它（泰勒）；管理是实行计划、组织、指挥、协调和控制（法约尔）；管理是设计并保持一种良好的环境，使人在群体里高效地完成既定目标的过程（孔茨）；管理就是决策（西蒙）；管理是指通过协调和监督他人的活动，有效率和有效果地完成工作（斯蒂芬·P. 罗宾斯等）；管理是发挥某些职能，以便有效地获取、分配和利用人的努力和物资资源，来实现某个目标（丹尼尔·A. 雷恩）；管理是由组织的管理者在一定环境下，通过计划、组织、领导和控制等环节来协调组织的人力、物力和财力等资源，以期更好达成组织目标的过程（乔忠）等。

虽然目前对管理的定义很多，具体表述至今也未能达成一致，但对相关含义的理解已经逐渐形成了基本一致的看法，如：管理的目的是高效率地实现组织目标和维持组织的持续发展；管理产生效益或创造财富的方式是运筹或优化配置人、财、物、技术、品牌、时间、信息等有形或无形资源；管理工作具体表现为计划、组织、领导、控制、激励、协调等形式或职能；管理是由组织的管理者实施的过程等。

因此，为了便于理解，本书将管理定义为：管理者通过计划、组织、领导、控制等管理活动，运筹或优化配置人、财、物、技术、品牌、时间、信息等有形资源和无形资源，以期高效率地实现组织目标和维持组织的持续发展。

上述管理定义中涉及了几个重要的管理概念：

资源：如人、财、物、设备、技术、信息、品牌、时间等有形资源和无形资源。

目标：组织希望在未来一段时期内取得的成果，如月度目标、季度目标、年度目标、中期目标、长远目标等。

效率：衡量实现一定目标所利用资源的尺度。目标一定，资源用得越少，管理的效率就越高。

效益：指组织目标的实现程度。

持续发展：这里意指满足组织当前利益或需要而又不削弱满足组织未来利益或需要的发展，还意味着在组织发展过程中，要维护和合理使用自然资源，实现组织、生态、社会的协调发展。也就是说，管理理论不支持为了短期利益而损害长远利益的管理方案、思想和理念。

三、管理者

（一）管理者的定义

管理者是指从事管理活动的人，即在组织中担负计划、组织、领导、激励、协调、控制等管理工作的人。

（二）管理者的类型

1. 不同层次的管理者

按管理等级不同，可将管理者分为高层、中层和基层管理者。

高层管理者的主要工作包括：确定组织的总目标和发展方向、制定实现目标的总体战略方案、对组织的所有管理工作进行总体协调等，如总经理、副总经理、总裁、副总裁等。

中层管理者的主要工作包括：贯彻执行高层管理人员所制定的重大决策，计划安排、监督和协调基层管理人员的工作和各类业务活动。其在管理中起着上传下达的桥梁和纽带作用，负责实现本部门任务和目标，如企业中的计划、生产、财务、人事、行政等部门的负责人，部门经理、分公司（事业部）经理等。

基层管理者的主要工作包括：负责中层管理者安排下来的任务，给下属作业人员安排具体工作任务，且直接指挥和监督现场作业活动，如企业中的班组长、领班等。

2. 综合性管理者和不同职能的专业管理者

按照管理者涉及不同的领域和范围，以及按组织横向上的职能差异，可以分为综合管理者和不同职能部门的专业管理者。

综合管理者：在组织中涉及的范围较广，管理工作跨多个职能部门，如高层管理者，总经理办公室、总裁办公室等部门的管理人员。

职能部门的专业管理者：指某个职能部门的专业管理者，如财务、生产、销售等部门的管理人员。

3. 管理者的主要挑战与回报

一旦成为管理者，就会经常遇到一些困难的工作。如：需要从事许多你并不喜欢且较难处理的文字工作；需要大量时间与各种人包括你不喜欢的人打交道；做事情或完成任务时总是要考虑有限资源的限制；需要在似乎混乱和不确定的情况下激励员工；需要去考虑融合多样化群体的知识、技能和经验；需要考虑的绩效取决于其他人的工作绩效，而不是自己的努力。

当然，如果管理工作做得好，管理者也会得到一些回报。如：能看到自己创造的工作环境使得组织成员充分发挥了他们的能力；会感到比一般人有更多的机会进行创造性的思考和创造性的活动；有帮助和培养他人提高完成工作的能力和素质的成就感；得到员工、组织、社区等的承认和地位；看到自己发挥了影响组织产出的作用；得到工资、奖金、股票期权等形式的收入报酬等。

因此，如果你成为一名管理者，特别是高级别的管理者，要始终以平常心对待自己的困难和回报，以平常心对待自己的喜与忧，不能炫耀个人的能力和成就，应该重视发挥下属的潜能，让有限的资源创造出尽可能多的社会财富，把成为更优秀的管理者作为持续的追求。

四、管理对象

管理对象也称为管理的客体，指管理者实施管理活动的对象。在一个组织中，管理对象主要是指人、财、物、信息、技术、时间、品牌等一切有形资源和无形资源，其中最重要的是对人的管理。

人的管理主要涉及人的使用和调配、岗位的职责和权利设计、工作的考核评价、人的教育培训、组织设计、激励制度设计等。

财的管理主要涉及财务管理、预算管理、成本管理、效益管理等。

物的管理主要涉及物料的采购、运输、库存、使用，设备的保养、维修和更新等。

信息管理主要涉及组织内外部信息的内容、代表性指标、信息获取路径、获取方式等决策，信息的收集、传递、反馈、处理与利用等。

技术管理主要涉及新技术、新产品、新工艺的研发、引进、应用，以及各种技术标准、技术评价方法的制定等。

时间管理主要涉及合理安排工作时间、工作流程和进度管理、效率管理等。

表 1－1 为管理者类型、管理对象和管理工作的关系。

表 1－1　管理者类型、管理对象和管理工作的关系

管理者类型	管理工作	管理对象
高层管理者	制定组织使命、愿景和总目标、总的战略方案等	人、财、物、信息、技术、时间等
中层管理者	贯彻高层决策，制订实施计划、组织资源、实施行动方案	
基层管理者	对人力及其他资源的日常管理和控制	

第三节　管理的职能

如何将管理的活动完整、深入地表述出来，是管理学者探讨的重要问题之一，下面先介绍几种描述的角度。

一、从组织活动现象探讨管理的表述

如果我们仅从组织活动的表面观察，管理活动大概可以分为四大部分：

一是建立并维持一个组织的运行。如建立组织结构、制定相关运行制度、建立业务活动的流程或运行程序、确定沟通路径、目标和任务的分配等。

二是决策组织的发展方向。如使命、愿景、战略目标等。

三是为组织实现目标分析出科学的、合适的、高效率的路径和方案。如：条条道路通北京，但依据你去北京的可能路径、运输方式、时间要求、安全要求、经济和成本的控制等，必然能选出适合你去北京最合理的路径和相关运输方式。同理可知，组织目标的实现路径也有很多，需要管理者科学分析和决策。

四是挑选和培养出各个岗位的合适人才，激发其潜能，并将各个员工的力量汇聚到组织的发展方向。优秀管理者的力量必然远大于个人，因为其力量是众多员工和其他资源组合出的组织力量。

二、从管理者技能的角度探讨管理的描述

管理学者按照不同层次的管理者应该具备的技能要求，提出了管理描述的技能观点：认为管理者应具备三类技能：技术技能、人际技能和概念技能。

技术技能：指使用某一专业领域内有关的工作程序、技术和知识完成组织任务的能力。显然，就管理者的三个层次而言，技术技能对基层管理者最重要，对中层管理者较重要，对高层管理者不太重要。

人际技能：指理解、激励他人，与他人共事等处理人际关系的能力，包括与组织的内外部、上下层的部门、单位和人员打交道的能力，或称为人际沟通和人际交往能力。人际技能对所有管理者都同等重要。

概念技能：指管理者在复杂的环境中认清事物的关联性，并能通过现象抓住问题的实质，综合评价有利因素和风险，作出正确判断和决策的能力。即管理者要能够在混乱而复杂的环境中，洞察事物的发展和变化趋势，抓住问题的关键，找出有效的解决方法。概念技能对高层管理者最重要，对中层管理者较重要，对基层管理者不太重要。

图 1－1 为不同层次管理者对技能的要求。

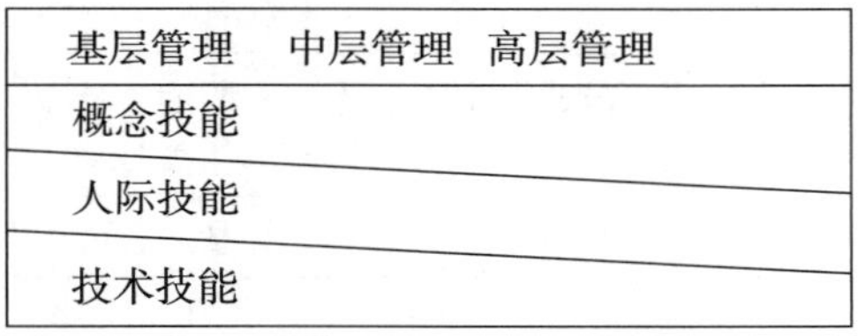

图 1－1　不同层次管理者对技能的要求

三、从管理者工作角色特征探讨管理的描述

管理者角色就是处于组织中某一位置的人所需要做的一系列特定的任务。明茨伯格通过这些管理角色的履行以影响组织内外个人和群体的行为，归类了 10 种管理者角色。

管理者的角色可归纳为三大类：人际关系角色、信息传递角色和决策制定角色。其中：

人际关系角色可分为三种角色：代表人、领导者和联络者；

信息传递角色可分为三种角色：监听者、传播者和发言人；

决策制定角色可分为四种角色：企业家、驾驭者、资源分配者和谈判者。

表 1－2 为不同管理者角色的职责和活动特征。

表 1－2　不同管理者角色的职责和活动特征

角色	职责描述	特征活动
人际关系角色：涉及人与人的关系以及其他具有礼仪性职责的角色		
1. 代表人	象征性首脑，主要履行许多法律性或社会性的例行义务等	迎接来访者、签署法律文件等
2. 领导者	激励下属、人员配备、培训等有关职责等	从事有下级参与的各类活动

续表

角色	职责描述	特征活动
3. 联络者	维护和发展外部关系和消息来源，从中得到信息和帮助等	发感谢信、从事外事工作；从事其他有外部人员参加的活动等
信息传递角色：信息的接受、收集和传播等		
4. 监听者	寻求和获取各种内部和外部信息，以便透彻地理解组织与环境等	阅读数据和信息资料、与有关人员保持接触和沟通等
5. 传播者	将从外部人员和下级那里获取的信息传递给组织的其他成员等	举行信息交流会、用其他方式转达信息等
6. 发言人	向外界发布组织的计划、政策、行动、结果等	召开董事会、向媒体发布信息等
决策制定角色：作出抉择的活动等		
7. 企业家	寻求组织和环境中的机会、制订计划、方案决策、发起变革等	组织战略制定和检查会议、开发新项目、开拓新市场等
8. 驾驭者	当组织面临重大的、例外的混乱时，负责采取纠正行动	组织应对混乱和危机的战略制定和检查会议等
9. 资源分配者	负责分配组织的各种资源、制定和批准相关决策等	调度、授权、开展预算活动、安排下级的工作等
10. 谈判者	在主要的谈判中作为组织的代表	参加合同谈判等

四、从管理职能特征探讨管理的描述

法约尔首次提出计划、组织、指挥、协调、控制这 5 个管理职能以来，出现了多种版本，如：计划、组织、控制；计划、组织、领导、控制；计划、组织、领导、激励、协调、控制等。目前学者大多认为计划、组织、领导、控制是管理的核心职能框架。

职能观点探讨了管理活动过程的本质特征，体现了管理学者卓越的分析能力和归纳概括能力，为管理学的研究、教育培训等提供了理论框架。法约尔也因此被称为“管理理论之父”。

下面介绍 6 个主要的管理职能，由于这 6 个职能是本书的核心内容，后面的章节会详细讲解，这里只先做简单介绍。

（一）计划职能

在调查、分析和预测组织内外环境的基础上，根据预测的结果和组织拥有的资源条件制定组织的宗旨、愿景和目标体系，提出和选择实现目标的方案及其实施措施和步骤等。显然，计划职能的核心是计划的分析和制订过程，特别是分析过程。

（二）组织职能

为了实现计划目标所进行的组织结构设计、责权关系设计、运行制度设计，以及配置各种资源、组织和监督计划的实施等。

（三）领导职能

各级组织的管理者利用职位权力和个人影响力去指挥和影响下属努力实现目标的过程。

职位权力是指管理者由上级和组织赋予的权力，个人影响力是指由管理者自身能力、品格等所产生的影响力。领导职能主要涉及组织中人的问题，主要通过指挥、沟通、激励、协调等方式发挥作用。

（四）激励职能

通过分析和合理地满足员工的需求，并将满足需求和实现组织目标间建立衔接机制，激发职工工作的动机和行为指向组织目标的过程。激励职能与领导职能是密切相关的，是组织及其管理者调动员工积极性的重要手段，也可看作是领导职能的一部分。

（五）协调职能

协调职能包括对内协调和对外协调两个方面：对内协调主要是内部人际沟通，以形成良好的内部人际关系；对外协调主要是处理公共关系，以树立良好的组织形象。协调是指管理者运用组织内外资源和条件，正确处理组织内外各种关系，平衡组织成员间的权利和责任，避免潜在冲突的发生并化解现有的冲突和矛盾，以达成组织目标的全过程。

（六）控制职能

检查工作与计划的偏差，分析偏差产生的原因并纠正偏差，确保计划目标实现的过程。控制职能与计划职能关系密切，计划是控制的标准和前提；控制的目的是计划的实现，有时控制也会导致计划或组织的调整。

现实中，不同管理者在管理工作上的差别主要是各项管理职能履行的程度和重点不同。

第四节　管理学的学科特性

一、管理学的定义

管理学是一门系统地研究组织管理活动的基本规律和一般方法的科学，以组织的管理为研究对象。

二、管理学的主要学科特性

（一）管理学的实践性

管理理论和方法，特别是管理的基本理论和方法，均来源于人类的管理实践，是管理学者在对各种管理实践活动深入分析和思考基础上，归纳总结规律，挖掘规律演绎的本质，抽象和升华为管理理论，然后，人们将管理理论用于指导管理实践活动，并在实践中检验和发展。因此，管理学源于实践，用于实践，又在实践中检验和发展，是一门实用性很强的学科。

（二）管理学的发展性

虽然管理活动与人类的活动基本同步，但在 18 世纪 50 年代，人类才开始认识到管理的重要性，而管理理论的出现时间是 19 世纪初。因此，相对自然科学、社会学等其他学科而言，管理是一门很年轻的学科，存在许多管理问题需要探索，也存在许多管理理论和方法需要进一步完善等。

另外，科学技术的发展，特别是信息技术和人工智能的发展，使组织发展环境、市场习惯、组织形式、管理手段等均产生了巨大变化。例如，远程办公、网络购物、基于大数据的决策等，由此产生了许多需要研究的新的管理问题，也必将产生许多新的管理理论和方法，因此，管理学具有发展性特征。

（三）管理学的科学性与艺术性

科学是建立在可检验的解释和反映客观事物规律的有序的知识系统，是已系统化和公式化了的知识。由于管理理论和方法是源于管理实践活动规律的分析和升华，提出了许多反映客观规律的管理理论和知识体系，对管理实践具有重要的指导价值。因此，管理学具有科学性特征。

艺术是与经验和熟练程度相关的技能，具有权变性、非模型化等特点。虽然管理活动需要遵循客观规律，但管理理论在实际应用中，不可能像自然科学那样范式化，而是要具体问题具体分析，因地制宜。

管理的艺术性，主要是强调管理在实践中的灵活性。除基本的管理原理和方法外，多数管理的理论和方法是基于特定环境提出的，而现实环境是在不断变化的，因此，完全凭借书本上的管理理论和方法来进行管理，很难保证成功。也就是说，不同的环境会需要不同的管理艺术。

那么，管理的艺术性是不是意味着管理的理论学习不重要，或管理的教育和培训不会提高管理的实际能力，或管理的知识没有办法真正掌握呢？回答是否定的。实际上，很多知识都具有艺术性，如：围棋书中研究了围棋的各类棋型和技术，显然，书中讲的这些棋型在围棋对抗实践中很难遇到相同的，但只要棋手多看多思考书本的相关知识，必然会成为专业棋手。相反，只下棋不看书的业余棋手，很难和一般的专业棋手抗衡。实际上，研究型的管理高手自古就有，如诸葛亮就是研究型管理者的代表之一，他出任军师前并没有实际管理经历，而担任军师就显示出了非凡的管理才能等。因此，有理由认为，一流的管理者应该是集管理的理论方法学习、经验和案例的分析归纳、实际问题的观察思考于一身的。

总之，管理的科学性和艺术性是相互作用和相互影响的统一体。只有既懂科学的管理理论和方法，又重视理论联系实际，并通过大量的管理实践活动去体会和磨炼，才能成为高水平的管理者。

（四）管理学的综合性或学科交叉性

管理者在进行计划、组织、领导、控制等管理的工作中，会涉及各种知识的应用。如：需要了解一些与业务相关的专业知识；与信息情报调查相关的知识；与信息数据分析相关的统计、计量、数学、计算机等相关知识；与外部环境分析相关的政治法律、经济、社会、技术、产业、地理气候等相关知识；与组织和领导相关的心理学、社会学、人类学、生理学等方面知识等。不难看出，管理过程中涉及了大量其他学科知识，管理学具有很强的学科交叉特征。

实际上，任何知识甚至包括游戏等均可以经过思考、推理和归纳，用于思考管理问题，如腾讯的斗地主游戏中，无论你水平多高，只要你持续玩下去，最终都不会有豆子存在，因为规则中要求豆子多时必须到更高的层次中玩，实际上类似让用户每次都押上自己所有的本钱赌博。显然，斗地主玩家的水平只能提高自己赢的概率，而每次都押上所有赌注，即使胜率提高到99%，只要这样玩下去，最终都会是输光的。这个游戏对企业管理决策是有借鉴价值的，如企业尽量不要让自己只有一次机会，或在机会失败时尽量能及时止损或通过备用方案化解风险，对于大企业而言，再好的发展机会或项目也不应该将所有的资产押宝在一个项目上等，因为未来的不确定性是很难把控的。

（五）管理学的不精确性

管理学具有不确定性，在不同条件下或相同条件的不同时段，用同样的管理模式或方法，可能得到完全不同的结果。这种不确定性主要是由于组织环境中许多无法预知的复杂因素而引起的。如运筹学的经济购买批量决策模型，在购买价格及其他相关环境不变情况下，其结果是有一定参考价值的，但是，如果购买后市场价格大涨，其批量显然多比少更好。实际上，国家方针政策的变化、突发的自然灾害、突发的疫情、国际政治关系的变化、突发战争等都会对企业的经营和发展产生严重影响。因此，管理学具有不精确性。

（六）管理学的软科学性

20 世纪 70 年代初在日本举办的软科学讨论会上，对软科学提出了定义：“软科学是一门新的综合性科学技术，它以阐明现代社会复杂的政策课题为目的，应用信息科学、行为科学、系统工程、社会工程、经营工程等正在急速发展与决策科学化有关的各个领域的理论或方法，依靠自然科学方法对包括人和社会政策在内的广泛范围的对象进行的跨学科的研究工作。”

首先，从管理的交叉学科特征看，管理具有软科学定义的主要特征，这是将管理学看作软科学的第一层解释；其次，如果将组织中的人力、财力、物力、技术等资源看成硬件，相对这些资源而言，也可以把管理看成软件。管理工作主要是为了充分有效地利用人力、财力、物力、技术等资源，用最少的消耗达到组织目标，这是将管理学看为软科学的第二层解释；再次，由于管理者必须借助管理对象及其他各种环境条件来创造价值，因此，很难具体评价出管理工作的具体贡献，这是将管理学看作软科学的第三层解释；此外，管理措施是否有效，一般需要较长时间才能看出，而很难在事前准确评价，这是将管理学看作软科学的第四层解释。

（七）管理的二重性

一方面，管理学中形成了许多可以在不同社会制度下、不同国家中使用的理论、原理、原则、模型、方法等，这些管理知识具有典型的自然属性特征。因此，国家、企业等各类组织的管理中，应该重视学习和消化国内外具有自然属性特征的先进管理理论和方法。

另一方面，管理是在一定的社会政治环境下进行的，必然要体现相关环境的文化、价值观、相关政府的管理意志等，这样在管理学中便形成了另一部分属于生产关系和社会关系范畴的内容，如企业道德、社会责任、管理理念、群体价值观、企业文化等。这些涉及对人的管理、与环境的协调等方面的知识，必须重视企业所处的社会意识形态，在不同的社会制度下，不同国家和地区可能具有较大的差异，这就是管理的社会属性。因此，组织的管理者必须重视对相关国家的政策、文化、社会价值观的研究，应该极力避免自己及其组织其他成员的言行与相关环境不适应。

第五节　管理的基本原理

管理的基本原理适应所有管理组织和管理问题，甚至管理的理论和方法是否适合解决某个管理问题，也可以运用管理的基本原理进行初步的分析和评价。可以说，管理基本原理的学习和领会，有利于提高管理者具体问题具体分析的意识和能力，以及提高对管理理论的理解能力和管理知识的实际运用技能。

一、系统原理

系统是普遍存在的，自然、社会以及自然和社会之间、组织、问题等均可认为是一个系统。因此，我们可以把任何一个管理对象、目标、问题等都看成是一个特定的系统。管理者需要对管理对象和问题进行充分的系统分析，实现系统化的管理。

（一）系统原理的基本观点

系统是由若干相互联系、相互作用、相互依赖的要素结合而成的功能结构，且本身处在一定外部环境下的有机整体。系统的各要素之间、要素与整体之间，以及整体与环境之间，存在着一定的联系。要素、联系、结构、功能和环境是构成系统的基本条件。其中，要素是构成系统的基本单元。要素和系统的关系是局部与整体的关系；联系是指系统要素与要素、要素与系统、系统与环境之间的相互作用关系，且系统会在联系中运动，在运动中发展，又在运动发展中联系；结构是指系统内部各要素的排列组合方式，不同的组合方式具有不同的系统功能，相同的组合方式在不同的环境下也会具有不同的功能；环境是指影响系统的各种外部因素。外部环境的变化，往往会引起系统的功能变化。因此，系统必须具有适应外部环境变化的能力，否则，难以生存与发展。

管理的系统原理源于系统理论，其主要观点是：应将一个组织看为一个开放的、动态的系统，用系统的观点、理论和方法指导组织的工作。具体讲：

（1）管理者必须协调好组织中各要素的关系，组织系统与组织环境的关系。

（2）必须注意管理系统具有整体性、相关系、层次性、动态性、开放性和环境的适应性。

（3）必须确立系统管理思想，对组织和问题进行系统分析，对组织活动进行系统化管理。

（二）系统原理对管理者的实践要求

1. 从整体和长远角度评价问题的性质与对错

很多事情和问题，从短期看和从局部看，往往难以判断其正确性和性质。

如，我国改革开放的许多相关政策都是在利与弊的争论中推进的。人民币国际化初期，许多专家认为风险大于利益，甚至认为人民币国际化是一个自然的过程，没有必要有政府推动等。但从国家高度和长远发展看，人民币国际化是国家最重要的国际竞争力之一，在是否推动的问题上基本没有不推的理由。另外，国内外许多不利于人民币国际化的障碍因素及其配套制度建设，没有我国政府的主动努力也是不可能解决的。

又如，微软的垄断问题非常严重，其主要原因与目前所说的技术、标准、商业模式等基本无关，因为网络及其社会交流关系，使每个个人电脑发生了联系，并且在联系中习惯了相关的标准，任何人想离开这个系统，除了付出时间和费用成本外，还有被社会孤立的巨大成本，因此，政府有必要制定相关国家层面的战略，让我国逐步摆脱微软的控制。而这一观点遭到了许多专家的反对，他们认为目前这种情况很好，体验好，成本不高等。但从近几年国家间进行技术封锁产生的问题看，这一技术被其他国家控制对国家和社会具有巨大风险，应该是我国目前必须解决的问题之一。

2. 应该从动态的角度看待问题的变化和发展

组织系统的状态是变化或运动着的，其稳定状态是相对的。因为不论是系统要素的状态和功能，还是环境的状态或联系的状态都是变化的。组织是社会的子系统，为了适应社会经济系统，必须不断地完善和改变，组织内部各子系统的功能及其相互关系也必须随之相应地变化，包括组织的业务方向、管理结构及其相关的运行制度等。

现实中的许多事情，不能机械地看待结果和现状，现实中总是伴随着利益与风险、成功与失败、好事与坏事等的并成与转化。这就要求每个管理者，甚至包括每个人：一是在获得成功时应该保持头脑冷静，注意好风险的防控和合理的发展节奏，更不能骄傲自满、目空一切；二是在失败时，应该保持平常心态，不要气馁，更不要抑郁，应该在归纳教训和学习他人经验基础上，不断思考、探索和选择适合自己的新的发展机会。总之，关了一扇门打开一扇窗。三是要注意问题的演化，不要眼光短浅，不要因短期利益牺牲信誉和人格而影响长远利益，也不要用企业或个人现在的地位去度量未来的地位等。

如：马云因个人身高条件不好，在找工作过程中不利。但马云并不是像社会中的有些人，似乎觉得自己无路可走，自暴自弃、抑郁甚至轻生，而是在创业中取得了巨大成就。

组织是人控制的，人性的弱点也会在组织上表现出来。如成功时，特别是取得巨大成功时，或多或少会自大起来、放松起来，甚至不愿意听外部建议和批评的声音。如毛泽东是最伟大的领袖之一，晚年也犯了错误，更不用说一般的管理者。又如波音公司经过长期的努力在航空业树立了世界第一安全形象，这一形象也使其在相关行业中获得了很好的业绩。然而，波音公司的成功让其管理者骄傲自满，居然轻视监管生产出了安全不合格的飞机，这次信誉损失估计需要很长时间弥补，而且从短期看，波音公司的经济损失也已经很大。

众所周知，世界上每天都有许多穷人变成富人，也有许多富人变成穷人，有许多小公司变成大公司，也有许多大公司变为小公司或破产。如 1995 年美国《幸福》杂志列出的世界 500 强的企业中，2000 年只有 1/3 的企业进入了 500 强等。因此，组织和个人的进步需要不断努力和思变。

另外，任何事物都有两面性，如有的聪明人因为机遇或不正当的手段轻松地获得了短期的经营成功，这份轻松很容易导致这些人将任何事都看得很简单，甚至可能认为应该将不正当的手段作为未来经营方式的首选，这样下去，可能会显著增加将来经营失败的概率，甚至可能会因违法而破产和入狱。

此外，组织管理过程中，特别是企业管理过程中，建议管理者少用静态博弈的小聪明。静态博弈在双方或多方之间一次定输赢，且该次输赢对未来的博弈没有太多影响时，才具有参考和运用价值。如棋类的博弈、球类赛中的博弈、战术型的战争等，因为这些情景下相互欺骗被认为是聪明的、受欢迎的表现。在商业性的活动中，企业与核心利益相关者的博弈必须衡量未来的演化，因为这些情景下欺骗是短视的、愚蠢的、社会厌恶的，甚至是违法的行为。

3. 应该从开放和联系的角度看问题

开放性是系统原理要点之一，完全封闭系统是不存在的，不存在一个与外部环境完全没有物质、能量、信息交换的组织系统或企业系统，企业或个人只有与外界不断交流物质、能量和信息，才能维持其生存。并且只有当组织系统从外部获得的能量大于系统内部消耗的能量时，国家、企业或个人才能发展壮大。

开放地看问题：一是要求企业或组织必须对其制定的业务发展方向、经营模式等进行环境适应性分析和评价。如：是否有利于抓住环境给企业的发展机遇，是否有利于规避环境对企业发展的威胁，是否有利于发挥企业的资源和能力优势，是否有利于弥补企业资源和能力的劣势；二是当企业能力和资源不能支持其业务发展时，可以思考利用合法、实用和风险可控的方式获取外部的能力和资源；三是遇到一条道路实在走不通时，应该意识到还有许多道路可以选择，可能其他的路更好和更适合你；四是开放过程一定是利弊并成的，但遇到问题必须勇敢地面对，而不是选择长期的封闭，因为开放是组织生存的基础。

如：中国有句俗语："有多大能力干多大事"，这个对企业确实有重要指导价值，也是传统管理方法（SWOT 分析方法）通过能力与机遇匹配进行方案决策的基本思路，但是，这句话的正确性以系统能力封闭为前提，在开放思维下就不一定对了。如一个没有厨艺和餐厅管理经验的人是否可以成功开一家餐厅？从封闭角度看，应该成功率很小，但从开放的角度看，这个人可以通过与其他成功的连锁餐厅合作获取相关能力和管理经验等方式开起一个水平较高的餐厅。当然如果本身没有相关资源和能力，目前也不能通过合理的方式获取外部的相关资源和能力，那就最好制定相关能力的培育和从外部获取的中长期规划，等待合适的时机，否则应该具有较高的失败率（当然，环境是有任何变化可能的，成功率低的方案也不一定就完全没有成功的机会）。

联系是指系统要素与要素、要素与系统、系统与环境之间的相互作用关系。联系地看问题：

一是要求组织管理者协调好内部各个部门以及员工间的关系，如建立好各部门目标间的关系，建立好相关的流程、沟通制度等；

二是要求组织管理者协调好员工、部门和整个组织的关系，如利用目标体系在组织目标、部门目标和个人目标间建立起衔接关系，以及在具体活动与目标间建立起衔接关系等；

三是要求组织管理者协调好组织与环境的关系，如建立组织的环境监测和应急管理体系，预测环境的机会和威胁等，如电商的快速发展机会可能产生物流行业的快速发展；疫情会导致口罩需求扩大，而口罩需求扩大又会导致相关布料的需求扩大等。

4. 应该理解和应用好"整分合原则"

这一原则在现实中的指导主要表现在三个方面：一是要从组织的整体效益、功能和目标出发，对管理资源进行全面的了解和合理配置；二是要在整体规划及其目标分解的基础上，实行对部门、个人的明确分工；三是在分工的基础上，建立内部联系或协作机制，使整个组织能够协调和平稳地运行。

另外，在现实中，要知道复杂的问题只有分解为一些相互联系的简单问题后才能解决。具体讲，对复杂问题分解后，对每个简单问题提出解决方案；然后，对各个简单问题的解决方案从整体高度评价其优劣、对错及其协调性；最后，在改进的基础上形成系统的解决思路。严格讲，没有解决不了的问题，只有没分解清楚，或虽然分解清楚，但没有从整体高度协调好各个局部问题解决思路的关系。

5. 要注意对组织各个要素和活动的约束力，并注意信息的反馈

一是要建立较全面的组织信息反馈系统，能及时了解组织各个资源、各个活动、各个项目等情况信息，并有通过信息是否正常的检测标准及其识别提示的制度或技术手段。

二是任何一个管理系统内部，管理手段、管理过程等必须构成一个连续封闭的回路。如制订计划、按照计划安排组织的各个任务、依据任务组织各个活动、对各个活动完成任务的进度进行检查和控制，控制工作的有效性要看任务完成情况与计划的吻合度，这就形成了封闭的回路。试想，如果少一个环节，这一个管理过程就很难有效实施了。

三是组织系统内各种管理机构之间、各种管理制度之间、各种管理方法之间，必须具有相互制约的管理，管理才能有效。如：股东利益约束董事会、董事会约束公司领导层、领导层约束企业效益、企业效益约束股东利益。如果因为其他原因，导致里面的某个环节不受约束，管理就不会追求效率了。如，如果上述股东不关心效益，只关心企业由自己控制或由其喜欢的人控制，那么企业效益的好坏对股东利益的影响不会导致对企业领导层的约束。其实，以前国有企业效率低的主要原因，就是国有资产的效益与其管理者的利益关系不够紧密，导致企业效益对企业领导层和国有资产管理者不构成很强的约束。

二、人本原理

众所周知，除人以外的管理对象，如财、物、时间、信息、品牌等只有被人科学利用时，才会实现其价值。人本原理就是要求坚持一切以人的管理为核心，以人的权利为根本，强调充分发挥人的主观能动性，力求实现人的自我管理。具体讲，人本原理是指组织的各项管理活动，都应以调动和激发人的积极性、主动性和创造性为核心，追求人的全面发展和给人以较大的自由度。

（一）人本原理的基本观点

人本原理讲求和解决的核心问题是积极性问题。人是管理的目的、人是管理的中心，管理目标的实现主要取决于人的积极性、主动性和创造性。

（二）人本原理对管理者的实践要求

1. 确立人的主体地位，将人的工作放在首位

人本原理特别强调人在管理中的主体地位，这并不是要把人看成是脱离其他管理对象而孤立存在的要素，而是强调在整体管理系统中，人是其他构成要素的核心，决定着其他要素的配置方式和配置效率。因此，人的效率决定了整个管理的效率。

2. 注意人的需求，并努力给予合理的满足

人的基本行为规律是：需要决定动机，动机产生行为，行为指向目标，目标完成后需要得到满足，于是又产生新的需要、动机、行为，以实现新的目标。因此，管理者应该注意对下属需求进行分析和管理。

领导的最低层次是交易型领导，指通过合理满足下属的需求，换取下属按时地、保质保量地完成组织安排的任务。但不同的人以及同一个人在不同的时期的需求重点可能不同，管理者必须注意不同类型员工的需求重点调查和分析，并尽力满足不同下属的合理需求，提高下属满足的心理价值，从而有效提高下属的工作积极性。以后学习的需求层次理论、双因素理论等，均对这部分工作具有指导价值。

3. 建立好的工作条件和环境

工作条件是工作中的设施条件、工作环境、劳动强度、工作时间等的总和。工作环境指与工作有关的物理环境和社会环境。物理环境，如办公室、工厂、车间、场地等。社会环境，如人际关系、工作氛围、群体规范等。工作环境有个体、人际和组织三个层次。其中：

个体分析主要是对工作直接发生作用的办公室或车间的大小、房间布置情况、办公桌及其座椅、通光、通风等方面的条件分析；人际分析主要是对交流的便利、群体规范等方面的条件分析；组织分析主要是对构建的内部结构、各个部门的协调程度等方面的条件分析。

工作的物理条件和社会条件均可对员工的工作产生较大影响，特别是较恶劣的工作条件。从物理条件来讲，较恶劣的工作条件可能影响员工的身体健康、舒适度、工作的持久度、工作的情趣、工作的积极性等；从社会条件讲，较恶劣的环境可能影响员工的关系和互相帮助配合、员工的成长、员工的精神压力，甚至出现员工间的暴力冲突等。

整体而言，组织应该尽量给员工一个干净、舒适、方便工作的物理工作条件，必要时还应该提供一些辅助性服务。当然，在这个基础上是否追求豪华的物理办公条件由企业自己决定，因为这对提高员工积极性作用不大，只是对提高组织和员工的社会地位有一定作用。而工作的社会条件改善需要管理者有较高的管理素质，如建立有利于员工间融洽合作的沟通制度，建立诚实、友善、互助、学习、创新的员工文化，建立领导与员工容易沟通的机制等。应该说，工作的社会环境越好，越利于提高员工的素质、工作能力、工作的心情、合作精神、创新动力等。

4. 建立科学合理的管理体系

一是要依据任务和岗位的特点确定相关人员的能力和水平，并根据任务需要和人的能力大小，赋予相应的权力和责任，使组织的每一个人都有能力称职。

二是建立好组织目标及其不同层次或能级的分工，构成一个组织人员间的指挥体系和任务体系明确的，并依据任务体系实现横向和纵向人员的相互配合的、最终形成有效运行的组织整体。

三是在组织内部从上到下都应该制定并遵守共同认可的行为规范，违反了纪律就应该得到相应的教育、批评和惩罚。当然，这些规范或制度，应该建立在有利于形成组织必要的纪律、员工的学习成长、员工互助合作等基础上，尽量不要影响员工的创新自由和工作时间上的必要自由空间。

四是不断提供和加强员工的工作动力。一般来讲，管理的动力来源于三大方面：①物质动力。主要指对员工的物质激励产生的工作动力。基本思路是把员工对组织的贡献与从组织得到的物质利益结合起来。②精神动力。主要指员工的观念、理想、信仰等精神方面的追求形成的工作动力。基本思路是理想教育、思想政治工作、高尚情操教育、实现人生价值追求及其群体价值观的文化培养、对完成重大成果的追求及其群体价值观的文化培养、荣誉奖励等。③信息动力。主要指通过对员工的贡献信息、任务进度信息、社会或本单位的一些优秀标准的信息等方面的宣传和记载，给员工产生的压力和动力。基本思路是告诉员工对组织贡献的大小、告诉员工优秀员工的模样或评价标准、告诉员工任务完成的进度和品质要求等信息，在给员工指出努力方向的同时，在组织内部形成你追我赶的竞争动力。

5. 提高管理的柔性，倡导文化管理

柔性管理是相对刚性管理提出的。刚性管理是以制度和职权为条件，利用约束、监督、惩罚等手段对组织员工进行的管理。柔性管理是以情感和文化为基础，运用尊重、激励、引导和启发等方式进行的管理。本质上讲，柔性管理真正体现了以人为本的理念，是一种关心员工的心理和行为规律的，以人性化的工作方式和管理理念为特点的管理，如情感管理、民主管理、自我管理和文化管理等。

文化管理是人类文明发展到一定高度对管理理论发展的要求。因为人类文明发展导致人的素质的提高、需求多样化及其需求重点的变化，使管理中对人的假设从“经济人”逐步转化到了“自我实现人”；使管理中的资源管理重点从有形资源管理为主逐步转移到了以无形资源管理为主，如战略、品牌、企业形象、人才机制、客户关系、应变能力等；使管理中的权利管理重点从集中统一逐步转移到了分权管理，如：重视给予创造性员工的自由度、事业部制、矩阵式组织、虚拟组织、扁平型组织等；通过核心价值观培养，使员工自觉工作、自我约束和建立凝聚组织员工的纽带等。

具体讲，文化管理相对于刚性管理而言，显著变化表现为：管理中心从以物为中心（技术、生产、资金等）转变为了以人为中心的管理；对人的管理方法从效率、工作方法、组织结构等硬件转变到了价值观、经营理念、行为道德准则等软件；管理的目的从“利用人”转变到了“为了人”，即，在组织内部以员工为管理中心，在组织外部以顾客为管理中心；管理的特色从排斥感情的纯理性管理转变到了理性与非理性结合的具有人情味的管理。

6. 人才价值的关键是组织的人才管理机制

人们习惯认为组织发展的关键是人才，因此将找到高素质的人才作为提高组织竞争力的主要手段。实际上，人才是有形资产，很难成为组织的核心竞争力。人才成为组织核心竞争力的典型形式是建立科学的人才机制。只有建立了吸引高素质人才的机制、进来的人才愿意留下来的机制、人才能够充分发挥才能的机制、组织目标与人才建立有效衔接的机制、人才更容易学习进步和相互合作的机制等，组织才能形成强大的人才竞争力。

三、效益原理

效益原理是现代管理的基本原理之一。组织的一切管理都是为了组织的发展和适应社会的发展需要，同时，组织也在为社会做贡献的过程中获得社会的回报，从而实现组织的效益或目标。因此，效益原理揭示了管理的目的与效果之间、组织发展与组织环境需要之间的本质关系。

效益通常包括经济效益、目标效益和社会效益。经济效益指经济目标的实现程度；目标效益指管理目标的实现程度；社会效益指满足社会需要的程度。

（一）效益原理的基本观点

效益是人类社会活动价值的检验标准。管理者必须讲究实效、追求高效，以尽可能少的资源创造出符合社会需要的经济效益和社会效益。

（二）效益原理对管理者的实践要求

1. 以效益为中心取代以生产为中心

在供不应求的时代，企业不用关注顾客的偏好和感受，甚至不用过度关注产品的质量，因为顾客没有太多选择余地。这个时期，主要关心的是提高生产效率，尽可能加大产能。因此，这个时期的市场定义为商品或服务交易的场所。实际上，这个时期对于企业而言，生产和效益也是基本一致的，不过消费者的权益被损害了。随着科学技术的发展，市场逐步出现了供大于求的态势，消费者开始有了选择权，质量不合格的产品逐渐没有市场，管理者也逐步将以生产为中心转变为了以产品为中心，市场的定义也转变为了顾客对产品和服务的需求，企业工作的重点是模仿和提高产品的品质，并开始重视市场营销工作。随着产品库存加大，产品质量提高导致成本的提高等原因，企业开始重视竞争强度弱或无竞争的新市场，因此，企业将主要精力放到了顾客的需求分析、市场的规模和成长性分析、市场的竞争强度分析等方面。市场的定义也变为了顾客的需求。显然，目前企业成败的关键是能否满足顾客不断变化的需求，管理者也必须将以生产为中心转变为以效益为中心。

一般而言，企业通过合理合法的方式获得的经济效益与其产生的社会效益是一致的。因为，企业效益好表明产品卖得好，产品卖得好表明消费者需求满足得好，消费者需求满足得好表明社会效益好。但是，如果获得经济效益的方式不合理合法，那可能是没有社会效益或危害社会的。如欺骗，满足部分消费者的非法需求，满足部分消费者的同时损害其他消费者利益，满足部分消费者需求时损害了环境、安全等其他社会利益等。

狭义的以效益为中心是指以经济效益为中心，即组织或企业发展的目的是获得和提高经济效益。广义的以效益为中心是要通过不断提高社会效益获得组织发展的效益，如经济效益、目标效益等。

坚持以提高效益为中心必须做到以下几点：

一是转变发展思路。过去以增量扩能为主的发展之路，往往会导致资源不可接续、环境不可承载。应该调整思路，从以增量扩能为主向以做优做强为主转变。

二是调整好存量业务。主要是要调整需求萎缩、产能严重过剩、高消耗、高污染、低技术水平、低效益等的业务，使组织的业务由“多产低效”向“优产高效”转变。

三是努力做优增量。选择效益好、有发展前景、符合时代潮流的业务作为企业的新增业务。如：新型工业化业务、现代农业、绿色产业、新兴产业、现代服务业、城市化和智慧城市、智能制造、互联网、现代教育、健康医疗、信息服务等。

四是以效益和发展质量为中心。无论调整业务还是做优增量都必须突出质量和效益，始终追求有质量、有效益的发展。实践证明，只有建立在较高质量和高效益基础上的发展才是可持续的。

五是转变企业发展的动力。要将过去主要依靠资源消耗和低成本劳动力等要素投入为主的发展方式和思路，转变到以技术创新、模式创新、制度创新等为主的发展方式和思路上来。

六是发挥人才第一资源作用。创新驱动实质上是人才驱动。具体讲，要培养一批具有国际视野、懂专业、懂技术、会操作、能创新的高技术人才队伍。

七是充分利用国内外市场和资源。始终保持开放的思维，在重视自主创新的基础上，不断学习、消化、引进、利用国外的先进技术、先进制度、先进模式、先进经验等。

八是重视知识产权保护。将专利保护、技术标准的制定作为提高自主创新能力和创新效益的重要手段。现代的竞争从以产品和服务的竞争转变为了以标准和产权的竞争。20 世纪 90 年代以来，发达国家把标准制定作为提高自主创新能力和核心竞争力的重要手段，将自己的标准确定为国际标准，以争夺国际贸易主导权。标准竞争被称为“赢者通吃”竞争。

2. 坚持社会效益和经济效益相统一的观点

社会效益有许多种定义，如社会贡献、社会收入、社会净收入（社会收入－社会消耗）等。社会贡献主要涉及对社会的科技、政治、文化、生态、环境等方面所做出的贡献。社会效益还包括企业的社会信誉、社会形象、社会诚信等。整体讲，社会效益是指最大限度地利用有限的资源满足社会上人们日益增长的物质和文化需求。

企业经济效益是指企业的总收入与成本之间的比例关系。从提高途径看，包括潜在经济效益、资源配置经济效益、规模经济效益、技术进步经济效益、管理经济效益等。与之相关的概念主要有利润（收入－成本）、劳动生产率（单位时间内生产产品的能力）、发展速度（收入或产值增长率）、净利率、总资产利润率等。

社会效益和经济效益相统一，是指企业必须将社会效益作为发展的出发点，不发展无社会效益的业务，更不能发展损害社会效益的业务。要正确处理社会效益和经济效益、社会价值和市场价值的关系，当两个效益、两种价值发生矛盾时，经济效益服从社会效益、市场价值服从社会价值。

具体讲，社会效益和经济效益相统一必须做到以下几点：

一是从解决最紧迫和最重要的社会问题、社会不满等角度，探索企业的发展机会和业务方向。显然，不同地区或同一地区的不同发展阶段的发展机会一般不同。

如：20 世纪末 21 世纪初，我国通信费用（电话费、网络费等）极高，一般家庭和个人基本承担不起相关费用，社会降低相关费用的需求强烈。腾讯、微信等产品出现时，虽然当时相关产品功能不强，使用也不方便，但因大大降低了个人通信费用得到了学生的青睐，并成功在全国推广。当然，由于发达国家相关费用并不高，腾讯、微信等产品的需求在发达国家并不强烈，相关产品也没有在发达国家得到较快的发展。

又如：电商发展初期，我国商业环境十分混乱，流通环节的服装等商品在成本很低的情况下，仍然会卖出很高的价格，社会对此十分不满。淘宝的网络直销模式为解决我国当时流通环节的问题提供了有效路径，大大降低了相关商品的价格，得到了社会的青睐。当然，目前我国电商的假冒伪劣商品等问题也引起了社会不满，因此，电商应该还有提高的空间和新的发展机会。

再如：余额宝、支付宝等在发展初期，由于我国银行存在活期存款利率低、收小额账户管理费、汇款手续费高、大额存款与小额存款利差大、企业开通收费端口费用高等问题，社会对银行十分不满，余额宝和支付宝的出现对解决相关问题有显著的作用，因此，在我国得到了较快的发展。当然，互联网金融可能产生的金融风险也是社会关注的新问题。

二是当业务不符合社会发展要求时，应该立即改进或转型。如：在我国改革开放初期，引进了许多短期效益的项目，如无脱硫的小火电厂，采煤效率低下的小煤窑，污染重的电池厂、造纸厂、印染厂等。这些企业在发展经济的同时严重污染环境和浪费资源，目前必须改进或转型。

三是建立健全把社会效益放在首位、实现社会效益和经济效益相统一的制度。如在企业战略计划的选择标准中，建立社会效益、社会责任等评价标准；在对企业或组织、部门或分公司、领导、个人等的考核评价中，引入社会效益、社会责任等评价标准；对于损害公众利益、过度污染环境和浪费资源的业务、活动等采取一票否决制等。

四是搞好企业或组织的内部安全工作，涉及各类安全问题，如生产安全、员工健康安全、厂房安全、职工宿舍安全等。

五是主动接受政府、社区、顾客等相关方的监督，同时，对突发性问题建立相关应急机制。

3. 处理好全局利益和局部利益的关系

全局利益与局部利益是一个相对的概念，从全球高度看全局利益是人类的利益，从国家高度看全局利益是国家人民的利益，从企业或组织角度看全局利益是企业或组织的整体利益。局部利益包含在全局利益之中，全局与局部是密不可分、相辅相成的，没有局部就没有全局，没有全局就没有局部。

具体讲，处理好全局利益与局部利益关系需要做好以下几方面的工作：

一是企业或组织必须将国家利益和社会利益放在首位，实现国家利益、社会利益和企业利益的统一。

二是将企业或组织看成一个有机的整体，并通过整体目标体系和运行制度保证企业或组织的有序运行和协调发展，从而保证和充分体现企业或组织的整体利益。

三是局部利益必须服从全局利益，但强调全局利益，并不是要否定局部利益。企业或组织的各个部门、员工等必须将企业或组织的利益放在首位，但同时企业或组织也必须建立局部贡献与其报酬挂钩的制度，维护全局和局部的利益统一。

四是要在企业或组织培养各个部门管理者、员工的全局意识，树立利益共同体的价值观。实际上，只有企业或组织发展壮大了，对部门和员工的支持和回报才会更多，才能带动各个局部和员工更长远地、更稳定地向前发展。同时，也只有各个部门和员工效益好了，企业或组织的整体效益才会好。但各个部门和员工必须明白，在关系企业或组织全局的原则问题上，必须与企业或组织保持一致，坚定不移地按照企业或组织的发展计划办事，严格执行企业或组织的规章制度。

五是要加强各级管理者间的沟通，特别是各级目标、任务和活动衔接方面的沟通，使每个部门和每个员工能把自己所承担的责任与企业或组织全局联系起来，明确每个部门和每个员工在企业或组织整体中的位置及努力的方向，使部门和员工能在错综复杂的活动中分清轻重缓急和工作的主次。

六是要培养部门和员工的纪律意识，在整个企业和组织的原则问题上做到指挥统一、有禁必止。对违纪违规行为必须及时制止和处理。

4. 在工作中不能只看行动，要讲求实效

在企业和组织的管理中，强调管理者和员工提高事业心和责任感，端正服务态度和工作作风，探索和运用先进工作方法等是很重要的，但是，必须始终认识到，企业的最终目的是要取得效益或获得实际业绩。因此，各个部门和员工的工作应该主要注重工作实效，决不能搞形式主义。

具体讲，企业或组织注重工作实效，应主要做好以下工作：

一是在企业或组织中培养求真务实的作风和文化氛围，提倡结合自身任务特点和实际条件选择和创新合适的工作方法，注重紧密联系实际，反对责任感不强、工作态度不认真，工作方法简单随意、处理问题草率等不良的作风。

二是依据企业或组织的目标体系建立科学合理的绩效考核指标体系和考核办法，并严格按照考核体系衡量部门和员工的工作绩效，将绩效与报酬挂钩。

三是要在标准制定、考核流程、结果形成、奖罚政策等方面公平公正，奖罚分明且及时。

5. 注重长远目标与当前任务相结合，增强工作的预见性、计划性

长远目标是指企业或组织在战略期内要完成的总体目标，实现总体目标需要做好以下工作：

一是将长远目标分解为各个阶段目标，包括年度目标、季度目标、月度目标等，并加强

信息反馈和目标控制。

二是将长远目标作为阶段目标的指南，将阶段目标作为长远目标的局部目标。

三是让各级管理者深入理解长远目标与阶段目标的关系，部门长远目标与总体长远目标的关系，让部门、员工对未来的工作任务具有清晰的方向，并做好自己的长远工作计划，与整体长远目标对接。

四是让每位管理者和员工有时间观、质量观、长远观和大局观，并将这种理念渗透到日常的工作中。

6. 注意影响管理效益的主要因素，并实施跟踪监测

企业或组织的效益与管理者的素质和风格，管理对象的质量、特点和配置方式，管理环境条件的配合等有密切关系。

一般而言，企业或组织对于影响效益的环境因素是很难凭努力去改变的，应以适应为主。即使最终通过得到政府的支持改变了部分环境，也往往会错过时机。因此，不是有一定改变和非常必要，企业还是多考虑如何适应得好。因此，企业或组织的管理者需要不断分析和选择与内部条件匹配的环境机会，或改变内部条件去适应外部环境的某些机会。

四、责任原理

现实中有责无权或有权无责都会出现严重问题。有责无权不仅束缚管理人员的职位功能和工作的主动性，而且使责任制度形同虚设，导致任务无法完成；有权无责必然导致瞎指挥、滥用权力和官僚主义。因此，责任原理最初的观点就是要求“责、权一致”，后来发展为“责、权、利一致”，现在又进一步提出了“责、权、利、能一致”。

（一）责任原理的基本观点

管理工作必须在合理分工的基础上，明确规定组织各级部门和个人必须完成的工作任务和责任；向管理者授权的是为其履行职责所提供的必要条件；管理者拥有的权力应与其承担的责任相对应；应根据管理者的能力、责任感和过去的表现，授予适合的管理职位和权力；应依据任务和责任的大小确定管理者的报酬。

（二）责任原理对管理者的实践要求

1. 分工明确、职责分明

分工是指按照不同专业和性质将组织的任务和目标分成不同层次的部门或个人的单项任务或目标，并规定出完成各自任务或目标的基本手段和方式（或原则），分工明确就是要让不同层次的部门或个人的单项任务或目标具体化。职责分明就是要明确不同层次的部门管理者或员工个人的工作岗位与工作职责。

分工明确和职责分明需要管理者做好以下工作：

一是各个任务和岗位职责的表述要系统具体且含义单一，即所有员工都明白自己的任务和工作，所有的员工对目标任务含义的理解相同。因此，相关的表述应该尽量使用很容易懂的语言，如果涉及专业术语或简称等，应该附相关解释或告诉查询的资料。职责含义出现不同理解或很难明白是管理者必须重视的事，这样容易出现职责不清、目标任务间的不协调，甚至在工作中出现推脱责任、扯皮等不良现象。

二是在规定完成各自任务或目标的基本手段和方式（或原则）时，要反复思考并与下属沟通，探讨其必要性。因为规定具体方法就意味限制了其他可能更好的方法和员工的创

造性。

2. 责、权、利、能一致

责是某一职务应尽的义务和应完成的任务，权指调动组织、人、财、物等资源的权力，利是相关职位人员的薪酬等回报，能是相关岗位管理者或职员的能力或素质。

责、权、利、能一致需要管理者做好以下工作：

一是责任、权力要一致。责大于权，管理者无法顺利完成赋予的任务。权大于责，会产生滥用权力的现象。如何一致呢？管理者要通过计算得出一致显然是很难的。现实中并不难，主要是要了解责大于权和权大于责可能出现的一些现象特征，如：当管理者权大于责时，容易出现损害其他部门利益的事，那么其他部门的管理者就会找领导，这时就应该将权力适度收回一些。相反，某部门管理者责大于权时，容易出现管理者工作过程中许多事情不能自主决策而误事，那么该部门的管理者就可能过多地找领导，这时就应该将权力适度下放一些。

二是责任、利益一致。责任者既是责任的承担者也是利益的享受者。责大于利影响责任者的公平和积极性，利大于责影响其他责任者的公平和积极性。责任和利益一致有利于使责任与权力这一组织原则变成一种激励方法。

三是责任、能力一致。管理者绝不能将责任全权交由能力不够的人做，因为这意味着相关任务不可能完成。一般现实中遇到的人包括有能力和有意愿、有能力和无意愿、无能力和有意愿、无能力和无意愿这四种类型。对于有能力和有意愿的人可以全权委托和轻度控制，对于有能力和无意愿的人可以先让他参与工作、逐步培养其兴趣，对于无能力和有意愿的人应该注重指导和培养其能力，对于无能力和无意愿的人应该考虑转入其他合适的岗位并加强指挥和控制。

3. 奖罚分明、公正、及时

奖罚分明是指在执行奖励和处罚时严格按照制度办事，绝不推诿和含糊。公正意味公平正直，在按照规定奖罚时没有私心。这里的及时是指尽量按照规定的时间宣布并执行奖罚，因特殊原因需要推迟的，应说明原因和具体的时间。

奖罚分明、公正、及时，需要管理者做好以下工作：

一是奖罚的标准要具体。模糊的或含义不清的标准是难考核的，也是不能保证奖罚分明和公正的。

二是奖罚的标准要公平。如：标准制定的人员要包括主要的利益相关者；标准制定的过程要透明；标准制定的依据要充分；标准的形式要便于考核；指标组合要反映不同部门的工作特点和相关人员的能力特点；评价过程和结果要主要依据客观数据等。

三是奖罚的标准不要经常地修改，特别是一些年度及以上时间的考核标准。因为员工要达到这种长周期的考核标准，往往需要通过较长的个人工作计划才能达到，所以经常改变容易出问题。当然，相关标准确实存在需要修改的必要，可以通过公正的流程修改，但调整不能过于频繁。实际上，过于频繁调整奖罚标准或晋升标准等其他重要标准，一般会与企业领导层不公正有关。

五、伦理原理

虽然伦理一般是非经济组织存在的依据，从表面看，与经济组织的经营好像关系不大，甚至与企业的盈利目标相互矛盾，但历史案例证明，企业长期生存必须遵守社会伦理道德和行为规范。

伦理一般指人与人相处的道德准则。道德主要指人的行为合乎情理，容易得到别人的认可，有利于在组织和社会中形成好的品质和人际关系等。企业伦理是企业经营的行为规范和道德准则，特别是处理企业与各个利益相关者之间关系的道德准则。企业伦理的核心是企业社会责任。企业社会责任是指企业应该承担的经济责任、法律责任和道德责任，其责任对象是企业的利益相关者，主要包括资本市场的利益相关者（股东等投资者，银行等其他资本供应者）；产品市场的利益相关者（顾客、供应商、社区、政府等）；组织的利益相关者（员工、管理人员、非管理人员等）等。管理伦理或道德一般指管理者在管理实践中应当遵循的道德原则和道德规范。

（一）伦理原理的基本观点

（1）组织不是孤立的，必然与其他个人和组织发生联系，因此，必然会涉及伦理问题，也必须重视和处理好伦理问题。

（2）企业要长期生存，必须遵守社会伦理道德和行为规范。

（3）企业伦理的核心是承担社会责任，维护和平衡好利益相关者的利益。

（4）伦理和法律、市场机制一样，是规范经济组织的必要手段。

（二）伦理原理对管理者的实践要求

1. 企业内部和外部的各种关系均需要伦理道德规范来协调，必须建立有效的道德规范体系

企业伦理的内容很广泛，内部有企业与员工的伦理、企业与投资者的伦理等，外部有企业与客户的伦理、企业与政府的伦理、企业与社会的伦理等。因此，要处理好企业的这些伦理问题，必须建立全方位的道德规范体系，且要协调好这些道德规范体系间的关系。

道德规范体系主要由核心的道德价值取向、道德原则和规范等构成，内容涉及是非、善恶、良心、义务、公平、公正、诚信、勤奋等方面的正确引导、指导、理解、评价等。

2. 企业伦理的管理和实施应该以非正式的方式为主

伦理具有非强制性、非官方性、普适性、扬善性等特征。如通过伦理对个人和组织产生约束力一般是通过荣辱心、社会舆论等方式发挥作用；伦理的规则形成过程也并不需要正规的程序来指定和修正；伦理约束的对象包括所有员工，如违法违规的员工、不违法违规的员工等；伦理控制人的主要方式是告诉人们哪些是好的和应该做的，哪些是不好的和不应该做的，对好的事和人给予表扬和奖励，对不好的人和事给予批评、指正和指导等。因此，伦理体系的建立和实施均应该以非正式方式为主，通过评价、批评、激励、示范等方式来指导和纠正人的行动和活动，从而实现协调人际关系、维护组织和社会秩序的目的。

3. 伦理管理的效益是长期效益，需要企业系统规划和持续实施

伦理产生效益的逻辑主要表现在：组织承担社会责任、遵循伦理道德可以在提供社会效益的同时，降低自身的交易成本、提高企业的商誉和形象、赢得更多忠实的合作者等，而员工的伦理管理可以产生较强的义务感、责任感和个人工作的信仰，激发其内在积极性、主动性和创造性等。显然，这些均需要有系统和长远的规划，并持续坚持实施才能产生效果。因此，需要加强伦理建设的领导、规划、决策、协调和持续的实施与控制。

4. 伦理的控制功能主要表现为文化控制形式

道德标准建立和评价是伦理管理的核心手段，依据共同尊重的道德准则和习惯，利用群体的舆论和相互监督、建立群体习惯和逐步建立个体的内心信仰等手段，形成对自身或其他个体和群体已经发生的行为以及其他道德现象做出价值判断，而这个判断，既包括行为动机的判断，也包括行为结果的判断，对事前、事中和事后均能产生控制，但控制的主要方式表现为以文化为基础的群体控制和自我控制。因此，建立伦理规范体系，经过长期的教育和引导，形成组织共同的价值观和文化，是实施有效伦理管理的关键。

5. 领导必须在伦理管理中发挥模范作用

伦理管理包括管理者的伦理和管理组织的伦理，前者对后者具有重要的影响。伦理管理的主要对象是人，而人具有思想、感情、主动性、创造性、积极性等许多与物不同的特征，因此，管理者作为伦理管理的设计者和主体，本身的道德素质和思想境界对员工具有重要的示范作用。如管理者的道德信仰、价值取向、工作作风、行为准则等，对其员工具有导向和潜移默化的同化作用，利于良好道德风尚及其环境氛围的形成。

“上有所好，下必甚焉”。领导的道德品质对伦理管理和组织发展的重要性是不言而喻的，因此，在管理者的考察和选拔过程中，道德品质的考察应该成为最重要的内容之一，在管理者工作的过程中，还应该通过各种形式，如思想教育活动、专题讨论会、宣传活动、批评与自我批评活动等对管理者进行伦理道德的过程管理和教育培训，如：结合企业的经营业务和管理者的岗位职责等特点，明确经营的理念和价值观、建立良好的道德习惯和信仰、锻炼道德意志等，不断强化和提高其伦理道德素质。

第六节　管理的基本方法

管理方法是管理过程中，为了保证组织目标的实现或保证管理活动的顺利进行，所采用的具体方案或措施。一定程度上讲，管理方法是理论和原理的具体化。本节要表述的基本方法是指法律、行政、经济、教育、技术等一般的管理方法或宏观的管理方法。

这些基本方法的学习要点是要了解各个方法的主要优点和缺点，如果拟解决的问题很需要某种方法的优点，就应该选择以该方法为主，同时选择能弥补其缺点的其他方法为辅来制定相关方案或政策。现实中依靠单一方法解决问题会出现很多问题，因为每一种方法都有优点和缺点。

一、法律方法

法律方法指通过法律、法令、条例、规章制度以及司法、仲裁等工作，来调整各种关系和行为的管理方法。

（一）法律方法的特点

1. 严肃性

法律或制度一旦定下来，就不能随意更改，且要求执行严格，不能因人而异。如果法律执行不严格，不能人人平等，相关法律或制度不仅不会对活动和行为产生约束力，相反会败坏社会风气和组织氛围。

2. 规范性

法律或制度的表述要规范，语言严谨，含义解释单一，且法律和制度间不能相互冲突，约束力对所有相关组织和个人统一。

3. 强制性

法规一旦颁布就要强制按照法律或规定执行。

（二）法律方法的优点和缺点

1. 主要优点

使各类活动和行为有了制度的约束，有利于确保各活动有秩序运行，形成良好社会环境和组织环境。

2. 主要缺点

使各类活动和行为没有了灵活性，影响积极性、主动性和创造性的发挥。另外，有些事情难以从法律和制度上清楚界定，因此无法通过法律和制度来解决。

（三）运用法律方法应该注意的主要问题

（1）下一级的法律制度必须以各个上级的法律制度为指导，任何组织的制度不得违反所处国家或地区的法律，并注意与其社会的道德、价值观和文化保持一致。否则，相关法律制度难产生约束力，甚至会引发社会和法律问题。

（2）除十分必要外，各个层面的法律制度尽量不要涉及下层次具体的法律制度。这等同于越级指挥，后果是员工执行双重制度不知所措，或上级不了解具体情况导致过度约束，影响其优势的发挥，或下级没有完成任务时怪罪相关法律制度的负面影响而难按法律制度实施处罚等。如某地区有大量的水资源可以利用，而上面要求制度规定只能发展风能和太阳能，结果是投入大且能源产出效率低。

（3）法律和制度的表述要通俗易懂，严格规范、含义单一。如果相关法律和制度存在多种解释或概念模糊，那么执行过程中必然会受主观因素的影响，甚至出现不公正、扯皮、冲突等严重问题。

（4）涉及利益关系时，只要有利于维护绝大多数人的利益和组织整体利益，一般应该制定相关法律或制度，不能顾及极少数人的反对，即使涉及企业的核心领导人之一。实际上，企业或组织的领导人应该有整体意识，不应该为了放松自我阻止相关制度的出台或废除相关制度，从而导致组织运行混乱。

（5）法律和制度一旦定下来，就必须严格执行，领导更要以身作则。否则，相关制度不仅不能规范活动和行为，还可能会败坏风气。

（6）法律和制度必须反复分析其必要性，对于复杂的问题还要分解后考察哪些部分应该约束，哪些部分不应该约束。因为该约束的不约束会乱，不该约束的约束会严重影响各级工作的正常进行和组织的创新能力。如国家层面涉及的问题都特别复杂，必须分解清楚后制定相关的法律、制度或政策，不然，很容易出现一放就乱、一管就死的情况。

（7）法律方法必须与经济、教育等其他方法结合使用。如：对于轻微的违法可以通过教育或经济处罚方式解决。要明白处罚不是法律方法的目的，法律方法的最终目标是塑造好的社会秩序和行为，因此，必须通过教育让每个组织和个人尊重法律、支持法律、敬畏法律、自觉地遵守法律和维护法律。

二、经济方法

经济方法是根据客观经济规律，运用各种经济手段，调节各种不同经济主体之间的关系，以获取较高的经济效益与社会效益，间接引导和规范各类活动和行为的管理方法。如价格、税收、工资、信贷、奖金、罚金等都是重要经济手段。

（一）经济方法的主要特点

1. 利益性

本质是用利益机制来调节各类关系，间接规范和影响各类活动和行为。

2. 灵活性

由于经济手段很多，针对不同人或不同的事可以采用不同的经济手段。

3. 关联性

一种经济方法的使用往往会引起多种经济关系的变化，甚至产生连锁反应。合理使用经济方法，有利于正确处理政府、组织、部门和员工的关系，提高管理效率。但各种手段间关系复杂、影响面广，不合理的经济方法可能会产生难测的后果。

4. 平等性

该方法承认各经济组织和单位有平等获取自身经济利益的权利。

5. 非直接性

与法律方法不同，经济手段不具有强制性，只能间接引导和控制各类经济关系、活动和行为。

6. 有偿性

经济往来必须是按照规定等价有偿的。

（二）经济方法的主要优点和缺点

1. 主要优点

便于分权和简化管理；处理适当时，能协调各方面利益，有效发挥各方面积极性；方式灵活，企业或组织可以依据需要广泛应用于不同的领域和不同的对象。

2. 主要缺点

经济方法以价值规律为基础，带有一定的盲目性和自发性；助长本位主义、影响精神文明建设；经济关系复杂，有时可能出现与预期相反的后果。

（三）运用经济方法应该注意的主要问题

（1）经济方法必须与法律方法结合起来，建立好相关的经济制度、经济政策、报酬制度、奖罚制度等。否则，没有依据可寻，引导方向不明确，难以达到管理预期。

（2）与经济手段相关的制度和政策必须公平或依据充分、明确，对相关组织或个人公开透明。公平和明确的经济方法有利于形成较好的经济激励和竞争激励效果，大大提高管理效率，否则可能起到相反的作用，甚至出现纠纷和冲突。

（3）经济强度要合理。整体看，经济奖罚的强度，特别是奖励的强度与积极性并不是线性的关系，属于边际效用递减型。也就是说，经济刺激不强、差别太小，难产生激励作用，但过强对积极性的加强作用有限，相反，可能助长本位主义和影响精神文明建设。

（4）经济方法必须与企业或组织的目标结合起来，相关奖罚必须与完成的目标任务情况挂钩。

（5）经济方法必须与教育方法结合起来。要使相关对象明白，经济的奖罚不是目的，是为了使相关行为方向和行为强度与组织目标一致。如奖学金制度主要属于经济方法的范畴，但如果不加强教育，学生将该制度促进学习的目标误导为获得奖学金的目标，就可能出现败坏学风、弄虚作假等许多不良问题。

（6）涉及多个利益相关方的、与经济手段相关的制度和政策必须注意利益的平衡。如奖学金制度是否考虑体育成绩，考虑体育成绩时如何照顾有身体缺陷的学生，又如何考虑男生和女生的项目差异和考核标准差异等。

三、行政方法

行政方法是指依靠行政组织的权威，运用命令、规定、指示、条例等行政手段，按照行政系统和层次，以权威和服从为前提，直接指挥下属工作的方法。行政方法不仅本身是一种管理方法，而且同时也是法律、经济、教育、技术等其他管理方法有效实施的“中介”。

（一）行政方法的主要特点

1. 依靠行政权力和权威

行政方法是否能顺利实施，确定和提高管理者的行政权力和权威很重要。

2. 强制服从

组织中一般会给予直接上级对下级有命令和指挥权，下级必须服从上级指挥。当然与法律的强制性有区别，如果下级认为其指挥超越了权限或违反了相关的法律和制度，可以向更上级或司法部门申诉，且不听指挥也主要是受行政处罚。

3. 垂直性

只有上级指挥下级，平级或下级对上级没有特殊授权条件下无命令和指挥权。

4. 具体性

指挥的内容和对象都是具体的。

5. 无偿性

上下级间权力不平等，指挥时不讲等价交换原则。

6. 效率高

决策快、行动快、见效快、管理效率高。

（二）行政方法的主要优点和缺点

1. 主要优点

（1）有利于管理系统的集中统一，避免各行其是。

（2）有利于管理职能的发挥。

（3）有利于灵活地处理各种特殊问题和突发事件。

2. 主要缺点

（1）行政方法的管理效果与领导的水平有关。低素质领导的指挥，或领导没有深入考虑的指挥等，均有可能出现严重后果。

（2）影响下级的自主性，在分权管理情况下可能影响下级的绩效，且下级考核不合格时会给下级有力的借口。

（3）由于服从性和无偿性，行政方法会一定程度上扭曲经济价值规律。

（三）运用行政方法应该注意的主要问题

（1）加强与法律方法的配合，健全相关的制度体系。如：从制度上明确管理者的权力和责任，提高领导的权威性；建立目标任务清晰的直线领导负责制和岗位责任制，并以此明确指挥的权限范围；建立对领导的监督制度，明确指挥职权的禁区，减少领导滥用职权的风险；明确规定管理者的任职资格，保证领导的必要素质；建立统一的指挥链，保证无多头领导、保证领导班子内部协调一致、保证信息流动路径清晰等。

（2）加强与教育方法的配合。如：通过培训和指导提高领导的管理素质和思想品德素质；培训领导的指挥艺术或技巧，通过多谋（多调查、多讨论、多比较、多听意见）、善断（及时、准确判断。一般不断下一层次的事、不断重复出现的事、不断下级无建议的事）等，提高指挥的正确性；培育有利于支持科学指挥的文化，包括领导的科学指挥意识、被领导者的全局观念和时间观念等。

（3）注意与经济方法的配合。适度给领导一些财权、物权等，配合提高领导的指挥权威。

（4）注意与技术等其他方法结合，建立支持领导指挥的平台，提高指挥决策的效率和水平。

（5）领导本身应该注意提高指挥素质，如：大胆谨慎，用好法定权力（在了解的基础上，指挥做该做的事，制止不该做的事，在困难面前要敢于决断）；善于学习，发挥专家权力（做有知识、有经验的领导者）；创出成绩，发展威望权力；平等待人，增强感情权力（感情能使员工更有自觉性和主动性）等。

四、教育方法

管理的教育方法是指组织根据一定目的和要求，通过培训、教育、宣传等，提高人的素质，对员工的德、智、体各方面施加影响，进而促进管理的方法。教育是管理活动中一项最根本的方法。

（一）教育方法的特点

1. 基础性和长期性

人的意识的转变需要较长的时间，其行为的保持也需要反复和持续的强化。

2. 间接性

教育的成果很难短期直观看出和测量。

3. 启发性和非强制性

教育方法没有行政方法和法律方法那样的强制力，也没有经济方法的诱导力。

4. 方式灵活，内容广泛

如：授课的方式、沟通和指导的方式、引导与自学结合的方式、线上线下结合的方式等。内容可以是多方面的，如：思想道德教育，法制法规教育，科学文化教育，业务知识培训，价值观念、行为规范等组织文化素质的培养等。

（二）教育方法的主要优点和缺点

1. 主要优点

（1）能从本质上解决问题。一旦人的相关价值观形成，便会产生很强的自我控制力和内在激励力，从而激发持久的工作热情以及积极性、主动性和创造性。

(2) 对法律、经济等其他管理方法的应用具有重要的辅助作用和促进作用。

(3) 方法应用合理时，能以较低的成本产生较高的效益或效果。

2. 主要缺点

(1) 教育方法产生效果的时间长。人知识素质的提高、信仰和价值观的形成或转变等均需要较长的时间。

(2) 教育本身存在两面性，当内容不健康时会产生反向效果。如歪理邪说、愚人的文化信仰和价值观教育等。

(三) 运用教育方法应该注意的主要问题

(1) 明确教育的目的和方向。教育的内容、实施计划、教育的方式等选择，必须以明确教育目的为前提。

(2) 注意教育内容的准备与审核，特别是涉及思想道德教育、业务素质培训、文化知识教育等较正式的教育活动。应保证教育内容与教育目的相适应，文明健康，符合时代潮流等。

(3) 依据教育内容及其特点合理选择教育方式，如涉及制定教育计划，并组织实施的正式教育方式，以及非正式沟通、指导等非正式的教育方式等。

(4) 在企业中要重视企业文化（或组织文化）的培育。优良的企业文化一旦形成，因为产生群体行为规范、共有价值观、员工的认同感和责任感等，形成强大的群体控制力和自我控制力，对规范企业运行秩序和员工行为具有重要作用。

(5) 注意教育方法与法律方法的配合。通过制定相关的制度，使相关教育活动的实施、评价考核等具有一定的强制力，保证相关教育活动顺利实施。

(6) 注意教育方法与行政方法的配合。借助管理者的权威，提高教育活动的执行能力。

(7) 注意教育方法与经济方法的配合。适度利用经济手段，提高员工学习的积极性，如设立奖学金制度等。

(8) 注意教育方法与技术方法的配合。在教育过程中，应该充分利用各类信息技术、先进的教育方法和管理方法，提高教育的效率和效果。

五、技术方法

技术主要指解决问题的方法或方法原理，如：利用现有事物形成新事物的方法、改变现有事物功能和性能的方法、提高处理问题效率和效果的方法等。与科学相比，技术更强调实用和功能，而科学更强调研究和原理。

技术方法是指管理者根据管理活动的需要，运用自己或他人所掌握的各类技术，如先进设备、信息技术、决策技术、计划技术、组织技术、控制技术等，提高管理活动效率和效果的方法。

管理的技术方法本质上是利用技术来辅助管理，因此，许多学者并不将其认为是一种基本的管理方法。但技术与管理的有机结合是被实践证明有利于提高管理效率和效果的，可以说，不重视技术方法的管理者是落伍的、不符合时代潮流的和低效率的管理者。

(一) 技术方法的主要特点

1. 具有客观性

技术方法的使用范围、认识和使用的方式等不受人的思想、感觉等主观意识和手段的影响，能保持其真实性。正确利用技术方法产生的结果也是较客观的。

2. 规律性

技术方法是对客观规律的认识和升华。技术方法的认识与应用均具有规律性，如其解决问题的范围、条件、步骤等均有特定的要求等。

3. 精确性

在相同条件下，相同的技术方法解决同类的问题，结果会具有一定相似性。

4. 动态性的特征

技术本身和管理问题本身都是发展变化的，方法的学习和应用均需要不断发展和创新。

（二）技术方法的主要优点和主要缺点

1. 主要优点

（1）有利于提高管理者的素质和管理效率。技术方法的客观性和规律性决定了其可认识性，管理者可以在相关学习、培训和使用体验中不断提高解决问题的能力、管理水平和管理效率。

（2）有利于提高解决问题的速度和质量。技术方法一定程度上讲，是人们解决问题的经验教训归纳和升华，可以帮助管理者大大减少许多复杂的思考和出错的概率。

（3）技术与管理具有相互促进的作用。管理问题复杂，技术方法解决管理问题的过程也是将技术方法应用于新领域的过程，在提高管理效率的同时也必然促进技术方法的创新。

（4）有利于减少管理决策过程中的矛盾，形成一致的决策意见。管理中的问题复杂，可以考虑的思路和方法较多，且问题本身还可能涉及许多利益相关者的利益博弈和利益分配，因此容易出现矛盾甚至冲突。显然，技术方法的客观性、规律性和精确性有利于化解这些矛盾。

2. 主要缺点

（1）技术方法的使用条件偏差、信息准确性、应用的步骤准确性等均会导致错误的结果。而这个错误的结果有可能被大家认为是正确的。

（2）可能导致思维模式僵化，局限于技术思维或重技术轻管理。实际上管理的环境条件是在不断变化的，机械的应用技术管理方法容易出错。

（三）运用技术方法应该注意的主要问题

（1）管理者应该重视和不断学习各类技术方法及其在管理中的应用，提高管理素质和管理水平。

（2）技术方法的学习必须系统深入，如解决问题的类型、解决问题的条件、解决问题的过程和步骤等，均要有详细的了解，并要在应用中思考和归纳经验，提高技术方法的使用水平。

（3）在处理复杂管理问题时，要学会将多种方法综合应用，并灵活利用各个技术方法的优缺点相互补充和优化。

（4）在解决新的管理问题时，要注意打破技术方法导致的思维僵化模式，最好应用系统原理等管理原理评价技术方法在新环境下的可用性及其需要改进的地方。

（5）注意将技术方法与法律、行政、经济和教育方法结合起来，提高相关方法的使用效率和水平。如：相关信息的及时、准确获取和分析处理，资料保存与提取，科学决策分析，方案实施保障等。

本章的知识点和问题思考

一、主要知识点

（一）名词

1. 第二节的主要名词

管理；管理者；管理对象；资源；目标；效率；效益；持续发展；有形资源；无形资源

2. 第三节的主要名词

计划；组织；领导；激励；协调；控制；管理技能；管理角色

3. 第四节的主要名词

管理学；管理的科学性；管理的艺术性；管理的自然属性；管理的社会属性

4. 第五节的主要名词

系统原理；人本原理；效益原理；责任原理；伦理原理

5. 第六节的主要名词

法律方法；行政方法；经济方法；教育方法；技术方法

（二）简述

(1) 简述管理的职能。

(2) 简述管理的科学性、艺术性及其对管理者的启示。

(3) 简述管理的两重性及其对管理者的启示。

(4) 简述系统原理的基本观点及其对管理实践的要求。

(5) 简述人本原理的基本观点及其对管理实践的要求。

(6) 简述效益原理的基本观点及其对管理实践的要求。

(7) 简述责任原理的基本观点及其对管理实践的要求。

(8) 简述伦理原理的基本观点及其对管理实践的要求。

(9) 简述法律方法的主要特点、优点和缺点。

(10) 简述行政方法的主要特点、优点和缺点。

(11) 简述经济方法的主要特点、优点和缺点。

(12) 简述教育方法的主要特点、优点和缺点。

(13) 简述技术方法的主要特点、优点和缺点。

二、相关问题思考

（一）管理的本质是“管”还是“理”

（二）管理是如何产生效益的？就企业的研发、采购、生产、销售等环节之一，提出5种以上与计划或组织或领导或控制或激励或协调相关的管理工作实例

（三）我国有些外资企业主动适应我国的文化，支持和配合相关的政策，遵守相关的法律法规，发展自然会顺畅，而有些企业因不注意相关问题损失惨重。试依据管理的特征和原理分别解释其原因

（四）诸葛亮没有管理的经历，当上军师就显示出卓越的军事管理能力。诸葛亮的学习

内容和方式与一般学者有哪些不同？这对我们学习管理知识和提高管理能力有哪些启示

（五）为什么任何企业或组织都必须把创造社会价值放在首位？用系统原理和效益原理分别给出解释

（六）对于企业人才竞争力而言，最重要的是人才还是人才机制？用人本原理给予解释

（七）责大于权和权大于责分别有哪些重要的识别特征，对于管理者在现实中做到责权一致有哪些启示

（八）法律和制度对于组织的有序运行非常重要吗？为什么必要的制度一定要制定，不必要的制度尽量不要制定

（九）经济方法应用合理会提高人的积极性，分析一下不合理的经济方法有哪些主要的识别特征？并举出一个实例

（十）为什么行政方法的效果与领导的素质密切相关？现实中领导应该注意哪些问题

（十一）说明教育的内容和方式与教育效果的关系

（十二）技术方法对解决管理问题的速度和效果具有重要作用，但有人说："管理者学习和了解的技术方法越多越好，而心中的技术方法应该越少越好"，说明这一观点的对错，并给出解释

三、案例分析

（一）一个国家或地区都会有许多政策，选一个你感兴趣的政策，从效率和公平的角度分别进行分析，然后说明其主要优点和缺点

（二）用系统原理或效益原理或责任原理或人本原理或伦理原理，分析一个政策或管理制度或事件或观点或方法或理论等的主要优点或缺点、经验或教训

（三）依据法律方法、经济方法、教育方法、技术方法的优点和缺点，分析和评价一个政策或管理制度等的主要优点或缺点，并提出改进建议

（四）我国有许多政策，如房地产政策等，总是容易出现"一管就死，一放就乱"的现象，应用系统原理说明其原因和基本的解决思路

（五）为了解决低收入家庭的住房问题，我国出台了许多相关政策，如经济适用房、限价房、共有房、公租房等，试分析这些政策的主要优点和缺点，从公平、效率、便于操作和管理等角度，提出你认为能有效解决低收入家庭住房问题的制度

（六）调查一个企业的管理情况，从计划、组织、领导、控制、激励、协调职能中选择其一，指出其管理特点、优点和缺点

（七）从管理的两重性分析我国部分高校要求社科专业老师在国外发表论文政策的优点、缺点及其建议

（八）调查一个企业或组织的高层或中层或基层的管理工作，说明哪些需要概念能力、哪些需要人际能力、哪些需要技术能力

（九）调查一个企业或组织的高层或中层或基层的管理工作，说明其管理的角色（参考角色观点）

（十）调查一个企业或组织的高层或中层或基层的管理工作，说明哪些属于方向和目标的确定问题、哪些属于解决路径或方案的确定问题、哪些属于组织实施的安排问题、哪些属于人际关系或发挥人的作用的机制建立问题

第二章

管理思想及理论的发展

本章的主要内容包括：西方管理理论发展阶段的划分；泰勒科学管理的主要内容及贡献；法约尔一般管理的主要内容及贡献；韦伯的行政组织理论的主要内容及贡献；梅奥人际关系理论的主要内容及贡献；现代管理理论的主要流派及特点等。

管理思想是由一系列管理观念、观点组成的知识体系，是管理中各种关系认识的总和，是从事各种管理工作的指南。

管理活动虽然与人类基本上同步，但直到19世纪末管理才开始形成一门学科。追溯西方管理思想及理论的发展，学术上对其发展阶段有多种划分方法，如：有的采用三阶段划分法——古代的管理思想（19世纪末以前）、近代管理思想（19世纪末至1945年间）、现代管理思想（1945年后）；有的采用四阶段划分法，即古代传统管理阶段的管理思想（19世纪末以前）、古典管理理论（19世纪末到20世纪初）、近代管理理论（20世纪30—50年代）、现代管理理论（20世纪50年代以后）；有的采用五阶段划分法：早期古代管理（18世纪中期以前）、早期传统管理（18世纪中期至19世纪末）、古代管理理论（19世纪末至20世纪初）；现代管理理论（20世纪初至60年代末）；当代最新管理理论阶段（20世纪60年代以来）。本书以西方管理思想及理论的发展为主体，采用四阶段划分法来梳理西方管理思想及其理论的发展，同时，也简要介绍一些中国的相关管理思想。

第一节　古代及早期的管理思想（19世纪末以前）

一、古代的管理思想

管理几乎与人类同时出现，在古代人类就出现了许多管理成就，如：公元前约5000年，古埃及人建造金字塔，集中约10万人，历经20多年时间完成，显示出了古人在计划、组织、控制方面卓越的能力；公元前2000多年，巴比伦制定了关于个人财产、不动产、贸易和商业、家庭和劳动的各种法律，显示出了古人借用制度管理的智慧；中国是文明古国之一，5 000年前就出现了部落、王国及其领袖和帝王，自然就有了较复杂的管理；公元前1200多年，周礼中记载了当时的中国在官僚体制、计划、指挥、控制方面的原则；中国明朝万历年间（1573年），完成了万里长城这一人类史上的巨大工程等。但是人们只是在各种经济活动中自觉不自觉地进行着管理活动，从事管理实践，从未认识到管理活动本身的重要性和必要性。因此，我们称在18世纪中叶以前的管理思想为早期古代的管理思想。

二、早期传统的管理思想

（一）工厂的出现与管理问题的复杂化

早期传统管理思想的萌芽阶段是18世纪中期到19世纪末。18世纪中期，以英国为代表的欧洲各国，在社会、政治、经济、技术等方面经历了大改革，出现了几次大规模的资产阶级革命，生产组织也产生了重大的变化，从家庭生产制度到代产包销制度又到工厂生产制度等。

家庭生产制度是由一个家庭主持生产经营的制度。这种情况下，由于规模小、水平低、业务简单、人员关系相对较容易处理等原因，管理未受到重视。

代产包销制度（中间商代产包销制度）。随着高效率生产技术的出现，生产与消费的不平衡问题加剧，这种不平衡导致一些地方原料或商品供不应求，而另一些地方却有大量原料和产品积压。这样就出现了一些具有胆识、敢冒风险的“中间商”，他们组织家庭生产的原料，收购家庭生产的全部产品。这种代产包销制度对生产管理提出了较高要求。如当时没有一套材料消耗标准加以控制，有些工人暗地里克扣材料出售获利，商人明知这一点，却无法解决。后来，这些商人将工人请到家中做活，工厂制度也随之产生。

工厂生产制度下，许多工人在同一时间、同一空间、同一资本家指挥下工作。工厂能大大提高效率，显示出了强大的发展动力，导致使用机器生产的工厂迅速增加，工厂生产为主体的制度快速发展。但工厂的建立会产生很多需要解决的经营管理问题，如：筹集扩大生产规模的资金，如何使人、财、物在统一指挥下协调运转等。管理的重要性开始得到人们的认识，经济学者在其著作中也越来越多开始涉及管理方面的问题，厂长、经理等也开始重视总结自己的经验，探讨管理问题等。早期工厂的管理难题主要包括：缺乏专门的管理人员、缺乏熟练的工人、劳动纪律问题突出、雇主与雇员间利益矛盾尖锐等。

工人从家庭到工厂，对工厂的细化分工、标准化生产、严格按时上下班制度等都不习惯，使他们思念昔日家庭的工作情趣与自由。雇主起初采用罚金或关门等粗暴方式，结果引起了工人的反抗，甚至出现了捣毁机器，焚烧工厂等严重事件。后来，雇主想出启用监工（包工制），将任务以一定价格给承包人，由承包人支付工人工资，这样减轻了雇主与雇员间的直接矛盾。开始，这种方式有效调动了承包人的积极性，但不久又出现了问题。发现承包商为了利益更加加重了对工人的剥削，甚至不顾生产安全降低成本，超负荷和超时长运行导致设备损坏等，使相关矛盾更加激化。后来，雇主又想到了计件工资制度，即按劳动成果支付工资（显然这比计时工资效率要高很多），但当时实施这种制度是有困难的，计件工资标准的确定就没有好的办法，容易产生利益矛盾等。后来，雇主又想到建立企业精神等文化管理问题，如用宗教的伦理和价值准则来培养工人对工作的正确态度，劝人为善等。

总之，工厂的出现使人类涉及的管理问题复杂化和尖锐化，人类对管理重要性的认识也达到了前所未有的高度。

（二）西方早期管理思想的代表人物及其观点

早期传统管理思想主要是指西方产业革命之后到泰勒的科学管理产生之前这段时间的管理思想。对早期管理思想做出过贡献的代表人物主要有三位：英国的亚当·斯密、查尔斯·巴贝奇、詹姆斯·斯图亚特。

1. 亚当·斯密的《国富论》

亚当·斯密（1723—1790 年），是英国著名的政治经济学家和哲学家，1776 年发表了其代表作《国民财富的性质和原因的研究》（简称《国富论》），总结了当时各国资本主义发展的经验，对整个国民经济运动过程作了较系统的思考和描述。内容较广泛，涉及劳动分工、资本及其用途、政治经济学体系、国家的收支问题等。其中管理思想主要表现在劳动分工可以提高生产率等方面。其主要观点包括：劳动是国民财富的源泉；强调劳动分工对提高生产率的重要性；提出了经济人的观点等。其中还分析了分工提高劳动生产率的原因，主要包括：提高工人的技能；减少转换工作需要适应的时间；以专业化为基础发明了许多高效率的机器等。亚当·斯密还举例大头针行业，认为 10 个人完成各自专业工序，每天可以生产 4.8 万个大头针，如果不分工序，每个人生产全部工序，每天做完 10 个产品就不错了。

2. 查尔斯·巴贝奇的《机器与制造业经济学》

查尔斯·巴贝奇（1792—1871 年），是一名英国发明家，1823 年设计了一台容量为 20 位数的计算机，他的著作较多，但 1832 年出版的《机器与制造业经济学》一书，是管理史上的一部重要文献。他在亚当·斯密理论的基础上，对劳动分工和专业化问题进行了更为系统的研究。其主要观点包括：奉劝经理尽量采用劳动分工方法；用科学方法有效使用设备、原料及动力；对工作方法进行研究；报酬制度研究等。巴贝奇的思想在深度上、广度上都较同代人有较大进步。认为劳动分工能提高效率的原因包括 5 个方面：一是缩短适应工作的时间；二是减少学习期间的材料浪费；三是节省转换工序的时间；四是因专业化利于发明劳动工具；五是利于人与工作的配合。

3. 詹姆斯·斯图亚特的《政治经济学原理研究》

詹姆斯·斯图亚特（1712—1780 年），是英国的资产阶级经济学家，也是重商主义的代表人物之一。1767 年著作了《政治经济学原理研究》一书，主要内容涉及生产、分配、交换、社会进步对生产和分配的影响等，书中提出了许多重要的管理思想，其中最引人注目的是对工资与工作效率的研究，提出了将计时工资制改为计件工资制等。

（三）中国早期的管理思想代表

中国是文明古国，相关经典很多，内容涉及宏观管理和微观管理，以下仅介绍几个大家熟悉的经典著作和案例。

1. 老子的《道德经》

老子（传说公元前 600 年左右—公元前 470 年左右），又称李耳（古时“老”和“李”同音；“聃”和“耳”同义），曾做过管理藏书的官员，是中国伟大的哲学家和思想家之一，道家学派（道家学说）创始人。著有《道德经》一书，是道家学派的经典著作。

老子的对称思想，如无与有、智与愚、正与反、进与退、静与动、有限和无限等，顺应规律、对称、平衡与转化等思想，对管理实践具有重要指导价值。如：无为而治的管理思想（依据事物自身的必然规律行事）、以正治国的管理思想（对大事和难事要认真谨慎，对小事和似乎简单的事也不能轻视）、以弱胜强的管理策略（以奇用兵、等待或诱使敌人暴露弱点后制之）、提倡清净安定的管理环境（创造一个无为而治的清净环境）、提倡领导者应当居上谦下（不高高在上，应该永远谦恭和温和）等。

2. 孔子和儒家经典《论语》

孔子（公元前 551 年—公元前 479 年），中国著名的思想家、教育家、政治家。晚年修订六经：《诗》《书》《礼》《乐》《易》《春秋》，被联合国教科文组织评为“世界十大文化名人”之首。孔子去世后，其弟子及其再传弟子把孔子及其弟子的思想记录下来，编成了儒家经典《论语》。孔子的儒家管理思想经典是：以仁为原则、以义为道德规范、以礼为行为规范、以智为发展动力（人才）、以信为根本（让服务对象满意）。这些对目前的管理仍然有重要参考价值。

3. 管仲等人的《管子》

管仲（公元前719年—公元前645年），春秋时期法家代表人物，被称为管子、管夷吾、管敬仲，颍上（今安徽省颍上县）人，是中国古代著名的哲学家、政治家、军事家。《管子》一书是管仲及其学派的核心思想，其中有许多重要的管理思想。如：认为自然和社会均有其运动规律，管理应该顺势而为，避免逆势而为；认为从事变革事业必须注重经济建设，为人民办实事，先得民心才能聚拢优秀人才；认为人性本恶，但可引导；认为人是有需求的，人不仅有自然需要，而且有社会需要；认为一个好的管理者应该获取多方面的意见，包括相异和相反的情况和意见，在此基础上作出决策；认为要统治人民，关键是管好官吏；认为过于严厉的刑罚容易使人铤而走险，必须赏罚结合，赏罚有度；要善于发现一个人的长处，任其所长等。总之，《管子》涉及内容广泛，其思想对管理者有重要的实际参考价值。

4. 孙武的《孙子兵法》

孙武（约公元前545年—公元前470年），字长卿，春秋末期齐国人，中国春秋时期著名的军事家、政治家。《孙子兵法》又称《孙武兵法》，是中国最早的兵书，也是世界最早的军事书籍，被誉为“兵学圣典”。《孙子兵法》是一部战略意味浓厚的、充满智慧的兵书，解决了军事管理中的许多难题，其思想、观点和方法，对军事和其他领域的管理具有重要的指导价值。

如：将军队的行为描述为：“其疾如风、其徐如林、侵掠如火、不动如山、难知如阴、动如雷震”。这段表述实际上解决了军队管理最重要和最难解决的愿景问题，也给出了优秀军队的评价标准，为当时军队的发展和战斗能力的评价分析提出了方向和框架。目前许多组织或个人发展不好的主要原因是发展思路不清楚，思路不清的原因是优秀的模样不清楚或愿景模糊，具体表现为知道不足，但不知道具体差在哪些方面，更不清楚产生差距的根本原因。

又如：“死生之地、存亡之道、不可不察也；非利不动、非得不用，非危不战；主不可怒而兴军，将不可愠而致战”。这句话实际上提出了军队使用管理的重要原则。

又如：“上兵伐谋、其次伐交、其次伐兵、其下攻城”，这句话实际上给出了军事战略目标的制定和选择原则，并提出了可能出现的几种情景，这与目前较新的情景战略理论一脉相承。

总之，《孙子兵法》揭示了军事管理的许多客观规律，涉及许多相关管理的难点问题，除上面所叙述的外，还涉及军事信息情报和环境分析的框架、战略方案和计策制定的参考思路、战争的实施保障和控制等。这对目前战略的制定与实施具有重要参考价值。也不难看出，《孙子兵法》不是一部容易读懂和深入理解的书籍，管理知识的系统学习有利于加深对相关内容的理解。

5. 诸葛亮的《隆中对》

诸葛亮（181—234年），字孔明，号卧龙，汉族，徐州琅琊阳都人，中国杰出的政治家、军事家。

《隆中对》选自《三国志》，刘备去襄阳隆中三顾茅庐拜访诸葛亮时的谈话内容。谈话中，诸葛亮分析了天下形势，为刘备提出先取荆州为家，再取益州成鼎足之势，继而取中原的战略思路。内容已经选入初中语文课本，核心意思如下：

徐庶对刘备说："诸葛孔明是人间卧龙，将军可愿意见他？"刘备说："你和他一起来吧。"徐庶说："这个人不可以委屈他而召他上门，将军应该屈尊亲自去拜访他"。于是，刘备就去隆中拜访诸葛亮，总共去了三次，才见到面。

刘备叫旁人退下后说："汉室统治崩溃，奸邪臣子盗用政令，皇上遭难出奔。我不知自己的德行能否服人，自己的力量能否胜任，想要为天下人伸张大义，然而我才谋短浅，因此失败，弄到今天的局面。但是我的志向还在，你认为应该采取什么措施呢？"

诸葛亮答道："自董卓独掌大权以来，各地豪杰同时起兵，占据州郡的人数不胜数。曹操与袁绍相比，势力很少，却最终打败了袁绍，原因除天时好外，还有人谋。现曹操已拥有百万大军，挟皇帝号令诸侯，不能与他争强。孙权占据江东，已经历三世，地势险要，民众归附，又有能人，只可以把他作为合作对象，不可谋取。荆州北靠汉水，一直到南海的物资都能得到，东面和吴郡、会稽郡相连，西边和巴郡、蜀郡相通，是大家都要争夺的地方，但是其主人没有能力守住它，这是天来资助将军的，将军有占领它的意图吗？益州地势险要，土地广阔肥沃，自然条件好，高祖凭借它建立了帝业。刘璋昏庸懦弱，张鲁在北面占据汉中，那里人民富裕、物产丰富，刘璋却不知爱惜，有才能的人都渴望得到贤明的君主。将军是皇室的后代，声望很高，闻名天下，思慕贤才如饥似渴，如果占据了荆、益两州，和西边的各个民族和好，又安抚南边的少数民族，对外联合孙权，对内革新政治，一旦天下形势好转，就派一员上将率荆州军队直入中原，同时，将军亲自率益州军队从秦川出击，老百姓谁敢不用饭食和酒来欢迎将军呢？如果真能这样做，那么霸业可成，汉室可复兴了。"

对话中，诸葛亮系统分析了环境的机遇与威胁，说明了刘备的优势与不足，提出了三步走的战略和路径。整体看，诸葛亮对当时的环境和形势了解深入，战略分析依据充分，思路清晰，战略方案的可操作性强，是一个经典的古代战略管理案例。

三、古代及早期管理思想形成阶段的特点和意义

主要特点：主要靠人的经验进行管理；虽然有局部领域的理论和方法研究，但没有上升到科学基础上的管理理论和方法；管理理论尚未形成系统，主要是实践和经验的积累阶段等。

意义：使人们意识到管理是一门学问，值得去探索、研究、丰富和发展，而且预见到管理学的地位将会不断提高；区分了管理职能和非管理职能；为建立管理理论奠定了实践和经验基础。

第二节　古典管理理论（19 世纪末—20 世纪初）

一、泰勒的科学管理理论

19 世纪末以前，人们一直认为管理是一种经验，甚至认为是天生的、学不到的，甚至

现在还有少数人这样认为，对管理的科学性认识不够。

生产力的发展，特别是工厂的出现，使传统的经验管理无法胜任时，人们才逐渐认识到管理是一门学问，认识到管理人员可以通过学校来培养，而使管理成为一门科学的奠基人则是美国的泰勒，所以人们称泰勒是“科学管理之父”。

（一）泰勒的生平

泰勒（Frederick Taylor，1856—1915 年），1856 年出生于美国费城，因眼病问题中途退学。1874 年，在一家小型水泵制造公司学习制模和机械加工。1878 年转入米特瓦尔钢铁厂当机械工人，先后被提升为车间管理员、小组长、工长、技师和总工程师。1898 年进入伯利恒钢铁公司继续从事管理方面的研究。后来独立开业，从事管理咨询和科学管理的推广应用工作。

（二）泰勒早期的主要研究工作

1. 动作时间研究

泰勒的管理研究工作是在担任工长时开始的。当时工厂采用计件工资制，但工人的积极性并不高，经常为计件标准产生矛盾，为了解决这个问题，他对工人的操作实行标准化，并通过工人标准化操作的正常时间来科学计量出计件标准。这一研究成果也为目前相关业务流程和标准的制定等提供了理论基础。

如：为了提高效率，一家搬运公司的工程师，对每种运货、暂停、取货活动设立了标准，对过红灯、按门铃、上楼梯、中间休息等计算时间后，给出了详细的时间标准，使得工作效率大幅上升。显然，该公司通过动作时间研究使操作过程规范化和科学化。也表明，制定科学流程，使动作、设备和工具、工作环境等标准化，可以有效提高工作效率。

2. 搬运生铁的试验

1898 年，伯利恒钢铁公司雇佣泰勒来提高公司效率。泰勒研究出一种搬运方法，并对工人培训后，使工人每天搬运量从 12. 5 吨升至 47. 5 吨，同时工人的工资也由 1. 15 美元升至 1. 85 美元。

这些研究说明了技能工人与一般工人在工作效率方面存在巨大差距，且工作内容越复杂，这种差距就越大。因此，企业应该重视用人之长，重视培训工作及其效益，注重通过适当提高工资提高优秀技能人才的效益等。

3. 铁锹试验

泰勒在伯利恒钢铁公司做了一项生产工具标准化的研究。当时工人在铲铁砂和煤炭时都使用自备的铲子，铲铁砂时重量太大，而铲煤时重量太小。泰勒研究后发现，每铲 21 磅时工作效率最高，因此，泰勒专门设计出大小不同的铲子，成立了专门工具库，要求工人不自带工具。这项标准化工作的效果是：工厂的相关工人数量从 500 人减少到 140 人，人均产量从 16 吨/天增加到 59 吨/天，工人工资从 1. 15 美元增加到 1. 88 美元。

这项研究表明：一方面，加强生产工具的创新与管理，能显著提高效率；另一方面，通过生产工具的创新提高效率，并不一定需要很复杂的技术和创新，关键是要能研究分析影响效率的关键问题，并针对问题制定有效的解决方案。

4. 金属切削试验

在进行时间研究时，泰勒发现金属切削速度对时间影响最大，后来进行 26 年研究，发明了高速钢，并获专利，使切削时间缩到以前的三分之一。这一研究表明，微观管理创新与技术创新具有一定联系。

（三）泰勒的主要著作和观点

1. 主要著作

泰勒的主要著作有三部：1906《车间管理》；1911《科学管理原理》；1912《在美国国会的证词》。其代表作品是《科学管理原理》，涉及内容很广，主要内容可以概括为工作效率和工作定额、科学选人、标准化、差别计件工资制、职能研究和例外管理。

2. 著作中的主要观点

（1）科学管理的主要目的是提高工作效率。如：泰勒的时间动作研究、工具标准化等，都是为了提高效率。

（2）用科学的管理代替传统管理。泰勒认为那种完全凭经验管理的时代已经过去，应该采用科学管理方法进行管理。实际上，管理经验是与当时的条件和环境相关的，而条件和环境是在不断变化的，因此，僵化的借鉴管理经验，类似“刻舟求剑”，是愚蠢的行为。

（3）认为制定科学的工作方法是管理者的责任之一，如科学制定定额，实行作业工具、环境及操作程序标准化等。

（4）科学地选择和培训工人。认为每个人的身体和能力是有差别的，不同的人适合不同工作，因此应进行科学的挑选和培训。管理者的主要工作是为每个岗位找到最合适的人，并通过培训充分发挥他们的潜能。

（5）把计划职能与执行职能分开，实行职能工长制。泰勒认为当时的管理者，计划与执行功能应分开，一个是计划工长，专门管生产计划的制订；另一个是执行工长，专门监督工人是否在干活。若不分则两种工作都搞不好。泰勒的这一思想，为后来的组织职能部门的设立和管理专业化提供了依据。

（6）实行差别计件工资制。差别计件工资制是指做同样的工作，每一件产品的工资额是不一样的，超额完成任务的工资按高标准计量，若没有完成，则按低标准计量。泰勒认为，计时工资弊端多，不能体现多劳多得，这导致了计件工资制度的产生，显然，这种制度会大幅提高效率。后来，泰勒又提出了差别计件工资制度，鼓励工人超额完成任务，以便更充分发挥出工人的潜能。

（7）提出例外管理原则。泰勒将管理分为日常事务和例外事务，认为高级管理人员应在制定相关处理方法或政策的前提下，把处理日常事务的权限下放给下级管理人员，自己只负责对下级管理人员的监督和处理例外事务。例外事务是指那些重大的、难以通过简单固定的方式处理的问题，如公司战略、市场开拓、重大人事任免、组织变革、长期的技术隐患等。泰勒的这一观点，为管理问题的分类管理，管理的规范化、制度化等奠定了基础。

（四）对泰勒科学管理的评价

1. 泰勒科学管理的局限性

（1）把人看成“经济人”。受时代的局限，泰勒认为使工人多干活的唯一方法是多给钱，必要时应以规章制度进行约束。

（2）重视物质技术因素，对人及社会因素重视不够。实际上，激励的方式有很多，精神、竞争等均能产生激励效果，且不同的人看重的需求也可能不一样。

（3）侧重低层管理，对高层管理的研究和认识不足。实质上管理还涉及许多内容，如战略、市场、财务等，且高层管理更复杂，对企业的发展影响更大。

2. 泰勒的主要贡献

（1）首次将管理作为一门科学对待，将科学方法应用到管理上，并提出了“科学管理”一词，被称为“科学管理之父”。不过后来工人认为科学管理是加大他们的工作量，而绝大部分好处被资本家拿走，所以引起了工人的不满。后来人们将“科学管理”改名为“工业管理”或“工业工程”。

（2）注重用科学管理方法提高效率，促进了工厂管理的根本变革。泰勒是一个实干家，在人才培训、工具改进等方面取得了有效的进步和效果，被称为效率大师。

（3）泰勒对科学百折不挠追求和战胜困难的勇气是留给后人的巨大精神财富。泰勒因眼疾退学，在残酷的命运挑战面前，他不是沮丧和沉沦，而是以顽强毅力克服各种困难，全身心地投入科学管理的研究中。

二、法约尔的一般管理

当泰勒在美国研究倡导科学管理的时候，法约尔在欧洲也积极从事着管理理论的研究，成为欧洲第一位管理大师。

（一）法约尔的生平

法约尔 1841 年出生，1860 年毕业于法国国立矿业学院（圣艾蒂安），毕业后进入福尔香堡采矿冶金公司工作。他从一个采矿工程师逐步晋升到总经理，担任总经理职务长达 30 年之久。他的经历，使他在实践中逐渐形成了自己的管理思想和管理理论，并首次提出了著名的管理职能理论。

（二）法约尔的主要著作

法约尔的代表作是 1916 年问世的名著《工业管理与一般管理》，其研究覆盖了整个企业，把企业作为一个整体，研究如何提高企业整体的工作效率问题。他还认为，他的管理虽然是以大企业为研究对象，但也适用于其他组织，因此人们也认为法约尔是第一个概括和阐述一般管理理论的管理学家，称之为“管理理论之父”。

（三）法约尔一般管理的主要内容

其主要内容包括：将管理活动概括为 5 种管理职能；将企业的活动类型概括为 6 种经营活动；提出了 14 条管理原则。

1. 法约尔的 5 种管理职能

法约尔一般管理思想最重要的内容是他首次把管理活动划分为计划、组织、指挥、协调、控制 5 种职能，揭示了管理的本质。他认为：计划是管理的首要职能，是管理者对企业的未来作出预测，并制订一项指导未来的行动计划；组织包括组织结构、活动和相互关系的规章制度，职工招聘、评价和训练，以及决定完成任务所必要的机器、物料和人员调配等；指挥是对下属活动的指导，要做到指挥统一；协调是整合、统一和调配所有企业活动与个人的努力，以实现共同目标；控制是保证工作按计划和命令去完成的活动。

2. 企业的 6 种经营活动分类

法约尔认为任何企业都存在着 6 种基本的活动，而管理只是其中之一。这 6 种基本的活动包括：①技术活动：指生产、制造、加工等活动；②商业活动：指购买、销售、交换等活动；③财务活动：指资金的筹措、运用与控制等活动；④会计活动：指货物盘点、成本统计、核算等活动；⑤安全活动：指设备、货物及人员的保护等活动；⑥管理活动：计划、组织、指挥、协调与控制，且认为管理活动处于各个活动的核心地位，其他的5项活动都离不开管理。管理与其他企业活动之间的关系如图2-1所示。

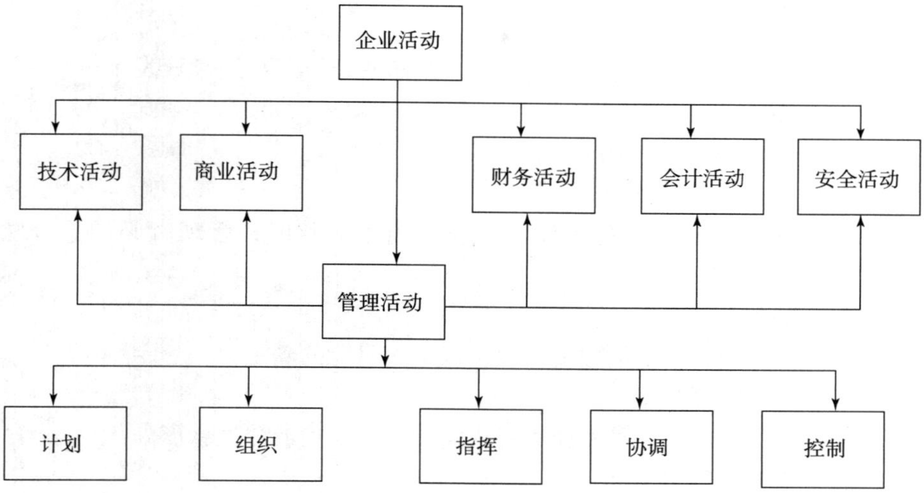

图2-1　管理与其他企业活动之间的关系

同时，还认为管理者对各种能力的要求随层次而变化，即不同级别的人应具备的能力不同。组织层次中随职位的提高，技术能力的相对重要性降低，而管理能力的要求逐步提高，组织规模越大，管理能力越重要，技术能力的重要性就相对减少，具体如表2-1所示。

表2-1　管理者对各种能力的要求随层次的变化　　%

人员类别	管理能力	技术能力	其他能力
工人	5	85	10
工长	15	60	25
车间主任	25	45	30
分厂长	30	30	40
部门领导	35	30	35
经理	40	15	45
总经理	50	10	40
国家政府部长	50	10	40
国家总统	60	8	32

3. 14条管理原则

（1）分工原则。

认为进行劳动专业化分工有利于提高效率，既包括各种活动的分工，也包括同一活动的专业化分工。

（2）权力与责任对等原则。

认为责权应该对等，权小于责难以履行职责，权大于责容易出现滥用权力等问题。

（3）纪律原则。

认为明确而公正的纪律是搞好管理工作的前提条件。

（4）统一指挥原则。

认为每一级组织只接受一个上级的指令，不能多头领导、越级领导。

（5）统一领导原则。

下属只有一个上级和一个计划或指令。

（6）个人利益服从集体利益。

个人和小集体的利益不能超越组织的利益。当不一致时，管理者必须想办法使他们一致。

（7）合理报酬原则。

报酬与支付的方式要公平，给雇员和雇主以最大可能的满足。

（8）适当集权与分权原则。

认为应根据组织的性质、人员的能力等决定权力的集中或分散程度。

（9）等级制度与跳板原则。

认为最高一级到最低一级应该建立明确的职权等级系列，既是执行权力的线路，也是信息传递的渠道，一般情况下不要轻易违反它。但有时为节省时间和保护信息不失真，法约尔提出了一种“跳板”原则，即在部门之间建立一个“法约尔桥”，作为沟通渠道。

法约尔提出的“跳板”原则可以用图 2－2 来解释。在一个高层级等级制度的企业里，假设 I 部门与 S 部门需要发生联系，按照指挥链，就需要沿着等级路线从 I 到 A 的阶梯，再从 A 下降到 S，然后再反向从 S 经过 A 逐级回到出发点 I。显然，这会花很长时间，如果在 I 和 S 间设置一个“跳板”，就可以实现 I 和 S 间的直接联系，当然，这需要具体的联系范围和方法设计，不然会影响统一指挥。

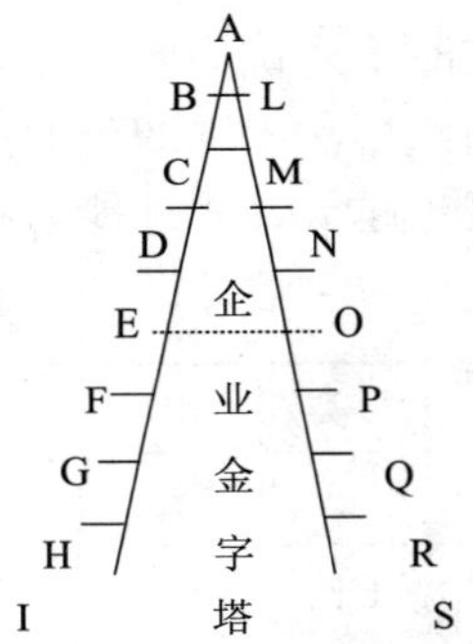

图 2－2 “跳板”原则示意图

（10）秩序原则。

此原则指组织中的每个成员应该规定各自的岗位，做到人皆有位，人称其职。这一原则也适用于物品的管理。

（11）公平原则。

认为主管人员对下属仁慈、公平，就可能使下属对上级表现出热心和忠诚。

（12）保持人员稳定的原则。

如果人员不断变动，工作将得不到良好效果。

（13）首创精神原则。

认为让下属发挥才智才能给人很大的满足，是下属人员工作热情的主要源泉。管理人员应该激发下属的创新意识。

（14）团结原则。

团结就是力量，必须注意保持和维护每一集体中团结协作和融洽的关系。

（四）对法约尔一般管理的评价

1. 法约尔研究的不足

（1）理论是静止状态下组织的管理与结构设计，没有从动态发展的角度来研究。

（2）14 条管理原则对提高管理效率是有帮助的，但显得较复杂，相互之间也缺乏必要的联系，而且有些原则又过于常识化。

2. 法约尔的主要贡献

（1）为管理学提出了一套科学的理论构架，是“管理理论创始人”，并研究了管理的一般性。尽管法约尔的影响不如泰勒大，但其管理思想的系统性和理论性更强，且涉及了中高层的管理。同时，管理五大职能的分析也为管理过程学派奠定了发展基础。

（2）提出了管理教育和培训的必要性。

三、韦伯的理想行政组织理论

（一）韦伯的生平与代表作

马克斯·韦伯（Max Weber，1864—1920 年）是德国的著名思想家、社会学家。他在管理学上的主要贡献体现在《社会组织与经济组织》一书中，主要是提出了理想的行政组织体系理论，通常也称为“官僚制”“科层制”，而这一理论最突出的成就是提出了组织的官僚集权模型，被称为“组织理论之父”。

（二）韦伯的理想官僚集权组织的主要内容和特点

这里的“官僚”是指复杂组织所具有的某些特点和规范，不是指工作表现的好坏。合理—合法的职权观念是韦伯官僚概念的基本内涵。合理—合法的职权是指根据所处地位来行使职权的权力，而这种职权演进为有组织的行政管理人员时，就形成了“官僚结构”。其内容和特征主要包括以下方面：

（1）组织目标的完成必须实现劳动分工，且要将各个岗位的权力和责任形成明确规范的制度。

（2）按等级制形成指挥链。上级对下级拥有权力，下级接受上级的控制和监督，同时还要对自己的下级进行控制和监督，并对下级的行为负责。

（3）人员之间的关系是一种非人格化的关系。组织中的基本权威由个人转向“法理”，用理性的、正式化的制度进行了规范。也就是说，指挥与服从的关系不是由个人而定的，而是由职位制度所赋予的权力而定的。

（4）明确规定职位职责及对人能力的要求。每个职位人员的挑选必须通过正式考核或培训，保证每个职位的人员称职，同时也不能任意免职。

（5）管理人员是领取固定薪金的职业管理者（不是组织的所有者），有明文规定的升迁和报酬制度。管理人员的升迁由上级决定，这样有利于培养成员的团结精神和忠于职守。

（6）管理人员必须严格遵守组织中规定的制度，按组织的要求行使必要的权力。

（三）对韦伯理想行政组织理论的评价

1. 韦伯理想行政组织理论的主要不足

（1）不适合以从事创造性和革新为主的非常规组织活动。

（2）将人当工具一样使用，组织中只有干巴巴的制度。

2. 韦伯理想行政组织理论的主要贡献

（1）实现了人与权力的分离，避免了传统管理因领导权力不受控制而产生的随机、易变、主观等影响。因此，精确性、稳定性、纪律性和可靠性等方面优于其他形式。

（2）体现了理性精神和合理化精神，适合大型组织的需要。

韦伯的组织理论、法约尔经营管理理论和泰勒的科学管理理论构成了古典管理理论的三个主要方面，标志着这一阶段的先驱者对管理学所做的重大贡献。泰勒率先在管理研究中采用近代科学方法，开辟了管理研究中采用科学方法的先河。法约尔明确管理是企业的一种基本活动，其过程或职能为计划、组织、指挥、协调、控制，为研究管理过程打下了坚实基础。马克斯·韦伯的官僚制理论，提出最适合于企业组织发展需要的组织类型和基本管理精神，成为各类大型组织的“理想模型”。这些古典管理时期管理研究的实践，为管理思想的进一步发展打下了良好的基础。

第三节　近代管理的发展阶段

近代管理的发展阶段主要指20世纪30年代，管理学理论的发展时期。这一阶段最突出的成果，是以巴纳德等为代表的近代组织管理理论以及以梅奥为代表的行为科学理论。

一、巴纳德的近代组织理论

（一）巴纳德的生平及其代表作

巴纳德（Chester I. Barnard，1886—1961年），出生于美国马萨诸塞州，近代管理理论的奠基人。巴纳德读完哈佛大学经济学课程后，1909年进入美国电报电话公司就职，先后担任很多管理职务，直到任新泽西贝尔电话公司总经理。巴纳德还曾在若干公共机构任职，是美国著名的高级经理人员和管理学家。其主要著作是1938年的《经理人员的职能》。

（二）巴纳德的主要管理思想

巴纳德理论主要是以组织为基础分析和说明管理的职能和过程。其基本结构为：个体假设——协作行为和协作系统理论——组织理论——管理理论。主要观点包括：

（1）组织是由人们有意识地加以协调的各种活动的系统，其中最关键的因素是经理人员。

（2）个人的协作可以通过命令和指挥形式来实现。但个人接受命令需要具备四个条件：一是个人理解命令；二是个人认为该命令同组织的目标一致；三是个人认为该命令同自己的利益一致；四是个人有执行命令的能力。

（3）将组织分为正式组织和非正式组织。指出正式组织无论级别的高低和规模的大小，都包括三个基本要素：协作的意愿，共同的目标和信息沟通。同时，巴纳德认为组织中存在着一种基于看法、习惯、准则等的无形组织，且这种组织对正式组织有双重作用（即支持或阻碍作用）。

（4）指出组织维持其生存发展必须实现三个方面的平衡：一是组织内部个人和整体之间的平衡；二是组织与环境之间的平衡；三是组织的动态平衡，即在内外因素变化前提下，打破旧平衡、建立新平衡的过程。

（5）认为管理人员有三个基本职能：规定组织的共同目标、建立和维持一个信息沟通系统、激励和协调职员共同奋斗。

（三）对巴纳德管理思想的评价

1. 主要不足

（1）有些概念有待明确，如组织的效率等。

（2）相关理论有待完善。如经理人员的职能至少还应该增加实现目标的路径等内容。

（3）相关观点需要斟酌。如个人接受命令需要具备的四个条件中，个人认为该命令同自己的利益一致等观点应该有更具体的解释等。

（4）研究范围过于广泛；忽视许多管理概念、原则和技术方法。

2. 主要贡献

（1）为社会系统学派的理论奠定了基础。

（2）以人为组织和管理的起点，构建了人本管理的理论基础。

（3）首次以协作系统表述了组织的定义。

（4）提出了正式组织和非正式组织，并指出了构成正式组织的三要素。

（5）提出了经理人员的三大职能。

二、梅奥的行为科学理论——人际关系理论

行为科学起源于20世纪20年代末30年代初，为了克服泰勒等管理理论的弱点，重视人的因素，重视社会、心理因素对人们的影响，以梅奥为代表的学者进行了有名的“霍桑试验”，开创了行为科学的早期研究。

（一）梅奥的生平及其代表作

梅奥（George Elton Mayo，1880—1949年）是原籍澳大利亚的美国行为科学家。与罗特利斯伯格（Fritz G. Roethlisberger，1898—1974年）通过霍桑试验，提出著名的“人际关系学说”，开辟了行为科学研究的道路。梅奥1926年被哈佛大学聘为副教授，从事心理学和行为科学研究。其代表作是1933年出版的《工业文明中人的问题》和1945年出版的《工业文明中的社会问题》，其中《工业文明中人的问题》总结了霍桑试验及其他几个试验的研究成果，论述了人际关系理论的主要思想。

（二）梅奥的“霍桑试验”

梅奥的“霍桑试验”主要涉及以下四个方面的内容：

1. 照明试验

目的是研究照明对生产效率的影响。试验专家设立了两个工作小组，一个为试验组，一个为控制组。试验组的照明度不断变化，控制组的照明度不变，发现照明度的改变不是效率变化的决定性因素。

2. 继电器装配工人小组试验

选择五位女装配工和一位划线工，单独安置在一个工作室，并派一位观察员记录情况。试验中有增加工间休息、免费供应午餐、缩短工作时间、实行每周五天工作制、团体计件工资制等项目。一年半后，取消了工间休息和免费午餐，工作日恢复为六天制，结果产量仍然保持高水平。是什么原因使工人提高了生产效率？研究小组提出了五种假设：改善了材料供应情况和工作方法；改善了休息时间和劳动强度；改善了时间节奏和工作的兴趣；产量增加后导致奖金增加；监督和指导方式的变化引起了工人态度的改变。结果发现，第五个假设起

到了关键作用。

3. 对职工大规模的访谈

用了约2年时间，走访了约2万名员工，了解他们对工作、环境、监控方式、公司状况、不满意问题等的看法，以及了解他们的工作态度、鼓励发表建议等。研究发现，影响生产效率最重要的因素是人际关系，不是待遇和工作环境，即小组中成员的工作效率是相互影响的。

4. 对接线板接线工作室的研究

研究小组对14人组成的接线板接线工作室进行了约6个月的观察，发现：

（1）成员自己有非正式标准，一旦完成就自动停工。因为他们认为如果多完成产量，公司就可能会提高工作定额，甚至会让一部分落后的人失业或受斥责。

（2）成员对不同层次的上级持不同态度。在组织中职位越高，所受到的尊敬就越大，对他的顾忌心理也就越强。

（3）成员中存在一些小派系。每一派系都有其行为规范，加入者必须遵守这些规范，且小派系中有领袖人物，负责控制成员的行为和保护派系成员。

（三）梅奥人际关系理论的主要观点

1. 人是“社会人”，不是单纯追求金钱的“经济人”

2. 企业中除“正式组织”外，还存在“非正式组织”

非正式组织是工人根据自己的兴趣、爱好、经历、信仰等自发形成的，它以感情、倾向为标准无形地左右成员的行为。正式组织则是以效率为标准有形地影响成员的行为。泰勒等古典管理理论只重视组织机构、职权划分、规章制度等正式组织的管理。

3. 生产效率主要取决于职工的工作态度以及其与周围人的关系

认为满足工人的欲望、提高工人的士气是提高生产率的关键。因此，认为管理者必须重视人际关系和与职工在感情上的沟通，关心下属、与工人打成一片，才能做好管理工作。

（四）对梅奥人际关系理论的评价

1. 梅奥人际关系理论的局限性

（1）过分强调非正式组织在企业中的作用。

（2）过分强调感情因素对提高生产效率的作用。

（3）过分否定物质条件、规章制度、作业标准及经济刺激的影响。

2. 梅奥人际关系理论的主要贡献

（1）抛弃了以物为中心的管理思想，重视以人为中心进行管理的研究。该理论架设了近代管理到现代管理的桥梁，也为管理的研究开辟了新的领域，使人们开始关注人的因素，为管理方法的变革指明了方向。

（2）强调对管理者和监督者的教育和训练，要求管理者改变对工人的态度和监督方式，倡导下级参与企业的决策，强调意见沟通和改善人际关系，重视企业中的非正式组织等。

整体看，近代管理最突出的成果，是以巴纳德、西蒙等为代表的近代组织管理理论以及以梅奥为代表的行为科学理论，核心特点是提出以人为中心来研究管理问题，否定了“经济人”的观点，肯定了人的社会性和复杂性。为了进一步说明其价值，下面用一个大家熟悉的案例《古罗马军队的管理》进行讨论。

古罗马军队的战士入伍时要庄严宣誓，保证永远不背离军规、服从命令，为皇帝和帝国牺牲自己。让他们认为在危险时抛弃金鹰徽是可耻的，在指定的服役期满后可得到固定军饷和不定期的其他报酬。对于不服从命令者严厉处罚，百人队长有权用武力处罚，司令有权处死刑。因此，当时士兵怕长官的程度超过了敌人。西方将这种方式称为“胡萝卜加大棒”。拿破仑说得更形象：“我有时像狮子，有时像绵羊。我成功的秘密在于：我知道什么时候应该是前者，什么时候应该是后者。”

古罗马军队的管理体现了古典管理的思想，其特点是将人当“经济人”或“工具”看待。在一定程度上讲，部分做法对目前的管理仍有现实指导意义。如制度和规则要遵守，违反要受到惩罚，做得好要有奖励等。但这种方法过于原始，在现代管理中应该建立更科学的薪酬制度，同时加强教育和沟通。

古罗马军队的管理相对于没有纪律的军队是具有很强战斗力的，但相对于人性化的军队又是缺乏战斗力的。如中国的国共战争时期，国民党的军队体现了典型的古典管理特征，如完成任务补偿多少金条、后退就枪毙等，而共产党的军队体现了以人为中心的管理，如重视国家和人民的利益，并以此为基础培养了军人的价值观和信仰。从两个军队的战斗力看，解放军的战斗力强悍是世界公认的。这足以说明近代管理对提高管理效率的价值。当然，这并不是否认制度管理的重要性，实际上解放军的纪律和制度也是很严格的，只是除此之外，官兵关系融洽、人员信仰坚定等方面很突出。

第四节　西方现代管理思想

第二次世界大战后，世界的政治经济形势发生了巨大变化，如工厂的快速发展和规模迅速扩大导致市场竞争激烈、技术更新加快和新兴工业的不断涌现、员工文化程度和素质的提高等，这给企业管理带来了新的挑战，如环境复杂导致经营决策难度加大、生产过程复杂导致内部协调管理难度加大、专业化加大员工枯燥厌倦情绪导致激发人员积极性难度加大等。这使得许多管理学者和企业家重视思考新的管理问题，由于思考的角度不同，出现了许多管理思想。

西方现代管理阶段指20世纪50年代以来管理思想和理论的发展阶段。这一阶段，人们在古典管理和近代管理的基础上，提出了许多新的理论和学说，形成了许多学派，美国管理学家孔茨把这一现象形象地描述为管理理论的“丛林”。所谓管理学派，就是指从什么角度，运用什么样的方式或理论去研究管理问题，从而形成的观点和看法。目前管理学派很多，大大小小不下100种，其中主要学派有的概括为6个，有的概括为8个，有的概括为11个等。下面介绍几种主要的学派。

一、管理程序学派（管理职能学派）

管理程序学派又称管理职能学派，认为应对管理的职能进行认真分析，从管理的过程和职能入手，对企业的经营经验加以理性地概括和总结，形成管理理论，指导和改进管理实践。这一学派的研究主要分两步：一是分类管理人员的职能，明确管理人员的管理任务；二是对每个职能分别研究，如职能的目的、结构、技术方法、实施障碍的排除方法等。

该学派起源于法约尔，相关知识归纳的代表人物是美国的管理学家哈罗德·孔茨（H. Koontz）和西里尔·奥唐奈（Cyril O’Donnell），代表作是他们合著的《管理学》。管理程序学派在西方很有影响力，许多学者也对此作出了贡献，如威廉等1950年出版的《经营管理的原则》、德鲁克等提出的目标管理等。

二、社会系统学派

社会系统学派的重点是研究组织理论，特点是将组织看成一种人的相互关系的协作体系，看成是社会大系统的一部分，且受到社会环境各方因素的影响，其代表人物是美国的管理学家巴纳德。社会系统学派的主要缺陷是研究范围过于广泛，忽视了许多管理概念、原则和技术。

主要观点：巴纳德认为，组织是人的行为和活动相互作用的社会协作系统，只有依靠管理人员的协调，才能维持这个合作的系统。而经理人员的主要工作包括：确定组织目标、建立并维持组织信息的传递系统、处理好人际关系并发挥好每个员工的作用。

三、管理科学学派

（一）管理科学的定义和特点

管理科学起源于第二次世界大战。当时英、美两国把数学应用于军事指挥、决策和物资调拨上并取得了巨大成功。战后人们把数学应用于管理，同时战后新兴的各种现代技术和方法也被广泛地应用于管理领域。为了把这些新的方法与泰勒提出的方法相区别，便使用了“管理科学”一词。

狭义的管理科学是数学在管理中的应用，广义的管理科学是指数学、电子计算机、决策理论、系统工程等现代化方法在管理中的综合应用。其特点是：以数学模型为基础；以电子计算机和信息技术为手段；采用系统工程的观点和方法；以决策为中心内容。

（二）管理科学学派的主要内容

1. 数学模型的应用

可以用实物、语言、图表和数字等方式对管理问题建立分析模型，该模型能对系统的全面工作进行衡量。目前较有代表性的是《运筹学》《优化理论》等学科，如：线性规划、网络技术、决策论、排队论、库存论、对策论、多目标决策、计算机模拟和智能分析系统等。

2. 计算机等电子信息技术在管理中的应用

计算机等电子信息技术在管理中的作用主要有：对管理信息的监测、及时准确获取、快速传递或反馈等；对大量数据信息资料的快速存储、快速提取或检索等；对数据、资料进行快速统计、运算、模拟仿真分析等；处理各种数学模式的运算，帮助管理人员对方案进行初步的智能决策等；处理各种例行管理问题，促进程序化决策的智能化和自动化等；分析各个管理单元的关系，促进各个管理单元的协调配合等。

整体看，目前电子信息技术在管理中的应用涉及了各个管理环节和管理单元，对管理效率的提高产生了巨大作用。在战略等复杂管理方面，信息监测、大数据和智能决策等是目前的重要研究领域，日常管理的信息化已经取得显著成效，如会计电算化、资源管理系统（ERP）等对管理效率和管理质量的提高作用显著。但电子信息对战略等复杂管理的应用研究还没有取得决定性的进步，而这或许也是计算机取代人类需要跨过的最关键一步。

3. 系统工程的观点和方法在管理中的应用

系统工程的主要观点为：任何一个单位、一件事情、一项工程，都可以看成是一个系统；系统是由各个不同元素（也叫子系统）组成的；系统作为整体的功能大于各部分元素的功能之和；各元素的最优方案只是局部最优，不一定是整体最优；系统本身又是一个更大系统的子系统等。

系统分析主要是告诉管理者如何全面深入地分析问题，弄清问题的结构，清晰解决问题的思路。具体讲，在实践要重视对问题的分解、功能的综合或等效、因素的相互影响、各因素的动态变化、处理好组织与环境的关系等。

4. 以支持管理决策为中心内容

管理理论中把行动之前对行动方案的决定称之为决策，而这是管理中最困难和最有价值的内容，甚至有学者认为管理就是决策。管理科学学派将数学、电子信息技术、系统工程等用于解决管理问题，主要目的是解决定性分析难以比较的多个方案间的差别、解决定性分析难以看清的因素之间的关系及其对组织决策的影响、解决定性分析难以判断的变化趋势及其对组织决策的影响等。

（三）注意管理科学方法的局限性

（1）把管理中与决策有关的各种复杂因素全部量化是不可能的。

（2）这一理论忽略了人的因素。

（3）管理问题的研究与实践，不可能也不应该完全只靠定量分析。

实际上，学者因定量分析不合理闹出的笑话很多，如：有学者通过定量分析每亩地实际需要多少劳动力，进而确定我国农村的绝对剩余劳动力，结果远小于农村实际剩余劳动力；有学者从我国当时的人口及其需要皮鞋的数量推算出我国需要养牛的数量，结果远低于实际需求；有学者分析地球最多能承载多少人，然后考虑人口的增长，推算出多少年以后地球将有多少人死亡，结果发现十分荒唐。如 1968 年埃利希发表《人口炸弹》一书，写道：养活所有人类的战斗已经结束，20 世纪 70 年代死于饥饿者将达亿万之数，什么也防止不了世界死亡的大幅度增长。然而，实践证明其预测是错误的，且错得很远。总之，定量分析需要全面深入的定性分析的支持，需要大量的调研或试验等依据的支撑。

四、行为科学学派

20 世纪 30 年代前，管理的研究基本是以“事”为中心，很少涉及对人的研究，然而，人并不是简单的“经济人”，是有感情的“社会人”，员工生产效率在很大程度上取决于人的工作情绪和人与人之间的关系。行为科学主要是研究人际关系、激励、工作环境创造等问题的学科。目前行为科学已与管理科学并列而成为现代管理学发展的两大支柱。该学派起源于梅奥的“霍桑试验”，代表人物主要有马斯洛、赫兹伯格、麦格雷戈等。

（一）行为科学的定义和主要观点

管理学中的行为科学主要是研究自然环境和社会环境中的人类行为规律的学科，是应用心理学、社会学、人类学等相关知识来研究人或组织的行为产生、发展和转化的规律，以便预测人的行为，进而控制人的行为的一门科学。行为科学理论包含了个体行为理论、群体行为理论、领导行为理论和组织行为理论。

行为科学的主要观点包括：要探索人类行为规律，科学选人、用人、培养人；强调个人目标和组织目标的一致性；重视人的尊严，实行民主参与管理，加强员工自我管理等。

(二) 行为科学的几个主要理论研究方向

1. 关于人的需要和动机的研究

由于人的需求产生动机，而动机会驱动行为，所以，许多从事行为科学研究的学者将人的需求和动机作为探讨人的行为规律的突破口，且研究出了许多有价值的成果。如：马斯洛的需求层次理论、赫茨伯格的双因素理论、弗鲁姆的期望值理论、斯金纳的强化理论、麦克莱兰的成就需求理论等。

2. 关于管理中人性的理论

这个方向的研究目的是探讨人的本性，进而探讨人的行为规律。相关研究成果包括：格拉斯、麦格雷戈推出的“X 理论—Y 理论”；莫尔斯和洛希提出的超 Y 理论等。

3. 关于组织行为和人与人的关系问题

这方面的研究主要是要探讨组织的行为规律，以及人与组织、人与人之间的关系。目前这个方向的主要成果包括：莱维特的沟通网络，勒温的群体动力论、冲突调节理论，威廉·大内的 Z 理论等。

4. 关于领导行为和方式的理论

这方面的研究目的是探讨高效率的领导方式、领导行为和领导风格。相关成果包括：特征理论、连续统一体理论、管理方格理论、支持关系论、领导生命周期理论、费德勒模型等。

5. 关于企业中非正式组织的理论

正式组织是根据一定的制度等正式化机制建立的组织，非正式组织是因彼此吸引而自发组成的组织。非正式组织对正式组织具有双重作用。

五、决策理论学派

决策理论学派是在社会系统学派基础上发展起来，代表人物是西蒙，他认为决策贯穿于组织管理的全过程，管理就是决策。他们把系统理论、运筹学、计算机科学综合运用于管理决策问题，形成了包括决策过程、准则、类型及方法的较完整的理论体系。

主要观点包括：决策贯穿于管理的全过程，管理就是决策；决策过程包括四个阶段：资料收集、计划拟订、计划评选、计划评价；决策标准是“满意”而不是“最优”；应该用“管理人”假设代替“理性人”假设，管理人不考虑过于复杂的可能情况，只考虑与问题有关的情况；依据活动是否反复出现可分为程序化决策和非程序化决策，且根据决策条件分为确定型决策、风险型决策和非确定型决策；涉及全局的决策必须集权，内部决策可根据决策性质和决策人的素质适当分权。

六、系统管理学派

系统管理学派是用系统科学的思想和方法来研究组织管理活动及管理职能，1963 年理查德·约翰逊、弗里蒙特·卡斯特、詹姆士·罗森茨维克 3 人合著了《系统理论和管理》一书，成为系统管理学派的代表作。

主要观点：组织是一个由相互联系的若干子系统组成的开放系统，具有集合性、相关性、目的性和动态环境适应性。系统运行效果是通过各个子系统相互作用的效果决定的；组织本身是一个系统，同时又是社会系统的子系统，组织在与社会环境的相互作用中获得动态平衡；组织系统中任何子系统的变化都会影响其他子系统的变化。

系统管理的具体操作包括四个步骤：系统决策、系统结构设计、系统运行与控制、评价系统运行效果。

七、经验主义学派

经验主义学派又称案例学派，是通过对大量管理的实例和案例的研究，从相关成功及失败的经验教训中归纳和升华出管理的规律性和技巧。主要代表人物和代表作有欧内斯特·戴尔及其代表作《伟大的组织者》和《管理：理论和实践》，彼德·杜拉克及其代表作《有效的管理者》和《管理：任务、责任和实践》等。

主要观点包括：管理没有普遍适用的准则；应该用比较方法研究管理的个性，而不是从一般原理出发；成功的管理不仅要靠科学，还要靠经验等。

八、权变理论

权变理论是20世纪70年代形成的管理理论，代表性人物和著作有卢桑及其著作《管理导论：一种权变》，伍德沃德及其代表作《工业组织：理论和实践》等。主要观点包括：企业管理中没有一成不变、普遍适用的管理理论和方法；环境的复杂多变使以前的管理理论适用范围有限；管理方法应该随着企业所处的内外环境的变化而改变，如组织规模、工艺技术复杂性、管理者位置高低、管理者位置权利、下级个人差别、环境不确定程度等因素。

本章的知识点和问题思考

一、主要知识点

（一）名词

1. 第一节的主要名词

工厂生产制度；标准化生产；《国富论》；劳动分工；计时工资；计件工资；《论语》；《管子》

2. 第二节的主要名词

科学管理；动作时间研究；职能工长制；例外管理；经济人；官僚集权模型；差别计件工资；跳板原则

3. 第三节的主要名词

正式组织；非正式组织；社会人；霍桑试验；以人为中心的管理

4. 第四节的主要名词

管理学派；数学模型；计算机模拟；决策；管理科学；行为科学；管理案例；管理环境

（二）简述

（1）简述劳动分工提高效率的原因。

（2）简述科学管理的主要贡献和弊端。

（3）简述法约尔一般管理的主要内容。

（4）简述梅奥人际关系理论及其产生的条件。

（5）简述非正式组织及其优缺点。
（6）简述管理科学学派的特点和内容。
（7）简述行为科学的主要研究方向。
（8）简述劳动分工的主要优点和缺点。
（9）简述西方现代管理思想的主要学派及其主要观点。

二、相关问题思考

（一）认识事物运行规律对管理的重要性
（二）哪些情况下有可能实现以弱胜强
（三）人的本性研究与管理的关系
（四）如何发挥非正式组织的积极作用
（五）从计算机在管理中的应用看，计算机替代人类还有多远
（六）谈谈管理科学和行为科学在实践中应该把握的限度
（七）从管理科学的角度看，管理者应该注意获得哪些知识和能力
（八）从行为科学的角度看，管理者应该注意获得哪些知识和能力
（九）谈谈系统方法和权变方法对管理者的重要性
（十）好的管理者应该有哪些特征，说出你认为最重要的2～3个
（十一）如何处理管理经验与模式僵化的关系

三、案例分析

（一）调研一套企业流程，并分析各个环节的时间和动作（或业务）之间的逻辑关系

（二）学习一些非管理的知识或书，说出其可以帮助管理者提高素质的2～3个思想、观点或理论和方法

（三）调查一家企业的管理信息化情况，说明其提高管理效率的主要路径或逻辑

（四）学习一个模型及其应用案例，如预测、资源配置、关键因素分析、水平或质量评价、库存量的决策、价格决策、产品组合决策、进度控制、计划方案决策、顾客分析等，并说明其对管理的支持作用

（五）调研或分析一家百年企业，指出其2～3条长寿的秘诀

（六）学习介绍或设计一个管理问题的分析实验，说明其思路和主要过程

（七）调研一家企业的劳动分工和工作的专业化情况，说明其对提高效率的作用

（八）住房限购政策后出现了家庭离婚，从科学管理和行为学的角度分别给出解决办法

（九）举一个世纪以来国外或中国的经典管理案例，分析其学习价值

（十）谈一下世界技术（或仅选中国技术）进步的主要阶段特征和关键技术，及其对社会发展和人类生活习惯的影响

第三章
计划与决策

本章的主要内容包括：计划与决策的含义和特点；计划与决策的目的和任务；计划与决策的种类和形式；计划与决策的编制过程和方法；目标管理及其实施过程；战略及其分析和决策方法等。

第一节　计划的含义、性质和作用

一、计划的含义

计划作为动词时应理解为“做计划”，作为名词时表示“计划工作”的结果。管理中的计划内容十分广泛，除根据实际情况和目标拟订的实施计划（狭义的计划含义）外，还包括计划的分析和决策过程。其中分析和决策是计划的核心内容。计划分析工作包括识别计划对象的关键信息、信息的及时获取与跟踪、信息的处理及其趋势预测等，为后续的相关决策提供科学的依据。决策工作主要包括行动方案的拟订、评价和选择的过程。实施计划是为决策方案的实施制订的具体计划。于是给出计划的定义如下：

计划是调查、识别、收集和处理信息、预测未来、确定目标、制订和评选行动方案、拟订方案实施的步骤和过程、规定方案实施的时间和地点、制订方案实施的配套政策和措施、跟踪计划实施过程并依据环境和条件的变化调整计划方案的过程。

二、计划要素——计划内容完整性的检验标准

计划要素最重要的是传统观念提出的“5W1H”，这个框架也为计划内容完整性的检验提供了标准。其中：

Why——为什么：是要说明制订计划需要解决的问题或要达到的目的，并回答为什么要解决这个问题，或说明解决这个问题的意义、价值或必要性。

What——做什么：是要说明解决问题的具体方案，所涉及的具体任务、活动内容等。

Who——谁去做：是要说明安排完成计划的部门、负责人及其成员。

Where——在何地做：是要说明完成的空间、地点或位置。

When——在何时做：是要说明计划的开始时间、结束时间，对于较长时间的计划还要说明中间的进度安排或进度控制标准。

How——怎么做：是要说明具体的实施手段、措施或途径。

后来，学者们又对计划的要素提出了更高的标准，提出了“5W3H1IF”，即增加了2H1IF，具体如下：

How effect——效果如何：是要跟踪和评价计划实施的效果。

How much——如何更好：是要在多个方案中选优，保证计划实施的高效率。

If not——不这样做会怎样：是要回答不实施这个计划或方案会如何，进一步认证计划选择和实施的必要条件。

三、计划的性质

计划的性质可以概括为如下六个方面，也有书上概括为五个方面，即首位性、普遍性、目的性、效益性、实践性和明确性。

（一）计划的首位性

意指计划职能相对其他管理职能处于首位。主要原因是：从管理过程的角度，计划职能先于其他管理职能；有些场合，计划职能可能是付诸实施的唯一管理职能。如计划分析的结果是相关项目不合理时，就没有了后面的组织、领导和控制等工作了；计划职能影响和贯穿于其他管理职能中。如计划对组织的影响是，可能需要在局部或整体上改变一个组织结构，以及相关的体制和机制。计划和控制联系更加紧密，因为计划提供了控制的标准等。

（二）计划的普遍性

一般而言，计划工作的特点和范围会随各级管理人员的职权不同而不同，但计划是各级管理人员的一个共同职能，甚至员工也有必要对自己的活动做一些计划工作。

（三）计划的目的性

每一个计划及其子计划都是为了完成一项或多项任务或目标。因此，计划工作必须显示出管理的目的和特征。

（四）计划的效益性

计划既是确定关键目标的过程，也是寻求最佳实现手段的过程。即计划既要“做正确的事”又要“正确地做事”。因此，计划的失误是最大的失误，计划所造成的损失也是最大的损失，这也是绝大多数企业破产是因为计划失误的原因。企业只有在正确计划指导下，才能有效利用各种资源，提高企业的效益和效率。

（五）计划的实践性

计划的实践性是指计划对组织行动的导向作用。计划是否符合实际、是否便于操作等，也是衡量一个计划好坏的重要标准。

（六）计划的明确性

计划的明确性是指计划中涉及的概念要有明确解释，而且含义要单一，任务或目标要可衡量，尽可能量化，任务完成的时间或目标实现的时间要明确，完成任务所需要的资源和应遵循的原则等也应明确。

有的学者还提出了计划具有创造性、严肃性等其他特征。

四、计划对管理的主要意义

计划对管理的主要意义表现在四个方面：计划是组织管理活动的依据，为组织各项活动提供了方向和要求；计划是合理配置资源、减少浪费、提高效益的手段；计划是降低风险、掌握主动和机会的手段。计划虽然不能完全回避风险或一定能寻到好的机会，但至少能让管理者了解潜在的机会和威胁，有利于降低风险、掌握主动和机会；计划是管理者制定控制标准的依据。

一般而言，如果没有计划或计划不好，组织中会出现许多不好的情况，如：管理者整天忙于布置工作，领导者陷于日常事务；各级管理者整天忙于解决出现的问题；下属不知所措，整天等任务安排；各个岗位不知道如何努力才能把工作做好等。

第二节　计划的分类和基本形式

一、计划的分类

不同组织、不同部门、不同的问题等会有不同的计划，因此，计划具有多样性特征。计划的分类方法主要是按照计划的时间、功能性质、对象、明确程度、程序化程度、影响程度等划分的。

（一）长期计划、中期计划和短期计划

按计划时间的长短，可以将计划分为长期计划、中期计划和短期计划。一般而言，一年及其以下的计划为短期计划，如年度计划、月度计划等；一年以上至五年的计划为中期计划；五年以上的计划为长期计划。

（二）职能计划

按功能或职能性质，可以将计划分为生产计划、财务计划、人事计划、市场计划等不同职能部门的计划。

（三）综合性计划和专业性计划

按计划对象所涉及的范围，可以将计划分为综合性计划和专业性计划。

综合性计划是对组织的各个方面活动进行的全面规划和安排。一般而言，涉及组织全局的计划多属于综合性计划，如组织战略、组织年度综合经营计划等。

专业性计划是对某个专业领域，如某个职能部门工作的计划，往往是综合计划的某个子计划。

（四）指向性计划和具体性计划

按计划内容的明确程度，可以将计划分为指向性计划和具体性计划。指向性计划一般只提要实现的目标或要行动的方向，不涉及目标实现的具体路径或方法。具体计划是既有目标和方向，也有具体的实现路径或方法。

（五）程序性计划和非程序性计划

按计划的程序化程度，可以将计划分为程序性计划和非程序性计划。

程序性计划主要用于解决管理中的例行问题，即重复出现的日常事务。这类问题在制订具体解决办法或程序或政策等以后，问题再出现时就可以反复使用已经制订的计划解决，不需要再制订新的计划。

非程序性计划主要用于解决管理中的例外问题，即新颖的、影响重大的问题。如新市场的开拓、战略、组织变革、长期性技术隐患、长期性产品质量隐患等。解决这类问题很难有先例可循，只能进行新的研究和制订新的计划。

（六）战略性计划和战术性计划

按计划的影响程度，可以将计划分为战略性计划和战术性计划。

战略性计划是组织各个层面重大的、涉及全局的谋划。战略性计划主要涉及组织的长远方向和发展目标、基本的方针和政策、基本的经营策略或模式等，具有时间长、范围广、问题重大等特点。战略计划主要回答组织要做什么事，为什么要做这些事，以及做这些事情的基本路径、原则和策略。

战术性计划主要涉及组织活动的具体运作问题，是目标如何实现的细节性计划，涉及具体部门的行动方案，如各类作业计划等，具有时间短、范围窄、内容具体、可操作性强等特点。战术性计划主要回答如何做事、由何人做、在什么地方用多少资源做等问题。

战略性计划和战术性计划是相互联系的，战略性计划是战术性计划的依据，战术性计划是战略性计划的具体落实。

二、计划的基本形式

计划具有丰富的内容和多种多样的表现形式，一般有八种基本形式。计划的基本形式和计划的分类不同，即使没有学过管理的人也可以说出一些计划的类型，但没有学过管理的人，一般不知道计划有哪些主要的形式，特别是政策、程序、规则、标准、预算等，没有学过管理的人很少知道这些属于计划的内容。下面简单介绍八种计划的基本形式。

（一）目的（使命或宗旨）

目的或宗旨，是要表示组织的基本作用和任务，或组织生存的理由和价值。如大学的目的是教学和研究、法院的目的是解释法律和执行法律等。然而，有些企业的目的可能不能简单定义，如许多联盟类的企业可能把它们的使命看作是通过联盟产生合力等。

（二）目标（工作任务的要求或标准）

目标是指某项活动在一定时间段内所要达到的预期效果，或者说是目的在某一时期、数量和质量上的具体要求或考核标准。据调查，在公司中30%的工作与实现公司总目标没有任何关系，40%的内部问题或矛盾与大家对目标的理解不同有关，相当一部分“内耗”或成本就是因为目标冲突或多余。因此，目标及目标体系的科学性和合理性，对管理的秩序和效率具有重要作用。

目的和目标的主要区别：目的是组织的使命或宗旨，是组织存在的前提，它表明组织是干什么的，应该干什么。目标是为实现目的而提出的，指组织及各部门在一定时期内应达到的预期效果。

（三）策略和战略

策略是为实现目标所采取的方案、方法或部署，通常把较长期的根本性或全局性的策略称为战略。一般讲，策略并不确切地表述组织怎样去完成目标，那是支持性计划或实施计划的工作任务，但是策略会提供相关的指导思想和行动的框架。这也是将策略作为一种计划单独列出的主要原因之一。

（四）政策

政策是指管理者在决策时或处理问题时的指导思想和行动原则。政策的种类是很多的，如人才引进政策、鼓励员工提建议的政策等。整体看，政策是指导管理者决策的，因此一般有一定的自由处理度，自由处理权限的大小取决于政策的性质和管理者的地位和权力。如企业的产品报价，总经理拥有解释和应用这种政策的广泛处理权，而部门经理的处理自由度就小得多等。

（五）程序或流程

程序是按时间顺序对组织的活动进行的排列。程序是具体行动的指南，因此，程序必须详细给出相关活动的具体运行方式。需要注意的是，许多程序是跨部门的，如处理订单的程序要涉及销售部门、财会部门、生产部门等。

程序和政策既有区别又有联系。如某企业制定了职工假期的政策，为了落实这项政策，企业就必须建立相关程序，如：规定假期的时间段、假期间的工资处理办法、请假和记录的办法或流程等。

（六）规则

规则是详细地说明采取或不采取某种特定的行动的规定，是一些最简单的计划形式。如企业规定上午上班时间为八点，那么八点没有上班的员工就违规了等。日常生活中也常常将许多规则统称为规章制度。

政策、程序和规则的主要区别：规则与政策的主要区别在于规则在应用中不具有自由处置权；规则与程序的主要区别在于规则不规定顺序，可以将程序看成是一系列规则的结合。

（七）规划或综合计划

规划是综合性的计划，包括组织的目标、政策、程序、规则、资源分配等许多方面。一般而言，组织整体的规划都有很多与之配套的支持性计划和预算。严格讲规划有大有小，但一般把一年以上的综合计划才称为规划。

（八）预算

预算是用数字表述的计划，是为保证目标的实现所配置的资源及其部署的详细的、量化的表述。如材料、工时、销量、产量、定额等。预算包括多种，如长期预算、短期预算、全面预算等。虽然预算是为实现计划服务的，但预算本身也是基本的计划形式，一个好的预算可以将组织的策略用数字反映出来，没有预算的计划是一种盲目的计划，很容易导致成本失控。

第三节　计划的科学性和实用性评价标准

要充分发挥计划职能的作用，使之成为各项管理职能的基础，就必须有效提高计划的科学性和实用性，为了帮助管理者提高计划工作水平，本书就计划的科学性和实用性提出以下具有可操作性的评价标准。

一、计划（政策等）的科学性和合理性评价标准

计划的科学性和合理性主要从以下 6 个方面分析思考：

（一）计划的有效性

计划是否科学合理，首先要看计划是否能解决相关问题，或能否实现相关目标和完成相关任务。如：计划中确定的目标及其体系是否系统和明确地表述了问题解决的特征，以及相关的数量、质量、时间等要求或标准等。

（二）计划的适应性

计划的适应性主要考察计划内容是否充分考虑了计划实施的环境特点和组织本身的条

件，即该计划是否利于抓住机遇、规避威胁、发挥组织优势、弥补劣势等。

举个简单的例子：有个学校某个专业的研究生录取分数在380分左右，学生提出数学120分、专业120分、英语70分，政治70分的目标体系，显然，如果这些目标实现，该生是可能考上研究生的，即计划是基本有效的。但计划是否适合该学生的条件和环境，还需要进一步考察。如调查发现，多年英语考分均较低，70分已经算很高的了，而该生的英语没有优势，专业和数学具有一定优势，因此，该生认为更适合的目标体系应该是数学125分、专业125分、英语60分，政治70分等。

（三）计划的可行性

计划的可行性分析涉及的内容较多，主要包括环境和组织条件分析及其计划的必要性认证；相关投入回报分析及其经济上的可行性认证；相关技术方案分析及其可靠性认证；相关产品批量生产的可行性；相关人才获得的可行性；计划实施中能否突破关键障碍，如资源瓶颈、政策的限制、强大对手的打压等；计划实施的过程是否便于管理，如是否便于理解、便于操作、便于考核等；计划实施中是否有应对不确定性或风险防范的措施等。

计划的可行性分析是计划实施前的必要工作，特别是时间周期长、涉及资源投入多、对组织发展影响大的计划。可行性分析有利于减少计划失误及其产生的损失，也可为投资决策、签订融资或其他合作协议等提供科学依据。

（四）计划的可持续性

计划的可持续性涉及许多方面，如计划涉及的支持资源是否可持续，计划是否考虑了社会效益与组织效益的统一，计划是否能实现长期效益和短期效益的统一，计划是否符合社会发展的方向或相关国家和地区的政策取向等。但一个很重要且容易被管理者轻视的因素是利益共赢，即，计划是否能平衡好各利益相关方的利益，特别是组织的利益、服务对象或顾客的利益、资源提供方的利益、员工的利益、政府的利益等核心利益相关者的利益。

（五）计划的协调性和统一性

计划的协调性，主要涉及计划的内部协调和外部协调两个部分。内部协调是指计划与本单位或本部门的其他计划之间，以及本计划的各个子计划之间要相互协调。内部协调是指计划与上级的计划之间，以及计划与组织外的各项计划和政策之间要相互协调，即计划要符合上级计划和地区、国家等的相关政策的要求。

另外，计划的执行过程也要协调统一、相互衔接。而要做到这一点，除目的或目标一致、任务可行或可接受、利于提高整体效益外，还要注意计划的连续性，即计划及其执行要瞻前顾后，所订的目标、方针、政策、策略等要前后一致等。

（六）计划的严谨性

严谨具有完整、细致、完美等含义。计划的严谨性主要是指计划的分析深入、支持依据充分、符合逻辑、表述明确等方面。具体而言，计划应该信息可靠，分析深入，涉及的目标体系完整，至少不能缺少关键目标而出现所谓“计划空隙”；计划的整体思路逻辑性强，获取信息的技术方法、信息处理和相关预测的分析方法科学合理，保证计划分析的结果依据充分和可信；计划的表述要简单明确，以免出现各个部门解释不同而出现所谓“计划隔阂”等。

二、计划（政策等）的实用性评价标准

（一）是否符合计划的限定因素原理

限定因素是指可能对目标实现或计划实施起主要限制作用的因素。对这些因素了解得越多，思考得越深，就越能提高计划的有效性。这个原理的应用主要涉及三个要点：一是要注重相关问题调查、分析和了解；二是要抓要点或关键的限定因素；三是要对关键的限定因素提出解决这些问题的预案。

下面举一个大楼建设计划失败的例子。1990 年一个企业计划建设 18 层大楼，当时预算并筹资 1 800 万元，1992 年 1 月开工。施工 6 个月时，因政府在当地有个地方文化节，要求工期停止且必须推到 1992 年 11 月后。由于 1992 年下半年建筑材料涨价，特别是钢材价格上涨接近 50%，11 月复工后，仅基础就花费了 600 万元，企业预知预算资金无法完成建设，重新计划筹资，可由于当时国家开始偏紧的货币政策，企业最终没能完成大楼建设项目，且 1996 年年底企业因资金问题经营停滞。这个计划失败的主要原因是对计划实施的限定因素缺乏调研、了解和没有对关键限定因素提出解决的预案。

现实中，如果计划没有考虑关键的障碍因素且提出相关解决预案，其失败概率应该是很高的，特别是长远计划。因此，一个实用的计划在表述形式上就不是简单和单纯的计划内容描述。

（二）是否符合计划的弹性原理

弹性指有一定的余地、宽余度或灵活度。计划的弹性是指计划应该具有一定的灵活性和宽余度，当出现意外情况时，计划的变化能在可控的范围内，或有时间和能力改变方向而不必花太大的代价。即，计划中体现的灵活性越大，未来因意外引起损失或计划失败的可能性就越小。没有弹性的计划是很容易失败的，如一个任务需要 100 个人完成，而你的计划刚好也是 100 个人，由于实施过程中员工出现病假、事假、调动工作等容易出现的事情，计划中如果没有设置出现这些情况的解决预案，应该是很容易失败的。

下面举一个投资计划失败的例子。一家发电企业对未来 10 年的投资规划进行了较细的部署，涉及较大的电力投资项目 16 个，然而，规划实施不到 2 年就开始失去指导意义。因为最大的水电投资项目被政府批给了另一家发电企业，5 年后要投资的项目大部分因区域政策变化、自身条件的变化等原因无法按照原来的计划实施。显然，未来 10 年的环境和条件的变化是无法准确预测的，因此将一个企业未来 10 年的投资项目完全准确地定下来是不可能的，也是严重违背了计划的弹性原理。

现实中如何解决计划的弹性问题呢？

第一，对 3 年内的计划可以适当具体化，后期应该主要是原则性和方向性的，但这些原则和方向应该确实具有很强的指导价值。如：一个电网企业的投资计划中，对于近 3 年的投资计划具体化后，又配合提出了计划调整的方法和原则。如：省电网项目投资调整中项目重点选择思路主要考虑三个方面：一是项目本身在电网系统中的地位和价值，其项目的重要程度的初步排序为：“特高压电网配套工程或服务类项目；330 千伏输变电工程类项目；重点城市或重点经济区域配电网项目；普通的农村配电网项目。”二是项目本身的紧迫程度。从电网项目解决的主要问题类型看，项目紧迫性可初步排序为：“解决重大供电安全的项目；解决严重供电质量问题的项目；提高重点经济区域供电能力的项目；解决电源输出问题的项

目；扩大供电市场范围的项目；提高供电效率的项目”。三是项目的经济效益和发展前景。

第二，使用一些管理方法提高计划的适应能力。如滚动计划法、情景理论等，这些在后面介绍。

需要注意的是，灵活性仅指制订计划时要留有余地，至于执行计划时，则一般不应有太大灵活性。另外，灵活性是有限度的，受时间限制、灵活性付出的成本的限制、灵活性对全局或其他计划的负面影响的限制等。如订单要求1个月交货，那就只能将生产时间定在1个月内，增加人员或其他资源提高计划的弹性必然会增加成本预算，计划之间往往存在逻辑关系和资源的配置关系，一个计划弹性的增加还可能会影响其他计划的正常实施等。

（三）是否遵循计划的“许诺原理”，合理确定了计划期限

许诺原理是指各类计划都是对完成某个任务的许诺。这个许诺越大，所需的时间就越长，准确制订计划的难度也就越大，实现计划的可能性也就越小。

现实中，合理的计划期限取决于任务所必需的时间。过长存在费用和环境变化的风险，太短有不能完成任务的风险。如：1990年一家企业发现美元利率比人民币利率低很多，就用贷款美元的方式购买设备，结果美元兑人民币出现大幅升值，最终导致这家企业破产。又如21世纪初，人民币对美元出现了大幅升值，结果导致沿海大量外贸企业因无法完成订单而倒闭，因为他们产品出口的价格已经低于国内原材料的成本。

现实中，每个组织或个人都应该在可能条件下尽量缩短计划时间，千万不要认为1年可以完成的事，2年就一定能完成。如，许多大学生认为1年考研究生有点苦，就将计划延长到2年甚至更长，结果发现因为工作压力、婚姻等因素可能导致一些学生考研的难度更大了。

（四）是否有计划实施过程的跟踪及调整方案

任何计划，特别是长远计划，都不可能对未来出现的各种情况作出绝对准确的预测，因此实施计划时，必须搞好计划跟踪、检查和修订工作。在情况发生重大变化时还应及时调整计划、启用备用方案，甚至重新拟订方案及其实施计划。

如2020年新冠病毒及其影响是很多企业没有预料到的，绝大多数企业都会产生巨大损失。相对而言，那些投资激进又没有应对风险控制预案的企业应该具有很大的破产概率，而有风险控制预案，且能及时调整计划进度或方向的企业会较容易生存下来。

第四节　计划的制订过程

下面介绍综合计划的制订过程，简单计划的制订步骤可以适度减少。计划的一般过程包括计划分析；目标及其体系的构建；计划的约束条件或前提条件；计划方案的制订及其评价选择；制订实施计划；编制预算。

一、计划分析

（一）外部环境分析

1. 外部环境及其分析的概念

外部环境是指存在于企业或组织周围，影响其活动与发展的各种客观因素与力量。分为宏观环境、中观环境和微观环境三部分（中观和微观也可以合并为微观）。

外部环境分析是要对组织的战略环境进行分析和评价，并预测这些环境的未来发展趋势，以及这些趋势可能对企业造成的影响。因此，环境分析一般包括四个步骤：识别环境变化的早期信号（扫描）；对环境变化及其趋势的持续观察（检测）；依据检测的数据分析预期的结果（预测）；判断环境变化对企业的影响（评估）。

外部环境分析的目的是要系统和准确地识别出企业未来发展的机会和威胁。那么外部环境分析需要从哪些方面考虑（或应该分析哪些内容），本书给出了一些基本的思路和参考框架，实践中可以依据框架涉及的方面以及企业的业务特点确定具体的分析重点。

2. 宏观环境分析框架 PEST 和 PESTEL

P：政治因素，指具有影响力的政治力量，相关政策、法律及法规。如：政局稳定性、政府管制、政府采购、税法、关税、专利及其产权保护、劳动力培训法、教育政策、外交、货币政策、行业规定、进出口限制等。一般而言，企业喜欢在政局稳定、政策公平且稳定的政治环境中竞争和发展。

政治因素要特别注意政府调控经济的路线、方针政策、法律法规、战略计划等。如我国的许多路线政策对我国经济发展产生了重大影响，如：从阶级斗争为纲转为以经济建设为中心、实行农村家庭承包责任制、推进全面改革开放、建立社会主义市场经济制度，加入世界贸易组织、推进国有企业改革、实施西部大开发战略、实施科教兴国战略、转变经济增长方式、一带一路建设、双碳目标等。

E：经济因素，指企业外部的经济结构、产业布局、资源状况、经济发展水平及趋势等。如：经济发展速度和方式、各类投资规模、货币供应量、利率、经济规模、消费模式、通胀、汇率、商业存款率、个人存款率、财政政策和财政收支、国际贸易及国际收支、就业率、工资水平、物价水平等。经济环境对企业影响直接，宏观经济对企业中长期战略影响较大。一般而言，企业喜欢在经济发展稳定和发展潜力大的经济环境中竞争和发展。

S：社会因素，指社会成员的历史发展、文化传统、价值观、教育水平等。如：行业特殊利益集团；人口出生率、人口增长率、人口数量及其年龄结构、地理分布、收入结构、性别结构、种族结构等的变化；劳动力的多样性及其公平性；道德观念、环保态度、对售后服务的态度以及对工作生活质量的态度等。一般而言，企业喜欢在稳定的、公平的、高素质的、高消费水平的、多元文化包容的社会环境中竞争和发展。

T：技术因素，指相关的新技术、新工艺、新材料、知识转化、技术投资偏好等。如：社会科技水平、社会科技力量、国家科技体制、国家科技政策和科技立法、知识的转换水平、个人投资偏好、政府投资偏好、新技术及其发展趋势等因素。

E：环境因素，指组织活动、产品或服务中能与环境发生相互作用的要素。如：行业及相关行业的发展，对自然环境和社会环境的影响，媒体和社会的关注度，可持续的发展空间，能源消耗、能源政策、资源的获得、自然灾害、社会危害等。

L：法律因素，指法律、法规、司法状况和公民法律意识等，如：世界公约、基本法、劳动保护法、公司法、相关行业法规、环保法、消费者保护法等。

随着经济全球化发展，国际政治事件、国际市场格局、不同文化和制度的特征、新型工业化国家等全球化因素也是许多公司重视的环境分析因素。另外，宏观因素是相互联系的，都很重要，分析过程中也不一定要求绝对分开，当然，不同行业涉及的具体指标重要度会有区别。

3. 中观环境（行业整体环境、自然环境等）

（1）行业整体通常分析的主要指标。

市场规模；行业内企业竞争的范围；市场增长速度及行业所处的生命周期中的阶段；竞争厂商数目及其相对规模；客户的数量；行业盈利水平；进入/退出壁垒；产品标准化的程度；技术变革速度；资源条件；规模经济；产品革新速度等。这部分主要是了解行业发展的基本情况、前景、吸引力等。

（2）行业变革常见的驱动因素（行业机会和风险的主要监测指标）。

行业增长率变化；客户及消费方式的变化；新产品的出现；新技术的出现；营销模式的变化；进入和退出壁垒；专有技术的扩散；行业的全球化；成本和效率的变化；政府政策的变化；社会关注点、态度和生活方式的变化；不确定性或经营风险变化等。这部分主要是通过这些因素的观察分析，了解行业未来可能会出现的机会和风险。

4. 微观环境分析框架（五力模型）

（1）买方或顾客的力量分析。

顾客的特征及其营销策略特征，顾客的规模与集中程度，顾客对本产业和本企业的重要性，本企业对顾客的重要性，顾客从本企业获得的收益，顾客间合作或联盟的可能性，顾客是否了解足够的信息，顾客的转换成本，顾客群体的人文社会特征（年龄结构、地区分布、收入状况、民族、宗教文化等），顾客对本企业产品关注的重点，影响顾客购买行为的主要因素等。

（2）卖方或供应商的力量分析。

供应商的集中度，本企业对于供应商的重要性，供应商对于本企业的重要性，供应商和本企业的业务往来中获得的收益，供应商提供产品的可替代性，供应商的特色和不足、供应商之间合作和联盟的可能性，供应商所提供的原材料或零部件成本占本企业相关产品总成本的比重等。注意，供应的要素是多样的，如原料、零部件、半成品、能源、资本、人力等。

（3）潜在进入者分析。

潜在进入者的数量和实力，拟选择进入的产品类型，拟选择进入的市场区域，可能采取的竞争战略，其主要竞争优势和劣势，潜在进入者的主要进入障碍或壁垒：如规模经济、与规模无关的其他成本优势、投资门槛、地理位置、资源控制、专有技术、政府支持、学习经验、销售网络或分销渠道、品牌忠诚度、商标和产权的专有性、经营特色与经验、用户的转换成本、市场饱和程度、现有企业预期的报复、审批制度、许可证制度、融资的差别对待、差别性的税收政策等。

（4）替代品分析。

替代品的价位、性能，替代品的生产能力，替代品生产企业采取和拟采取的主要营销手段，客户对替代品的使用倾向，客户的转换成本，替代品的技术和前景，替代品的主要途径：如提高价值与价格的比、增加全新功能、降低转换成本、提供更可靠的技术、降低成本等；防御替代者进攻的主要策略：如降低成本以提高性能价格比、提高客户的转换成本、开发新的使用价值、转向新的细分市场、能否考虑进入替代品产业和其协同发展等。

（5）现有竞争对手分析。

产业中主要竞争对手的分类，如市场型、资源型、市场和资源混合型等；主要竞争对手的实力，如产品品质优势、顾客的忠诚或品牌优势、成本优势、创新能力或速度优势、适应性优势、网络或渠道优势等；主要竞争对手有哪些独特的优势与不足；竞争者退出的难易度；发生竞争对抗的可能性；发生竞争合作的可能性；本企业与竞争对手的主要实力对比，如市场对比、渠道对比、技术对比、营销策略对比、财务实力对比等。

五力模型分析的目的是要搞清楚企业的主要竞争优势、竞争地位等。另外，五力模型中没有考虑政府、支持者等其他对企业有重要影响的因素，现实中应该适当补充分析内容。

5. 其他重要的环境因素

（1）国家的发展阶段分析。

国家的主要经济发展阶段分为四个：一是经济起步阶段（人均 GDP 300 美元以下），以劳动密集型、食品、轻纺工业等为发展中重点，主要需求与温饱问题相关。二是经济起飞阶段（人均 GDP 300 美元～1 500 美元）以资金密集型、重化工业为主。主要需求与基础建设、小型家电、服装轻纺工业、农业生产工具和生产资料等有关。三是经济加速阶段（人均 GDP 1 500 美元～1 万美元），我国大约是 2003 年开始进入的这一阶段。这个阶段的主要需求与房地产、汽车、教育、电子信息、旅游、健康医疗、环保、商品和技术的升级等有关。四是经济成熟阶段（人均 GDP 1 万美元以上），特点是知识密集型、高附加值化。主要需求与教育、舒适方便的智能工具、健康医疗、生命科学、支持多样化需求的服务工具、快速服务、远程或随叫随到的服务、高品质的食品等有关。分析国家或地区的发展阶段，有利于企业把握该国的需求重点及其趋势，为企业选择有发展前景和容易盈利的方向奠定基础。

（2）四个周期的分析。

如国家的经济周期、行业的发展周期、产品的发展周期、组织的生命周期等。在国家的经济周期、行业的发展周期、产品的发展周期的不同周期阶段应该选择不同的战略思路和战略态势，在组织的生命周期的不同阶段应该采取不同的组织结构和组织变革思路等。

（3）利益相关者分析。

一般而言，利益相关者可以从八大方面分析。所有者：涉及股权资本、所有与被所有关系等；供应者：涉及资源要素的供应和交易关系等；顾客：涉及产品需求和产品交易关系等；合作者：涉及资源、业务等合作关系，如员工及其他合作者等；政府：涉及政策法律的制度执行，管与被管的关系等；竞争者：涉及市场、资源等的竞争关系等；替代者：涉及替代品和市场替代关系等；互补者：涉及互补品和市场互补关系等。进行利益相关者分析，可以了解组织或企业的核心利益相关者及其利益诉求，有利于制定出利益共赢的发展计划或发展模式等。

6. 环境分析的信息来源

（1）间接来源。如新闻媒体信息；各类报告、公告、文件、档案资料等信息；各类统计资料、文献资料等信息；各类会议、学术交流、博览会、经验交流、专家研讨等信息；竞争者的市场信号，如事前和事后的宣告、对行业的评论和看法、对自己行动的解释等。

（2）直接来源。如直接接触、观察、访谈等活动第一手资料。

（3）实验来源。如通过设置未来场景进行实验、模拟等获得的信息；通过局部试点等获得的信息等。

（二）内部环境分析

1. 什么是内部环境（或内部条件）

内部环境是指组织或企业在经营中已具备或可取得的资源的数量和质量，既包括人、财、物等物质资源，也包括组织结构、信息、时间、文化、品牌、形象等无形资源。

2. 内部环境分析的目的和意义

有利于计划决策人更加清晰、深入、系统和准确了解企业的现状，以及存在的优势、劣势和问题；有利于了解和评估原战略和计划实施的效果；有利于各级管理者、领导成员对内部问题达成共识，从而为未来计划的制订和执行奠定基础。

3. 内部环境分析主要步骤

（1）分析内部条件的现状及可能的变化。

（2）初步衡量自己的地位和水平（即与竞争对手比较）。

（3）分部门或不同方面指出主要问题及初步解决思路。

（4）从整体和本质的角度归纳关键的内部影响因素。

4. 企业内部环境分析的主要内容和框架

相对而言，内部环境分析的框架没有外部环境分析的框架明确，一般主要有两个思路和方法，即职能分析法和价值链分析法。

职能分析法是按照划分的职能部门分别分析内部条件。如营销部门涉及产品线的宽度和深度、销售额及其产品分布和顾客分布、价格水平、促销策略、销售渠道、品牌影响力、获取市场信息的能力等；生产部门涉及生产布局和生产设施、生产规模与规模经济、生产效率、产能利用程度、产品质量控制水平、物资供应与库存控制管理等；人力部门涉及人员数量、水平、结构、招聘机制、使用机制、培训机制、激励约束机制、留人机制、员工满意度和流动情况等；财务部门涉及资产结构、负债和所有者权益结构、收入、成本、费用、利润、筹资能力、现金流等。

价值链分析法是按照企业的价值活动，包括各类基本活动和支持活动，分别分析内部条件，如研发、采购、生产、销售、人力、财务、质量管理等。

下面介绍内部条件分析的三个主要考虑方向。

（1）从自身资源和市场条件看，主要包括：财务分析，如资产结构、盈利水平、收入水平、成本水平、偿债水平等；市场分析，如市场规模和增长率、行业生命周期阶段、营销网络等；竞争分析，如市场占有率及其排名、替代品威胁、潜在进入者等；员工分析，如人员规模和结构、管理者和技术人员的素质等；技术分析，如新产品占比、技术装备和工艺水平、产能和品类等。

简单讲，资源包括有形资源和无形资源，其中：

有形资源的基本分析框架为：财务资源，如资金的获得能力等；组织资源，如提供控制企业全部经营活动所需信息（订单、销售、库存、进度、成本、现金流量、应收应付账款、利润等）的获得能力、分析能力等；实务资源，如生产、配送等设备、厂房、库房等；技术资源，如版权、专利、商标、秘密技术等。

无形资源的基本分析框架为：人力资源，如员工知识素质、工作技能、合作能力以及相关能力的发挥机制等；创新资源，如创新能力、创意的数量和质量等；形象资源，如品牌价值、产品的口碑、公司的美誉、可信度等。

（2）从能力角度看，主要包括：专业管理能力，如财务能力（盈利、资本运营能力、偿债能力、融资能力等）；人力资源能力（激励体系、吸引人才能力、使用人才和留才的能力等）；业务能力，如研发能力（产品创新能力、技术工艺的先进性等），市场开发能力

（市场意识和市场定位、促销策略、分销能力等），生产制造能力（生产的适应性、精密性、复杂性等）等；综合管理能力，如信息化能力（信息的获取和分析与处理能力、电子商务的应用水平等），学习能力（学习氛围、学习制度、知识和经验的转化能力等），技术创新能力（创新氛围和激励机制、创新的组织与管理能力等），战略整合和组织创新能力（上下游关系、战略联盟、利益相关者的关系、组织结构、组织变革等）。

具体讲，能力分析内容主要包括：人才机制、信息化水平、分销能力、营销及其服务能力、管理能力、生产能力、研发能力等。

其中核心能力的主要判断标准为：高价值（对提高销售收入、降低成本、获得顾客信任、提高公司地位等的支持作用）；难模仿；稀缺；不可替代（产生战略不对等）；延展性等。

（3）从识别关键优劣势的角度看，主要包括：如综合管理（内外信息的获取路径和方式及其处理方法、战略和计划的适应性、组织结构和管理制度的适应性等）；产品和服务（产品和服务的独特性、品牌影响力、顾客忠诚度、开发和改进产品或服务的能力、顾客跟踪服务的能力等）；资源配置效率（活动与愿景衔接度，员工工作环境和激励机制，资本的使用和控制机制，获取技术的路径、方式和方法，原料获取路径、方式及其控制能力等）；客户管理能力（目标客户及其客户满意度、市场服务的关键能力、客户的服务战略与管理等）。

（三）环境关键因素的归纳提取与评价

1. 关键外部环境因素的归纳提取

（1）关键外部环境因素的提取依据。

主要是从因素对业务发展、成本、效益、形象等的影响程度（包括直接的、间接的、有形的、无形的等）和因素未来变化的幅度及其变化可能性的大小来判断的。影响大且变化可能性大的因素是关键因素，如税法对传统行业效益的影响是很大的，但其变化的可能性是很小的。因此，一般不会将其作为关键的环境因素考虑，但是，如果国家有这方面的打算，且开始调研等工作，就应该对未来变化的幅度和可能性及其影响进行应急分析与评估，并制订相应的对策。

（2）关键外部环境因素的表述方式。

具体的因素确定后，就应该综合分析这些因素对组织发展的具体影响，包括正面的机遇和负面的威胁，归纳分析的结果形式是主要机遇和主要威胁。而不应该是一些表象的具体影响因素。

（3）关键外部环境因素数量。

一般关键机遇和关键威胁的数量和为 10～20 个，本书建议 10～15 个。数量太少是因为分析不全面，太多是因为考虑了一些非关键因素。

（4）外部因素评价矩阵（EFE）。

EFE 矩阵是外部环境整体评价的常用方法。其主要过程包括：①列出在外部分析过程中确认的机会与威胁，因素总数在 10～20 个；②赋予每个因素以权重，其数值由 0（不重要）到 1（非常重要）。权重标志着该因素影响的相对大小性。所有因素的权重之和必须等于 1；③按照各关键因素对本企业的利弊程度进行评分，范围为 1～4 分，4 代表很有利；1 代表很不利；④每个因素的权重乘以其评分，得到每个因素的加权分；⑤将所有因素的加权分数相加，得到企业的总加权分数；⑥平均总加权分数 2.5 为平均分。总加权分数为 4.0 表示企业在整个产业中对现有机会和威胁能做出最出色的反应。而 1.0 则说明公司完全不能利用目前的机会和回避威胁。

注意，外部环境分析与评价的思路和方法可以用于国家层面的战略问题分析，如我国的人民币国际化外部环境分析归纳后，可以发现目前的主要机遇有：O1 美元的安全性正在逐渐失去信心；O2 中国的经济前景被全世界看好，人民币具有良好的保值增值预期；O3 我国与世界绝大多数国家建立了较好的外交关系和沟通平台；O4 美元制裁导致世界反感，世界期待国际货币多元化，货币地位受经济地位（非政治地位）的影响力未来将逐渐增强；O5 世界经济格局和发展形势向有利于我国的方向发展，如亚洲经济地位增强、发展中国家经济地位增强等。O6 我国的贸易额排名世界第一，为人民币国际化建立了较好的交易基础等。目前的主要威胁包括：T1 世界经济目前对美元具有较大的依赖性；T2 美国为保住美元地位可能阻挠人民币的国际化；T3 人民币进入国际市场后，管理难度和国际金融风险会显著增大；T4 目前我国仍然存在一些国际领土、边界等争端问题；T5 我国金融的国际化服务网络薄弱，且权威网络被美国控制等。

2. 关键内部环境因素的归纳提取

（1）关键内部环境因素的提取依据。

主要从影响组织适应环境变化的强度，以及影响组织整体竞争优势的角度来评价内部环境因素的重要度，包括直接的、间接的、有形的、无形的等。

（2）关键内部环境因素的表述方式。

具体的因素确定后，就应该综合分析这些因素产生的本质根源，归纳分析的结果形式是涉及能力、资源、制度等方面的优势或劣势，而不应该是一些表象的具体影响因素，如收益、交货时间、适应能力、成本等表象因素，具体要分析产生这些优势或差距的本质原因，否则其分析报告很难有实际指导价值，基本无法提出具体解决方案，这也是目前学术论文难联系实际的主要原因之一。

（3）关键内部环境因素数量。

一般关键优势和关键劣势的数量和在 10～20 个，本书建议 10～15 个。数量太少是因为分析不全面，太多是因为考虑了一些非关键因素。

（4）内部因素评价矩阵（IFE）。

IFE 矩阵的建立步骤包括：①列出内部环境分析过程中确定的关键因素，要尽量体现本质。②给每个因素赋予权重，其数值范围为 0～1。③为各因素评分。1 代表重要劣势；2 代表次要劣势；3 代表次要优势；4 代表重要优势。④用每个因素的权重乘以其评分，得到每个因素的加权分数。⑤将所有因素的加权分数相加，得到内部环境的总加权分数。⑥总加权分数的平均分为 2.5。大于 2.5 的组织或企业的内部条件处于强势；反之处于劣势。

注意，内部环境分析与评价的思路和方法可以用于国家层面的战略问题分析，如我国的人民币国际化的内部环境分析归纳后可以得出，我国目前的主要优势有：S1 经济总量世界第二，经济增长率远高于世界平均水平；S2 人民币在周边国家和地区已经有了一定的使用基础；S3 经济开放度高，国际贸易国际地位第一，且持续顺差；S4 国际外汇储备居世界第一位；S5 具有多种经济制度和社会制度并存的制度优势，利于获取不同制度的优点；S6 建立了良好的国家政府形象、经济发展稳健形势和人民币的美誉形象；S7 我国是常任理事国之一，具有一定的国际政治影响力。主要劣势包括：W1 经济总量与美国仍然存在较大差距；W2 缺少清晰的人民币国际化战略及相关管理经验和人才；W3 国际金融服务能力较弱；W4 相关国际金融制度不健全；W5 整体经济结构和对外贸易结构有待优化；W6 能源等支持经济发展的战略资源不足等。

二、宗旨、愿景和目标的制订

在计划分析后，决策者对内外的情况有了深入的了解，可以开始思考组织发展的方向、愿景和目标问题。

（一）目的、使命或宗旨的制订

1. 什么是使命（Mission）

使命是组织或企业存在的意义和价值，是组织或企业肩负的最大责任，是组织或企业存在的根本，是组织或企业发展的基本方向。

2. 使命包含的内容（或构成要素）

使命应该如何表述？这需要了解其内容的构成要素，一般而言，使命的描述主要涉及四个方面内容：①企业的业务范围和服务对象。②为客户带来何种价值。③企业经营哲学。④企业形象和社会责任。

使命的表述不一定需要完全包括上述四个方面的内容，可以是其中组织或企业最看重的一个或几个方面，但水平高的使命表述一般会重视对客户的服务能力、服务态度、社会价值和公众形象等方面。如：IBM 意味着服务（重视服务态度）；迪士尼乐园的使命：让全天下的人开心起来（重视给顾客的价值）；华为的使命：追求在电子信息领域实现顾客的梦想（重视介绍业务及其给顾客的价值）；国家电网公司使命：服务于党和国家大局、服务于发电企业、服务于电力用户、服务于社会发展，简称“四项服务”（重视服务能力、服务态度和社会责任）；我国某发电集团的使命：提供清洁电力，点亮美好生活（重视经营哲学和理念、社会价值等方面）；麦肯锡的使命陈述：帮助杰出的公司和政府更为成功。如为高层管理提供综合研究和解决管理上的问题和机遇、对高层主管所面临的各种决策方案提供全面的建议、预测今后发展期中可能出现的新问题和各种机会，制订及时且务实的对策（重视服务能力）等。

3. 使命的作用

（1）确定企业的发展方向和经营主题。

（2）有助于建立良好的企业文化，如经营哲学和价值观是文化的核心内容。

（3）增强团队凝聚力。使命就像无形的手将各个部分的努力指在同一方向。

（4）有利于树立独特的企业形象，因为企业形象是使命的外在表现。

（5）映射组织或企业的管理者对社会问题的看法。即，使命的表述必须映射出组织或企业面临的社会政策或环境，必须符合社会发展潮流。

4. 确定使命要注意的问题

（1）使命是组织或企业最重要的纲领性文件，不能草率应付。

（2）确定使命要考虑管理者的理想、组织或企业的历史、现实发展状况和条件、外部环境和行业发展趋势。

（3）使命也是组织或企业最重要的宣传标语。好的使命可以鼓舞员工的激情，引起社会的关注和得到内外各类力量的支持。如中国共产党的宗旨是全心全意为人民服务，体现了党将人民的利益放在首位的态度，这个宗旨对得到党员、人民和世界的支持具有重要作用，也为中国的解放事业奠定了重要的基础。

（二）愿景

1. 愿景的概念

愿景是指希望达到的一种情景。组织或企业的愿景是指期望未来发展的模样，也就是希望未来发展成为一个什么样的组织或企业。

组织或企业的愿景反映了管理者的志向、抱负和愿望，成功的企业一般制订有既激动人心又切合实际的愿景。管理者必须意识到，愿景是最重要和最困难的管理问题之一。

愿景是一个具体的长远目标体系，可被系统描述，且具有挑战性，也是组织的一个重要承诺，一般不宜经常改变。愿景和使命的区别主要表现在：愿景是组织未来的模样，而使命主要是表明组织的目的、任务和承担的责任等；愿景的确定必须以使命为出发点，使命说明的是组织的根本性质和存在的理由，而愿景说明的是组织或企业怎样才算做好了。

现实中愿景可以有多个层次，也可以有不同的表述方式，如优秀企业的识别特征或评价标准、优秀团队的识别特征或评价标准、优秀产品或服务的识别特征或评价标准等。

2. 组织或企业愿景的构成要素

组织或企业的愿景是一个系统的模样，如未来的社会影响力或市场地位、未来的规模、未来的技术水平、未来的业务结构等，这个系统模样的表述内容一般会涉及以下 9 个方面中的几个方面：用户或顾客或服务对象、产品或服务或业务、市场或社会影响、技术或技能或经验、发展或增长或盈利、观念或经营理念、独特的能力或识别特征、公众形象或社会形象、员工和对员工的态度。

许多成功的企业都有清晰且宏伟的发展愿景，如中国移动通信集团的愿景为：“创无限通信世界，做信息社会栋梁”；青岛海尔集团的国际化愿景为：要做到三个 1/3，即销售额中 1/3 来自国内生产国内销售，1/3 来自国内生产国外销售，1/3 来自国外生产国外销售；联想集团的领导人称，未来的联想“将是高科技的联想、服务的联想和国际化的联想”等。

3. 愿景的作用或功能

（1）导向和聚焦作用。

一方面，愿景描述了未来的发展梦想和模样，可以引导组织成员在不确定的环境中明确方向和路径前进；另一方面，这种导向作用，可以把组织的各类活动聚焦到明确的方向，从而汇集力量。

（2）形成组织或企业的特征。

愿景描述了组织或企业未来的发展梦想和模样，使之具有显著的特点和竞争优势。

（3）激励作用。

首先，愿景是取得员工等各利益群体信任和形成良好形象的核心因素，有利于鼓舞员工斗志和吸引其他社会支持的力量；另外，愿景有利于组织及其各个部门和员工了解自己的具体差距，从而主动制订弥补差距的发展规划。

（4）提高组织绩效和增进社会效益。

一方面，愿景能汇集力量、激发潜能，提高组织绩效；另一方面，愿景是基于内外环境分析基础提出的，是符合社会发展方向的，有利于提高社会效益。

4. 确定愿景要注意的问题

（1）愿景制订是很重要和难度很大的管理工作。

虽然管理者期望能有自知之明，但实现很困难，因为大部分管理者和员工都不知道优秀的具体识别特征或具体的差距，也就是说，愿景的明确是很困难的事。如：美发大师的优势是在理发前能在脑海里勾画出美丽的形象模样；音乐大家的优势是在歌唱或演奏作品前能在脑海里勾画出美丽的音景；要想成为一名优秀的球员首先要思考和研究优秀球员的关键能力和技术具体表现在哪些方面，或表述出优秀的球员的模样；要想成为一名优秀的员工，首先应该思考优秀员工的关键能力或素质特征等，显然，这些是很关键和很难把握的事情。

孙子兵法将优秀军队的模样表述为："其疾如风、其徐如林、侵掠如火、不动如山、难知如阴、动如雷震"，显然，这为当时军队战斗能力的建设和评价提供了方向和评价标准，同时，我们也可以看出，制定实际指导价值高的愿景，需要管理者对相关实际事件有大量的调研和深入思考，在此基础上，进行系统归纳和升华。

（2）好的愿景陈述一般有三个核心要求。

一是要有明确的核心理念（核心价值观和核心任务），即说明指引企业行动的信念和理由；二是能显现宏伟的愿景或蓝图，即企业将走向哪里，要成为一个什么样的企业；三是应用便于理解和记忆的激励性或鼓舞性的语言。

（3）确定愿景时应当尽量避免的误区。

不能视野狭窄、目光短浅、幻想错觉和盲目发展，愿景既要宏伟，又要模样清晰、切合实际和具有实现的可能性。

（4）愿景的简易评价可以从五个方面考虑。

能否感受到是一个引人入胜的梦想；能否感受到组织存在的价值；是否符合时代的潮流；是否具有实现的可能；是否很容易被大家理解和记忆。

5. 我国企业愿景制订的例子

例1：我国欠发达地区有个国有企业，在制订企业愿景时就最终形成本地特色和欠发达地区特色形成了两派意见，但最终确定为欠发达地区特色，理由是，期望企业在自身做好的基础上，成为相关区域其他企业的学习榜样，这样社会价值会更高。这家企业的愿景制订后，因为社会价值较高还得到了社会的支持。

例2：某能源集团的愿景：成为国际一流的能源企业。行业与规模：首先，专注能源领域，成为国内的佼佼者。同时，实现跨国经营，跻身世界500强企业，成为国际一流的能源企业。目标和形象：以较强的国际竞争力、一流的营利能力和一流的客户满意度，成为以能源为主、规模宏大、管理科学、实力雄厚、可持续发展的现代化大型企业集团。以成熟的、负责任的特大型国有企业的形象赢得社会的认可，并成为行业内最受人尊敬的企业集团。

（三）确定目标并建立目标体系

目标是指在未来一定期限内组织需要完成的任务或达到的成果。在使命和系统的愿景模样制订后，就可以考虑系统地建立组织的长远目标，如战略目标体系等，然后在战略目标类型分解、部门分解和时间分解后，就可以建立多层次的目标体系，这个目标体系是各个计划制订及其构建相互衔接关系的基础。

战略目标是指组织在战略期内，组织发展整体上要达到的期望值。战略目标与其他目标相比，具有宏观性、相对稳定性和灵活性。注意，灵活性是指适应性，较强的适应性是保证战略目标稳定性的前提。

1. 目标的主要作用和功能

好的目标应产生四种力量：①推动力或导向力，是组织制订各类实施计划的基本依据和出发点。②内聚力（或向心力），能将各类力量汇聚到组织的关键发展环节上。③激励力，能反映组织活动的价值，激发组织各类力量的潜能。④控制力，是相关计划完成情况的评价和控制标准。

2. 战略目标的构成要素

组织的目标体系中，战略目标体系的构建是最关键的。战略目标体系应该在使命和愿景的基础上按四大内容展开或分解，即：市场目标、创新目标、组织效益目标和社会目标。如：企业建立战略目标考虑的主要方向有盈利、市场、生产率、产品、财力资源、物质设施、研究开发、组织结构与活动、人力资源、顾客服务、社会责任等。

当然，战略目标体系随着组织类型和战略重点的不同而不同，如：市场类企业的战略重点是市场占有率的提高和扩大市场份额，特点是以市场为目标，旨在开发市场和提高企业的市场竞争地位，其目标体系以市场开发、市场渗透、大批量生产、产品多样化等为主；技术类企业的战略重点是创新，特点是以新技术、新产品、高质量等为目标，其目标体系以新产品组合、新产品开发、人力资源开发等为主；制造类企业的战略重点是提高生产效率，特点是以高效率、低成本为目标，其目标体系以改善产品品种结构、组织结构，以及实行集约化生产、规模经济等为主。

3. 目标体系建立的主要原则

（1）关键性原则。

目标一旦建立，意味着要为之匹配资源，增加投入，而组织资源是有限的，为了确保资源匹配到关键任务上和提高资源效率，目标制订必须体现关键性原则。

（2）平衡性原则。

目标之间主次关系明确，且没有冲突和相互衔接，也有利于各个任务和部门间的利益平衡等。

（3）权变原则。

目标的标准应该随着环境条件的不同而不同，如目标所对应的任务的重要性变化，不同环境条件下实现难度的变化等。

（4）可行性原则。

目标一旦制定，将成为计划的考核和控制标准，没有可行性是不能保证计划成功的。

（5）定量化和具体化原则。

由于目标是计划考核、评价和控制的标准，所以必须尽量的量化和具体化，如果不能就不适合纳入目标管理体系。一般而言，目标都是可以在一定程度上量化的，只不过有的适合对结果进行量化，如产量、销量、工作量等，而有的适合对行为进行量化，如工作的时间、工作的态度等。

关于目标的管理问题将在目标管理章节中详述。

三、确定前提条件（约束条件）

在思考和制订计划方案前，需要依据内外环境条件提出一些限制条件，如违法的、造成污染的、投入成本过高的方案不考虑等。确定前提条件或约束条件就是要分析预测计划实施过程中的环境和资源条件的变化，保证计划方案应在相关条件下可行。如资金、原料资源、技术及其设备的可及性、人员素质及其可得性、产品可批量生产性等。又如：哪些外部条件必须使用、不能使用或只能在一定范围内使用；哪些目标必须达到或达到某种程度；哪些内部条件必须使用、不能使用或只能在一定范围内使用等。

需要注意的是，限制条件没有会严重影响计划的可行性，但不必要的限制条件会影响创新方案和更好方案的选择，因此必须谨慎制订计划的约束条件。如资金规模实际上可以考虑合作等融资方式解决的，有时不一定成为必要的约束条件，当然控制风险很必要时也可以考虑这些限制条件等。

四、拟订可供选择的方案

计划方案是各个目标实现的具体思路、方法和手段，为了制订和选择出高效率方案，有必要广泛吸取相关的智慧和建议。具体要求如下：

1. 方案必须在约束条件内可行

提出的方案必须满足约束条件，否则不应该属于考虑的范畴，因此，进行相关思考和调研前应该讲解和宣传计划的前提条件或约束条件。

2. 各方案必须相互独立

具体的工作中，不应该为了决策而将同类方案采用不同的表述，应该研究出多个真正相互独立的方案。

3. 方案的数量应适中

计划的方案可能会很多，特别是在组织中集思广益后，但多数方案只要经过简单的比较就能看出显著的优劣差距。一般而言，最终进行复制评价的方案应该在 3 个左右，即最终只有少数方案进行优中选优。

4. 应勇于创新，集思广益

严格讲，计划的方案没有最好只有更好，因此，应该尽量多思考、多调研、多听取建议。管理者更不能先有定式而排斥反对意见，应该认真听取反对的理由等。

5. 制订可行方案的具体步骤

方案初步设想、方案设计、方案的可行性分析、改进设计、修正并确定可行方案。

五、评价方案

1. 明确评价标准

为了科学的评价方案，需要首先明确计划方案优劣的评价标准，且这套标准是综合的，最好各个指标确定出重要程度（或权数）。

评价的指标体系可以在前面计划的科学性和实用性评价中得到启示。一般而言，可以先采用适应性评价，即定量战略计划矩阵（QSPM），其步骤是：通过外部环境分析确定出关键机遇和威胁及各个指标的权重；通过内部条件分析确定关键优势和劣势及各个指标的权重；然后对每个方案在抓住机遇、规避威胁、发挥优势、弥补劣势的各个具体指标上打分；最后计算出各个方案的加权总分并对评价的方案排序。

适应性评价后，再对计划方案的科学性和实用性的其他方面进行定性分析，指出各个方案的优点和缺点，并提出完善的措施。

2. 进行可行性研究

在生产方面：主要论证项目提出的背景与意义，生产能力的估计、市场需求与价格的预测，产品竞争能力和销售前景分析，原材料供应的保证程度等。

在技术方面：主要对技术设备、生产工艺和产品质量等方面进行论证和评价。

在经济方面：主要是估算各方案投资数额、筹资方式及资金的可靠程度，投产后的产品成本及其成本结构，预测利润状况、风险状况、投资回收状况等。

在人才获得的可行性方面：主要评价各个方案对人才素质的要求、人才竞争力现状及其获得关键人才的可能性，存量人才培训转岗的可行性等。

在突破关键实施障碍方面：如资源瓶颈、政策的限制、强大竞争对手的打压等方面应对措施的可行性等。

在计划实施过程的管理方面：如计划方案是否便于理解、便于操作、便于考核等；计划实施中是否有分析和应对不确定性或风险防范的措施等。

3. 选择评价方法

应该依据计划方案的特点选择适当的评价方法，如：技术分析法、优缺点列举法、试验法、经验分析法、打分法等。

六、选择方案

综合考虑各方案的评价结果后，选出既可行又能提高效率和方便实施的方案。需要注意的是，若有多个好的可行方案可取，则从中确定首选方案，而其他方案作为后备方案，以便在环境较大变化时能够及时和低成本地调整计划方案。

七、制订方案的实施计划草案

依据计划的目标体系和计划方案的工作重点，进行具体的实施部署。如机构及其运行制度的设置、任务的分配，工作的步骤和作业进度安排，要素的保障，即原料的采购、人才的培训、设备的配备等，工作考核、评价与控制机制等。这些在后面的相关章节中进一步讨论。

八、编制预算

预算是计划的数字化，是人、财、物、时间等资源的分配计划，是平衡计划的工具、衡量计划进度的标准，如工资预算、采购预算、生产预算、销售预算等。具体在预算章节中进一步讨论。

第五节　科学决策

一、决策的含义、原则和程序

（一）决策的含义

（1）决策是对组织未来活动的方向、目标、原则、方法等所作的决定。

(2) 科学决策是决策者在占有大量信息和丰富经验的基础上，对未来行动确定目标，并借助一定的科学方法和技术，对影响决策的诸因素进行分析、研究后，从两个以上可行方案中选取一个满意方案的过程。

(3) 从科学决策的定义中不难看出，科学决策的核心要素包括：决策者（个人或群体）、决策对象（决策行动的指向）、决策工具（信息、方法和技术）和决策结果。

(4) 决策的有效性主要从目标的实现程度、员工或社会的可接受性、时效性（即决策是否及时）、效益性（经济效益、社会效益等）等方面评价。

（二）决策问题的特征

1. 决策追求“一次成功率”

管理决策与技术开发不同，技术开发可以失败，但只要最终成功就是胜利。但管理决策不同，决策失败，特别是战略性计划的决策失败，其损失无法挽回，因为失去的决策机会往往不会再来，而且决策的问题及其环境很难完全重复。

2. 决策总是为了达到一个既定的目标

决策的问题具有期望达到某种目标的特性。

3. 决策总是要在若干个可选择的方案中选择

如果只有一个方案可选，那就不存在决策的问题了，即决策必须存在选择性。

4. 决策方案要受约束条件的限制

现实中，方案的实施必须在特定环境中进行，因此，提出的方案必须首先满足制约性和可行性条件，然后才能考虑进入决策的选优过程。

5. 追求满意的结果

决策的标准是满意而不是最佳。一方面，决策的方案没有最好，只有更好；另一方面，研究最佳的方案需要花费大量的时间和成本，综合考虑后，所谓最佳的方案也不一定是最优的。

6. 决策应随环境条件的变化而变化

决策的方案随着环境和条件的变化，其可行性和科学性均可能会发生较大变化，因此，必须考虑环境的变化对决策的影响，始终使组织活动与环境保持协调，即决策具有动态性。

7. 决策是提出问题、确定目标、拟订方案、评选方案、对决策执行结果的评价等一系列决策的综合

科学的决策包括决策问题的界定和分析，以及在分析基础上的目标和方案确定和方案实施后的效果评价及其方案的调整等，即决策具有过程性。

（三）决策的原则

为了提高决策的水平和科学性，减少决策失误及其决策失误带来的损失，注意和把握决策的关键环节，提出以下决策指导原则。

1. 信息原则

信息是决策的依据，美国企业家沃尔森认为，一个成功的决策等于90%的信息加10%的直觉。其中直觉是指决策者基于经验、基于价值观或道德、基于对决策问题的个人思考和认识、基于个人情绪或受相关事件的影响等作出的决策。

信息主要指信息的获取以及对信息的分析和思考。一般而言，普通的信息是没有直接决策参考价值的，但经过分析后的对决策有参考价值的信息就转化为了管理信息。

如日本三菱重工集团的一次基于信息分析的成功决策：当时的主要信息资料均为公开的且大家熟悉的信息，如：1964 年《中国画报》的封面刊出一张相片，相片中，大庆油田的“铁人”王进喜头戴大皮帽，身穿厚棉袄，顶着鹅毛大雪，手握钻井机手把，在他背景远处还有许多高大的井架；《人民中国》杂志撰文说：以王进喜为代表的中国工人阶级，为粉碎国外反对势力对我国的经济封锁和石油禁运，在极端困难的条件下，抢时间，争速度，不等车拖，硬是用肩将几百吨采油设备扛到了工地；《人民日报》发文第三届全国人大开幕的消息，其中提到王进喜光荣出席了会议。当时大庆油田的信息是保密的，而日本三菱重工集团的信息专家却从我方的新闻信息中揭开了大庆油田的秘密，并抓住了巨大采油设备商机。因为，根据对照片和新闻报道的分析，可以断定大庆油田的大致位置在中国东北的北部，且离铁路不远。因为服装和低温符合东北特征，只有离铁路不远，工人才能用肩运采油设备。由于日本侵略军人对东北较熟，加之当时的铁路少，就轻易地估计出了油田的大致地方；根据对照片和有关新闻报道的分析，可以推出大庆油田的大致储量和产量，并确定已经出油。因为从相片中的钻井架可推出油井的直径，从相片背景油井之间的距离和密度，可大概算出油田大致的储量和产量，从王进喜出席人代会，可肯定大庆油田出油了。于是得出结论：中国急需大量引进采油设备。果然不久，中国向世界寻求采油设备，三菱重工集团以最快、最符合要求的设计，获得了中国巨额定单。然而，西方石油大国当时还没有来得及反映。

对于直觉决策而言，不应该认为是简单的拍脑袋，而是对决策的问题进行深入思考和升华后产生的顿悟，即：突然很有把握地感觉到了正确的决策方向或方案。虽然专家认为直觉只占到了 10% 的重要性，但实际上，对于解决决策的问题往往发挥着关键作用。如：关于微软的垄断问题，信息及其分析主要归纳的原因包括：将微软垄断问题定性为知识产权垄断问题，即微软的垄断是通过 PC 操作系统的垄断地位来控制整个软件市场；认为微软的垄断是一种隐形垄断，是通过对用户的控制和对市场的渗透来实现的；认为是知识垄断和标准垄断，是在自由竞争、市场开拓、特殊机遇和技术领域基础上形成的自然垄断；认为微软的垄断是由于网络效应与规模经济所产生的“应用程序进入壁垒”，只要“应用程序进入壁垒”保持稳固，微软的份额和势力是不太可能被新进入者侵蚀的等。但这些因素显然不是本质因素，因为假设这些问题解决，用户仍然不可能离开微软。实际上，由于微软的用户主要是个人电脑，一方面，用户的习惯改变要付出时间和费用成本，另一方面，网络的出现导致用户间产生了联系，微软在一定程度上提供了用户间的联系标准，离开微软的用户在一定程度上有被社会孤立的成本，因此，一定程度上产生了社会习惯。个人习惯和社会习惯相互牵制才是微软垄断最重要的原因，显然，不认识到这个问题是很难解决微软垄断问题的。

2. 系统原则

这里的系统原则是要求将决策问题视为一个系统，且这个系统又是组织决策问题系统的子系统，组织又是社会大系统的子系统等。决策需要考虑相关问题的整体性、协调性和平衡性。相关具体知识可参考第一章第五节的系统原理。

3. 可行性原则

这里的可行性原则主要指决策前必须评价各个方案的可行性，保证选择的方案具有现实的可行性。

其主要包括环境和组织条件分析及其方案的适应性；相关方案的可靠性认证；方案实施中能否突破关键障碍因素，如资源瓶颈、政策的限制、强大对手的打压等；方案实施的过程是否便于管理、便于操作、便于考核等。

4. 满意原则

现实中因为各类条件的限制、决策时间和成本的限制，以及环境的不确定性等因素，决策很难达到最优。如决策信息的完全性和真实性、不同方案结果预测的准确性等，均存在不确定性，因此，决策只能遵循满意原则。

二、科学决策的程序

（一）提出问题（诊断）

1. 要求

及时发现问题；弄清问题的内容、性质；把握问题的要害，确定解决问题的约束条件。

2. 一般步骤

（1）从差距的角度来考虑问题。

（2）找主要问题。

（3）寻找出现问题的根本原因。

（4）分析解决问题的约束条件。

（5）对复杂问题应有分析和解决的顺序。

（二）确定问题解决的目标

要求：

（1）目标要有针对性（切中问题要害），保证目标体系实现的同时，问题能解决。

（2）目标要尽可能明确具体，便于理解和考核。

（三）拟定决策方案的评价和选择标准

要求：

（1）确定评价指标体系。一般要考虑目标要求、科学性要求、实用性要求等。

（2）确定运算方法。如指标的权重或综合评价模型等。

（四）拟定出两个以上的可行方案

要求：

（1）能实现目标或能解决问题。

（2）满足约束条件。

（3）适应内外环境。

（4）各方案是相互独立的，不是基本相同方案的不同表述。

（五）选择方案

要求：

（1）用评价标准公平地评价每个备选方案。

（2）敢冒合理风险。管理决策的重要问题，各个方案均有风险，没有风险的决策，其决策的难度、决策的价值和对决策者水平的要求大多数不高。

（3）注意反对意见。由于重要的决策都很复杂，管理者也可能具有水平和性格的不足，如可能对反对意见反感等。

（4）要有决断的魄力。要注意决策的时效性，不要因为风险而久拖不决，最终错过时机。

（六）方案的全面实施和评价

要求：

（1）制定方案的实施计划和规章制度。

（2）对于实施时间长和影响范围广的方案，要进行可靠性试验验证，以减少决策失误产生巨大损失和负面影响。

（3）建立方案的实施全过程的监督和控制系统。

（4）吸取经验教训——把决策过程看作是一个学习过程。决策方案完成后，无论成功还是失败，都应该归纳相关经验和教训。

三、组织决策（群体决策）

（一）组织决策的含义

按照决策主体的不同可将决策分为组织决策（群体决策）与个人决策。组织决策是为了充分发挥集体智慧，由多个人共同参与决策分析并制定决策的整体过程。

（二）组织决策的主要优点和缺点

1. 组织决策相对个人决策的主要优点

（1）有利于提供较完整的信息和提高决策的科学性。

（2）容易产生更多的方案，并能从更广的角度对方案进行评价和论证。

（3）容易得到普遍的认同，有助于决策的顺利实施。大家参与决策既帮助了大家对决策的理解，也强化了大家的责任感。

（4）提高了决策的合法性。组织决策比个人决策更容易得到大家的认同和支持。

2. 组织决策的主要缺点

（1）消耗时间长，决策的效率和速度低下。如英国脱欧因各方意见和利益难平衡而久拖不决等。

（2）可能出现少数人统治。组织决策的过程中，参与人员因为级别和地位不平等，或表达能力不平等，或自信度不同等原因，可能出现少数人统治的局面，这时的决策结果有可能不是科学和符合各方利益的。

（3）屈从压力。部分参与人员，有可能因为表达能力差、自信心不足等原因，当别人提出观点后可能支持或默认别人的观点，或没有勇气提出自己的观点。

（4）责任不清。因为决定是集体的决定，后果不由参与者个人承担，参与人员有可能不会为得到合理的决策而尽力而为。

那么组织决策和个人决策哪个更有效呢？这取决于如何定义效果。如果以迅速而言，个人决策更好，而以科学性和合法性而言，组织决策则更好。但群体不宜过大，一般 5 到 15 人。实践调查发现，5 或 7 人的组织在一定程度上是最有效的。

（三）管理者如何有效发挥组织决策的优势

1. 用设定最后期限的办法来控制时间和费用

通过设定最后期限，防止组织决策久拖不决而错失决策时机。

2. 对于个性特别强的成员，或者从名单中排除，或将几位同样性格的成员放在一起

这样做以避免决策被某人主导。当然，也可以在初期采用电子会议、德尔菲法等方法，避免参与人员过早面对面讨论。

3. 为了避免屈从压力，提倡成员以一种批评的态度评价所提出的方案

在讨论方案时，特别是国有企业和政府部门的决策问题，参与者可能会认为是领导的意思，不愿意或不敢提出相关方案的毛病。因此，领导明确要求对各个方案挑毛病或提出改进建议，对选择科学合理的方案具有重要作用。

4. 领导者应该避免过早暴露自己的观点，再达成最终决策之前给每一个成员提出不同意见的机会

在决策的讨论会上，领导如果先发言，很可能会得到参与者的一致支持，即没有反对的观点，或有极少数人提出反对观点但不会被大家重视和参考，这会严重影响科学决策的过程。因此，建议领导在相关讨论中做最后一个发言的人。

现实中没有发挥组织决策优势的案例很多，大到国家，小到个人。

如：一个企业领导要行政部门起草一项业务管理制度，行政科通过调研及与科室领导沟通，很快完成草稿，然后交总工程师审查，总工程师提出修改意见后转起草组修改，总工程师满意后转处长审，处长提出意见，转总工程师，再转至起草组修改，再进入下一轮……由于每一级都有修改意见，且各级意见可能不一致，改来改去到董事长时已经是第 10 稿，时间已经超过 1 年。显然这个案例把组织决策费时的缺点发挥到了极致。出现这种情况的原因是决策过程沿用金字塔式的管理体制，即指令通过行政系统逐级下达，问题通过行政系统逐级上报。对于这类问题的主要解决思路为：明确决策期限和相关人员的参与方式及责任、成立决策小组或采用项目管理模式（相关负责人任组长）、决策任务或目标直接下达决策小组或项目组并由决策小组最终直接确定。

又如：某咨询公司帮助一个省级国有企业制定战略，第一次调研会议在总部举行，到会的有总经理、所有的副总经理、各个部门的主管、各个分公司的经理。咨询公司认为这次调研会议受到了领导的高度重视，应该能得到许多有价值的信息。然而，总经理率先发言，然后副总经理、部门主管、分公司经理大多观点一致，只有一个分公司经理在某个问题上提出了不同观点，当时几乎所有人都用奇怪的眼神看着他。会议结束了，咨询人员十分失望，只好决定分别到各个部门和分公司继续调研。这样的案例很多，也容易在社会中观察到。

四、程序化决策和非程序化决策

按决策问题的性质划分，决策可以分为程序化决策（定型化决策）和非程序化决策（非定型化决策），而对应的管理问题分别为例行问题和例外问题。

（一）例行问题和例外问题

1. 例行问题

例行问题是指那些重复出现的、日常的管理问题。由于这些问题反复出现，管理者可以做一次决策或制订相关的解决办法、程序、原则、制度等后，当问题再出现时由相关部门或下属按照既定办法处理。显然，管理者将组织中的这类问题逐一形成制度后，整个日常管理就会规范化，整个组织的日常运行也会轻松有序。

2. 例外问题

例外问题是指那些新颖的、具有重大影响的问题，如市场开拓、组织变革、业务重组、重大人事任免、组织战略规划的制订等。这类问题不多，但很难通过制度来解决，必须认真研究后做出新的决策，是管理者真正需要花费大量精力解决的问题。

3. 例行问题和例外问题的关系

现实的管理问题很少是绝对例行或例外的，而且两者有可能存在相互转化。如日常的产品质量管理问题是例行问题，但如果产生产品质量的原因是重要的技术隐患时，就需要解决技术问题了，这就转化为例外问题了，这也是制度必须确定使用条件和范围的主要原因。又如组织中出现了一个新的管理问题，需要制定新的决策来解决，显然这个问题此时属于例外问题，但如果这个问题不是属于影响全局的大问题，且可能重复出现，那么制定相关决策后，该问题就转化为例行问题了。

（二）程序化决策和非程序化决策

1. 程序化决策（定型化决策）

西蒙认为：程序化决策是指决策可以程序化到呈现出重复和理性的状态，可以程序化到制定出一套处理这些决策的固定程序，以至每当它出现时，不需要再重复处理它们。显然，这类决策是适合解决例行管理问题的。

2. 非程序化决策（非定型化决策）

西蒙认为：非程序化决策是指决策可非程序化到使之表现为新颖、无结构，具有不寻常的影响程度。显然，这类决策是对应解决例外管理问题的。

3. 程序化决策的主要制定思路、技术和方法

（1）惯例或案例法。即将解决某类问题的办法作为案例或惯例保存，以后出现基本相同的问题时，按照此惯例或案例的解决办法处理。这样的实例很多，如有些国家为了减少人对违法问题处理的自由度，用案例的形式制定法律等。

（2）制定标准、目标体系、制度和操作规程或流程，明确规定信息通道等。即确定解决问题的目标要求，过程要求等，形成相关的制度或流程，交给相关部门负责处理。

（3）建立管理信息系统、数学模型及计算机模拟等。许多例行问题在规范化以后可以借用计算机等工具处理，目前管理信息化的成功成果主要表现在例行问题的解决方面。

4. 非程序化决策的主要制定思路、技术和方法

（1）调查思考和分析判断。有些例外问题很难找到相关解决先例，只能进行相关调研和分析思考后，提出相关解决方案。

（2）主观概率法。在分析基础上，对未来的情景及其出现的可能性作出判断，针对可能性大的情景制订应对方案。

（3）学习和培训。通过相关培训，提高决策人员的素质，从而提高决策的成功率。

（4）编制人工智能程序。通过建立相关信息识别和收集技术装置、数据库及其智能分析决策系统，提高决策的水平。但必须提醒的是，目前例外问题信息化系统的智能化水平不是很高，相关分析结果可靠度也不高。

程序化决策和非程序化决策的划分，以及对应例行问题和例外问题的划分，为管理者提高决策的效率和效果，以及建立规范的管理秩序和区分决策的主次等具有重要的现实意义。

例如，一个企业的领导整天忙忙碌碌，但办事效果并不好。人们问他为什么忙时，他说，每天有 30 多种固定的事要处理，还有 10 多种业务要指导。显然，这个领导的工作是很多的，但这些事都是每天重复出现的事，即属于例行问题的范畴，均可以建立相关解决办法或制度后交给合适的下属处理，自己只需要适当关注、检查等即可。

又如，一个供电企业遇到了问题：用户增加导致电力不够，经常出现断电或暗光现象，

用户因此常组织抗议活动；计划扩大电力又存在资金不足，且时间要3年左右；提高电费解决资金问题又会导致公众反对，相关政府部门不批；在选择燃料时（核料、煤、石油），选核料公众怕放射性元素，选煤炭和石油生态学界又抗议污染。显然这类问题是企业不常见的复杂问题，是战略问题和典型的例外问题，只能选择非程序化决策。这个问题的具体解决方案可能有多种，但大致解决问题的思路和顺序可设计为：一是与用户沟通解决抗议活动的问题，并表明解决问题的态度和决心，及其基本的思路，得到用户的配合和支持；二是解决电力的使用效率，如利用错峰、短期引进的外援电能等，适度缓解目前的电能紧张局势；三是预测电能增长趋势及其未来5~10年的规模，并依据缺口制订电能发展的规模及其时间分布；四是调研发电或输电条件，选择电能获取的方式、地址或路径并选择最合适的燃料等；五是进行投资规模及其回报等可行性分析，并形成相关分析报告；六是确定资金获得方式、对象，同时向用户解释解决污染等用户关心问题的方法；七是制订实施计划及其保障和控制措施等。

五、战略决策和战术决策

按照决策的重要性可分为战略决策和战术决策，其中战术决策又包括管理决策和业务决策。其中战略决策主要涉及组织的发展方向和活动的主要内容，是组织发展的根本性决策；战术决策主要涉及在战略方向和内容下的具体活动方式，是战略的执行性决策。

（一）战略决策

战略决策是指事关企业未来发展的全局性、长期性的重大决策。需要注意的是战略具有层次性，即：组织、部门、个人均有发展战略，但均是指决定某个层面长远发展的重大问题的决策或谋划。

（二）战术决策

1. 管理决策

管理决策是指为实施战略决策，在人、财、物等方面做出的战术性决策或配置，主要是为战略的实施提供资源保障。

2. 业务决策

业务决策指在日常管理中为了提高效率，合理组织工作过程等方面的决策，如生产作业计划决策、库存决策、地址布置决策等。

（三）战略决策和战术决策的主要区别和联系

战略决策和战术决策的区别主要表现在三大方面：一是涉及的问题不同，战略决策涉及组织的发展方向和长远发展的重大问题，而战术决策涉及战略决策执行的一些具体的活动方式等问题；二是涉及的时间范围不同，战略决策涉及未来较长的重大组织活动，而战术决策是涉及具体部门在未来较短时期内的具体工作或行动；三是对组织发展的作用和影响不同，战略决策影响组织的存亡，而战术决策影响组织的效率和效益。当然，两者是有紧密联系的，战略决策是战术决策的依据，对战术决策形成指导和约束；战术决策是战略决策的落实，是战略决策的落地。

例如，一家企业目前有两类业务可选择：一是市场不大但利率较高的业务；二是市场大但利率低的业务。公司能力有限只能选一种业务发展，但不同选择会有不同的后果，失去的业务将很难复得，决策者陷入两难。显然，这是决定企业发展方向的战略决策问题，具体不同的企业可能有不同的结果，但基本的决策步骤应该包括：一是相关业务的发展是否符合社会、政策、经济发展环境等；二是相关市场规模、市场价格、影响购买的关键因素等市场调研和相关指标的预测；三是本公司相关业务的技术优势、市场开拓能力、资金和资源优势等条件分析；四是两种业务的预期收益分析比较及其风险评估；五是综合评估选择。

六、确定型、不确定型和风险型决策

按决策目标的条件与后果不同，决策可分为确定性，不确定型和风险型决策。

（一）确定型决策

1. 特点

（1）对行动事件的未来情况有十分确定的把握。如年存款利率 2%，100 元存款一年可得 2 元利息收入等。

（2）一个方案只有一种结果。即这个方案的结果不会受环境等因素的影响而出现多种可能性。如银行短期定期存款的收入基本可以认为是不变的，因此，选择短期定期存款这个方案基本可认为只有一个收益结果。当然长期存款可能因利率变化、银行破产等原因出现多种收益结果。

2. 常用数学工具

确定型决策可以通过许多数学工具进行，如算术、代数、极值问题、微分方程、矩阵代数、线性规划、非线性规划、动态规划等。

（二）不确定型决策

1. 特点

（1）知道一个方案可能出现的多种结果，但不知道各种结果出现的概率。如发展一项业务，未来可能出现好、中、差三种结局，但没有依据能说明各个结局出现的概率大小。

（2）至今没有合适的决策方法，提供这类决策的成功率。

2. 常用方法

（1）悲观法（小中取大）。即采用保守的思路，实际上就是假设未来出现最差的经营环境，并在这种环境下选择相对收益高的方案。

（2）乐观法（大中取大）。即采用乐观的思路决策，假设未来出现最好的经营环境，并在这种环境下选择相对收益高的方案。

（3）等概率法。即对未来可能出现的几种可能的情景假设等概率出现，然后计算各个方案的期望值，选择相对期望收益高的方案。

（4）后悔值法。思路是计算各个方案的最大后悔值后，再选择出相对后悔值最小的方案。其主要步骤包括：①对每一种自然状态找出最大收益值。②在同一状态中用最大值减各方案的收益值分别得后悔值。③找出各案的最大后悔值。④取最大后悔值中的最小者所对应的方案。

显然，当某种状态出现时，必然有一方案受益最大，此时如果采用的方案不是那个最大收益值方案，而是其他方案，那么决策者就会后悔，其后悔值就是其他方案收益值与最大值的差额，于是就可以算出各个方案在不同自然状态下的后悔值，并从中选出各方案最大后悔值；然后再比较各个不同方案的最大后悔值，其中最小后悔值所在的那个方案，即为较优方案。

例：某企业准备生产一种新产品，未来的销路情况可能出现高需求、中需求、低需求，其概率不能确定。企业提出三个方案，在不同的自然状态下五年共计损益值、最大收益值选取、后悔值计算、最大后悔值选取，方案决策如表 3－1 所示。

表 3－1 方案决策

方案	自然状态			最大后悔值
	高需求	中需求	低需求	
新建	60（60－60＝0）	20（25－20＝5）	－25（10－（－25）＝35）	35
扩建	40（60－40＝20）	25（25－25＝0）	0（10－0＝10）	20
改建	20（60－20＝40）	15（25－15＝10）	10（10－10＝0）	40
最大收益	60	25	10	

从表 3－1 中可以看出：①取各个自然状态最大收益值。②以最大收益为标准计算各个方案的后悔值（表中的减法计算结果）。③找各个方案最大后悔值，表右边的值。④取最大后悔值中之最小者。⑤选最小者对应的方案为决策方案，即“扩建”。

（三）风险型决策

所谓风险型决策，即不肯定情况下的决策。这是企业经营中大量碰到的决策问题，例如建设新工厂的投资决策、新产品的开发决策、企业兼并决策等。

1. 风险决策的特点

（1）决策目标一般是经济性的，可以用货币来计量。

（2）存在多个可行方案，且能较准确地估计各方案在不同状态下的损益值。

（3）未来环境可能出现多种自然状态，如好、中、差等。

（4）各种自然状态发生的概率可以根据历史资料或经验进行判断。

（5）决策标准是使得期望净收益达到最大（或损失达到最小）。

2. 风险型决策的常用方法——决策树法

目前已经有多种风险决策方法，例如期望收益表法、边际分析法、决策树法、效用理论法等。其中决策树法是一种应用最广的方法之一。

（1）决策树法概念。

决策树法就是借助决策树计算出各种方案的期望值，然后依据最佳期望值法则，选择出最优方案的方法。

俗话说：“三思而后行”“走一步看几步”，意思是要人们在作决断和采取行动之前要慎重考虑和权衡各种可能发生的情况，要看到未来发展的几个步骤，决策树法就是这一思想的具体化。这种决策方法其思路如树枝形状，所以取个形象化的名字叫决策树法。

（2）几个关键步骤。

1）画决策树。

即对某个决策问题未来发展情况的可能性和可能结果所作的预测，用树状图形反映出来。画决策树的过程，实质是对未来可能发生的各种事情进行周密思考、预测的过程，是对决策问题一步一步深入探索的过程。

画决策树的要点：

a. 由决策点（小方框表示）引出方案枝，每个方案枝表示一个方案。

b. 由机会点（小圆圈表示）引出概率枝，每个概率枝表示一种自然状态及其出现概率，机会点上的数字表示该方案的损益期望值。

c. 结果点（小三角形表示）后面的数字表示每个方案在某种自然状态下的损益值或收益值。

d. 附加条件（小菱形表示），中间的数字表示各个方案的投资数量等。

f. 剪枝（用//表示），表示被淘汰的方案。

决策的分类主要包括单级决策（只有一个决策点）和多级决策（存在多个决策点）。

2）预计可能事件发生的概率。

概率值的确定，可根据过去的历史资料推算，或特定的预测方法计算。概率值的准确性很重要，如果误差过大，就会给决策带来偏差，从而给企业带来损失。但是为了求得一个非常准确的概率，可能会支出相当的人工和费用，所以对概率准确性的要求应根据实际情况而定，不能离开实际条件而要求越精确越好。为了便于决策，把确定好的概率值写在对应概率枝上。

3）计算损益期望值。

在决策树中，由结果点开始由右向左的方向顺序来考虑，利用损益值和他们相应的概率计算出每个方案的损益期望值，并写在机会点上。

4）选择方案。

a. 若决策问题的目标是效益（如利润、投资回收额等）应取期望值的最大者。

b. 若决策目标是费用的支出或损失，则应取期望值的最小者。

单级决策树例题：某企业有两种新产品生产方案，生产周期均为五年。甲产品生产方案需投资 50 万元，乙产品生产方案需投资 40 万元。对甲产品生产方案而言，未来市场好的概率为0.6，中的概率为0.2，差的概率为0.2，市场在好、中、差三种情况下每年的收益分别为 30 万元、20 万元和 10 万元；对乙产品生产方案而言，未来市场好的概率为 0.5，中的概率为0.2，差的概率为0.3，市场在好、中、差三种情况下每年的收益分别为50 万元、20 万元和 −20 万元。试画出该问题的决策树图，并用决策树法做出生产方案选择。

步骤 1，画出决策树，如图 3−1 所示。

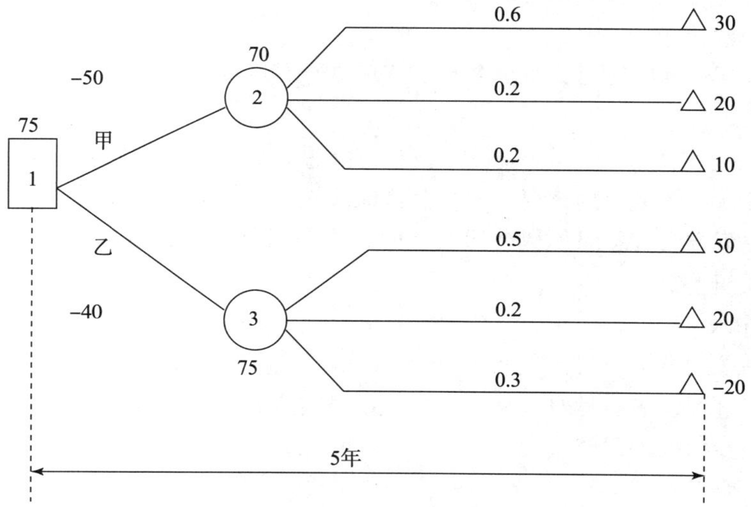

图 3−1　决策树

步骤2：计算各个节点的期望收益值

节点2的期望收益值为：$(0.6\times30+0.2\times20+0.2\times10)\times5-50=70$（万元）

节点3的期望收益值为：$(0.5\times50+0.2\times20-0.3\times20)\times5-40=75$（万元）

步骤3：决策方案

比较两方案的期望收益值，乙产品生产方案为75万元，大于甲产品生产方案的70万元，故选择乙产品生产方案。

当然，也可以进一步分析每个方案的投资收益率，从收益率高低选择方案，这取决于企业的评价标准偏好。

多级决策例题：有一企业的某项工艺不够先进，产品成本高，期望将该项工艺加以改革，用新工艺代替。取得新工艺有两种途径，一是自行研究，但成功的可能性是0.6；二是买专利，估计谈判成功的可能性是0.8。不论研究成功或谈判成功，生产规模都考虑两种方案，一是产量不变；二是增加产量。如果研究或谈判都失败，则仍采用原工艺进行生产，并保持原产量不变。根据市场预测，估计今年后五年内这种产品跌价的可能性是0.1，保持中等水平的可能性是0.5，涨价的可能性是0.4。通过计算，得到各个方案在不同价格情况下的损益值，如表3-2所示。

表3-2　方案在不同价格情况下的损益值　　百万元

状态	按原工艺生产	买专利成功率（0.8）		自行研究成功率（0.6）	
		产量不变	增加产量	产量不变	增加产量
价格跌落（0.1）	-100	-200	-300	-200	-300
价格中等（0.5）	0	20	50	0	-250
价格高涨（0.4）	100	150	250	200	600

第一步：画决策树，如图3-2所示。

第二步：计算各点的损益期望值。

节点4：$0.1\times(-100)+0.5\times0+0.4\times100=30$（万元）

节点8：$0.1\times(-200)+0.5\times50+0.4\times150=65$（万元）

同理：节点9为95；节点10为60；节点11为85；节点7为30；节点5取大者95；节点6取大者85；

节点2：$0.2\times(30)+0.8\times(95)=82$（万元）

节点3：$0.6\times(85)+0.4\times(30)=63$（万元）

第三步，确定方案。

由期望值准则可知合理的决策应是购买专利，若成功选增产。

（四）决策中的风险问题

1. 怎样衡量风险的大小

例：假定有两个投资方案甲、乙的收益及其期望收益如表3-3所示。

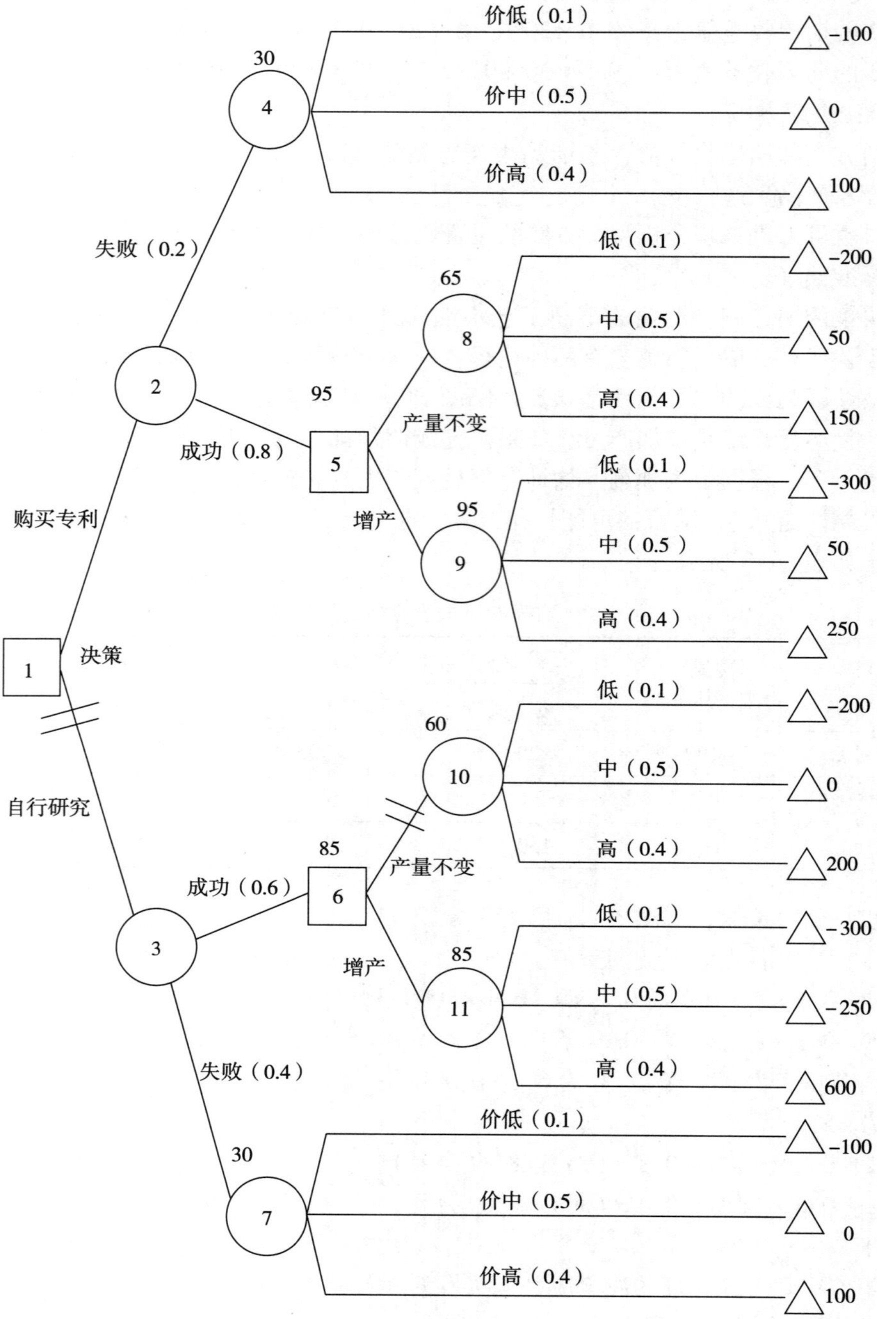

图 3－2　多级决策的决策树

表 3-3 投资方案的收益及期望收益

项目	经济状况	年效益/万元	期望效益/万元
方案甲	衰退 0.2 正常 0.6 繁荣 0.2	400 500 600	500
方案乙	衰退 0.2 正常 0.6 繁荣 0.2	0 500 1 000	500

显然，甲、乙两个方案的期望收益相同，但其风险不同，因为甲的收益在400～600万元，而乙的收益在0～1 000万元，由于其分散程度不同，两者风险不同，即乙的风险大于甲的风险。

于是人们考虑用分散程度来计量各个方案的风险大小。

即提出相关的计算公式：

$$\sigma = \sqrt{\sum_{i=1}^{n}(R_i - \overline{R})^2 P_i}$$

式中：σ——标准差，R_i——第 i 个结果的效益，$\overline{R}$——期望效益，P_i——第 i 个结果出现的概率。

如对方案甲，有：

$$\sigma_{甲} = \sqrt{(400-500)^2 \times 0.2 + (500-500)^2 \times 0.6 + (600-500)^2 \times 0.2} \approx 63.25$$

对方案乙，有：

$$\sigma_{乙} = \sqrt{(0-500)^2 \times 0.2 + (500-500)^2 \times 0.6 + (1\,000-500)^2 \times 0.2} \approx 316.2$$

上例说明，当两个方案期望值相等时，可直接用 σ 的大小来比较风险，但若其期望效益不等时则要用变差系数来测定他们的相对风险。其公式为：γ（变差系数）$=\dfrac{\sigma}{R}$。

如：若A方案的期望效益为100万，标准差为1万元。B方案的期望效益为20万，标准差为0.5万元。

则：$\gamma_a = \dfrac{1万}{100万} = 0.01$

$\gamma_b = \dfrac{0.5万}{20万} = 0.025$

显然B方案的风险比A大。

2. *在投资决策中如何考虑风险*

（1）风险与收益的关系。

财务管理将风险定义为未来收益的不确定性。任何投资者都希望以最小的风险获得最大效益，但实践证明，多数情况下风险与收益率是正相关的。

（2）在进行风险投资决策时可考虑补偿投资贴现率法。

如：无风险时以 γ（假设为无风险利率）为贴现率，有风险时以 $\gamma + P$ 为贴现率法，P 为风险补偿率。具体参考一些相关的金融知识。

决策还有许多分类方法和类别，如：

按决策者职能划分，有专业决策（专家决策）——指各类专业人员在其职业范围内所进行的判断和抉择。如水利工程师设计水坝、教练安排出场阵容、医师开药等。其特点是：专业人员处理问题、知识和能力有限制的专业领域等；管理决策——指管理者所面对的决策。（高、中、基层）。其特点是：管理的艺术性决定了管理决策没有统一的标准和一成不变的准则；管理的特殊性决定了管理者只能逐个解决问题。管理决策是一种不停顿的滚动式决策，要求管理者既要善于从整天的忙碌和处理琐事中发现和捕捉机会，又要避免过多地被日常事务所牵扯等；公共决策（社会决策）——指国家、行政管理机构和社会团体所进行的决策，如国家安全、国际关系、社会就业、公共福利等。其特点是：决策问题的清晰度较差、追求以大多数组织和公众的满意为前提、公众更关心公共决策的后果等。

按照决策目标要求不同，可分为最优决策和满意决策。前者追求理想条件的最优目标，后者追求现实条件下求得满意的结果。孔茨提出"合理性"决策标准，他对"合理性"的解释是：他们必须力图达到如无积极的行动就不可能达到的某些目标；他们必须对现有条件下依循什么方针去达到目标有清楚的了解；他们必须以情报资料为依据，并有能力根据所要达到的目标去分析和评价选择方案；他们必须有以最好的办法解决问题的强烈愿望，并选出最满意的达到目标的方案。孔茨还认为，主管人员必须确定的是有一定限度的合理性，是"有界合理性"。尽管如此，主管人员还是应在合理性的限度内做出最好的决策。因此，孔茨的合理性决策标准的实质，是强调决策过程各个阶段的工作质量最终决定了决策的正确性和有效性，而不仅仅在于进行方案选择时采用"最优"还是"满意"的标准。这个观点是很有指导意义的。

还如：按决策目标的数量不同，可分为单目标决策和多目标决策；按决策级数的不同，可分为单级决策和多级决策；按决策活动特点不同，可分为独立决策和互动决策（或博弈决策）；又如：初始决策与跟踪决策、经验决策和科学决策、定性决策与定量决策等。

第六节　常用的计划决策思维、工具和方法

一、三种基本的战略思维

战略管理理论基本是从资源、竞争、顾客三方面出发来考虑企业的战略制定，因此形成了三种不同的战略思维，即：以资源为本的战略思维、以竞争为本的战略思维、以顾客为本的战略思维。表3－4为三种战略思维的特点比较。

表3－4　三种战略思维的特点比较

项目	以资源为本	以竞争为本	以顾客为本
战略逻辑	从自身能力考虑业务	提高能力争夺市场	从顾客需求考虑业务
战略重点	研发和培育独特资源	研究竞争对手优劣势	研究顾客的需求
战略目的	开发和充分利用企业的独特资源	显著提高竞争优势	更好、更快、更方便和更低成本地满足顾客
评价指标	资源和能力的价值	行业竞争地位，如市场占有率及其增长率等	顾客的满意度、新顾客的增长率、老顾客的保留率等

二、三种基本的竞争战略

企业竞争战略主要是针对企业内业务单元制定的，在实际战略报告中，主要是对核心业务和主要战略业务制定竞争战略。企业三种基本竞争战略包括成本领先战略、产品差异化战略、集中战略。

（一）成本领先战略

1. 概念

成本领先战略是通过加强成本控制，将各种成本开支减少到尽可能低的程度，借此在产业中保持低成本优势的企业竞争战略。成本领先战略的理论依据有规模经济效益、范围经济（多个品类或业务同时开展比单一开展成本更低）、学习曲线效应等。

2. 主要的战略思想

（1）公司以很低的价格为顾客提供标准化的产品。

（2）公司在价值链的各个环节努力降低成本，在产业中取得产品成本优势。

（3）通过使价格低于竞争者扩大市场份额，将一些竞争者驱逐出市场，或者阻止一些潜在竞争者的进入。

3. 成本领先战略的主要优点

（1）提高盈利空间。

（2）扩大市场占有率，巩固和提高市场地位。

（3）便于加强与供应商的关系。

（4）对新进入者构成低成本威胁。

4. 成本领先战略的主要缺点

（1）容易导致管理者重成本管理轻市场变化。

（2）原料、能源的涨价容易对企业产生大的冲击。

（3）降低成本新技术的出现使企业技术相对落后，会使新进入者占优势。

（4）低成本可能导致消费者认为品质低劣。

（5）市场规模及市场份额较小时不能达到好的效果。

5. 成本领先战略选择需要考虑的主要因素

（1）产品差异要小或难给顾客建立差异化感觉。

（2）购买者从一个销售商转向另一个销售商的转移成本要小。

（3）产销量要有一定规模，即薄利能多销。

（4）成本领先主要指总体成本领先，不是一定要求各个价值活动都要领先。

（5）保持设备先进、较高的生产效率和扩大销量是降低成本最重要的途径。

（6）行业的周期特点和产业链的位置。如一般在成熟期适合做成本领先战略，在上游行业适合做成本领先战略等。

（二）产品差异化战略

1. 概念

通过提供与同行不同的产品或者服务，满足顾客的特殊需求，形成自身竞争优势的企业竞争战略。

理解这一概念可以从三个方面考虑：①价格并不是影响购买的唯一因素，对特色产品顾客可能愿出较高价来购买。②差异化战略的目的是通过形成特色区别其他产品，减少了可替代性，获得垄断竞争优势。③产品的特色可从多方面形成，但必须能对特定的顾客具有较强的吸引力。

2. 战略思想

（1）在产品价值链某些重要环节上建立与众不同的特色。

（2）仅有所不同不是差别化，成功的关键是对顾客来说在某些方面是唯一的，且顾客有相关需求。

（3）旨在为价格相对不敏感的顾客提供独特的产品或服务。

（4）核心是研究和理解顾客的差异化需求。

（5）为保持长久的独特性，最好设置防止竞争者迅速模仿的障碍。

3. 实施产品差异化的主要思路

（1）产品内在因素差异化：这类方式往往能形成“人无我有或人有我精”的产品特色，从而形成优质品牌，有效提高销售价格。

（2）产品外在因素差异化：主要是指通过包装、广告、服务、品牌策划等营销手段来实现。

（3）产品和服务产生差异化的主要维度：如产品的品质、功能、特性、灵活性、耐用性、容易维护性、使用方便、形状、颜色、包装、美感、好感、品牌、专利、卓越技术、智能化、独家代理、产品保证、销售通道、产品排列、及时交货、柔性生产等均可以建立差异化。如服务的销售服务、售后服务、及时服务、礼貌服务、标准服务、顾客导向、易得服务、全面服务或组合服务、个性服务、准确服务、高技术辅助的服务等均可以建立差异化。

4. 差异化战略的主要优点

（1）增加顾客的满意度和信任度，提高顾客对产品和企业的忠诚度。

（2）降低顾客对价格的敏感性，通过高价获得较长时间的巨额利润。

（3）对同行形成坚固的进入壁垒，同时减轻替代品的威胁。

（4）避免面对面的白热化竞争。

5. 差异化战略的主要缺点

（1）产品差异化是以成本的大幅度提高为代价的，当顾客额外支付低于企业成本增加时，优势丧失。

（2）不太可能带来市场份额的快速大幅度增加。

（3）当竞争对手以低成本成功地模仿企业的差异化战略时，优势转变为劣势。

（4）在消费者的兴趣、爱好发生转移时，企业可能面临困境。

6. 实施产品差异化战略的条件和要求

（1）企业要有很强的研究开发能力、强烈的市场意识和创新意识。

（2）企业在产品或服务上要具有领先的声望，企业要具有很高的知名度和美誉度。

（3）企业要有很强的生产营销能力和组织能力。

（4）所属行业或产品本身存在差异化需求。

（三）集中战略

1. 概念

通过在一个特定的目标市场上，满足特定地区或者特定顾客的特殊需要形成自身竞争优势的企业竞争战略。

2. 战略思想

（1）旨在提供满足小顾客群体需求的产品和服务，集中精力获得局部优势。

（2）当顾客有独特的偏好或者需求，以及当竞争对手不想在同一目标市场上实施集中战略时，该战略最为有效。

3. 集中战略的优点

（1）目标简单，便于管理和操作。

（2）可以集中使用企业内部的人、财、物。

（3）容易向高、精、尖发展，成为“小型巨人”。

（4）生产专业化程度高，便于形成规模经济性。

（5）服务较小的细分专业化市场，在成本上可以更低。

（6）熟悉和专研细分市场，易于占有较大的份额。

4. 集中战略的缺点

（1）经营风险大，如果方向错误，将全军覆没。

（2）企业专业技能单一，对环境的适应能力差，协同效益差。

（3）导致管理者能力单一，不利于培养管理者的系统运营能力。

5. 实施集中战略的条件

（1）有特殊需求的顾客存在，且目前这种需求没有得到有效满足。

（2）没有较强的竞争对手试图在上述目标细分市场中采取集中战略。

（3）企业经营实力较弱，不足以追求广泛的市场目标。

（4）细分市场的规模、成长速度、获利能力等能支持企业生存发展，且企业产品有较大差别化竞争优势。

6. 如何实施集中战略

（1）选出适合本企业的细分市场。

（2）集中资源，追求在狭窄的市场领域抢占到顶尖的位置。

（3）不断巩固优势，注意防止各方面的竞争威胁。

（4）注意借用行业龙头企业的力量。

（5）集中的方向可以从产品专门化、区隔市场专门化、地区专门化、品牌专门化、服务一条龙、低成本专门化、差异性专门化等方面考虑。

三、基本的战略思想

世界各国总结出企业长寿的经验有三条：企业永远要创新、永远要改革、永远要因地制宜调整业务组合。这为我们制定企业战略规划提供了基本的战略思想。

（一）永远要创新

1. 为什么企业一定要不断创新

保持领先对任何一个企业都是重大挑战，这从世界500强企业每年的位次变化强度可以看出。这里的创新主要指产品创新和工艺创新。好的新产品能助力企业占领和保持市场份额，在目前产品周期不断缩短的条件下，产品开发能力关系企业生存。新工艺也是产品建立差异化的关键。

2. 技术创新形成竞争优势的主要方式

（1）提供独一无二的新产品或服务。

（2）重建竞争游戏规则。

（3）延长现有产品及工艺的周期，减少成本。

（4）持续地改进产品及工艺性能，持续地降低成本。

（5）提高技术壁垒，提高技术学习的难度等。

3. 如何保证企业实现持续创新

（1）企业必须不断地对内部及外部环境进行分析，充分了解潜在的创新信息。

（2）对上述潜在的创新信息不断进行评估，做出战略选择。

（3）对具有战略意义的创新思维，投入资源进行开发。

（4）拟定好创新规划，经过多个研发阶段，最终推出新产品。

（二）永远要改革

像任何机体一样，组织也有其生命周期。按照学者格林纳（Greiner）的观点，可以将一个组织的成长过程分为五个阶段：创业阶段；聚合阶段；规范化阶段；成熟阶段；成熟后阶段。每一个阶段后期都将会面临某种危机和管理问题，均需采取一定的管理策略化解这些危机才能达到成长的目的。具体在组织知识中讲解。

（三）永远要因地制宜调整业务组合

1. 为什么要调整业务组合

企业只有不断地将没有前景的业务抛弃，将对本企业发展有利、有市场前景的业务开展进来，才能为客户创造出更大的价值，为员工建立好的发展平台，为企业产生更大的效益。

2. 如何才能做好业务组合的调整

（1）定期做好企业环境和内部资源分析，准确把握内外条件的变化。

（2）规划好业务组合调整的链条。完整的业务组合一般分三个层面：核心业务、战略业务、新兴业务。

3. 三个业务层面的作用（或功能）

第一层面：处于企业核心位置，能为企业带来大部分利润和现金流，是当前维持企业生存和推动企业发展的支柱。

第二层面：是企业中期新的利润增长点，是具有快速发展前景的业务。

第三层面：是企业更长远的业务选择，业务基本方向已经明确，但需要企业进行研究和试点。

4. 几种不健康的业务组合类型

（1）三个业务层面无一健全。

（2）第一层面的核心业务业绩欠佳，或受到竞争者威胁直接面临死亡时，经理们把目光投向第二层面及第三层面，但核心业务层面的获利能力不能支持战略业务及新兴业务层面的发展，最后导致失败。

（3）公司把眼光仅局限在当前的核心业务上，没有新的战略业务和新兴业务层面。当主要业务层面的业务进入衰退时，公司就会出现被淘汰局面。

（4）具有有前途的战略业务和新兴业务层面的项目，但没有获得利润的核心层面业务，公司的经营要在几年以后才能见到利润或建立市场价值。

（5）当公司拥有强大的核心业务层面，也有新兴层面具有令人鼓舞的项目，但是没有人把这些项目变成公司的实际业务。

（6）公司在核心业务层面有较好的收入，在战略业务层面也有好的业务组合，但公司在新兴业务层面没有明确的方向。

四、分散行业和中小企业的发展策略

（一）中小企业的竞争优劣势和发展思路

1. 什么是中小企业

不同的国家对中小企业的定义可能不同，如：美国将人数500人以下、营业额500万美元以下的企业称为小企业；日本将300人以下或资本小于1亿日元的工矿企业、100人以下或资本小于3 000万日元的商业批发企业、50人以下或资本小于1 000万日元的商业零售企业等称为中小企业；中国将职工2 000人以下或销售3亿元以下或资本在4亿元以下的工业企业、职工3 000人以下或销售3亿元以下或资本4亿元以下的建筑企业、500人以下销售1.5亿元以下的零售企业、200人以下销售3亿元以下的批发企业等称为中小企业。

2. 中小企业相对大企业的主要优势和主要劣势

（1）主要优势。

1）没有历史包袱，决策选择或企业转向的成本低。

2）规模小，人员少，管理流程简单，管理成本低。

3）管理者对员工了解多，关系紧密，利于发挥员工积极性。

4）决策机制灵活。

5）市场反应快。

6）受国家扶持政策多。

7）资源便于集中。

8）客户少，便于直接与消费者接触。

（2）主要劣势。

1）资源少，不能单独选择投入较大的项目。

2）招人难，留人难，特别是高层次人才。

3）企业合作中，难找合作伙伴，且合作中处于劣势地位。

4）产品难得到消费者的认可，难树立知名品牌。

5）融资难，贷款难。

6）抗风能力差。

7）缺乏规模优势，产品生产成本高。

8）缺少稳定的现金流业务，资金困难。

3. 中小企业应该如何进行产业定位

（1）选择市场小、大企业不重视的行业。

（2）选择对技术要求不高的分散型行业（如餐饮、零售、服务业、批发、销售代理、技术咨询等）。

（3）积极参与适宜专业化分工的行业（如零部件等）。

（4）资源和能力难随时间实现积累的行业，如新兴产业，开发新技术、新模式，新市场等。

（5）对投资要求不高的技能型行业，如传统手工业等。

（6）进入大企业退出的，在一定时期内依然有一定市场需求规模的行业。

（7）给大企业当配角，生产零部件、配套产品，参与代销、售后服务等。

（8）分析行业价值链空缺、大企业内部价值链短板，寻找与企业合作的机会等。

4. 中小企业一般应该选择的竞争策略

（1）集中战略，包括集中差异化和集中成本领先战略，营造局部优势。如：大企业可容忍的市场；发现新的市场缝隙；努力做到小领域的顶尖位置等。

（2）集中资源在企业关键价值链。将营销等关键环节的优势视为立身之本，将有限资源放到关键环节上，加大相关人员的业绩奖励力度等。

（3）集中资源培养局部核心能力。

（4）分析优势开发实用技术，申报相关专利。

（5）分析并抓住与企业的联盟和合作的机会，借助外力实现快速发展。

（二）分散型行业的企业发展策略

1. 什么是分散行业

分散行业指在一个行业中任何一个企业都不具有市场垄断优势的行业。基本特点：企业数量较多，规模不大，且最大的几家企业占有的市场份额也有限，不存在能左右整个产业活动的市场领先者。

2. 行业分散的主要原因

行业分数的原因可能主要涉及：进入障碍低、缺乏规模经济、产品差别化程度高、讨价还价能力不足、运输成本高、市场需求多样化、行业处于初期发展阶段等方面。

3. 分散行业的发展策略选择

（1）重视连锁经营、特许经营、互联网等商业模式。解决商圈限制与规模经济的矛盾。

（2）增加产品或服务的附加价值，建立一定的差异化。

（3）提高部分半成品的产品专业化水平，降低成本和扩大产能。

（4）注重品牌和产品差异化的培育，不要将扩大市场占有率放在首位。

（5）注重协调和分权，防止集权，建立快速反应的决策机制。

（6）注重需求的变化和新产品动向，不要盲目跟风。

（7）注重控制投资，加强风险防范。

五、提高计划弹性或适应性的常用方法

（一）滚动计划法

1. 基本思路和编制方法

滚动式计划法是一种编制具有灵活性的、能够适应环境变化的长期计划方法。

其基本思路或编制方法是：在已经编制出的计划基础上，每经过一段固定的时期（如一年）就根据变化了的环境条件和计划的实际执行情况，从确保实现计划目标出发对原计划进行调整。每次调整时，保持原计划期限不变，而将计划期限顺序向前推进一个滚动期。其程序如图 3－3 所示。

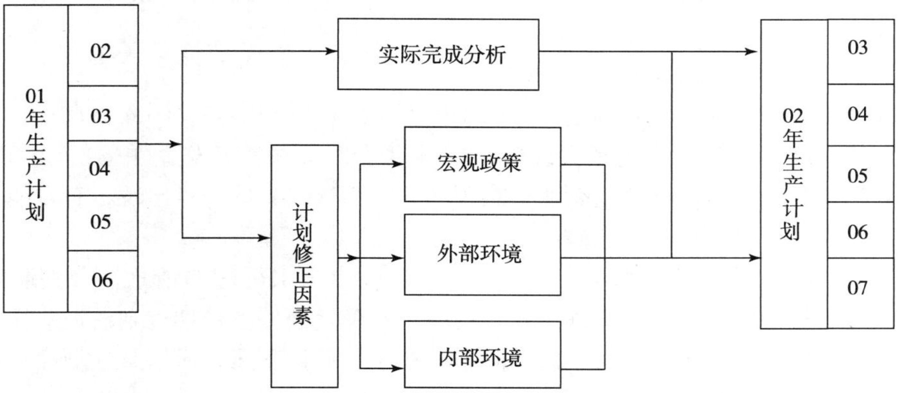

图 3－3　滚动式计划法的程序

2. 主要特点

（1）随时间不断向前延伸。

（2）远近结合。任何时候都有远近结合的计划。

（3）远粗近细。远着重战略目标，近着重详尽具体的计划。

（4）切合实际。随实际情况变化及时调整。

3. 主要优点

（1）适合于任何类型的计划。

（2）缩短了计划的预计时间，提高了计划的准确性。

（3）使短期计划和中期计划很好地结合在一起。

（4）使计划更富有弹性，实现了组织和环境的动态协调。

（二）情景规划法

1. 方法介绍

情景规划最早是“二战”后的一种军事规划方法。当时美国空军假想其竞争对手可能会采取哪些措施，然后分别准备相应的战略。后来该方法在企业中得到发展和广泛运用，依据调查，1977 年美国的一千大企业中约 22% 使用情景预测分析法，且 1981 年该比例上升至 50%。

情景规划方法，要求企业依据内外环境可能的变化、竞争对手可能的策略等，预先考虑几种未来可能发生的主要情形或情景，然后，针对这些情景分别考虑并制定出对应的应对方案或策略，当假设的情景出现时，管理者可以快速高质量地应对，因此，使得企业及其管理者能始终“处变不惊”，从而大大提高计划的弹性和适应性。

2. 情景规划法的主要优缺点及适用范围

情景规划法的主要优点是：能提高企业在高度不确定环境下的适应能力，在变化中从容发展；能够帮助决策者提高分析能力、预见能力、应变能力、对变革的信号洞察能力。主要缺点是：提高了规划人员的素质要求和规划工作的工作量，大大增加了规划工作的时间和成本；企业应对不同情景必然配备必需的资源，也会增加一定的资源成本。因此，情景规划方法较适用于周期长的企业和战略规划的制定，对于周期过短的企业和时间太短的计划，因情景变化可能性太多，分析难度大，指导的及时性难保证等原因，不是很适合。

3. 情景规划与传统规划方法的主要差别

传统规划一般基于环境预测制定，对环境的不确定性考虑不多，因此，在进行长期规划时，由于环境难准确预测会出现很大风险。如病毒传染事件、突发金融危机、突发自然灾害、突发政治军事危机等，这些是企业很难预测的，而这些事件一旦出现，有可能会导致企业所做的规划失败，甚至导致企业破产。

情景规划方法，从分析内外环境的可能变化勾画出未来可能的情景，分别制定战略方案，加之后续的持续跟踪和变革管理，较好提高了不确定条件下长期规划的适应性。

也就是说，传统规划会假定某个规划问题存在某个最佳答案，而情景规划会考虑多种可能性，并准备了备用方案。

4. 情景规划的主要应用步骤

（1）确认决策的问题。就是要确定需要进行决策的内容或决策焦点。

（2）确定关键决策因素及其未来可能的状态。就是要分析影响决策的各项关键因素，主要指做此决策的外部环境因素，如政治、经济、社会、竞争对手的策略等方面，并分析这些关键决策因素的未来状态。

（3）选择不确定轴或勾画可能的情景。在高冲击和高不确定因素的组合中，归类选出二至四个主要的相关情景，作为情景规划内容的主体架构。

（4）对选择的各个情景进行深入思考分析，较清晰地描绘出各个细节。

（5）情景评估和规划的制定。分析各个情景细节对决策的影响和要求，构建应对策略和规划。

5. 情景规划方法运用中应注意的问题

（1）明确实施情景规划的目标。

（2）充分沟通和集思广益，有效激发创意、增进理解和达成共识。

（3）管理者需要亲历主要过程，并在实施中持续重视和推进。管理者是情景规划最重要的决策者和实施者，其他人只能起到辅助作用。

6. 情景规划方法的案例

孙子兵法的地形地势划分及其应对策略：该兵法依据地形和地势对战争的影响，将地形分为 6 种情景，将地势分为 9 种情景，并分别提出了策略建议。

（1）地形的分类及其策略。通地，指便于往来的地区，应先占据有利地形；挂地，指易进难退的地区，力求保证能进能退；支地，指双方均不利的地区，诱敌深入，且防止自己被诱入；隘地，指容量有限但有利的地区，别人若未占满可以跟进；险地，指影响成败的战略要地，抢先占领制高点；远地，指双方均难达到的地区，不宜挑战。

（2）地势的分类及其策略。散地，指自己的根据地，设置障碍，防止进入；轻敌，指刚进入的地区，继续深入，站稳脚跟；争地，指双方争夺的地方，尽快占领地盘，避免打斗冲突；交地，指双方可来往的地方，设伏待敌；衢地，指力量交界地区，加强外交攻势，形成三角占领；重地，指敌方的根据地，尽量使自己融入和适应对方地区的生存；圮地，指交通不便地区，应迅速撤离；围地，指容易被困的地区，防止被困，保持随时撤出；死地，指不占则亡的地区，速战速决。

显然，这些情景的划分及其应对策略，大大提高了军事管理者对军事行动的决策和指挥弹性或适应性。

六、计划制订和管理的常用方法和工具

（一）目标制订与目标管理

1. 目标管理产生的背景

（1）组织内部分工和各工作的专业分工越来越细，整体的协调和管理难度加大，通过目标管理实现员工工作的自我规划和控制，可以大大降低管理难度。

（2）科学管理在强调理性化管理时忽视了人性化管理。目标管理有利于将员工个人需求和组织目标紧密结合，大大提高了员工工作的主动性、创造性和积极性。

2. 目标管理的概念及特点

目标管理是一种通过建立目标考核体系，实现员工参与管理和自我控制的管理方法。目标管理的主要特点包括：上下级共同确定目标。这有利于加强员工对目标的理解和完成目标的责任感；强调“自我控制”。即员工实施目标的过程中，管理者尽量不要干预其过程，只是按照必要且已经制订的考核制度进行检查和考核；促使权力下放。目标管理实施过程中，员工在不违背制度和法规前提下，可以自己选择方式方法，自己安排和控制各个环节的顺序和进度等；注重成果第一。对员工的奖罚主要参考目标考核的结果，而不要过多考虑其他因素，以免因不公正导致员工的积极性丧失。

3. 目标管理的基本思想

（1）以目标为中心。即目标是有效管理的前提，是协调统一的依据。

（2）强调系统管理。通过目标分解形成目标体系，将组织的整体目标和每个员工的个人目标紧密结合起来。

（3）重视人的因素。随着社会的发展和员工素质的提高，应该将参与式的民主管理和实现员工自我控制作为有效提高员工主动性、创造性和积极性的重要手段。

4. 目标管理的主要优缺点

（1）主要优点：简化管理、提高效率、强化自我管理意识、产生有效的激励。

（2）主要缺点：目标管理的原理和方法目前还不多，许多都需要在实践中论证；可考核目标的制订较困难；强调短期目标；缺乏灵活性。

5. 目标制订及管理实施中应注意的主要问题

（1）目标应是完成任务的关键指标，保证工作的有效性和效率。

（2）目标应明确、具体、可衡量。如果目标难以衡量，就无法考核员工的目标完成情况，目标管理会失去控制。因此，如果目标难以衡量时，就不要实施目标管理，考虑实施行为控制等其他管理方式。

（3）目标应既可行又有难度，且难度应该上下级共同协商。没有难度的目标不能发挥员工的潜能和调动其积极性，难度过高的目标会让员工失去完成工作的期望而失去其积极

性。同时，目标应该上下级共同协商，因为员工可能期望目标水平低，容易完成考核，上级期望员工目标水平高，提高组织的效率和绩效，但不一定了解员工的能力和条件。

（4）考核应注重成果第一且奖罚分明。目标管理必须保证目标安排公平、考核过程公平、奖罚结果公平。

（5）当条件发生重大变化时，应及时调整目标。一个难度适中的目标，可能因为条件发生重大变化而导致目标的水平过高或过低，而这均不利于提高员工的工作积极性和效率。

（6）目标实现后，应立即制订下一个目标，即不能让员工处于无目标状态。员工没有目标时，不仅会影响组织的发展和员工的进步，而且可能会导致部分员工因无所事事而误入歧途，败坏组织的文化和氛围。

（7）在不止一个目标时，应处理好几个目标之间的关系，并使之明确化，避免工作中因理解差异和职位角度差异出现程序冲突和矛盾。

（8）不要对下属订出不必要的限制，更不能轻易规定其实现目标的方式和手段。必要的约束是要的，但不必要的约束会影响员工创造性的发挥，更重要的是规定下属实现目标的方式和手段后，可能在员工没有完成考核时无法对其处罚，因为他会说出规定方式不适合其工作条件等理由。

（9）出现目标错误或多余时应及时调整和清理。据有关学者的调查，许多企业（特别是大企业）中，30%的工作与实现公司目标没有任何关系，40%的内部问题与大家对目标的理解不同有关，相当一部分“内耗”是因为目标冲突或多余。以我国机构改革为例，改革开放后，我国的政府机构精简效果并不明显，除新时期工作增加和人员难分流外，没有及时清理多余的岗位也是重要的原因。假设一个机构有5个科室，在新的一年，上面安排了一项新的工作，同时也有第5科室的工作截止了，于是机构为了完成新的任务向上级申请增加编制成立第6个科室，而因任务完成应该撤销的第5科室并没有撤销，这样机构就增大了一个科室。

（10）目标包括任务型目标和行为过程型目标，目标管理主要指任务型目标的管理，对于不适合任务型目标的管理，应该采用行为过程的管理。一般而言，每个部门的管理均包括任务目标和行为目标，但会依据部门特点不同选择以哪个目标为主，选择的主要依据是部门工作的独立性，即该部门的工作对其他部门的工作是否产生影响，影响大的应该以行为和过程控制为主，影响小的尽量采用任务型目标管理方式。此外，还会考虑任务目标量化的难易程度，太难量化也只能以行为过程控制为主。

6. 案例分析

某个企业由于在销售部门实施目标管理取得了成绩，就决定对公司内部全面实施目标管理，并要求各部经理分别在咨询顾问指导下制订目标，希望提高整体业绩。不知为什么，实施目标管理后，业绩反而下降了。部门间矛盾加剧，每个部门都认为是其他部门影响了他们目标的完成。如生产部门说销售部门预测准确性差，而销售部门说是生产部门交货不及时等。是什么原因导致目标管理出了问题？

就案例的内容表述看，该企业的目标管理至少存在以下问题：一是各部门之间的目标没有联系。因为各部门分别在咨询顾问指导下制订目标，各个部门制订目标时没有有效与企业的整体目标相结合，也没有考虑与其他部门目标的衔接等问题，这些是导致目标管理无效的主要原因；二是没有考虑各个部门的工作性质和特点，并不是所有工作都适合实施任务型目标管理，有的部门可能更适合对行为或过程进行控制。如办公室的行政工作、有些生产部门的工作等，是服务业务的部门，不能有过大的自我决策权等。

（二）SWOT 分析法及计划的制订

1. SWOT 的概念及原理

SWOT 是优势（Strengths）、劣势（Weaknesses）、机会（Opportunities）和威胁（Threats）的英文首词字母缩写词，是分析评估企业优势、弱势及外部环境的机会、威胁的战略分析方法。其中企业的优势和劣势由内部条件分析得出，机遇和威胁由外部环境分析得出。

这种分析方法的基本思路和理论基础是要寻求企业外部环境与内部条件的良好匹配，尽量使机遇与企业优势结合起来，从而提高计划决策的成功率。

因此，SWOT 分析后需要明确回答的主要问题包括：①在哪些领域内，你可能面临来自竞争者的威胁，或者在变化的环境中，有一种不利的趋势，在这些领域或趋势中，公司会有哪些劣势，如何把这些劣势消除掉；②哪些机会是公司真正的机会，也就是说，机会虽然很多，但最适合本企业的发展机会需要分析和识别；③哪些领域中可能有潜在的机会，企业如何把这些领域中的劣势加以改进；④对目前哪些领域进行监控，以便在潜在的威胁可能出现的时候不会措手不及。

2. SWOT 分析的一般步骤

（1）分析企业的内部条件，归纳出企业关键的优势和劣势。

（2）分析企业的外部环境，归纳出主要的发展机会与威胁。

（3）把识别出的所有企业优势分成两组，分别与机会和威胁配对。用同样的方法把所有企业劣势分成两组，分别与机会和威胁配对。这样就建构了 SWOT 表格一，每个配对占四分之一。具体见表 3－5。

表 3－5　SWOT 表格

内容	内部优势（S）	内部劣势（W）
外部机会（O）	SO 战略 依靠内部优势 利用外部机会	WO 战略 利用外部机会 克服内部劣势
外部威胁（T）	ST 战略 利用内部优势 回避外部威胁	WT 战略 减少内部劣势 回避外部威胁

3. 案例分析

SWOT 分析法可以适应不同层次的战略制定，当然，层次越高越复杂。下面就以人民币国际化战略为例，应用 SWOT 分析法分析人民币国际化的可行模式。

首先，通过对中国国情和国际环境的分析，归纳出人民币国际化的主要优势、劣势、机会和挑战，如表 3－6 所示。

表 3－6　人民币国际化的主要优势、劣势、机会和挑战分析表

主要优势	S1 良好经济预期对国际企业和资本的吸引力
	S2 高额外汇储备和好的国际收支状况
	S3 好的外贸形势和规模优势
	S4 港澳台、东盟、金砖 5 国、上合组织等区域的发展基础
	S5 常任理事国的政治影响力和与发展中国家良好的关系
	S6 两种制度优势和香港国际金融中心等金融支持
主要劣势	W1 经济总量与美国还存在较大差距
	W2 境内金融企业国际服务能力弱，金融市场不发达，如跨境支付等均依赖美国控制的国际金融机构等
	W3 缺少人民币国际化后的相关管理经验和人才
主要机会	O1 人民币良好的增值预期
	O2 国际社会对美元霸权的不满，特别是美国金融制裁对世界产生的恶劣影响
	O3 一带一路战略得到世界认同
主要威胁	T1 国际经济对美元等主要国际货币的依赖
	T2 霸权国家可能采取多种方式阻挠人民币的国际化
	T3 人民币进入国际市场后，管理难度和国际金融风险增大
	T4 我国金融体制和金融制度与国际接轨产生的金融风险和经济风险等

依据和参考表 3－6 的内容，就可以对人民币国际化的模式进行思考、评价、比较和选择了，下面分别进行简单的讨论：

（1）SO 战略。相关模式之一：货币互换协议。理由主要包括 S1、S2、S3、S5 与 O1、O2 的匹配。后面还可以思考其他的相关模式，如先在东盟、上合组织、一带一路区域、欠发达国家等推动区域国际化，然后逐步实现全球化等。

（2）ST 战略。相关模式之一：货币互换协议。理由包括 S1、S2、S3、S5 与 T1、T3 的匹配。后面还可以思考其他的相关模式，如借助国际金融中心的支持、增强军事力量保持适度的军事威慑、积极推动经常项目的人民币自由兑换后逐步创造条件推动资本项目的自由兑换等。

（3）WO 战略。相关模式之一：重视国际支付网络的构建、一流国际金融企业的培育和国际金融中心的建立，短期应团结其他国家共同努力降低美国的国际金融话语权。理由主要包括 W1、W2、W3 与 O2 的匹配。后面还可以思考其他的相关模式，如加强与国际金融机构和国际金融中心的合作，在积极借用国际金融力量的同时，逐步推动我国金融机构的国际化等。

（4）WT 战略。相关模式之一：货币互换协议。理由主要包括 W1、W2、W3 与 T1、T3 的匹配。后面还可以思考其他的相关模式，如注意经济、贸易、金融、军事、科技等方面的均衡协调发展，弥补对我国经济发展影响较大的战略性科技短板，保持良好的经济发展态势等。

当然，依据上述思路和方法，还可以提出很多人民币国际化的模式和思路，这里的重点是说明 SWOT 方法如何应用，关于人民币国际化的模式可以留给大家进一步思考。

（三）价值链分析法及其计划的制订

1. 价值链和价值系统

价值链是指企业从事设计、生产、营销、交货以及对产品起辅助作用的各种价值活动的集合。竞争者价值链之间的差异是竞争优势的关键来源，价值链分析是企业确认自身的能力，尤其是核心竞争力的重要手段。因此，价值链分析是企业内部条件分析的重要内容和方法。

现实中进行价值链分析，特别是涉及各个环节的能力分析，很难完全在企业内部进行，必然会涉及同与企业联系的外围价值链组成的价值系统，包括：供应商的价值链、本企业内部的价值链、销售渠道的价值链、客户的价值链等。

2. 价值链分析模型

波特的价值链模型中，将企业的各个价值环节的活动分为两类，基本活动和辅助活动，其中辅助活动是服务各个基本活动的，如行政、财务等，但波特的价值链模型只是提供了一个价值链分析的范本，而不是一个通用的模型，因为同一个活动在不同的企业可能有不同的归类，如人力资源一般属于辅助活动，但在就业服务类的企业可能属于基本活动等。需要注意的是，无论是基本活动还是辅助活动，都是企业价值创造过程中必不可少的环节。

3. 使用价值链分析法应注意的问题

（1）价值链并不是一些独立活动的简单集合，而是相互依存的活动构成的系统。

（2）企业在进行了自己的价值链分析后，还有必要进行包括供应商、购买者、竞争对手的价值链在内的价值链系统分析，特别是在进行能力分析、计划制订等过程中。

（3）不同的企业，相同活动的价值可能不同。

（4）价值链分析要综合运用多种分析工具和方法，还需要涉及一些专业知识。

（5）从战略上讲，价值链分析一般主要有三个目的：一是寻找最能产生价值的环节；二是寻找产业链上的战略同盟和合作者取得协同效应；三是寻找利润池，发现新的战略方向。

4. 通过价值链分析制订企业能力提升计划的步骤

首先，分析各个价值环节并找出高价值环节。

其次，评价各个关键价值环节的企业能力水平及其与先进水平的差距。

再次：分析产生差距的原因。

最后，针对差距分别制订系统的能力赶超计划方案。

而非高价值环节可采取外包等战略模式弥补能力的不足。

5. 通过价值链分析制订企业合作或联盟战略的步骤

首先，分析行业价值链，并在整个价值链的多个节点，分析相关的企业及其相互之间的关系。

其次，评价与本企业合作或联盟业务相关企业的对象。

最后，选择合作或联盟的对象并制订相关实施计划。

6. 通过价值链分析确定新的战略方向的步骤

首先，分析行业价值链及其跨越整个价值链上的各个环节。

其次，评价各个环节的前景和盈利水平。

再次，选择适合本企业发展的前景好和盈利水平高的价值环节作为新的战略方向。

最后，制订相关的发展计划或战略转型计划。

7. 通过价值链的改变可以形成不同的战略定位和经营模式

随着各价值环节的不断细化和延伸，在各环节上的价值形成与分配也在丰富和变化。不同产业中，企业在价值链上的切入、延伸、扩张方式不同，可以形成不同的战略定位和经营模式。如：长价值链“变短”，企业将资源逐步集中到研发、市场渠道建设等高价值链环节，而其他环节的业务采用外部模式，如耐克等企业就是如此；短价值链“变长”，即企业增加高盈利环节，如：当房地产行业景气时，租用经营场地的零售业可以考虑“改租为建”，形成零售＋房地产的经营模式，如北京的燕莎奥莱等因此获得了巨大成功，这些企业既获得了商业零售的利润，也获得了地产增值的巨额利润。

（四）核心竞争力分析法及其计划的制订

1. 核心竞争力的概念及其特征

核心竞争力（Core Competence）又称核心能力，是企业长时期形成的，蕴含于企业内质中，超越其竞争对手又不易被竞争对手所模仿，能够显著实现顾客所看重的价值的独特能力。

核心竞争力的特征包括：①价值性：是影响企业效益和发展的关键因素。②难模仿性：指其他企业难以获得这些能力。③延展性：指能够同时支持多个环节和多项业务。有形资源在分散过程中会变少，而无形资源一般会在分散过程中价值变多，因此，无形资源是更容易形成核心竞争力的。④时间性：核心能力只能保持一定时间内的优势，如5～10年等，如果企业不持续创新或不注重对核心能力的培育和维护，很有可能使核心能力在数年后消失，这说明核心能力具有相对性和动态性。此外，还有稀缺性、不可交易性等。考虑到核心竞争力识别的方便性，建议先通过价值性和难模仿性来初步判断，然后再通过其他特征进一步分析和评价。

2. 核心能力典型形式

核心能力这个概念引入了企业战略的基本问题，为什么一家企业比其他企业盈利能力强？哪些因素构成了企业竞争优势的持续性？有许多学者，在研究核心能力问题时，很重视分析企业是否有核心能力，认为企业有核心能力就有发展前途，相反就没有发展前途。我们认为企业系统分析所在行业核心能力的典型形式，比目前是否具有核心能力更重要，因为知道了所在行业核心能力的典型形式，就知道了核心能力的系统培育方向。

一般而言，核心能力典型形式与创新能力、合作和联盟能力、品牌构建和影响力、市场开拓能力、市场占有能力、留才和用才能力等有关。

企业竞争力的表象形式和核心竞争力的典型形式是有差别的。竞争力的表象形式主要涉及成本、质量、时间、柔性、创新等方面的竞争优势，而核心能力主要关注其本质原因，主要表现为企业的资源优势、能力优势和制度优势等方面。

3. 通过核心能力分析制订计划的基本步骤

（1）系统分析企业的价值活动。

（2）按照价值水平、模仿难度等特征，选出核心能力的典型形式。

（3）针对每种核心能力的典型形式制订核心能力的系统培育计划。

4. 案例—咨询公司的战略制订

下面按照通过核心能力分析制订计划的基本步骤，以及咨询公司的业务特点进行相关分析。

（1）咨询公司的价值资源分析。

由于价值资源是对企业效益和发展有支持作用的，考虑到咨询公司的业务特点，我们可以对问题“如何提高咨询业务的盈利水平?”进行系统分解而得到价值资源。企业提高咨询业务的盈利水平主要涉及三大方向，即：增加完成项目数量；提高单位项目的价格；降低单位项目的成本。

如何增加完成项目数量呢?

1）增加项目数量。如拓宽企业的客户数；增加创意或用新的理念引导客户增加项目；开拓相关行业的咨询项目等。

2）提高完成项目的速度和效率。如提高员工完成项目的积极性；提高员工完成项目的能力和水平；加强部门间和员工间的协作，实现减少重复和优势互补；对重复性较多的咨询业务，实行标准化产出；合理利用公司外的人力资源；强化信息情报功能，做到能快速、全面、准确地获取信息资料等。

如何提高单位项目的平均价格呢?

1）树立优质品牌。如加强质量管理；加大优质课题奖励力度；提高人员素质，培育尊重人才、有利于员工自觉提高水平和支持高级人才发展事业的环境；按照国际标准进行质量认证；在学术上扩大公司的社会影响等。

2）提高研究成果的利用率。如增加直接重复使用；加大协作、实现标化生产等；建立相对固定的、长期的服务客户，提高资源共享等。

如何降低单位项目的成本呢?

1）降低单位项目的人工量。如实现科研工作标准化；减少重复研究，加大部门协作；提高员工的能力和积极性，如搞好培训工作、业绩与效益挂钩等；充分发挥各部门和员工的能力优势；提高信息资料的查询能力和速度等。

2）降低项目的研究费用。如加强管理，建立成本控制标准和制度等；建立自我控制的激励机制；使用公司外的低成本人力资源等。

依据以上的分析，可以归纳出咨询企业的价值资源主要有：

1）开拓新市场和引导客户新需求的能力。

2）强化与客户的联系，逐步建立长期合作机制。

3）提高员工的素质、能力和工作积极性。

4）加强部门间和员工间的协作，减少重复和实现优势互补。

5）对重复性较多的咨询业务，实行标准化产出。

6）合理利用公司外的低成本人力资源。

7）强化信息情报功能。

8）强化质量管理，按照国际标准进行质量体系认证，树立优质品牌。

9）逐步建立有一定力度的工作激励机制，培育尊重人才、有利于员工自觉提高水平和支持高级人才发展事业的环境。

（2）选取咨询公司核心能力的典型形式。

根据难模仿性、对企业盈利能力的影响程度等核心能力的识别特征，得出咨询公司核心能力的典型形式包括：

1）客户的数量、质量和与客户的关系深度。

2）员工的整体水平和能力，以及促进员工不断学习向上、有利于高级人才引进和发展的机制和环境。

3）树立优质品牌。

4）完成项目过程中重复性工作标准化水平。

5）信息情报中心的功能强度。

6）建立合适的部门间和员工间的协作机制，实现优势互补、资源共享。

（3）咨询公司发展战略的制订。

针对上述核心能力的典型形式，结合公司的实际水平和差距，分别制订培育计划或战略。

（五）标杆管理法及其计划的制订

1. 标杆管理法的概念

标杆管理法也称基准分析法，其基本思路是将本企业的各项活动与行业先进企业系统的各相关活动进行比较分析，找出差距，并将外界先进做法移植到本企业，系统培育和提高本企业的竞争水平。需要注意的是，标杆管理是许多企业应该重视的一项长期工作，建议由多个相关部门人员成立标杆管理小组。

2. 标杆管理法的主要实施步骤

（1）分析并确定需要对标的活动及其对应的指标体系，即系统确定企业对标的层次和内容。

（2）确定标杆的先进水平。许多企业在确定对标对象时，确定其认为某个先进企业各项活动的水平为标杆水平，这种做法简单方便，但不科学，因为一个企业很难保证每项活动都具有先进水平，甚至会发现自己的部分活动更先进。实际应用中，本书建议两条解决思路：一是选取国内外5～10家先进企业，针对每个对比活动或指标，从这些先进企业中选出该指标水平最高者作为该指标的对比水平，将各个指标的水平均这样确定后，就形成了一个虚拟的满分企业，将这个虚拟的满分企业作为标杆；二是参考行业对标资料，每项活动对应的指标取优秀水平，从而建立各个指标的标杆。

（3）收集本企业各个对标指标的实际数据。

（4）与标杆的先进水平比较，分析差距和原因。

（5）针对每项活动的差距和原因，拟订赶超方案或培育计划。

3. 案例

某个部委招标的研究项目中，有个题为《国有大型企业国际竞争力的评价与培育研究》的项目，显然，这是一个国家战略问题，是一项比较复杂的研究，但标杆管理法可以帮助研究者确定主要的研究思路和内容，大致包括：

（1）分行业研究竞争力的评价指标体系或对标的主要活动及其对应的评价指标。

（2）分行业查阅各个竞争力评价指标的国际先进水平，建立各个指标的先进水平值。如果没有相关数据可查，可以分行业分别选择5～10家全球先进企业（考虑数据可得性，建议选择上市公司），针对每个对比活动或指标，从这些先进企业中选出该指标水平最高者作为该指标的先进水平，将这一虚拟的满分企业作为比较对象。

（3）依据各个行业的竞争力评价指标体系，收集国内不同行业国有大企业对应指标的水平数据。

（4）分行业分别用实际数据与国际先进水平比较，分析差距和原因。

（5）针对不同行业国有企业的每项差距和原因，分别拟订赶超方案或培育计划。

（六）系统竞争策略的构建思路

1. 系统竞争策略的构建思路

系统竞争策略主要依据基本的竞争战略和价值链分析法建立，基本思路是对每个价值活动或环节分别思考出成本领先策略、差异化策略和集中策略（包括集中成本和集中差异化），然后汇总各个环节的方案形成系统的竞争策略。

系统竞争策略的构建思路有利于将企业每个员工的智慧吸收为组织力量，让全体员工真正参与到企业的竞争中，使创造在企业的各个环节全面开花。

2. 建立系统竞争策略的基本步骤

（1）分析企业价值链，了解企业重要的价值活动、流程或环节。

（2）在每个价值环节分析和研究成本领先战略、产品差异化战略、集中战略的实施方案。

（3）汇总各个环节的方案形成系统的竞争策略。

3. 案例——笔记本电脑企业研发环节的系统竞争战略制定

（1）成本领先战略。

研发部分的成本主要包括研发费用和产品结构成本，如开发费用、测试费用和人工费用、产品原材料的费用等。同时，在研发设计中还需要考虑今后生产、采购、销售、售后的便利和成本。因此，可考虑以下策略：

利于产品结构设计和选型降低成本的策略：如用价值工程方法优化和精简功能结构或提高其性价比；选择替代配件商更多的配件增加价格谈判力；尽量选择价廉物美的电脑配件；尽量选取渠道稳定和合作关系良好的电脑配件商等。

利于后向一体化和技术标准化低成本的策略：自主研发和生产核心器件及高成本的零部件，降低成本；提高产品技术的标准化，如产品系列化、零部件标准化和通用化等，实现部分配件的批量生产、产生规模经济等。

降低研发成本的策略：做好研发项目的可行性研究，减少失败率；做好研发计划，提高研发过程的效率；优化研发团队结构，提高团队的整体能力和各个员工的工作效率；合理选择合作研发模式，充分利用企业外的低成本研发资源等。

（2）差异化战略。

差异化战略通过提供与同行不同的产品或者服务，满足顾客的特殊需求，形成自身竞争优势的企业竞争战略。因此，可考虑以下策略：

外观差异化方面：如外形定制的限量型笔记本电脑；超薄超轻笔记本电脑；外壳视觉舒适的笔记本电脑；尺寸和形状特别的笔记本电脑等。

功能差异化方面：具有新的电脑功能的笔记本电脑；带有特别味道的笔记本电脑；待机时间更长的笔记本电脑；使屏幕制作成 360 度可旋转的笔记本电脑；带触屏功能的笔记本电脑；具有通信功能的笔记本电脑；带有智能会话和服务功能的笔记本电脑；带有摄像、投影播放等功能的笔记本电脑；带有投影键盘或语音键盘的笔记本电脑；可折叠便于携带的笔记本电脑；便于用户自行组装和拆卸的笔记本电脑等。

技术和服务差异化方面：能面向不同的用户加入不同的笔记本功能；能提供多种电脑配置供消费者自主选择；产品的更新换代速度快；售后使用指导、维修、更换方便等。

（3）集中化战略。

集中化战略就是通过在一个特定的目标市场上，满足特定地区或者特定顾客的特殊需要，形成自身竞争优势的企业竞争战略。因此，可考虑的策略包括：满足高端用户的笔记本电脑；满足低端用户的笔记本电脑；满足男士的笔记本电脑；满足女士的笔记本电脑；满足老年人的笔记本电脑；满足教育的笔记本电脑；满足旅游的笔记本电脑；满足智能服务的笔记本电脑；研发优质的笔记本外壳；研发笔记本的某个配件；研发出具有某些特性或特殊含义的独特产品满足对应的用户等。

（七）无竞争市场的构建思路

1. 无竞争市场的定义

无竞争市场是指没有竞争对手或竞争对手无法对本企业产生竞争威胁的市场。

2. 发现和构建无竞争和弱竞争市场的主要思考方向

（1）挖掘和创造新的需求：指挖掘和创造顾客还没有满足的需求，并开发相关的新产品去满足这些需求。

（2）寻找新的顾客：指分析还没有满足的顾客，并创造通道、环境等条件将产品送到新的顾客。如开拓国际市场等。

（3）分析新的消费习惯：指研究能提高顾客价值的新的消费习惯，并开发相关的新产品去支持这些新的消费习惯。

（4）跨越式产品创新：指在技术、服务、模式等方面具有显著领先现有竞争产品的新产品，使现有的竞争对手的产品基本失去竞争威胁。

（5）提高创新速度：指通过新的环境变化趋势，预测出顾客未来需求或消费习惯的改变，并开发相关的新产品去支持这些改变；建立强大的研发力量大幅提高产品的升级速度等，始终在创新速度上领先竞争对手，弱化竞争对手的威胁。

（6）大幅提高消费者转移成本：指通过老顾客政策、重复购买政策、会员制度、培育顾客消费本产品的习惯、建立消费群体间的联系等方式，提高顾客购买其他竞争者产品的成本，从而弱化竞争对手的威胁。

（7）大幅提高竞争对手的进入障碍：指通过规模经济、学习曲线、地区政策保护、建立高品质品牌、提高转移成本等大幅提高竞争对手的进入障碍，从而弱化竞争对手的威胁。

3. 无竞争市场具体构建方法和策略思考

上面只是讨论了大的思考方向，现实中还要深入研究各个方向的具体实施思路、方法和策略，如：

挖掘和创造新需求的方法和实现路径方面：

挖掘和创造新需求方法：市场调查方法、群组分析方法、消费者需求变化预测方法、关注消费者不满意意见方法、新需求思考和引导方法、市场细分、用户调研与需求分析、对标国家战略与需求和契合国家长期发展规划、寻找各层次产品中的市场空白、体验自身产品并在体验过程中发现需求等。

实现路径：开发新的产品或服务、增加产品功能、产品外延拓展、开拓多种消费者渠道等。

挖掘新顾客的方法和实现路径方面：

挖掘新顾客方法：市场细分方法、市场调查方法、年龄层次分析法、性别分析法、收入层次分析法、地区分析法、直接和间接市场分析法等。

实现路径：新市场开拓、国际市场开拓、老客户带动新客户、熟人的口碑传播带动、提供尽可能满足各种领域顾客的产品、建立新顾客消费的通道和环境条件、提高产品曝光量增加市场触点等。

分析新的消费习惯的方法和实现路径方面：

分析新的消费习惯方法：市场细分方法、市场调查方法、消费模式不足分析法、新技术优点及其影响分析法、售前售中和售后服务缺陷分析法、消费体验测试分析法、行业消费模式比较优化分析法、借用其他技术分析法、借用其他行业先进消费模式分析法等。

实现路径：研究新的消费模式、借用新技术创造新的消费模式、借用新技术改进消费模式、通过强化服务创造新的消费模式、通过强化服务改进消费模式、通过技术改进创造新的消费模式、通过技术改进改进消费模式、通过自成体系的配送流程创造新的消费模式、通过自成体系的配送流程改进消费模式、改进支付方法创造或改进消费模式、通过宣传教育创造或改进消费模式等。

提高客户转移成本的方法和实现路径方面：

提高客户转移成本方法：产品差异化、服务差异化、信誉差异化、市场调查法、产品缺陷分析法、用户满意度分析法、技术影响分析法、建立消费群体间相互影响或支持法、个性化服务法、培养客户消费习惯法、产品或服务组合法、累计消费优惠法、与其他企业捆绑法、用户合同限制法、提高附加价值、顾客感情建立法等。

实现路径：新技术的开发或引进、流程的设计与优化、产品的开发与改进、服务的创新与改进、品质控制、品牌建设、业务组合捆绑销售、柔性生产、个性化的客户关怀、个人积分奖励机制（买多赠多）、建立用户俱乐部、VIP 制度、建立产品或服务与特定习惯的联系、建立对现有用户的特殊服务、与其他企业战略联盟营销、制订针对已流失顾客的召回计划等。

显然，这些具体的思路、方法和策略研究的越深入越有利于开阔构建无竞争市场的思路。

（八）GE 矩阵

1. *方法介绍*

通用（GE）矩阵是美国通用电气公司（General Electic，GE）与麦肯锡咨询公司在波士顿矩阵的基础上首先提出的，又称“产业吸引力矩阵”。GE 矩阵可以说是波士顿矩阵（BCG）的升级版，改进主要涉及两个方面：一是在两个坐标轴上增加了新的中间等级，即产品的市场前景或产业吸引力由高和低两个等级变为高、中、低三个等级，企业的竞争地位由强和弱两个等级变为强、中、弱三个等级，相应的产品分类也由 4 方格变为 9 方格；二是评价的指标更加科学，即市场前景指标由单一的市场增长率变为市场规模、市场增长率、平均利润率、行业集中度等指标体系的综合评价，企业的竞争地位由单一的市场占有率比较变为市场占有率、市场地位、盈利能力、其他优势等指标体系的综合评价。

表 3 –7 为 GE 矩阵的产品评价分类表。

表 3 –7　GE 矩阵的产品评价分类表

内容		企业的竞争地位		
		强	中	弱
产业吸引力	高	1	2	3
	中	4	5	6
	低	7	8	9

通用矩阵的 9 个方格可以将产品或业务分成三个不同的区域

1、2、4 部分是增长型和可塑型业务，产品市场加强型战略和一体化战略是最佳选择。

3、5、7 部分属于应当坚持和保留的业务，市场渗透和产品开发是常用的战略。

6、8、9 部分表示出现困境的业务，可以考虑采取剥离、收缩战略。

2. GE 矩阵的主要运用步骤

（1）确定影响市场吸引力的因素，并分析评价。主要因素有：产业增长率、市场价格、市场规模、获利能力、市场结构、竞争结构、技术因素、社会政治因素等。评价市场吸引力的主要步骤包括：选择主要因素；确定相对权重；给出各因素的评级；计算加权均值，如果按照 5 分制，1 为毫无吸引力、2 为没有吸引力、3 为中性、4 为有吸引力、5 为极有吸引力。

（2）确定影响业务竞争地位的因素，并分析评价。影响竞争地位的主要因素有：相对市场份额、市场增长率、顾客增长率、盈利水平、产品品质、技术和工艺水平、管理水平等。评价影响业务竞争地位因素的思路与市场吸引力相似，最终为 5 级，1 为极度竞争劣势、2 为竞争劣势、3 为与竞争对手同水平、4 为竞争优势、5 为极度竞争优势。

（3）根据分析数据绘制 GE 矩阵，并将产品放在对应的方格中。

（4）按照 GE 矩阵的分析及其对各个产品的分类，分别制订不同的产品或业务发展战略。

3. GE 矩阵的扩展

（1）IE 矩阵。IE 矩阵是用内部因素的整体评分结果给出业务竞争力的类别（强、中、弱），用外部因素的整体评分结果给出行业吸引力的层次（高、中、低）。然后形成 9 方格，并对每个方格内的产品分别提出发展战略。

（2）产品—市场演化矩阵。也是对通用矩阵的扩展，它将产业吸引力的等级轴改为行业周期（开发、增长、成熟、饱和、衰退五个阶段），与竞争力的等级轴（强、中、弱），构成了 15 个方格的产品市场演变矩阵图，然后对每个格的产品分别制定不同的发展战略。

（3）ADL 矩阵。和产品—市场演化矩阵相似，将产业吸引力的等级轴改为行业周期（导入期、成长期、成熟期和衰退期四个阶段）；竞争力的等级轴分五个级别（统治、强势、有利、维持、弱势），构成了 20 个方格，然后对每个格的产品分别制定不同的发展战略。

不难看出，在实际应用中，GE 矩阵的产业吸引力和竞争力的评价指标和等级划分是较灵活的，可以依据信息和条件采用不同方式。

七、常用的发展或扩张模式

（一）多元化战略

1. 多元化战略的概念及其分类

企业同时生产或提供两种以上基本经济用途不同的产品和服务的业务战略。多元化经营按内容可分为相关多元化经营、非相关多元化经营和既相关多元化又不相关多元化经营；按其多元化程度可以分为单项业务经营企业、主导业务经营企业、相关多元化经营企业、非相关多元化经营企业四种类型。

2. 多元化的经济价值

多元化战略要想经济上可行，各种业务之间必须有范围经济，且用等级制治理方式管理范围经济必须比用其他（如市场化管理）方式管理更有效率。也就是说，没有范围经济就没有经济上的理由去实施多元化经营。范围经济主要包括经营性范围经济、财务性范围经济和反竞争性范围经济。

经营性范围经济的价值主要来源于共享活动和共享核心能力。如共同的产品部件制造系统、共同的质量控制系统、共同的维修系统、共同的库存管理系统、共同的产品分销体系、共同的库存设施、共同的购买链、共同的供应商、共同的广告效果、共同的促销活动、共同的价格体系、共同的市场部门、共同的分销渠道、共同的销售力量、共同的销售门店、共同的售后服务、共享品牌和声誉、共享管理经验、共享独特资源、共享技术能力等。其中核心能力和共享活动可能同时存在，也可能不同时存在。业务之间不具备共享活动但存在共享核心能力的公司看似非相关多元化，实际上是一种相关约束多元化。

财务性范围经济的价值主要来源于内部资本配置、降低风险、税收优势和内部资本市场。如多元化的战略创造了一个内部资本市场，各项业务之间相互竞争公司内部的资本；多元化的战略也有利于降低单一业务的风险；多元化公司也可以用某项业务的利润冲抵另一项业务的亏损，从而可以减少税金等。但实践表明，单一为了降低风险而实施多元化战略会降低公司的经济业绩，内部资本市场也存在许多局限性。

反竞争性范围经济的价值主要来源于多点竞争和市场支配力。多点竞争指两个及以上的多元化公司同时在多个市场上展开竞争的情形。如中石油和中石化同时在原油和成品油开展竞争，结果是促进了两者的忍耐和默契。市场支配力指在多元化公司的业务之间进行内部资本配置，可以使某些业务共享其他业务的市场支配力。如通过在特定垄断业务上赚取的利润去资助其他业务，包括掠夺价格等将竞争者逐出被资助的业务等。

3. 企业选择多元化战略的原因

（1）外部原因主要包括：产品需求趋于停滞；较高的市场份额制约了企业的发展；需求不确定性趋强等。

（2）内部原因主要包括：实现范围经济性；寻找企业新的增长点；充分利用富余和闲置资源；分散经营风险等。

4. 多元化经营的主要战略目的

（1）拓展新的机会和新的增长点。

（2）实现战略性转移或为战略性转移做准备。

（3）取得范围经济或协同效益。

（4）提高或获取核心能力。

（5）分散经营风险。

（6）追求规模扩张。

5. 多元化经营的主要优缺点

（1）主要优点包括：获得新的机会、取得范围经济和协同效应、有利于分散风险和持续平稳增长、增强市场竞争地位、增强市场内部化效应、节省外部交易成本、充分利用内部资源和能力等。

（2）主要缺点包括：管理难度加大和对管理者素质要求提高、进入新的业务领域会提高经营风险、分散企业资源等。

实践表明，主导集约型企业和关联集约型企业比其他企业形式具有更高的财务绩效；各业务单位之间通过共同的活动联系紧密的多元化经营企业可以获得更好的结果。

6. 案例比较：海尔和春兰的多元化比较（表3－8）

表3－8　海尔和春兰的多元化比较

项目	青岛海尔公司	江苏春兰公司
多元化动机	提高市场地位和品牌价值	选择获利能力强的行业
多元化类型	相关多元化，获得战略协同	不相关多元化，获取资金实力
多元化途径	并购硬件不错、软件不好的企业。通过输入文化、管理等激活	并购、控投、改造企业上市，以产品优势转化为资本运作
多元化效果	规模和品牌影响力快速提高。股价也稳步提高	经营不稳定，品牌影响力持续下滑，股票还曾经被ST

（二）一体化战略

1. 一体化战略的概念与类型

一体化战略是企业将原本可独立进行的、相互连续或相似的经济活动组织起来的战略。可分为纵向一体化战略（上下游企业之间的产权交易或企业向上下游环节的投资）和横向一体化战略或水平一体化战略（企业与提供同类产品或互补产品的企业之间的产权交易）。其中纵向一体化战略又分为前向一体化战略（向下游环节拓展的纵向一体化）和后向一体化战略（向上游环节拓展的纵向一体化）。

2. 一体化与多元化的区别和联系

纵向一体化的实施，必然会扩大品种和业务门类，导致一般意义上的非相关多元化。但非相关多元化的业务间可以有，也可没有经济上的联系，而纵向一体化则是指有连续关系的经济动活动的组合，其新增产品和业务必然是相互有产业链关系的。

横向一体化战略一般会在扩大业务规模的同时增多品种，与相关多元化相近。但相关多元化可以通过外部扩张来实现，也可以通过内部扩张来实现，而横向一体化战略仅指通过并购同业企业这一途径。

3. 一体化与战略联盟、虚拟企业的区别

一体化：涉及产权关系。

战略联盟：不涉及产权交易，强调长期合作。

虚拟企业：不涉及产权交易，强调中短期合作。

4. 纵向一体化战略

纵向一体化战略主要类型包括前向一体化（向下游环节拓展的纵向一体化）和后向一体化（向上游环节拓展的纵向一体化）。

（1）纵向一体化的战略利益。

主要经济性考虑包括：生产运营的经济性（如原油生产与成品油生产的结合）、内部控制的经济性、信息沟通的经济性和交易费用的节约（广告、谈判、交易稳定等）。

（2）主要优点。

稳定供应或需求关系、提高送货的时效性、确保产品和服务的品质、提高进入或模仿障碍、提高企业的行业地位。

（3）主要风险。

提高了行业的投资和商业风险（如果行业低迷，企业的风险会加重）、分散资源可能使企业各环节都做得不精、企业内部协调和管理的难度较大（如种棉花、纺纱、织布、印染、服装、服装商店等管理特点差别太大）、灵活性差和退出成本高、价值链各环节生产能力难平衡（价值链上各环节最有效的生产规模可能大不一样）、内部交易弱化了企业各业务的竞争意识等。

（4）实施纵向一体化战略的条件和要求。

在现有的业务环节已建立明显的核心竞争力、资产具有足够的专用性、市场需求和竞争形势相对稳定、企业资源能够确保纵向一体化的需要、各个环节的企业文化能够有效地协调等。

（5）前向一体化战略的核心和战略考虑。

战略核心是加强对分销商或者零售商的控制。

主要战略考虑包括：及时了解市场和顾客的要求、取得经销商的那部分利润、避免经销商变更造成的不稳定、加强对最终顾客的控制等。如：建立相关专卖店、特许经营店等。

（6）后向一体化战略的核心和战略考虑。

战略核心是加强对供应商的控制。

主要战略考虑包括：降低成本、保证原材料及零部件的稳定和及时供应、获取供应商获得的那部分利润、保证原材料的质量、合理避税等。

5. 横向一体化

战略核心是提高规模经济、加强行业竞争地位和消灭竞争对手。

（1）主要优点和战略思考包括：提高规模经济性、提高资源和能力的共享、扩大市场份额、获得一定程度的垄断利润、消灭对手等。

（2）横向一体化战略的主要风险包括：协调工作量大和管理成本增加（兼并后，企业间的历史背景、人员组成、业务风格、管理理念、体制、文化等各方面协调难度加大）、质量保证难度加大、法律的限制（横向一体化有可能造成行业内的垄断，因此有的国家法律对此做出了限制）等。

（3）横向一体化战略的实施条件和要求主要包括：该产业存在较强的规模经济性、企业拥有较强的管理能力或文化优势、依靠自身扩张的成本和速度明显不如横向一体化战略模式、竞争对手面临困境可以低价获得数倍的资源。

6. 一体化战略需要注意的问题

横向一体化是快速和低成本扩张战略；后向一体化是为降低成本和保证供应的防御战略；前向一体化是扩展市场的进攻战略。一体化过程中容易出现的错误和需要注意的问题主要包括：

（1）防止为一体化的短期利益所左右。

（2）防止对本企业的经营控制能力过分自信。

（3）密切关注外部环境和内部条件的变化，把握好实施一体化战略的需要、能力和时机。

（4）慎重考虑和深入研究打算进入的产业（前景、竞争状况、盈利水平、进入壁垒、企业的能力等）。

（5）正确分析和选择实施一体化战略的途径（内部扩张、外部并购、合作经营等）。

（6）不断加强和创新管理（如健全管理体制、提高管理者素质、完善规章制度等。）

7. 案例：一体化战略破解竞争威胁

某钢铁公司创始人曾经是铁路公司电报员，铁路公司对钢铁需求产生的商机使他决心创办钢铁企业。第一步，他投资入股一家铁轴厂，然后控制了这个厂，后来又并购了一家铸造公司（铁桥公司）；第二步，看到铁路对钢的大量需求，他投资建立了炼铁厂。后来，随着钢铁市场出现严重竞争，铁轨厂联合其他钢铁公司不买他的产品，他就建立了一个铁管厂和铁轨厂为钢铁找到了出路。后来铁路公司也不与他合作了，他就用他的铁轨承包铁路工程，最终使他们不得不与其合作。

（三）并购战略

1. 并购及其几个相关的概念

（1）兼并：两家或更多的独立企业合并组成一家企业，通常由一家占优势的企业吸收一家或多家的其他企业。主要包括用现金购买资产、用现金购买股票、以股票购买资产、以股票交换股票、债权转股权方式、间接控股（直接并购上市公司的第一大股东）、承债式并购（以全部承担目标企业债务方式）、无偿划拨等方式。

（2）收购：通过实施某种获取特定财产所有权的行为，一方获得某项资产或股份。主要包括资产收购、股份收购等方式。

（3）合并：系法国习惯用语，与兼并同义，主要包括吸收合并、新设合并等方式。

（4）并购：是兼并与收购的合称，在西方联用 Merger and Acquisition 这一专业术语，缩写为 M & A。

2. 企业实施并购的可能动因

（1）实现资源和能力的范围经济性，取得协同效益。

（2）获得规模经济效应。

（3）获得并购过程中价值低估带来的好处。

（4）取得高速度扩张和快速提高行业竞争地位。

（5）减少竞争对手。

（6）对原材料与销售渠道的控制（纵向并购）。

（7）减轻税负负担。

（8）买壳上市等。

3. 并购决策及后期主要整合内容

并购是扩张速度最快的模式，也是风险最大或失败率最高的扩张模式，实施并购战略后能否实现预期的效果，关键取决于并购的决策和后期整合的效率和速度。

在决策方面，要认真考虑并购的必要性，谨慎评选并购的对象，选择适当的并购时机和模式，充分估计并购的风险且备足风险化解的资源和方案等。

后期的整合内容主要包括组织结构的整合，即主要包括建立规范的治理结构、精简和合并相关职能部门和业务、确定不同业务单位的界限等；管理制度的整合，即主要包括向目标公司移植先进的管理制度、借鉴国内外优秀公司管理制度的基础上拟订新的管理制度、实施管理信息系统的整合等；人事安排的整合，即主要包括根据持股份额和今后经营管理的需要重新配置管理人员和普通员工、合理进行冗员处理等；企业文化的整合，即主要包括向目标公司移植先进的企业文化、吸收优秀的文化建立新的先进企业文化等。同时，要切实做好并购对象员工的思想工作。

4. 从青岛啤酒的并购案例看并购战略的突出优点和缺点

（1）实施并购的背景和条件分析。

从20世纪90年代初开始，诸多洋啤酒进入中国市场，1999年外国品牌达到46个，当时中国啤酒的产量也突破2 000万吨，但多数是中小型啤酒厂，几乎县县产啤酒。因此，啤酒行业当时存在整合提高的需要。

青岛啤酒当时是国内产量第一的啤酒厂，但1999年的产量只有107万吨，相当于当时百威啤酒的零头，存在扩张产能和提高竞争地位的需要。

青岛啤酒厂当时的主要优势条件包括：品牌优势。1991年入选首届中国十大驰名商标，是中国啤酒业第一个驰名商标；管理体系优势，建立了一个中心（科学管理与和谐的人际关系相结合）、六个体系（质量保证体系、生产运行体系、人力资源管理体系、市场营销体系、财务管理体系、发展创新体系）、两个支撑（企业文化和工艺技术）等。

（2）实施并购的基本策略。

利用青岛啤酒的品牌优势，通过开展并购，推行高起点和低成本扩张的发展战略，抢占国内主要中心城市、啤酒高消费地带，扩大企业规模和市场份额，以迅速提高竞争实力。

（3）并购的实施路径。

1995年试验性并购了两家企业，包括西安汉斯啤酒饮料总厂和蓝妹啤酒（青岛）有限公司。

1997年并购了两家企业，包括日照啤酒厂和青岛北海啤酒厂。

1998年并购了三家企业，包括山东花王集团啤酒厂、平原县啤酒厂和鸡西兴凯啤酒厂。

1999年开始加速扩张，并购了17家企业，包括马鞍山功勋啤酒厂、荣成东方啤酒厂、山东南极洲集团股份有限公司、黄石市啤酒厂、安丘市啤酒厂、马鞍山青工国有资产经营有限公司、广东皇妹酿酒有限公司、湖北应城市啤酒厂、上海啤酒有限公司、八仙生啤啤酒厂、广东伊组佳啤酒有限公司、滕州市啤酒厂、徐州市金波啤酒厂、广东三水强力啤酒厂、芜湖大江啤酒厂、彬州兴啤啤酒厂和潍坊潍城啤酒厂。

2000年进一步扩张，并购了16家企业，包括台儿庄麦芽厂、徐州汇福集团有限公司、廊坊市啤酒厂、陕西渭南啤酒厂、鞍山轻工公司、嘉酿（上海）啤酒有限公司、亚洲双合盛五星啤酒有限公司、三环亚太啤酒有限公司、垫江啤酒有限责任公司、山东卢堡啤酒有限公司、黑龙江龙泉啤酒有限公司、浙江海尔波酒业有限公司、斗门南星麦芽有限公司、金都啤酒厂、黑龙江玉泉啤酒厂和泸州啤酒厂。

2001 年适度降低了扩张速度，并购了 7 家企业，包括宿迁啤酒厂、第一家（福建）啤酒厂、漳州五星级酒厂、江苏太仓啤酒厂、广西南宁万泰啤酒厂、富利运天门啤酒厂和富利运随州啤酒厂。

（4）并购的主要绩效。

产销量：从 1997 年的 56 万吨上升在 2000 年的 186 万吨，2003 年达 280 万吨。

市场占有率：1996 年为 3%，2001 年为 11%，2002 年达 12.8%。

总资产：从 1997 年的 36 亿元增长到 2000 年的 72 亿元，2003 年达 90.02 亿。

品牌价值：从 1997 年的 34.08 亿元增长到 2000 年的 59.45 亿元，2003 年为 167 亿元。

低成本扩张：自己投资兴建拥有 200 万吨生产能力的啤酒企业，直接投资就需约 60 亿元。1997—2000 年，青岛啤酒投入资金 20 多亿元，扩大生产能力 200 多万吨，其中收购廊坊 5 万吨啤酒厂仅用了 400 万元等。

大范围出击：通过向当地市场渗透，建立了完善的全国性销售网络，减少并打击了竞争对手。

（5）并购出现的主要问题。

2000 年，收购企业中约 1/3 亏损，1/3 持平，1/3 盈利。2001 年，公司总经理提出要从“做大做强”向“做强做大”转型。当时出现了较大的资金压力，其中 1999 年和 2000 年资本支出额分别为 8.4 亿元和 10.2 亿元，资本缺口分别为 7.77 亿元和 9.62 亿元，盈利分别为 0.63 亿元和 0.58 亿元。由于安置原企业员工的承诺，管理费用急剧上扬，以及利息支出庞大导致财务费用大增，而并购企业的效益还没有发挥出来等原因，导致每股收益大幅下降。2000 年燕京啤酒为 0.40 元/股，而青岛啤酒降为 0.10 元/股。

当然，后来并购效益显现出来，青岛啤酒的效益逐年上升，2019 年每股达到 1.37 元，而燕京啤酒 2019 年每股收益降为 0.08 元/股。

（6）从案例中看并购的突出优点和缺点。

突出优点包括：高速度扩张规模、低价收购标的实现低成本扩张、快速提高行业地位、打击甚至消灭竞争对手。此外，在跨行业和跨国并购中还包括快速进入新的行业、越过政策壁垒等优点。

突出缺点包括：并购企业短期难发挥出效益或短期失败率较高、对现金流要求较高（管理费用和财务费用均会大幅增加）容易出现资金链断裂的巨大风险、并购对象的实际情况难准确评估、管理整合和文化整合难度大且过程较慢等。

（四）外包和战略联盟

1. 外包

（1）外包的概念和形式。

外包是企业在价值链分析的基础上，将竞争力不强的价值环节委托给其他企业完成，从而集中力量开展竞争力强的业务环节的一种经营方式。因此，外包目前已经是智慧型企业运作中的重要经营模式之一。

外包的形式是多种多样的，包括生产外包（如耐克公司的生产外包等）、研究开发外包、管理职能外包（如委托管理信息系统的维护等）、售后服务外包（如企业与销售商的合作等）、物流外包（企业与物流公司的结盟等）等。

（2）外包的主要优点和缺点。

主要优点包括：降低整体成本（产生了资源共享）、提高效率（发挥了各自的专业化优势）、充分发挥自身核心竞争力、增强企业对环境的迅速应变能力（在行业投资不重的条件下完成了各个环节的能力和功能）等。

主要缺点包括：外包的潜在风险（如信用等）、合同中的不确定性问题（如破产等）、控制力不足的问题（如品质难控制）、潜在核心竞争力的丧失问题（如外包中技术泄密等）等。

2. 战略联盟

（1）战略联盟的概念、特征和类型。

战略联盟是两个或两个以上的企业为了实现自己在某个时期的战略目标，通过签订长期协议建立战略伙伴关系，以达到风险共担、利益共享的目的。

战略联盟的特征主要包括：边界模糊（介于企业和市场间的“中间组织”）、合作关系平等（战略一致，但相互独立）、合作期限较长（具有较强的战略性）、经营效益具有协同性、组织形式呈网络型（机动灵活）、联盟双方竞争与合作并存。

战略联盟的类型：按照治理结构看，有股权式（如相互持股、合资等）联盟和契约式联盟（如技术合作研发协议、生产营销协议等）；按照价值链看，有横向联盟、纵向联盟和混合型联盟；按照合作的程度看，有实体联盟和虚拟联盟等。

整体看，联盟是一种风险相对不高且成功率较高的模式，因为它不需要承担并购和多元化模式的资本投入风险和后期复杂的管理和整合风险，却可以快速补充能力的不足，产生协同效应和范围经济。如美国的 IBM 公司与许多软件公司建立合作和联盟关系，软件公司将软件提供给 IBM 的服务器并帮助推销产品，IBM 公司帮助软件公司宣传产品和巩固其市场地位，使双方获利等。

（2）战略联盟的主要优点。

利于快速开拓新的经营领域、降低和规避风险、越过市场壁垒、降低交易费用、提高进入壁垒和避免过度竞争、获取规模经济和范围经济、获取关系资本（关系、信任、感情等），相互学习共同成长。

（3）战略联盟的主要风险。

目标不一致和文化不兼容导致冲突等风险、有利的一方可能利用优势欺诈另一方、道德风险和逆向选择、信用风险、相互学习过程中可能培养竞争对手、过度依赖对方的风险、联盟条件产生重大变化的风险等。

3. 战略联盟的建立条件

（1）产业要有较好前景和相当程度的标准化。

（2）有健全的社会信用制度。

（3）企业要有合作的意愿和互利共赢的利益基础，且双方实力基本相当。

（4）联盟目的还应该重视相互学习和共同进步，且注意管理中的内外结合。

4. 案例：宝洁和宝供在联盟中的学习和成长

（1）宝洁和宝供的合作背景。

宝洁 20 世纪 90 年代初进入中国后，面临如何将产品安全、快捷地送到全国各地的问题。当时的国内储运企业在环节衔接中经常出问题；而宝供当时是刘武承包的汕头供销储运公司的广州储运站，面临大客户少、客户不稳定等发展的问题。

（2）合作的过程。

宝洁试水，将4个集装箱用火车从广州运往上海。

宝供转型，成立宝供储运公司，专做第三方物流，且在成都、北京、上海、广州设立了4个分公司。在管理上严格按照美国食品药品管理局颁布的《良好产品制造条例》（GMP质量管理体系）建设物流服务规范。

1995年，宝洁对宝供各仓库的13个关键指标进行评估，得分为－40分，限期3个月整改。

宝供调回各分公司负责人，请宝洁进行全面培训。在第二次评估中，4个网点的仓库都在95分以上，成都仓库（100分）成为宝洁在亚太地区仅有的2个模范仓库之一。

（3）宝洁的联盟效益。

物流费用降低了30%～40%；运输中的货物可以随时了解其发运、中转、到站、签收、达标率、破损率等情况和信息；货物周转速度加快，库存量大幅度下降。

（4）宝供的联盟效益。

宝供做宝洁的学生受益匪浅。1999年注册资金从100万元增加到1.3亿元。2003年年供货量250万吨，年产值达到3亿多元。世界500强中有40家企业成为宝供的客户。

案例的主要启示：

互利共赢是获得联盟效益和持续合作的重要前提；相互指导和共同学习进步是联盟应该考虑的重要内容；联盟是快速和低成本完善企业能力和功能的重要手段；联盟是深入了解客户和稳定客户的重要手段。

联盟相关的成功案例还有很多，且形式多样，如麦当劳、可口可乐和迪士尼的松散联盟中，各地迪士尼园外都有麦当劳，可口可乐是麦当劳的必备且默认首选的饮料，可口可乐用其国际化优势帮助麦当劳和迪士尼推动国际化等。

（五）国际化战略

1. 国际化战略的概念

国际化战略是企业的产品和服务在两个以上国家发展的战略。

2. 国际化战略的主要优点

（1）利于在全球范围内获得低成本资源。

（2）利于在全球范围内获得比较优势。

（3）利于延长产品周期，因为同一产品在不同市场上生命周期不同。

（4）利于在全球范围内获得规模经济效应。

（5）利于企业经验和核心能力在全球范围内延伸。

（6）利于获得一些特殊政治待遇。

3. 制定国际化战略的主要挑战

（1）不熟悉国外的宏观环境。如语言、文化、价值观等构成了障碍。

（2）容易受政治等因素的严重影响。

（3）汇率、货币、文化等问题使管理复杂化。

4. 国际化战略的主要类型及其优缺点

（1）多国化战略（多国散点战略）。

多国化战略指战略和实施被分散到每个国家的战略。主要优点是可使产品符合特殊的需求和本地消费者的偏好。主要缺点是无法获得规模经济，成本较高。（这类企业在欧洲较多）

（2）全球化战略（全球集权经营战略）。

全球化战略指为各国市场提供标准化产品，由公司最高层掌握竞争战略。主要优点是能获取规模经济，也能为利用创新或技术能力提供更多的机会。主要缺点是对地区市场缺乏必要的反应，较难控制和协调各国的资源配置和市场合作。（这类企业在日本较多）

（3）跨国战略（全球集权—分权经营战略）。

跨国战略指将全球化产生的效率和地区适应性相结合。主要优点是兼得了上述两种模式的优点；主要缺点是全球化的合作和地区的灵活性之间协调困难。

5. 国际化战略的常用市场进入模式

（1）贸易进入方式。如出口贸易和进口贸易。

（2）合同进入方式。如：技术授权、特许经营、许可证贸易、管理合同、交钥匙工程、合作生产或协作生产等。

（3）投资进入方式。如：合资经营、国外独资经营等。

（4）对等进入方式。如补偿贸易、易货贸易、加工进入方式等。

（5）跨国并购与联盟。

（6）其他进入模式。如交钥匙工程，即在国外承包建设工程，竣工后移交东道国管理；BOT（Building - operating - transferring），即在国外承包建设工程，竣工后经营一段时间后移交给东道国；生产分享，即在国外建设生产基地，利用低成本向世界销售等。

6. 实施国际化战略需要注意的主要问题

（1）深入分析对象国的环境。国际化模式对多数企业而言是难度较大和风险很高的模式，如本国是否有法令限制；本国与对象国的关系；本国与对象国的阶层和经济水平的差异、政治和文化差异、习惯差异、自然环境差异、语言差异等；本国与对象国间的成本和费用差异；本国与对象国间的政策差异，如贸易政策、招商引资政策等。

（2）深入分析自己的优势和劣势。企业是否有国际化的优势，最关键的不是钱的多少，是需要技术优势、管理优势、质量优势、品牌优势、成本优势等。

（3）成本不能简单看人工工资水平，还要看员工的能力和效率、原料成本、土地成本、税收成本、能源成本、汇率成本等，此外，还要看产品的销售和价格水平等。即要整体地衡量成本和盈利能力。

（4）选择国家不能只看一个国家的整体消费水平，还要看该业务在对象国的发展周期、消费水平等。

（5）要注意政府的力量，尽量取得本国和对象国政府的支持。

7. 国际化模式的选择思路

一般国际化模式的选择主要应该参考对象国市场的复杂程度和本身的产品宽度。如：

产品单一和市场不复杂，可选择贸易方式。

产品单一和市场中度复杂，可选许可证贸易、合作制造等模式。

产品单一和市场高度复杂，可选合作经营等模式。

产品中度多样和市场不复杂，可选许可证贸易、合作制造等模式。

产品中度多样和市场中度复杂，可选合作经营等模式。

产品中度多样和市场高度复杂，可选海外建立销售分公司等模式。

产品高度多样和市场不复杂，可选合作经营等模式。

产品高度多样和市场中度复杂，可选海外建立销售分公司等模式。

产品高度多样和市场高度复杂，可选海外建立子公司等模式。

上述模式可以依据企业的条件、实力和需要综合使用。

八、计划决策问题的常用分析方法

（一）德尔菲法

1. 德尔菲法概述

德尔菲法也叫专家意见法，即组织一个专家小组，广泛收集专家的意见。德尔菲法的主要特点：①匿名性。所有专家组成员不直接见面，只通过函件交流，且均不署名，消除了专家间的相互影响。②反馈性。每次讨论之后调查人员应向专家提供其他成员的观点。③统计性。德尔菲法报告 1 个中位数和 2 个四分点，其中一半落在 2 个四分点之内，一半落在 2 个四分点之外。这样，每种观点都包括在这样的统计中，避免了专家会议法只反映多数人观点的缺点。

2. 德尔菲法的主要应用步骤

（1）确定调查题目，拟定调查提纲，包括目的、期限、调查表以及填写方法等。

（2）组成专家样本组合。主要按照问题所涉及的知识范围考虑。

（3）向所有专家提出问题及要求，并附上相关的背景材料和有关材料。

（4）各个专家提出自己的意见，并解释原因。

（5）将各位专家的第一次判断意见汇总，列成图表，进行对比，再分发给各位专家，让专家比较自己同他人的不同意见，再提出自己的意见，并解释原因。

（6）将所有专家的修改意见收集起来，汇总，再次分发给各位专家，以便做第二次修改。收集意见和信息反馈一般要经过三、四轮。在向专家进行反馈的时候，只给出各种意见，但并不说明发表各种意见的专家的具体姓名。这一过程重复进行，直到每一个专家不再改变自己的意见为止。

德尔菲法既可以集思广益，也可以协调观点形成共识，还可以进行定性的预测等。

3. 案例：德尔菲法在企业人力资源预测中的运用

本案例根据刘善仕等人的“德尔菲法在企业人力资源预测中的运用”论文的部分资料整理。

截至 2001 年，某公司销售收入达 28 063 万元，员工总数达 2 315 人。1996 年以来公司各部门人员变动情况如表 3 – 9 所示。现采用德尔菲法对 2002 年的人员需求进行预测，支持制订招聘计划。

表 3－9　1996—2001 近年来公司各部门人员变动情况　　万元；人

年份	销售总量	销售收入	利润总额	出口总额	总经办	财务部	综合办	市场部	物料部	人事部	生产部	技术部	质管部
1996	2 267	14 783	1 606	1 583	*	*	*	*	*	*	*	*	*
1997	3 188	19 134	2 265	1 983	25	29	*	32	28	14	23	24	36
1998	3 277	16 764	882	1 900	20	29	4	26	35	13	24	26	38
1999	3 629	19 668	1 625	2 238	26	23	4	26	45	9	28	35	40
2000	3 894	23 236	2 071	2 696	22	29	10	22	44	10	36	39	50
2001	4 198	28 063	2 474	3 393	20	29	10	0	68	11	33	44	49

步骤 1：做预测筹划工作。公司选择了 8 位企业内部专家参与预测，包括正副总经理 4 名，人事、物料、质管、生产经理各一名，他们对企业运作和各部门人员结构都非常熟悉。

步骤 2：由专家进行预测。公司把包含预测项目的预测及有关背景材料，包括公司组织架构及岗位编制图、1997 年以来公司各部门变动与人员流动图、公司未来 2 年发展规划、预测表等资料发给专家，由各位专家独立作出预测。

步骤 3：进行统计与反馈。专家意见汇总后，对各专家意见进行统计分析，综合成新的预测表，并把它再分别寄送给各位专家，由专家们对新预测表作出第二轮判断或预测。如此反复，经过三轮，专家的意见趋于一致。最后，表述预测结果。经过几轮专家预测而形成的结果如表 3－10 所示，预测结束时间为 2001 年 4 月，将当时的预测人数与 2002 年 10 月的实际人数比较，预测结果基本正确。

表 3－10　公司 2002 年各部门人数需求的多轮预测

阶段	总经办	财务部	综合办	物料部	人事部	生产部	技术部	质管部
第一轮								
2002（最高值）	21	29	9	68	11	34	46	49
2002（平均值）	21	28	8	67	11	33	44	47
2002（最低值）	20	25	8	64	10	30	41	45
第二轮								
2002（最高值）	22	27	8	65	11	35	46	47
2002（平均值）	21	26	8	64	11	33	43	46
2002（最低值）	19	24	7	63	10	30	39	45
第三轮								
2002（最高值）	21	26	8	64	11	34	44	46
2002（平均值）	21	26	8	64	11	33	43	46
2002（最低值）	20	25	7	63	10	32	41	45
2001 预测结果	21	26	8	64	11	33	43	46
2002 实际人数	21	26	8	64	11	33	44	46

（二）鱼骨图法

1. 方法概述

鱼骨图由日本管理大师石川馨提出，故又名石川图，又因鱼骨图是一种分析问题形成原因的方法，也可称为“因果图”。鱼骨图分为问题型、原因型和对策型等几类。整理问题型鱼骨图是指各要素与特性值间不存在原因关系，而是结构构成关系；原因型鱼骨图的鱼头在右，特性值通常以“为什么……”来写；对策型鱼骨图的鱼头在左，特性值通常以“如何提高/改善……”来写。

2. 制图步骤

（1）分析结构。

1）针对问题点，选择层别划分方法。

2）按头脑风暴分别对各层别类别找出所有可能原因。

3）将找出的各要素进行归类、整理，明确其从属关系。

4）分析选取重要因素。

5）检查各要素的描述方法，确保语法简明、意思明确。

（2）分析要点。

1）确定大要因（或大骨）时，作业问题一般从“人机料法环”着手，管理类问题一般从“人事时地物”着手，应视具体情况决定。

2）大要因必须用中性词描述（不说明好坏），中、小要因必须使用价值判断，如良、不良等。

3）激发智慧时，应尽可能多而全地找出所有可能原因，而不仅限于自己能完全掌控或正在执行的内容。对人的原因，宜从行动而非思想态度面着手分析。

4）中要因跟特性值、小要因跟中要因间有直接的原因—问题关系，小要因应分析至可以直接下对策。

5）如果某种原因可同时归属于两种或两种以上因素，以关联性最强者为准，找出相关性最强的要因归类。

6）选取重要原因时，不要超过 7 项，且应标识在最末端原因。

（3）绘图过程。

1）填写鱼头（按为什么不好的方式描述），画出主骨。

2）画出大骨，填写大要因。

3）画出中骨、小骨，填写中小要因。

4）用特殊符号标识重要因素。

要点：绘图时，应保证大骨与主骨成 60 度夹角，中骨与主骨平行，如图 3 –4 所示。

3. 使用步骤

（1）查找要解决的问题。

（2）把问题写在鱼骨的头上。

（3）召集同事共同讨论问题出现的可能原因，尽可能多地找出问题。

（4）把相同的问题分组，在鱼骨上标出。

（5）根据不同问题征求大家的意见，总结出正确的原因。

（6）对各个问题，研究为什么会产生这样的问题。

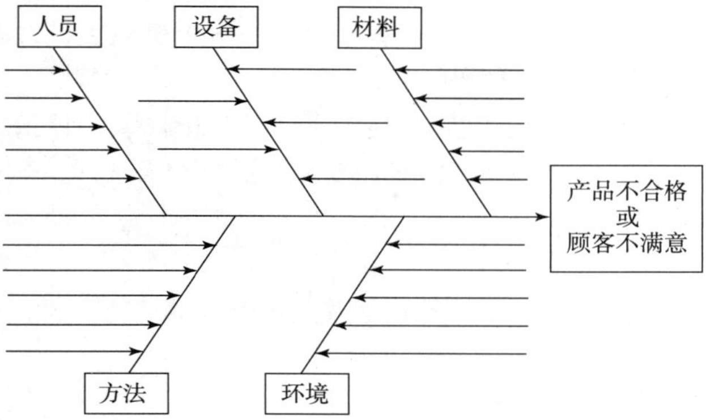

图3-4 绘图要点

（7）针对问题的答案再问为什么？这样至少深入五个层次（连续问五个问题）。

（8）当深入到第五个层次后，认为无法继续进行时，列出这些问题的原因，而后列出至少20个解决方法。

（三）因子分析法

1. 因子分析法的概念

因子分析法是要用少数几个因子去描述许多指标或因素之间的联系，即将关系较密切的几个变量归在同一类中，每一类变量就成为一个因子，也就是说，因子并不是一个具体的变量。由于因子分析法可以用较少的几个因子反映大部分信息，因此，这种方法可以认为是一种通过降维简化数据的多元统计方法。

2. 因子分析法的基本原理

通过研究相关矩阵内部的依存关系，寻找出支配多个指标X1，X2，…，Xm相互关系的几个公共的因子F1，F2，…，Fp（不可观测的非具体变量），这些公共因子是彼此独立或不相关的。在此基础上求出因子结构和因子得分模型，因子结构通过相关系数来反映原指标与公共因子之间的关系，因子得分是以回归方程的形式将指标X1，X2，…，Xm表示为因子F1，F2，…，Fp的线性组合。

3. 因子分析方法的基本应用步骤

（1）确认待分析的原变量是否适合作因子分析。

首先要使用SPSS（Statistical Product and Service Solutions）统计软件或其他相关软件对模型中的变量进行Bartlett（巴特利特）球度检验和KMO（Kaiser-Meyer-Olkin）检验，依据这两个统计量来判断观测数据是否适合作因子分析。KMO是取样适当性量数。其值越高（接近1.0时），表明变量间的共同因子越多，研究数据适合用因子分析。Bartlett球体检验的假设为相关矩阵是单位矩阵，如果不能拒绝该假设就表明数据不适合用于因子分析。一般说来，显著水平值越小（<0.05），表明原始变量之间越可能存在有意义的关系，如果显著性水平很大（如0.10以上）就表明数据不适宜因子分析。

（2）建立因子变量和因子模型。

1）因子选取。将原有变量综合成少数几个因子是因子分析的核心内容。决定共同因子抽取的方法，有主成分分析法、主轴法、一般化最小平方法、未加权最小平方法、最大概似法、映象因素抽取法等。原始变量与共同因子的相关性用因子负荷表示。

2）因子命名。一般用旋转后的方差来看各因子在每个变量上的载荷，这会使对共同因子的命名和解释变量变得更容易。

3）因子得分。因子分析模型建立后，是应用因子分析模型去评价每个变量在整个模型中的地位或进行综合评价，从而将公共因子用变量的线性组合表示。常用的方法有回归估计法、Bartlett 估计法等。

（3）结果分析。

依据因子分析的各项得分，对模型各变量及其影响因素进行分析，得出相应结论，实现研究目的。

（四）层次分析法

1. 方法介绍

层次分析法，简称 AHP（Analytic Hierarchy Process），是将与决策有关的元素分解成目标、准则、方案等层次，在此基础之上进行定性和定量分析的决策方法。

2. 主要使用步骤

（1）确定问题要达到的总目标、实现目标的准则、可供选择的方案。主要方法是调查、收集信息及其分析，并注意把握问题的主要因素，尽量做到不重复和不遗漏。

（2）建立层次结构模型。在深入分析基础上，将各个因素自上而下分解成若干层次，同一层的因素从属于上一层的因素或对上层因素有影响，同时又支配下一层的因素或受到下层因素的支持。最上层为目标层，通常只有 1 个因素，最下层通常为方案或对象层，中间可以有一个或几个层次，通常为准则或指标层。

（3）构造成对比较矩阵。从层次结构模型的第 2 层开始，用成对比较法和 1—9 比较尺度构造成对比较矩阵，直到最下层。

（4）计算权向量并做一致性检验。对于每一个成对比较矩阵计算最大特征根及对应特征向量，利用一致性指标、随机一致性指标和一致性比率做一致性检验。若检验通过，特征向量（归一化后）即为权向量，若不通过，需重新构造成对比较矩阵。

（5）计算组合权向量并做组合一致性检验。计算最下层对目标的组合权向量，并根据公式做组合一致性检验，若检验通过，则可按照组合权向量表示的结果进行决策，否则需要重新考虑模型或重新构造一致性比率较大的成对比较矩阵。

（五）关键成功因素分析（KSF）

1. 关键成功因素的来源

关键成功因素分析，简称 KSF（Key Successful Factors），其逻辑背景是，如果企业想要持续成长，就必须对影响行业发展的少数关键因素或领域加以管理，否则将无法达到预期的目标。但即使同一个产业中的个别企业也会存在不同的关键成功因素。一般关键成功因素有 4 个主要的来源：一是产业结构：不同产业因产业本身特质及结构不同有不同的关键成功因素；二是竞争策略、产业中的地位及地理位置：企业在产业中因其竞争地位的不同，关键成功因素也可能会不同；三是环境因素：外在因素的变动会影响关键成功因素；四是暂时因素：大部分是由组织内特殊的因素而来，暂时因素在某一特定时期对组织的成功产生重大影响原因。

2. 关键成功因素分析法概述

关键成功因素是对企业成功起关键作用的因素。这种方法认为，在现行的信息系统中，总存在着多个变量影响信息系统目标的实现，其中总有一些因素是关键的因素。企业或组织通过对关键成功因素的识别，找出实现目标的关键信息集合，以便能确定系统开发的优先次序和实现系统目标的总体规划。关键成功因素是一组能力的组合，如果能够掌握少数几项重要因素（一般关键成功因素有5～9个），就能确保企业的竞争优势。因此，企业或组织要寻找和控制影响发展的关键要素，并进行有效管理。

关键成功因素法是以关键因素为依据来确定系统信息需求的一种规划方法。即通过对关键成功因素的识别，找出实现目标所需的关键信息集合，从而确定系统开发的优先次序。

3. 应用的主要步骤

（1）确定企业或组织的战略目标。

（2）识别所有的成功因素。主要是分析影响战略目标的各种因素和影响这些因素的子因素。

（3）确定关键成功因素。不同行业的关键成功因素各不相同。即使是同一个行业的组织，由于各自所处的外部环境的差异和内部条件的不同，其关键成功因素也不尽相同。

确定关键成功因素的方法主要有：环境分析法（分析对企业发展影响的关键环境因素）、产业结构分析法（如行业结构、市场细分、利润池等方法找出关键的因素）、专家法（向有相关知识和经验的专家调研或请教分析相关因素）、竞争分析法（分析面临的关键竞争环境和态势）、产业领导型企业的优势比较分析法、内部条件分析法（对本企业的资源、能力、制度及其组合能力等的优劣势评价，如价值链分析法等）、突发因素分析法（评价一些短期的关键成功因素）、市场策略对获利影响的分析法等。

（4）明确各关键成功因素的性能指标和评估标准。针对关键成功因素拟定发展战略。

4. 确定关键成功因素分析的基本逻辑框架

（1）确定目标顾客。

（2）分析目标顾客的现实需求、潜在需求及其趋势。

（3）满足目标顾客需求需要企业做的主要工作或业务，如产品、服务等。

（4）企业做好这些工作需要哪些能力和优势，如在研发、技术、制造、营销等方面需要有哪些优势等。

（5）企业如何取得和保持这些优势，什么关键因素驱动了竞争及其竞争强度等，从而逐步识别出关键成功因素。

5. 常见行业的关键成功因素

与技术相关的行业关键成功因素一般包括：科学研究能力、生产工艺和过程的改进能力、产品创新能力、关键技术上的专有能力、通过网络进行各种电子商务活动的能力等。

制造业相关的行业关键成功因素一般包括：低成本生产率（规模经济、经验曲线等）、固定资产的利用率、容易得到足够的技能性员工、劳动生产率高、成本低的产品设计和产品工程、根据市场个性化要求进行订制生产和组装的能力等。

分销行业关键成功因素一般包括：强大分销网络、电子化的分销能力、在零售商的货架上得到较大空间、分销成本低、送货及时准确等。

技能性的行业关键成功因素一般包括：员工的卓越才能、吸引人才的机制、质量控制能力、设计和一些具体技术方面的专有能力、产品的开发和改进能力、研发成果的市场转化能力等。

连锁超市关键成功因素一般包括：地理位置、销售和管理成本、分销系统的功能（分销中心送货的速度）、商业信誉、与供货商可靠和良好的关系等。

（六）A 型图解法

1. 方法概述

A 型图解法又称亲和图法（Affinity Diagram）和 KJ（Jiro Kawakita）法，创始人是日本的川喜田二郎，KJ 是他的姓名的英文缩写。KJ 法的主要特点是在比较分类的基础上探索创新。具体讲，A 型图解法是针对某一问题，充分收集各种经验知识、想法和意见等信息资料，通过亲和图进行汇总，并按相互亲和性归纳整理这些资料，使问题明确起来，求得统一认识的方法。

2. 使用范围

A 型图解法的应用范围很广，常用问题领域包括：迅速掌握未知领域的实际情况，找出解决问题的途径；对于难以理出头绪的事情进行归纳整理，提出明确的方针和见解；通过管理者和员工的一起讨论和研究，有效地贯彻和落实企业的方针政策；成员间互相启发、相互了解，促进有效合作等。在全面质量管理活动中，A 型图解法还是寻找质量问题的重要工具，如：用于产品市场和用户的质量调查、协调各部门的意见、调查协作厂的质量保证活动状况等。

3. 方法的主要优缺点

（1）主要优点：解决问题过程可以促进团队学习，并获得整体的观点；有助于减轻内部矛盾，并将精力集中于解决问题等。

（2）主要缺点：需要较有经验的主管引导，才能有效地促成坦诚与开放的态度，并在分类与归纳过程中，才能形成合理的答案等。

4. 主要使用步骤

（1）确立研究所要达到的目标和主题。

（2）收集尽可能多的信息，并整理成精炼的短句或短语。

（3）纸片制作。将收集到的每条情报制作成一个纸片，每张纸片代表一条情报，然后将纸片多次打乱。

（4）编组分类：将打乱的纸片按照相似度进行分类、编组和命名；再将新的编组打乱，再次分类、编组和命名，反复进行上述步骤，直到所有卡片都无法编入任何一组。

（5）绘制 KJ 图：将各组进行排序，排序的依据是受访者对其感到满意的程度，然后用符号记录各组之间的关系，例如因果、对立、相等、包含等。

（6）文档总结：根据上述步骤总结受访者对产品的真实需求，最后根据各组别之间的联系，结合自己对产品的理解，编写和归纳、研究文档。

5. 应用案例——网约车 App 改良设计研究（依据邱冬阳等的文章整理）

（1）确定主题：对滴滴 App 的设计和用户体验进行分析，并针对出现的问题进行改良设计。

（2）信息收集：随机招募该 App 的使用者 40 名，其中 20 名为男性，20 名为女性，年龄介于 18～35 岁，职业为大学生和教育程度均为本科及以上的工作人员。主要收集用户在使用过程中的不便以及对软件设计的意见或建议，从而形成情报样本。

（3）纸片制作：将收集来的有效情报进行初步处理，制作成独立的卡片，每张卡片记录一条情报，然后随机摆放。

（4）编组分类：根据相似度对卡片进行分类，同时，合并较为相似的情报，并将其划分为一个组别。随后根据首次划分的组别的相似度，再次进行分组，将第一个划分的组别合并为一个更大的组别，重复数次，直到无法再合并为止。产品设计者可根据合并的结果思考对产品的改良设计。

（5）绘制 A 型图：据上一步得出的分组结果，将各组进行排序。随后用较为专业的语言将口语化的情报进行整理，总结出最具有概括性的原因，如图 3－5 所示。

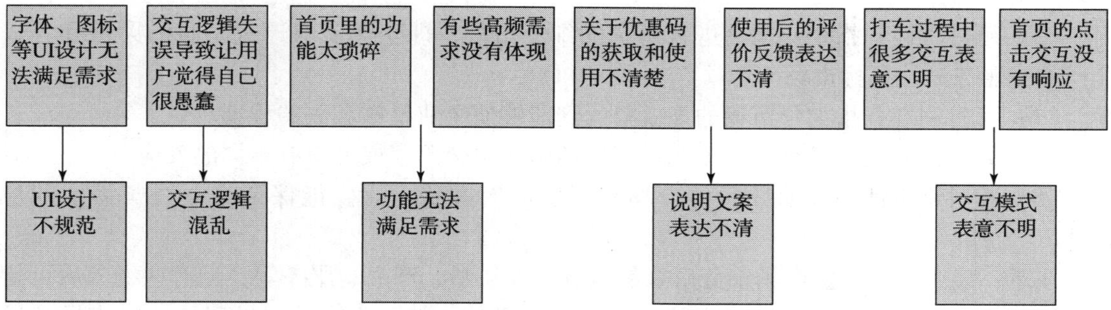

图 3－5　分析汇总结果

（6）总结：通过前面的分析，最终归纳成 5 点需要改良设计的地方。即 UI 设计不规范、交互逻辑混乱、功能无法满足需求、说明文案表达不清、交互模式表意不明等。

（七）市场细分法

1. 市场细分的概念

市场细分是将市场区分成不同的顾客群，使得每一群体均可成为特定的营销组合所针对的目标市场。即，市场细分是将市场区分为不同的购买群，对不同的细分市场采取不同的产品与营销组合。市场细分的基本依据是：消费者异质需求的存在；消费者需求的相似性可以将消费者划分为不同的需求群；不同企业在不同方面具备各自优势。

2. 细分消费者市场的主要维度

（1）社会细分：如依据家庭类型、家庭生命周期、民族、宗教、文化习惯等。

（2）地理细分：如依据国家、地区、城市、农村、气候、地形、人口密度等。

（3）人口细分：如依据年龄、性别、职业、收入、教育等。

（4）心理细分：如依据社会阶层、生活方式、性格特征等。

（5）行为、产品、消费规模和模型细分：如依据情景、时机、利益、使用者地位、产品使用率和使用状态、忠诚程度、购买准备阶段、态度、产品带来的益处（如技术、质量、价格、品位等）。

3. 市场细分的作用

市场细分的作用主要包括：

（1）有利于支持企业选择目标市场和制定市场营销策略。通过市场细分后各个子市场的需求特点，企业可以根据自己的经营优势选择自己的目标市场。

（2）有利于发现和挖掘新的市场机会。通过市场细分，企业可以探索和发现有利于本企业的新的市场机会。

（3）有利于企业明确发展方向，集中资源投入目标市场。通过细分市场，企业可以选择适合自己的目标市场，从而明确发展方向。

（4）有利于企业提高经济效益。企业经营自己的目标市场有利于提高相关的专业化水平和更好地满足顾客，提高销量和效益等。

4. 有效市场细分的条件

有效市场细分的条件主要包括：

（1）可衡量性：指用来细分市场的标准是可以识别和衡量的，不然，细分的子市场会难以区别和选择。

（2）可进入性：指企业能够进入所选的细分市场，即企业能够通过一定的渠道和方式让产品或服务到达目标市场。

（3）可营利性：指细分市场的规模要大到能够使企业足够获利的程度。

（4）差异性：指不同细分市场能对不同的营销组合因素或方案有不同的反应。

（5）相对稳定性：指细分后的市场有一定的时间稳定性，能保证企业经营需要的稳定性。

注意：现实中，有些市场细分后容易区分，如年龄、产品、服务等，但有些细分后可能很难区分具体的消费者群体，但实际上是很有意义的。如：我国的水果蔬汁饮料市场开发中，在碳酸饮料流行时，汇源公司通过饮料市场细分发现新的机会——果汁饮料，且在该领域又进一步细分出许多新产品，凭借其100%纯果汁专业化经营和令人眼花缭乱的“新产品”开发速度，如鲜桃汁、鲜橙汁、猕猴桃汁、苹果汁扩展到野酸枣汁、野山楂汁、果肉型鲜桃汁、葡萄汁、木瓜汁、蓝莓汁等。在短短几年时间内就跃升为中国饮料工业十强企业，成为果汁饮料市场的引领者。这种细分显然是依据有形的细分标准。

1999年统一集团涉足橙汁产品，即“鲜橙多”。其市场细分的方法，选择了追求健康、美丽、个性的年轻时尚女性作为目标市场，首先选择的是500ml、300ml等外观精制适合随身携带的PET瓶，而卖点则直接指向消费者的心理需求：“统一鲜橙多，多喝多漂亮”。结果在2001年统一仅“鲜橙多”一项产品销售收入就近10亿元，在2001年第四季度，其销量已超过“汇源”。这种细分显然是依据无形的细分标准。

九、网络计划技术和动态规划法

（一）网络计划技术

网络计划技术是一种组织生产和进行计划管理的科学方法。其基本原理是：利用网络图表达计划进度的安排，并指出各项作业之间的逻辑关系，求得工期、资源与成本的优化方案。网络计划技术主要包括箭线式、节点式两种，这里只讲箭线式网络计划技术。

1. 网络图的构成（以箭线式为例）

（1）活动（工序、作业）。在图中用箭线表示，是指需要消耗一定资源，占用时间、空间才能完成的一项工作或工序。

（2）事项（节点）。在图中用圆圈表示，是指某项活动的开始或结束，包括始点事项、终点事项、中间事项。

（3）线路。线路指从网络图的始点事项开始、顺着箭线方向连续不断地到终点事项为止的通道。其中最长的称为“关键路线”。

如：某个工程由 8 项活动组成，各个活动的完成需要的时间以及活动之间的逻辑关系如图 3 – 6 所示。

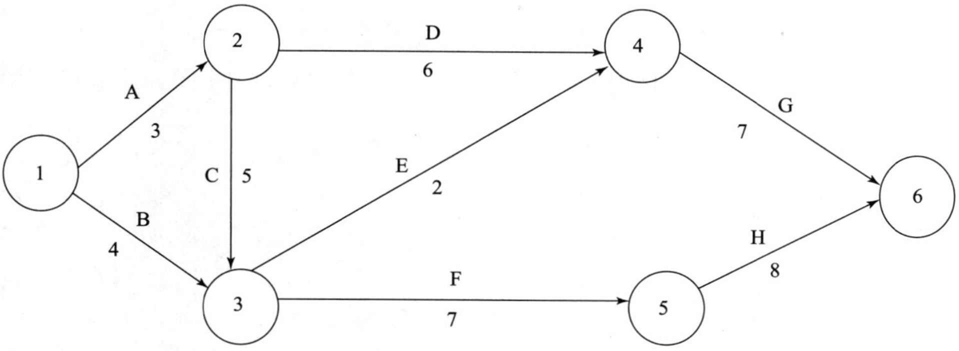

图 3 – 6 网络图逻辑关系

显然，网络图中的活动包括 A、B、C、D、E、F、G、H；节点有 6 个，其中 1 为始点事项，6 为终点事项。而线路是顺着箭线方向连续不断地由始点事项到终点事项的通道，涉及的各条线路及其长度如下：

A –> D –> G　　3 + 6 + 7 = 16

A –> C –> E –> G　　3 + 5 + 2 + 7 = 17

A –> C –> F –> H　　3 + 5 + 7 + 8 = 23 ——> “关键路线”（最长的线路）

B –> E –> G　　4 + 2 + 7 = 13

B –> F –> H　　4 + 7 + 8 = 19

2. 绘制网络图的规则

（1）箭线不能反向（由小指大），也不能出现循环。

（2）不能从箭线的中心引出另一条箭线。如果出现此种情况需要增加节点。

（3）两个节点之间只能有一条箭线。如果还有其他活动要同时进行，则其他活动必须另行增加节点，引出虚箭线（完成时间为 0 的活动）表示。

（4）图中只有一个始点和一个终点。

3. 网络图的编制

（1）任务的分析与分解。分析后编制全部作业（活动）的明细表，表中列出活动（作业）名称、代号、先后顺序、相互联系及作业时间。各式如表 3 – 11 所示。

表 3 – 11 计划的活动分析表

活动代号	名称	紧前作业（活动）	活动（作业）时间（月）
A	产品设计	—	2
B	工艺准备	A	3
C	加工制造	B	8

续表

活动代号	名称	紧前作业（活动）	活动（作业）时间（月）
D	外购零件	A	2
E	装配	C、D	2
F	试车鉴定	E	1

（2）按照绘图规则，依据作业明细表资料画图。表3－11的网络图如图3－7所示。

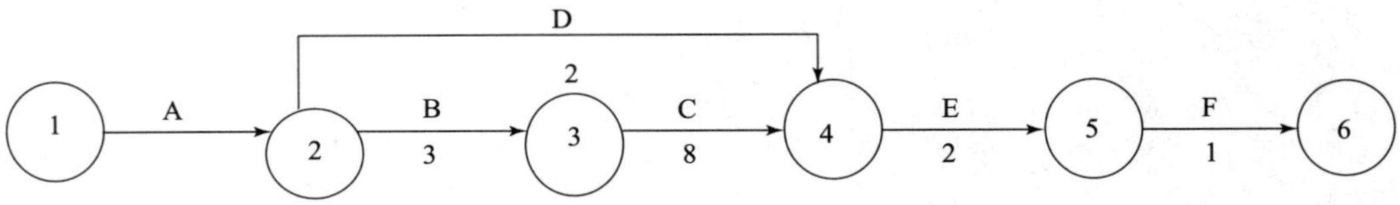

图3－7　网络图

4. 网络图时间参数

（1）活动时间（T^{ij}）。

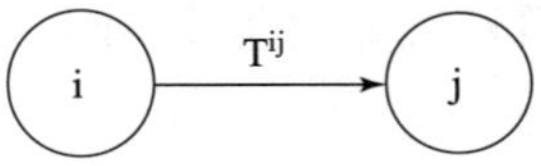

确定时间有两种方法：

一是单一时间估计法。凭经验、统计资料结合实际条件确定一个值。

二是三点时间估计法。$T=\frac{a+4m+b}{6}$（a短、m正常、b长）。

（2）节点时间参数。

一是节点最早开始时间（T_E）

$T_E^j=\max\{T_E^i+T^{ij}\}$，$T_E^i$是先行节点i的最早开始时间，$T^{ij}$是节点i -> 节点j的活动的时间。

显然，某个节点的最早开始时间是前面工序全部完成的时间，即从始点到该节点的最长线路的时间。

具体计算时可以采用标号法，用“□”将各个节点的最早开始时间标在图中对应的节点上。具体从始点开始，依次计算各个节点最早开始时间参数，至终点结束，口诀是“前进、加法、挑大”。

二是节点最晚结束时间（T_L）

$T_L^i=\min\{T_L^j-T^{ij}\}$，$T_L^i$是先前节点i的最晚结束时间。

即以本节点为结束的各项活动最迟必须完成时间，而这个时间的确定是要保证不影响后续节点的最晚结束时间。

具体计算时可以采用标号法，用“⊿”将各个节点的最晚结束时间标在图中对应的节点上。具体从终点开始，依次计算各个节点最晚结束时间参数，至始点结束，其中终点的最晚结束时间取其最早开始时间的数字，口诀是“后退、减法、挑小”。

(3) 活动时间参数。

一是活动最早开始时间（T_{ES}^{ij}）

由于活动最早开始时间是其紧前作业全部完成时间。

所以 $T_{ES}^{ij} = T_E^i$

二是活动最晚开始时间（T_{LS}^{ij}）

活动的最晚开始时间要保证不影响后续节点的最晚结束时间。

所以 $T_{LS}^{ij} = T_L^j - T^{ij}$

三是各活动的机动时间（时差、宽余时间）（T_P^{ij}）

活动的机动时间是指该活动的最晚结束时间和最早开始时间的差，显然时差越大，效率越低，越不是资源配置的重点。

显然 $T_P^{ij} = T_{LS}^{ij} - T_{ES}^{ij} = T_L^j - T_E^i - T^{ij}$

需要说明的是：$T_P^{ij} = 0$ 的活动为“关键活动”，关键活动构成的线路为“关键线路”，代表计划进度和总工期。

5. 例题

例1：图3－8是一个项目生产过程的网络图，要求：

(1) 在图上计算各个节点的 T_E 及 T_L。

(2) 计算各活动的机动时间 T_P^{ij}。

(3) 指出关键路线，并计算工期。

对于问题“1”

用标号法，T_E 如图3－8中“□”的数字，T_L 如图3－8中“△”的数字

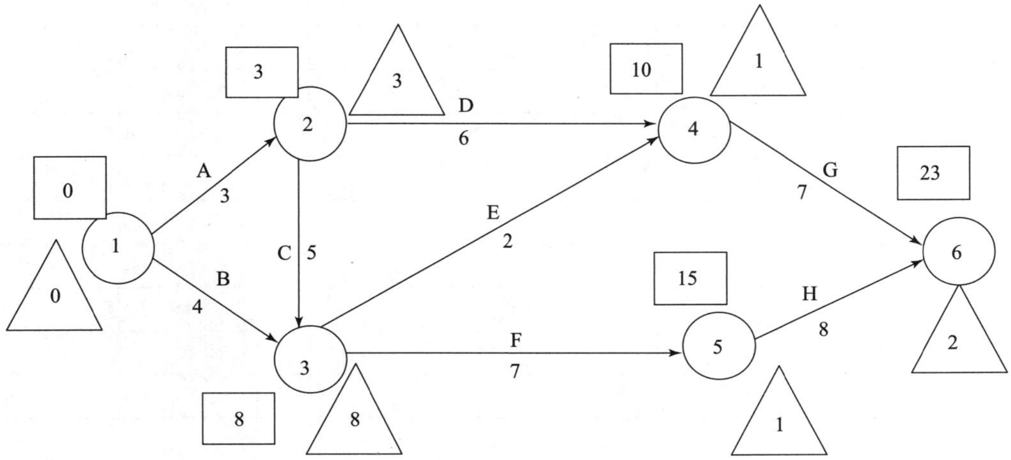

图3－8　项目生产过程的网络图

对于问题“2”

因为 $T_P^{ij} = T_L^j - T_E^i - T^{ij}$

所以各活动的机动时间如表3－12所示。

表 3-12 各活动的机动时间

活动代号	最早开始时间（T_E^i）	最晚开始时间（$T_L^j-T^{ij}$）	T_P^{ij}（机动时间）$=T_{LS}^{ij}-T_{ES}^{ij}$
A	0	3-3=0	0√
B	0	8-4=4	4
C	3	8-5=3	0√
D	3	16-6=10	7
E	8	16-2=14	6
F	8	15-7=8	0√
G	10	23-7=16	6
H	15	23-8=15	0√

对于问题“3”

T_P^{ij} 的活动为关键活动：

所以关键路线为 A-C-F-H

工期=关键路线的长度=3+5+7+8=23

例 2：依据表 3-13 的任务分析图绘制对应的网络图

某项活动施工的任务分析表如表 3-13 所示，对应的网络图如图 3-9 所示。

表 3-13 施工任务分析表

活动代号	紧前活动	活动时间（天）
A	—	1
B	—	5
C	—	4
D	B	2
E	A	5
F	A	4
G	B、C	3
H	D、F	4
I	G	5

（二）动态规划法

当决策的级数很多，难以用决策树来求解时，可采用动态规划法。

动态规划是解决多阶段决策过程最优化的一种方法。该方法广泛应用于工程技术、军事、经济等方面。许多问题，利用动态规划去处理，可能比线性规划或非线性规划更有效，特别是离散性问题。如最短路线问题、负荷分配问题，部件的生产安排问题，资源分配问题，水库调度问题等具体可参考运筹学。下面我给大家举一个最短路线问题的例子。如图 3-10 所示，分析该城市从地点 A 到地点 G 的最短路径。

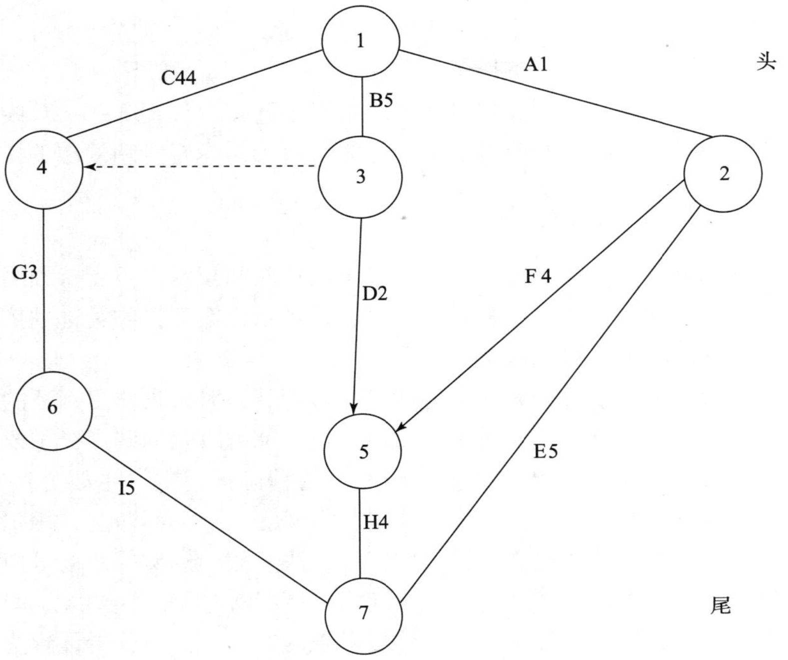

图 3－9　网络图

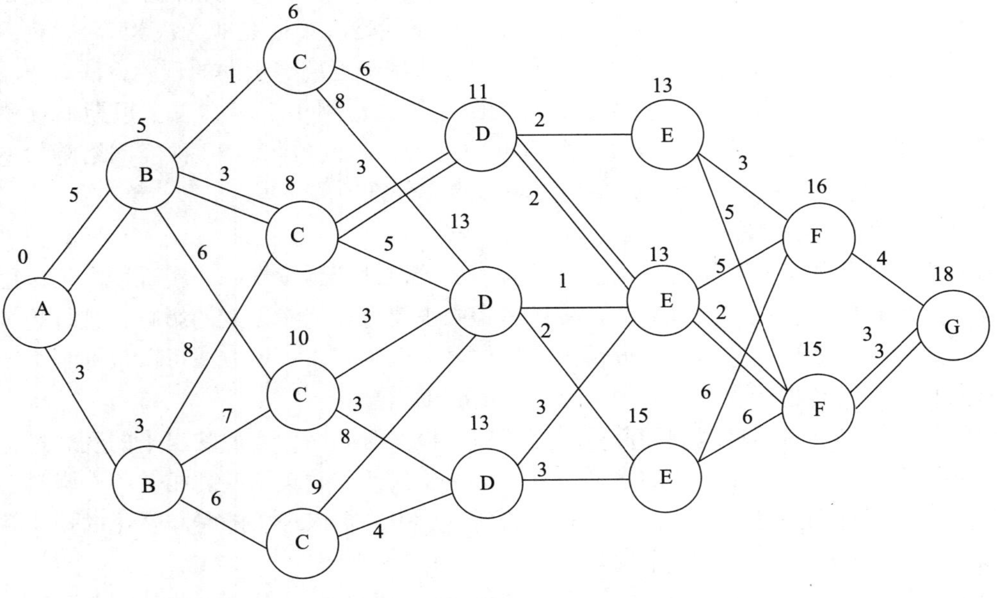

图 3－10　动态规划法最短路线问题

第一步：分段，如图 3－10 下的虚线。

第二步：按序分段优化，计算个点最小值，这问题逆方向、顺方向均可，本书采用顺方向求解。

第三步：求整体最小途径，即，将各段最小节点值连接，如图 3－10 双线。

其他涉及位置布局、地址选择等方面的计划方法可参考运营管理的相关知识。

十、常用的预测分析方法

简单而言，预测分析方法是一种预测未来结果的算法和技术，可支持预测、预报、模拟等许多用途，为确定计划目标、决策发展方向、选择计划方案等提供关键的依据。预测方法可以简单分为定性预测法和定量预测法。

定性预测法是指预测者依赖个人或集体的经验与智慧，对未来作出判断的预测方法。主要优点是注重事物的发展性质，较为灵活，简单迅速，节省时间和费用；主要缺点是易受人的知识、经验和能力的束缚和限制，缺乏对数量上的精确描述等。主要方法包括专家意见法、比例类推法、对比类推法、相关类推法、头脑风暴法、个人判断法、德尔菲法等。

定量预测法是依据获取的数据资料，运用统计方法、数学模型等，揭示预测对象与影响因素的数量关系，建立相关预测模型，据此对预测对象作出定量测算的方法。如时间数列法，用数据趋势线与某个数学方程相匹配来预测未来的方法；回归分析预测法，依据其他变量来预测另外一个变量的方法；经济计量模型预测法，用一组回归模型来模拟某个指标的某个部分；替代方法，如用某种定量方法预测一种新产品替代现有某产品的时间和方式等。

预测方法选择应该考虑哪些因素呢？未来提高预测精度和保证预测质量，在选择预测方法时应综合考虑多种因素。如预测的目标特性（用于战略决策还是业务决策等）、预测的时间长短、预测的精度要求、预测费用的预算等。如适用于近期与短期的预测方法有：移动平均法、指数平滑法、季节指数预测法、直观判断法等；适用于 1 年左右中短期的预测方法有：趋势外推法、回归分析法、经济计量模型预测法、灰色预测、BP 神经网络等；适用于 5 年以上长期的预测方法有：经验判断预测法、趋势分析预测法等。

（一）时间序列预测法

时间序列预测的基本逻辑是事物发展具有一定的惯性或延续性，一定程度上可以用过去的数据推测事物的变化趋势。同时，在分析过程中也要考虑偶然因素的影响，进行趋势预测时对数据进行适当处理。它与回归分析预测法的最大区别在于：该方法可以根据单个变量的取值对其自身的变动进行预测，无须添加任何的辅助信息。

时间序列预测法是通过编制和分析时间序列，根据时间序列所反映出来的发展过程、方向和趋势，借以预测下一段时间的水平。其内容主要包括：收集与整理相关历史资料，对这些资料进行检查鉴别并排成数列，分析时间数列，从中分析该现象随时间变化的规律并建立相关模型，然后用模型去预测将来的情况。

时间序列预测法可用于短期、中期和长期预测。根据对资料分析方法的不同可分为：简单序时平均数法、加权序时平均数法、简单移动平均法、加权移动平均法、指数平滑法、季节趋势预测法、环比法、季节性趋势预测法、市场寿命周期预测法、随机型时间序列等。

简单序时平均数法也称算术平均法。即把若干历史时期的统计数值作为观察值，求出算术平均数作为下期预测值。这种方法基于的假设是过去和现在基本一样，适用于事物变化不大的趋势预测。

加权序时平均数法就是把各个时期的历史数据按近期和远期影响程度进行加权，求出平均值，作为下期预测值。一般认为近期的数据趋势影响大一些，如用近期的订单预测未来短期的销售量等。

简单移动平均法是将移动计算若干时期的算术平均数作为下期预测值。

加权移动平均法是将简单移动平均数进行加权计算。在确定权数时，近期观察值的权数一般大一些。

上述几种方法虽然简单，但准确性较差，还应根据新的情况，对预测结果作必要的修正。

指数平滑法即根据历史资料的上期实际数和预测值，用指数加权的办法进行预测，其优点是只要有上期实际数和上期预测值，就可计算下期的预测值，这样可以节省很多数据和处理数据的时间，是国外广泛使用的一种短期预测方法。

季节趋势预测法是根据事物每年重复出现的周期性季节变动指数，预测其季节性变动趋势。推算季节性指数可采用不同的方法，常用的方法有季（月）别平均法和移动平均法两种。季（月）别平均法是把各年度的数值分季（或月）加以平均除以各年季（或月）的总平均数，得出各季（月）指数；移动平均法是应用移动平均数计算比例求季节指数。

市场寿命周期预测法就是对产品市场寿命周期的分析研究。例如对处于成长期的产品预测其销售量，最常用的一种方法就是根据统计资料，按时间序列画成曲线图，再将曲线外延，即得到未来销售发展趋势。这种方法简单，但对长期预测误差较大。

（二）回归分析预测法

回归分析预测，是对具有相互联系的现象，根据其变量间相关的关系形态，用统计的方法选择一个合适的数学表达式或回归方程式，作为预测模型来近似地表达变量间的变化关系。其依据是，如果因变量与自变量之间高度相关，那么只要能找到自变量和因变量的数量资料，我们就可以采用回归分析预测法建立预测模型。

设因变量为 y，自变量为 x_i（$i=1, 2, \cdots, n$），则表达式为 $y=f(x_1,x_2,x_3,\cdots,x_n)+e$。其中，$f(x_1,x_2,x_3,\cdots,x_n)$ 是一个含待定系数的回归函数；e 是随机量，也称误差项，代表用回归函数 $f(x_1,x_2,x_3,\cdots,x_n)$ 预测因变量 y 所产生的误差；$y=f(x_1,x_2,x_3,\cdots,x_n)$ 是回归方程式。

回归模型从不同的角度可分为不同的种类，如：根据回归模型自变量的多少，分为一元回归模型和多元回归模型；根据回归模型是否存在线性相关关系，分为线性回归模型和非线性回归模型，其中非线性回归一般包括幂函数、指数函数、对数函数、曲线模式、生产函数、多项式模型等；根据回归模型是否带虚拟变量，分为普通回归模型和带虚拟变量回归模型。其中虚拟变量回归模型的自变量既有数量变量又有品质变量。

回归分析预测法的主要应用步骤包括：

（1）根据预测目标确立相关因素。就是通过调查分析，寻找与预测目标相关的因素，并从中选出关键因素，即自变量。

（2）建立回归预测模型。根据数据资料，找出自变量与因变量之间相关关系的类型，并选择吻合度高的数学模型，带入数据进行运算，建立起回归预测模型。

（3）检验和评价数学模型。回归预测模型是否可用于实际预测，取决于对回归预测模型的检验和对预测误差的计算。不准确时要重新建模或对原模型进行修正。

（4）运用模型进行预测。即，如果经过检验，模型是合理的，就可以用模型预测。

（5）分析月初结果并提出预测报告。

（三）灰色预测和神经网络预测的混合应用

下面结合某地方电量预测案例，讲解这两种预测方法及其混合应用。

1. 分析影响地区社会用电量的影响因素

从发电、输电、用电三个基本环节对电量影响因素的分解，同时考虑相关统计资料的指标和数据，初步选出 21 个定量影响因素。数据取 2004—2013 年，运用灰色关联度分析法可求得 21 个因素的绝对关联度、相对关联度和综合关联度，取综合关联度大于 0.8 的 15 个因素进行预测分析。

2. 该地区电量关键影响因素的灰色预测

灰色预测方法（GM）预测电量关键影响因素至 2015 年的值（注：由于有些影响因素的指标值 2011—2013 年的难以查到，同样使用灰色预测法补充）。主要过程为：

设 $x^{(0)} = (x^{(0)}(1), x^{(0)}(2), \cdots, x^{(0)}(n))$ 为原始数列，其 1 次累加生成数列为 $x^{(1)} = (x^{(1)}(1), x^{(1)}(2), \cdots, x^{(1)}(n))$，其中 $x^{(1)}(k) = \sum_{i=1}^{k} x^{(0)}(i), k = 1,2,\cdots,n$，定义 $x^{(1)}$ 的灰导数为 $d(k) = x^{(0)}(k) = x^{(1)}(k) - x^{(1)}(k-1)$.

令 $z^{(1)} = (x^{(1)}(2), x^{(1)}(3), \cdots, x^{(1)}(n))$ 为数列 $x^{(1)}$ 的邻值生成数列，即 $z^{(1)}(k) = \alpha x^{(1)}(k) + (1-\alpha)x^{(1)}(k-1)$，于是定义 GM（1，1）的灰微分方程模型为 $d(k) + az^{(1)}(k) = b$，

即 $x^{(0)}(k) + az^{(1)}(k) = b$，

式中，$x^{(0)}(k)$ 称为灰导数，a 称为发展系数，$z^{(1)}(k)$ 称为白化背景值，b 称为灰作用量。

将时刻 $k = 2,3,n$ 代入式有
$$\begin{cases} x^{(0)}(2) + az^{(1)}(2) = b, \\ x^{(0)}(3) + az^{(1)}(3) = b, \\ \cdots \\ x^{(0)}(n) + az^{(1)}(n) = b, \end{cases}$$

引入数据向量参数向量数据矩阵：

$$Y = \begin{bmatrix} x^{(0)}(2) \\ x^{(0)}(3) \\ \vdots \\ x^{(0)}(n) \end{bmatrix}, \quad u = \begin{bmatrix} a \\ b \end{bmatrix}, \quad \mathbf{B} = \begin{bmatrix} -z^{(1)}(2) & 1 \\ -z^{(1)}(3) & 1 \\ \vdots & \vdots \\ -z^{(1)}(n) & 1 \end{bmatrix}$$

于是 GM（1，1）模型可表示为 $Y = \mathbf{B}u.$，现在问题归结为求 a,b 的值。用最小二乘法求它们的估计值为

$$\hat{u} = \begin{bmatrix} \hat{a} \\ \hat{b} \end{bmatrix} = (B^T B)^{-1} B^T Y.$$

对于 GM（1，1）的灰微分方程，如果将灰导数 $x^{(0)}(k)$ 的时刻 $k = 2,3,\cdots,n$ 视为连续变量 t，则 $x^{(1)}$ 视为时间 t 的函数 $x^{(1)}(t)$，于是 $x^{(0)}(k)$ 对应于导数 $dx^{(1)}(t)/dt$，让背景值

$z^{(1)}(k)$ 对应于导数 $x^{(1)}(t)$ 。于是 GM（1，1）的灰微分方程对应的白微分方程为

$$dx^{(1)}(t)/dt + ax^{(1)}(t) = b$$

称之为 GM（1，1）的白化型。该公式以初值 $x^{(1)}(t=1) = x^{(0)}(1)$ 的解为

$$x^{(1)}(t) = (x^{(0)}(1) - b/a)e^{-a(t-1)} + b/a.$$

于是得到预测值：$\hat{x}^{(1)}(k+1) = (x^{(0)}(1) - \frac{b}{a})e^{-ak} + \frac{b}{a}, k = 1,2,\cdots,n-1,$

从而相应地得到预测值：$\hat{x}^{(0)}(k+1) = \hat{x}^{(1)}(k+1) - \hat{x}^{(1)}(k), k = 0,1,,n-1,$

自然地可认为 $\hat{x}^{(0)}(1) = x^{(0)}(1).$

因此，预测模型为

$$x^{(0)}(k+1) = (x^{(0)}(1) - b/a)e^{-ak}(1-e^{a})$$

$$x^{(0)}(k+2) = x^{(0)}(k+1) \times e^{a}$$

用相关软件对该地区售电量的 15 个影响因素的指标预测值如表 3－14 所示。注：表中加粗的数值为使用灰色预测方法得到的指标值（最后一年为预测值，其他是因为数据缺失而补充），其余为指标的当年实际值。

表 3－14　地区电量关键影响因素指标的数据及预测值（a）

年份	人均收入/元	工业增加值/亿元	110KV 及以上线路长度/千米	GDP/亿元	上网电价/元·(kW·h)$^{-1}$
2004	13 905. 187	1 554. 730	5 824. 000	6 033. 210	0. 315
2005	16 049. 062	1 707. 040	5 824. 000	6 969. 520	0. 319
2006	18 198. 746	1 821. 860	6 220. 000	8 117. 780	0. 331
2007	20 062. 202	2 082. 760	6 487. 000	9 846. 810	0. 336
2008	22 614. 488	2 131. 750	7 089. 000	1 1115. 000	0. 360
2009	24 525. 993	2 303. 080	7 431. 000	12 153. 030	0. 382
2010	26 852. 739	2 763. 990	7 474. 000	14 113. 580	0. 385
2011	30 401. 955	3 048. 790	**8 077. 095**	16 251. 930	0. 397
2012	33 709. 612	3 294. 320	**8 510. 683**	17 879. 400	**0. 417**
2013	**37 210. 218**	3 536. 890	**8 967. 546**	19 500. 560	**0. 433**
2014	**41 266. 303**	**3 945. 119**	**9 448. 935**	**22 706. 437**	**0. 450**
2015	**45 764. 521**	**4 342. 347**	**9 956. 165**	**25 678. 172**	**0. 468**

表 3－14　地区电量关键影响因素指标的数据及预测值（b）

年份	销售电价水平/元·(千千瓦时)$^{-1}$	发电设备容量（万 kW）	人口数量/万人	综合电压合格率/%	电煤价格（动力煤价）/元·吨$^{-1}$
2004	536. 290	451. 000	1 167. 760	99. 470	375. 830
2005	578. 710	488. 000	1 184. 140	99. 565	449. 920
2006	609. 050	506. 000	1 199. 960	99. 250	458. 910

续表

年份	销售电价水平/元·(千千瓦时)$^{-1}$	发电设备容量(万kW)	人口数量/万人	综合电压合格率/%	电煤价格(动力煤价)/元·吨$^{-1}$
2007	631.020	495.000	1 216.250	99.640	497.240
2008	656.160	586.000	1 232.280	99.760	666.650
2009	679.160	625.000	1 247.520	99.870	618.140
2010	709.950	631.000	1 258.000	99.890	738.580
2011	752.150	634.000	1 277.920	**100.024**	852.430
2012	777.640	734.000	1 297.460	**100.127**	**931.941**
2013	783.590	792.000	**1 311.689**	**100.231**	**1 042.392**
2014	**830.966**	**819.618**	**1 328.498**	**100.334**	**1 165.932**
2015	**864.255**	**871.812**	**1 345.521**	**100.438**	**1 304.114**

表3-14　地区电量关键影响因素指标的数据及预测值（c）

年份	税率/%(应交税款/营业收入)	天然气价格/元·兆瓦时$^{-1}$	全社会固定资产投资额/亿元	供电可靠率/%	平均贷款利率/%(长期)
2004	0.063	197.110	2 528.210	99.981	5.820
2005	0.064	197.110	2 827.230	99.974	6.120
2006	0.066	196.970	3 296.380	99.904	6.450
2007	0.066	203.200	3 907.200	99.938	7.340
2008	0.068	209.300	3 814.730	99.954	7.610
2009	0.049	219.900	4 616.920	99.981	5.940
2010	0.050	227.100	5 403.000	99.978	5.960
2011	0.051	235.200	5 578.930	**99.982**	6.860
2012	0.053	**241.591**	6 112.370	**99.989**	**6.570**
2013	0.060	**249.552**	6 847.060	**99.997**	**6.560**
2014	**0.050**	**257.775**	**7 655.012**	**100.005**	**6.550**
2015	**0.049**	**266.269**	**8 495.755**	**100.012**	**6.540**

3. BP 网络电量预测

使用相关软件中的BP（Back Propagation）神经网络工具箱，预测2015年的售电量值。其指令格式：

net = newff(PR,[S1 S2 … SN],{TF1 TF2 … TFN},BTF,BLF,PF)

参数意义：PR：输入向量的取值范围；S*I*：第*I*层的神经元个数，总共*N*层；TF*I*：第*I*层的传递函数，缺省值为“tansig”；BTF：BP网络训练函数，缺省值为“trainlm”；BLF：BP网络权值与阈值学习函数，缺省值为“learngdm”；PF：性能函数，缺省值为“mse”。

执行结果：创建一个 N 层的 BP 神经网络。这里设定三层神经网络，因为三层神经网络已经可完成从 n 维到 m 维的映射。

（1）BP 神经网络参数设计。

输入输出层设计。对于售电量的影响因素有 15 个评估指标，因此输入层维度为 15，而输出层是售电量值，输出层神经元个数为 1。对于输入层向中间层的传递函数（激活函数），运用 tansig，双曲正切 S 型传递函数 $n = 2/(1+\exp(-2n))-1$，对于中间层向输出层的传递函数，运用 purelin 函数，这是因为 purelin 能使整个网络的输出可以取任意值。

隐层设计。隐层的神经元数目选择要适当，数目太多会导致学习时间过长，误差不一定最佳，也会导致容错性差，不能识别以前未遇到的样本。对于最佳隐单元数目，本文采用实验性设定中间层神经元数为 5 至 14，进行循环程序设定，最终根据网络训练结果确定中间层神经元数。

（2）训练函数设计。

这里的训练函数选取动量批梯度下降函数 traingdm，它不但具有更快的收敛速度，而且引入了一个动量项，有效地避免了局部最小问题在网络训练中的出现。此处取 mc =0.9，并编制相应的 BP 网络训练程序。

（3）BP 神经网络学习。

将样本企业的输入向量输入神经网络，即 2004—2015 年 12 年的 15 个影响售电量的因素指标值。经过反复训练发现，当中间层神经元为 14 个时网络收敛速度最快，在训练 599 次之后，即达到了设定要求。其输出的训练过程如图 3－11 和图 3－12 所示。

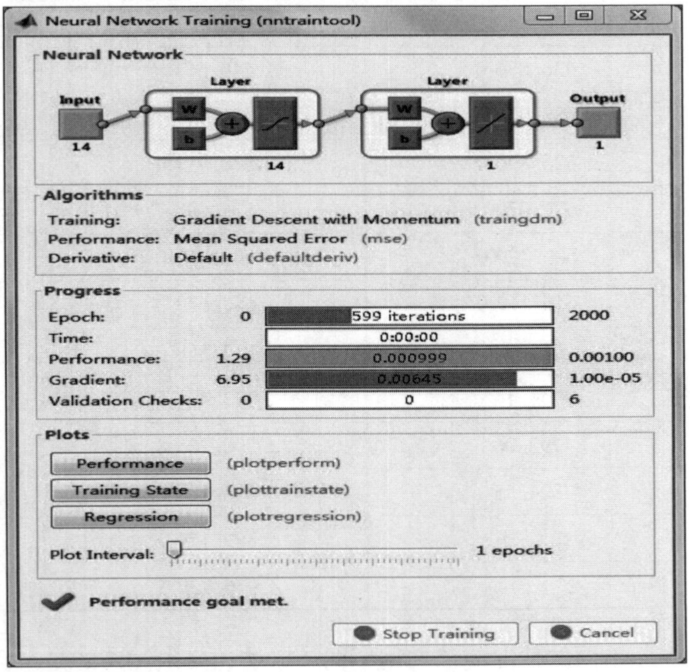

图 3－11　神经网络训练图

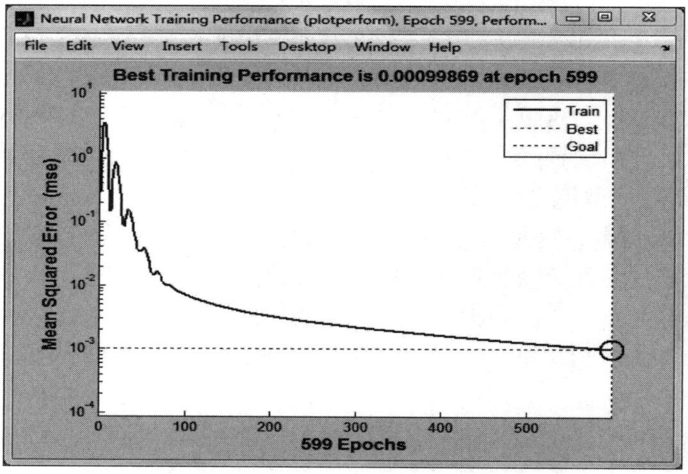

图 3－12　神经网络训练表现

（4）BP 神经网络的仿真。

运用 sim 函数对网络进行仿真，a = sim(net,P)，输出一个相关的结果。

将 Z 标准化的值还原为售电量仿真值，如表 3－15 所示。比较售电量的历史数据与经过 BP 神经网络训练后的售电量仿真值，可以看到，在 599 步训练后，多数误差不到 1%。

表 3－15　电量仿真值与真实值比较表

年份	售电量/亿千瓦时	神经网络仿真值	误差
2004	436. 070 0	446. 664 9	2. 43%
2005	488. 920 0	476. 593 8	2. 52%
2006	526. 890 0	528. 411 4	0. 29%
2007	577. 070 0	576. 098 2	0. 17%
2008	600. 420 0	601. 453 0	0. 17%
2009	646. 110 0	648. 633 3	0. 39%
2010	715. 84	712. 558 6	0. 46%
2011	741. 16	743. 484 5	0. 31%
2012	792. 06	790. 205 8	0. 23%
2013	824. 85	826. 164 8	0. 16%
2014		899. 174 7	
2015		956. 737 5	

预测方法有很多，不同的情况应该选用不同的方法，必须注意的是，目前关于短期和长期预测的问题没有很好的求解模型和方法，因此，如果有人说能有模型计算出次日某个股票的涨幅是难有可信度的。

本章的知识点和问题思考

一、主要知识点

（一）名词

1. 第一节的主要名词

计划；5W1H

2. 第二节的主要名词

综合计划；职能计划；战略计划；目的或宗旨；目标；战略；政策；程序；规则；预算

3. 第三节的主要名词

限定因素原理；弹性原理；许诺原理；计划的隔阂；计划的空缺

4. 第四节的主要名词

外部环境；PEST 分析；五力模型；经济周期；竞争对手；利益相关者分析；内部环境分析；资源；能力；无形资源

5. 第五节的主要名词

科学决策；满意原则；组织决策；例行问题；例外问题；程序化决策；非程序化决策；战略决策；战术决策；管理决策；业务决策；确定性决策；不确定性决策；风险决策；互动决策

6. 第六节的主要名词

差异化战略；业务链条组合；分散行业；SWOT；滚动规划法；情景规划法；目标管理法；价值链分析法；核心竞争力；多元化战略；一体化战略；战略联盟；国际化战略；德尔菲法；关键成功因素；市场细分；顾客满意度评价模型；顾客接受度评价模型

（二）简述

（1）简述计划对管理的意义。

（2）简述计划的基本形式。

（3）简述计划的科学性和合理性评价标准。

（4）简述计划的实用性评价标准。

（5）简述国家经济发展阶段的划分及其对计划工作的意义。

（6）简述企业使命的构成要素。

（7）简述企业内部条件的分析框架。

（8）简述企业愿景的构成要素。

（9）简述企业战略目标的构成要素。

（10）简述科学决策的程序。

（11）简述组织决策的优点、缺点以及发挥组织决策优势的主要思路。

（12）简述程序化决策的主要制订思路和方法。

（13）简述后悔值法的应用步骤。

（14）简述三种基本的战略思维。

(15) 简述三种基本的竞争战略。
(16) 简述成本领先战略的实施条件。
(17) 简述差异化战略的实施条件。
(18) 简述分散行业中企业的发展策略。
(19) 简述中小企业的竞争优劣势及其发展策略。
(20) 简述目标制订和管理中应该注意的问题。
(21) 简述价值链分析法制订计划的主要思路。
(22) 简述核心竞争力分析法制订计划的主要思路。
(23) 简述标杆管理法及其制订计划的主要思路。
(24) SWOT 分析法及其制定战略的主要思路。
(25) 简述并购的主要优点和缺点。
(26) 简述联盟的主要优点和缺点。
(27) 简述纵向一体化的主要优点和缺点。
(28) 简述横向一体化的主要优点和缺点。
(29) 简述风险决策和不确定性决策的区别。
(30) 简述线性规划法。
(31) 简述网络计划技术。
(32) 简述决策树法。
(33) 简述系统竞争策略的制定步骤。

二、相关问题思考

(一) 如何评价计划的完整性、科学性和合理性、实用性

(二) 一个计划在实施中遇到许多难以解决的障碍，只好最终放弃，思考其主要问题和解决思路

(三) 一个企业觉得投入是找死，不投入又是等死，分析问题产生的原因及其解决思路

(四) 静态博弈在哪些方面有价值？在企业发展计划中是否应该采用

(五) 利益共赢是企业可持续发展的前提，这个观点你同意吗？企业计划管理中应该如何运用博弈理论

(六) 一个领导觉得过忙，但效果不好，可能是哪些原因？有哪些解决思路

(七) 一个企业计划制订未来 10 年的具体投资项目及其投资预算，这个计划能实现吗？为什么

(八) 59% 的员工认为他们工作的一个重大阻碍是，管理者只是指责和抱怨，而不是告诉他们如何做。这个调研结果对你有哪些启示

(九) 线性思维和非线性思维背后的决策含义是什么

(十) 为什么管理决策要冒合理的风险

(十一) 学者对波特五种竞争力模型的批评意见你如何看：

观点 1：模型的基础是静态的环境，而实际环境是变化的，竞争强度也在不断变化中。

观点 2：它把顾客与其他竞争力同等看待，而满足顾客是对战略至关重要的。

观点3：它将供应方看作竞争力，却未指明他们可能同企业合作或联盟，使双方受益。

三、案例分析

（一）调查一个管理试验室，就其核心试验项目的基本思想或原理、试验的关键步骤和过程、产生的学习效果等进行简要介绍

（二）调查一个企业的管理信息系统，如ERP等，说明其对该企业的程序化决策和非程序化决策的主要贡献和支持

（三）为自己考研究生制订一个计划

（四）用一周时间关注自己的决策和制定过程。描述其中与管理决策相关的例子，并说明其决策的依据和方法

（五）为程序、规则和政策各找出一个例子。用简明易懂的方式描述，并说明符合程序、规则和政策的特征

（六）找出一个管理决策的案例，描述其案例的信息，说明决策的原因、决策方法的选择、决策的结果和后果，以及从案例中学习到了什么

（七）访问一名管理者，询问提高决策水平的建议，并将其建议进行分析和归纳

（八）介绍一种预测方法及其使用的过程或步骤，并举一个应用案例

（九）介绍一种关键因素分析法，或指标体系建立方法，或指标体系优化方法，或资源配置方法，或决策仿真方法，或情报获取方法等，并对应举出一个应用案例

（十）选择一个现实的计划、政策等，应用计划的科学性和实用性标准进行评价分析，列出其主要的优点和缺点

（十一）选择一个创业企业成败的案例，参考中小企业的优点、缺点及其发展策略进行比较分析，归纳出可能的成败原因

（十二）分析电视剧行业核心竞争力的典型形式，提出相关企业的主要发展思路

（十三）你最期望的手机模样是怎样的，基于此，提出一种或几种你认为有价值的手机创新功能

（十四）在一个企业制订战略计划时，可以从哪些方面分析和增加其弹性，结合一个实例进行相关分析

（十五）选择就手机企业的某个价值链环节，制定系统竞争策略

（十六）指出人类发展的关键技术中，选择其中的3个技术，分别分析其对市场特征、规模和消费习惯的影响

（十七）从目前的技术发展趋势看，选择一个未来可能出现的关键技术，分析其可能对市场特征、规模和消费习惯的影响

（十八）从西方新冠疫情防控问题，分析社会文化环境对管理的影响

（十九）用前面三个章节的知识分析以下观点的优点和缺点

观点1：没有钱赚的事不能干；有钱赚但投不起钱的事不能干；有钱赚也有钱投但没有可靠人去做的事不能干。

观点2：发展必须符合客观经济规律，始终把握实事求是和量力而行的原则，不做超越自己承受能力的事。一个企业的成功是很难找到规律的，许多时候它都与机遇有关。但失败

是有规律的，那就是超越了自己的能力。

观点3：增长飞快好像很有面子，但对企业来说，是为了面子，还是为了真正能创造价值？在当今竞争如此激烈的经济环境下，企业尤需考虑的是如何规避风险，在稳的基础上积极寻求速度。

观点4：市场是策划出来的，惊世骇俗的经营策划是未来企业发展的核心竞争力。

观点5：名牌是广告打出来的，只要肯出高价大做广告，就能创造出拥有较大市场份额的名牌。

观点6：市场竞争既然最终是人才的竞争，那就多招有能力的人，能人越多，企业素质就越高，竞争力就越强。

观点7：懂得“投机技巧”比掌握“游戏规则”重要，投机可“一夜暴富”，可以“不按牌理出牌”。

（二十）应用计划的评价标准分析以下计划失败的主要原因

失败案例1：一个项目实施计划的问题

一个索道企业的工程部于2010年5月计划在山西某个景区建设一条客运索道。计划40日内完成基础设计，交付甲方施工。同时在120日内完成机电设备的制造。到第150日左右进行现场安装调试，整个工程计划8个月内完工。规定甲方首先缴纳一部分制造预付款，其余款项设备到现场之后甲方再实施付款。

由于前期甲方急需基础资料，该公司在20天内完成了基础的设计并交由甲方。按照正常工程进度，机电设备开始加紧制造。但是甲方工程队伍由于没有经验，遭遇山地作业施工困难，将土建工期拖延了一年多的时间，到2011年年底才具备安装条件，然后，公司开始发货，但是发货完之后遭遇冰冻天气，施工无法继续，只能等2012年之后再行安装。工期严重拖延，导致公司从资金、场地、人员等方面安排都处于被动地位：加工厂提出因为设备长期放置产生二次刷漆的费用，人员长期占用，且一旦项目重新启动，需要二次熟悉本索道技术参数；设备加工完成厂家要付款，但是设备未发货公司不能收到甲方的款，导致资金周转出现问题等一系列问题。

失败案例2：巨人集团建楼计划失败案

1992年，巨人集团业绩辉煌，打算建一幢18层的自用办公楼。后来，全国兴起房地产热，国内电脑业又步入低谷，巨人的领导者决定进军房地产业，于是将18层增高至38层。

后来，一领导来视察，在参观大厦工地时说，这座楼位置很好，为什么不再盖高一点，于是巨人领导者一下将38层增至54层。

这时又传来消息，广州在盖全国最高楼，63层。于是巨人领导者要为珠海增光，将大厦盖到64层，夺个全国第一高楼。

到1994年年初，不知何人突然想到“64”这个数字不吉利，于是巨人领导者立即拍板，索性定为70层。

按最初的18层计，约需投资2亿元，工期2年，对当时巨人集团而言，并非不能承受之重。可是，增至70层，需投资12亿元，工期延至6年，就完全超过了巨人的实力，而且工期一长，就充满了变数，实际上，期间遇到了国家严格的宏观调控。最终导致巨人集团1997年年初倒闭。

（二十一）应用中小企业的优势、劣势及发展策略，分析 ofo 成败的原因

共享单车 ofo 创业案例：2015 年 6 月 ofo 的创立者戴威，在北大校园推出（共享计划），成功获得 2 000 辆共享单车。

共享单车模式也很快得到认可，2016 年 8 月获得 A 轮融资，9 月又获得多家资本的 B 轮融资，10 月份又获得 C 轮多家资本融资等。2016 年 11 月，ofo 逐渐向全国多个城市推广，成为一家日订单量百万的互联网平台。

2016 年 12 月 23 日，ofo 首次发布海外战略，在美国的旧金山以及英国伦敦展开试运营阶段，之后又进入多个其他国家市场。

2017 年开始，ofo 和摩拜等共享单车开始了狂奔，尽管还没有哪一家能找到共享单车的盈利模式，但似乎只要敢入局就有资本敢接盘，于是开始了无止境的融资、烧钱、补贴、扩张等。这样的资本参与密度和业务扩张速度，在互联网创业领域极为罕见。疯狂掩盖了风险，业务发展的目的好像已经不是为了盈利，而是为了融资。

由于融资速度跟不上烧钱的速度，不少共享单车开始打起了押金的主意，挪用押金来造车。小蓝单车和酷骑单车等都一度身陷押金挤兑风波。ofo 和摩拜也不例外，ofo 将 30 亿元押金用于支付供应链欠款，摩拜也同样挪用了 40 亿押金等。

ofo 早期投资人开始主动撮合 ofo 和摩拜合并。原因很简单，背负高额债务的 ofo 和摩拜已经很难找到新的投资者，共享单车的泡沫开始破裂，投资机构为了自身利益也不会再加大投入，而是需要尽早套现离场，于是只能寻求合并或者收购。

从 2015 年创业至今，ofo 一共经历了大小十轮融资，公司的资金管理存在许多问题。如：ofo 拿到融资还没有多久，就有媒体爆出 ofo 公司高管都配了特斯拉。在日常运营中，ofo 一辆价值大约 600 元的 ofo 自行车坏掉，也得不到及时的维修；ofo 采购了 1 200 万辆自行车，需要支付 72 亿人民币，作出如此巨大的花销决策，却毫不顾忌此后的资金存量等。

与此同时，ofo 的管理问题也浮出水面。随着公司业务规模的扩大，很多员工发现公司的组织、管理、制度已经跟不上 ofo 的发展规模。“他们大多都是大学刚毕业，并没什么经验，仅仅是因为进入公司能成为领导，这对于其他后进的有能力的员工来说是不公平的。”颇觉讽刺的是，在颁发优秀员工奖一个月后，精挑细选的十位优秀员工中就有三位被开除，原因是数据作假、贪污等。

共享单车是重资产运营，唯一值钱的资产恐怕就是遍布全国主要城市的单车了。后来，ofo 将单车资产作为动产抵押给马云旗下的两家公司。显然，此次抵押借款只是解了 ofo 的短期财务问题，在没有良好“造血”能力的前提下，借来的钱也只会填入无底黑洞中。

四、计算题

（一）某企业为生产某种产品设计了两个基建方案。第一方案为造新车间，需投资 200 万元。第二方案为改造原有生产线，需投资 50 万元，两者使用期均为 10 年。市场调查表明，前 3 年销路好的概率为 0.6 时，后 7 年销路好的概率可提高到 0.8；当前 3 年销路差时，后 7 年销路肯定差。两个年度损益值如下表。用决策树法帮助企业决策。

方案	投资/万元	前三年		后七年自然状态			年损益值	
		销路好	销路差	前三年销路好		前三年销路差	销路好	销路差
				销路好	销路差	销路差		
1	200	0.6	0.4	0.8	0.2	1	120	-10
2	50	0.6	0.4	0.8	0.2	1	60	30

（二）某项活动施工任务关系及其网络图如下：

某项活动施工的任务分析表

活动代号	紧前活动	活动时间/天
A	—	1
B	—	5
C	—	4
D	B	2
E	A	5
F	A	4
G	B、C	3
H	D、F	4
I	G	5

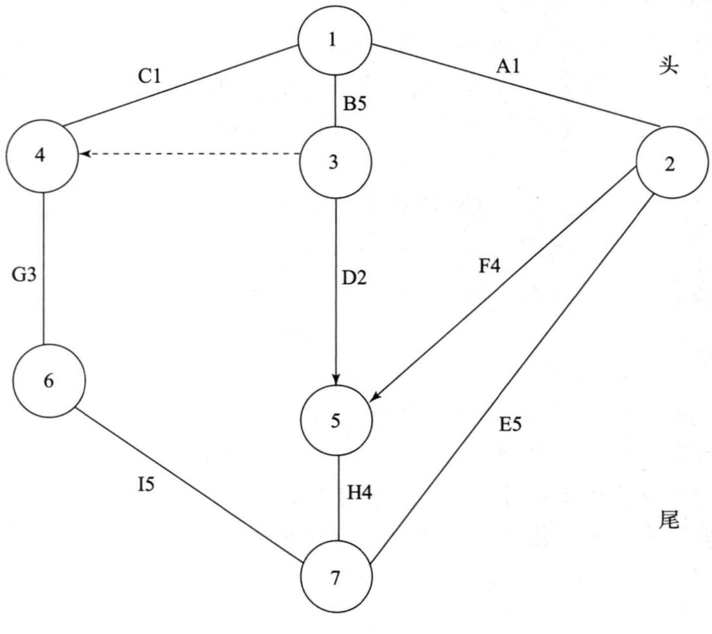

1. 用标号法计算各个节点的最早开始时间和最晚结束时间。
2. 计算各个活动的机动时间或宽余时间。
3. 指出关键路线，并就未来的管理控制和资源配置提出建议。

第四章

组　　织

本章的主要内容包括：组织中的个体学习和组织学习；组织的含义、职能和组织的类型；正式组织与非正式组织，实体组织与虚拟组织，机械式与有机式组织；组织结构的类型、特点及组织设计的传统原则和动态原则；组织的生命周期理论、组织老化和组织变革；组织创新理论：组织结构扁平化、学习型组织、团队等。

第一节　行为与学习

一、个体的行为和学习

（一）个体行为的基本要素及其影响因素

1. 行为的基本的要素

（1）行为方向：要回答或解决“干什么”和“为什么要干”的问题。

（2）行为强度：要解决工作积极性问题。

2. 影响个体行为的主要因素

（1）达夫特的个人知觉形成过程（5 个阶段）。

注意，即开始注意到知觉对象；组织，即综合参考信息框架形成整体形象的过程；解释，即对形成整体形象解释并赋予意义；检索，即对相关的过去事件进行一些信息收集和分析；判断，即得出最终结论。

（2）影响个体行为方向选择的因素。

个体行为方向取决于个体的选择和决策，制约个人决策的因素主要包括：个人抱有的目的、知识、思维方式，以及外部的压力和吸引力的影响。

（3）影响个体行为强度的因素。

个体的行为强度取决于个人对行为方向的认识而产生的心理力量和努力程度，同时也会受外部压力和吸引力的影响，因此制约个人努力程度的因素主要包括个人的情感和外部的压力和吸引力。

3. 工作满意度

工作满意度是指员工对其工作的喜欢程度。它源自对工作或者工作经历评估的一种快乐或积极的情绪状态。也就是说，工作满意度高表明了对工作的积极态度。

实践表明，影响员工工作满意度的因素主要包括五个方面：富有挑战性的工作、公平的报酬、良好的工作环境、人格与工作相匹配、融洽的同事关系。

4. 工作压力

压力源于让人感到紧张的事件和情境。压力源一般包括三类：环境因素（政治、经济、社会等方面）；组织因素（任务要求、角色要求、人际要求等方面）；个人因素（经济问题、家庭问题、员工自身的素质等）。

根据罗宾斯压力模型，压力的后果主要归纳为三类：生理症状（头痛、高血压等）；心理症状（对工作不满意、焦虑等）；行为症状（离职、语速加快、睡眠失调等）。

（二）个体的学习路径和素质评价

1. 个体学习的主要路径

个体在行为过程中或通过行为的结果，可以获得新的技能和知识。从个体获得知识的大方向而言，主要有三条路径：

（1）直接的实践：指在实践过程中的学习，一方面，在行动中会提高经历、经验、技能和见识；另一方面，工作行为中的顺利与挫折、成功与失败等，能在给人切实感受和体会中得到知识和经验教训。

（2）其他人经验的提示：指在与他人的交流中，在观察他人的处事行为及其处事效果中获得知识。如与他人交流、上级给予指导和批评、有经验人的传授和培训等。获取的知识可以扩大个人的知识储备范围，包括具体的操作方法、思考方式和注意的焦点等。

（3）理论知识的学习：指通过书本、网络资料等的查阅，通过学校等相关机构的系统学习和培训系统等，学习大量的理论知识，这些知识被个体学习理解后，会较全面地提高自己的素质。

2. 个体学习后素质评价维度

（1）经历（招聘需要考虑表象素质）。经历能在一定程度上反映个体对相关工作内容、工作方法、工作环境，以及对相关问题的认识理解深度和处事经验等方面的情况。

（2）技能的提高（招聘需要测评的能力素质）。技能包括技术和能力，指个体通过学习和训练形成的有经验的动作方式或操作方法，以及思考问题的方式方法等。

（3）见识的增长（高级员工需要考察和培育的高级能力素质）。这里的见识主要指对工作事态、工作环境等的变化趋势及其产生的后果，有很高的认识、分析和判断能力，特别指基于长期知识和经验积累产生的对相关变化趋势及其结果的快速、准确的判断能力，甚至对不良的趋势有高效率改良的解决方法或方式等。

（4）人际关系的熟悉（需要观察和培育的辅助能力素质）。这里主要指因在工作中与相关人员（包括组织内外的、直接的、间接的）的长期交往和沟通产生的工作默契和相互支持、宽容等心理关系。这种关系，对于提高员工的成熟速度、工作质量、工作效率、工作兴趣等均能产生重要的积极影响。

（5）对企业文化的深刻领会（需要观察和培育的高级辅助能力素质）。这里主要指员工对工作中涉及的各类组织和群体的行为规范或准则、价值观取向等的深入理解，并能尊重且在一定程度上适应甚至融入。对企业文化的了解和领会是员工有效融入企业的关键一步，不能领会和适应企业文化和相关群体文化的员工往往表现的格格不入，自己还可能会感到孤立、反感、压抑、焦虑等。如 Lewin 在 1951 年提出了人与环境互动（相互作用）理论。认为人与环境契合包括五个方面：人与职业契合、人与群体契合、人与工作契合、人与组织契合、人与人的契合。

3. 影响个体学习的主要因素

（1）个体认知。这里主要指个体对相关学习重要性的认识，对相关学习思路、方式和方法、学习效果或目标等情况的了解，会对个体的学习效率产生重要影响。

（2）不确定性容忍度。这里的不确定性主要指个体对未来的工作状况、工作环境、工作效率，以及工作质量产生的收益或损失等分布范围和状态的估计很没有把握。个体对不确定性的容忍度会影响其学习的信心和动力。

（3）自信程度。这里主要指个体对自身能否学习好相关技能的自信程度。显然，这会直接影响个体的学习信心和学习兴趣。

（4）对学习效果的满意度。这里指个体会在学习后对学习的效果和价值进行自我评估，如果满意会有继续学习的积极性，否则相反。

（5）情感和品质特征。这里主要指个体情感对学习行为的影响程度、个体本身情趣的稳定度、情趣活动时间对学习行为的影响度、个体情感特征（如以快乐为主，还是以冷酷、抑郁等其他特征为主等）对学习行为的持续性影响度等。

（6）外部环境。这主要指工作和学习的物质环境（如相关支持的设备、设施等）和非物质环境（如社会风气、学习及其文化的氛围等）对个体学习偏好、学习过程和学习效果的影响等。

（三）个体学习的积累与革新

整体而言，个体的行为有利于促进个体的学习，学习的结果又会提高其未来的行为能力，二者具有相互促进的关系。

需要注意的是，学习的结果可能使个体的行为方式显现出稳定化和定型化倾向，具体可以描述为有一定经验和智慧的行为方式，这种行为方式会在一定时期内显著提高工作效率、工作质量和工作兴趣，具有积极的意义。但是，随着环境和工作内容的变化，这些经验和智慧可能会成为个体接受新知识的阻碍，如果不能及时重视知识的革新，个体会出现知识僵化、固执、工作错误频出等不良情况。

总之，个体既要重视学习，形成先进的知识结构、观点、思维方式和操作技能，又要重视知识应用的权变性和知识的不断更新。即，学习是永远的活动，不可能一劳永逸。

二、组织学习

（一）组织学习的定义

组织学习是指组织成员在不断从组织内部和外部获取知识和总结经验教训基础上，建立成员间的共享知识，并不断增加组织的知识积累，提升组织的整体学习能力和运行能力，进而提升组织绩效的持续改进的过程。

从上述定义中不难看出，个人学习与组织学习是相互联系和相辅相成的，组织学习是个人学习的延伸，个人学习得到的知识只有上升到组织层面，成为组织其他成员分享的知识，才能称其为组织学习。

（二）组织中的知识储备

组织中的知识主要由两部分构成：

一部分是个人的知识储备。组织中各个成员的知识，包含与组织有关的和与组织无关的各种知识中，有部分可以直接为组织所利用。

另一部分是属于组织的或大家共享的知识。如组织的规章制度、工作程序、组织结构、组织文化、行为准则等。

当然，组织中的知识是经常发生变化的，变化的过程就是组织的学习过程。具体表现为新知识形成、知识积累、知识更新、知识扩散。

（三）组织学习的层次和过程

1. 组织学习的层次

（1）个人层次的学习：指个体在日常工作中获得的经验，与他人交流、上级给予指导和批评，以及正规学习和训练等获得的个人知识储备中组织可利用的知识部分。

（2）团队层次的学习：指团队中的集体学习，变现为成员之间相互学习、相互交流、相互启发和相互促进，团队学习的结果是既扩大了个体的知识储备也扩大了组织知识的储备。

（3）组织层次的学习：表现为组织与成员之间、组织与组织之间、组织与外界环境之间、组织成员之间所进行的隐性知识与显性知识相互转化的过程。显性知识是能明确表达的知识，隐性知识是能感觉到但难以言述的知识。

组织学习需要解决的主要难题也是如何在连续性的学习和变革性的学习之间找到平衡。

2. 组织学习的过程模型

（1）基于学习方式的组织学习过程模型。该模型将组织学习划分为单环学习、双环学习和再学习。单环学习是指修正组织运行过程中的错误；双环学习是在组织运作出现问题时，重新评价和调整组织本身的知识，如制度、政策和目标等；再学习是指反思自己的学习过程，并通过改善学习的方式方法来推动组织学习，重点强调如何有效地推动组织学习。

（2）基于知识转化的组织学习过程模型。一方面，该模型将知识分为显性知识和隐性知识。显性知识指能明确表达的知识，隐性知识指那些知道但难以言述的知识；另一方面，该模型提出了知识创造与转化的四种模式，即社会化、外在化、合并和内在化。结果是将社会或组织中的可以意会知识，外在化为可以表述的概念化的知识，对于这些概念化的知识又进一步合并为系统知识，再结合组织的需要内在化为可以操作的组织知识。重点是强调如何将组织内外的各类知识转化为对组织有用的知识。

（3）基于学习主体的组织学习过程模型。该模型将组织学习的主体分为个人、团队、组织三个层次。一方面，组织的共同认知模式会影响组织中每个个体的认知模式，个体的认知模式会影响个体的学习，个体的学习会影响个体的行为；另一方面，个体行为的环境反应会促进个体的学习，个体的学习会影响个体的认知模式，个体的认知模式会影响组织的共同认知模式，组织的共同认知模式会影响组织的行为。

（四）组织能量的形成路径

组织中每个个体都存在一定的能量，其中部分会表现为组织努力工作的意愿和行为。由这个部分有机结合而成的整体，就是组织的整体能量。整体看，组织能量的形成有以下主要的路径：

（1）通过目标分解及其下达流程、分工协调、计划和控制等，使个体的力量或努力围绕组织的目标发挥作用，使个体力量成为组织的有效组成部分。

（2）通过服务组织的文化、比较竞争的文化、管理中的激励系统、领导的影响力等作用于个体，使个体的潜在能量得以发挥，且被组织利用。

（3）个体相互间接触、影响所形成的默契、配合、理解和沟通，导致个人能力和相互间的协调效应增强，且被组织利用。

（4）通过对个体进行与组织需要相关的素质培训，导致个体工作效率、工作质量、工作兴趣等的提高，且被组织利用。

（五）影响组织学习的因素

1. 内部因素

个体因素，如个体的认知、个体对不确定性的容忍度、个体的自信心、个体的情感和品格特征等；团队因素，如团队多样化、团队成员间的信任、权利分布、团队领导的风格和行为特点等；组织因素，如组织与环境的适应性、组织文化、组织学习机制的有效性等。

2. 外部因素

如社会观念和价值观的变化、社会运动的影响、社会发展方式和经济制度转型、社会消费习惯等导致的市场变化、技术的进步和发展等，均会影响组织个体的学习和组织整体的学习。

第二节　组织及其职能概述

一、组织的含义及其理解

（一）实体组织的定义

组织作为名词时，指组织体系或社会单位，即为了特定目标，经由分工协作具有不同层次的权利和责任制度的人的集合。这个定义是对一个实体组织的定义，其理解应抓住的要点包括：①组织是一个以人为主体的系统。②组织必须有特定的目标。③分工与协作是组织提高效率的基本手段。④组织必须要有不同层次的权利与责任制度。

（二）组织的管理职能

组织作为动词时，就字面意义讲，“组”有分组、分类、分工等含义；“织”有编织、编排、组合等含义；“组织”有“整、分、合”的含义。

具体讲，组织作为动词时是指组织的管理职能，其核心是进行组织设计工作。组织职能主要包括：①部门划分和任务的分配。②职位的设计。③权利和责任的设计及其制度的建立。④人员及其他资源的配置。⑤部门、任务、职位、人员等之间的关系及其联系制度。⑥组织运行的维护及其改革。⑦组织文化建设等。

（三）组织管理的本质

一般意义讲，组织是两个以上个人的有意识地加以协调的行为的系统，组织行为中这种有意识的协调行为就是组织管理。组织工作中面临的主要管理问题包括：如何安排计划和相关控制的工作、如何分工、如何配合、如何激励、如何配置资源等，其解决的管理手段都是围绕协作进行的。因此，组织管理的本质是协作。

（四）正式化的机制

组织管理中按照统一的目的，有计划、有步骤地对个体的行为加以规范、引导和调整，从整体上构成完整的功能性力量，是通过正式化的机制实现的。

正式化过程包括：①通过结构化机制把个人行为分解、整合为整体行为的过程。②个体行为的约束和塑造过程。组织的正式化内容主要包括：结构化（如分工协作体系、分层等级结构、信息沟通机制、目标分解机制等）；规范化（如管理考核标准或效果的标准化、各要素管理控制的标准化、各个行为过程的标准化等）；角色化等。

二、组织的分类

（一）正式组织与非正式组织

1. 正式组织

（1）定义。

正式组织是指在组织设计中，为了实现组织的总目标而成立的功能结构，这种功能结构或部门是组织的组成部分并有明确的职能。理解这一定义的要点包括：构成正式组织内容的是人的行为；组织中个体的相互作用，是正式组织的本质特征；正式组织是个人行为在空间、时间、结合、质和量等各方面都经过有意识的协调而体系化的系统。

（2）正式组织的三要素。

正式组织的三要素是指协作意愿、共同目标和信息沟通。

协作意愿指个体为组织贡献力量的愿望。①对个人而言，协作意愿既与个人为组织提供协作的利益和损失相比较后的净效果相关，也与个人参加不同组织协作的利益和损失相比后的净效果有关。净效果的大小直接影响协作意愿的强度。②从组织角度看，协作意愿是组织提供给个人的报酬与工作付出之间的对比关系。

共同目标是产生协作意愿的必要前提，而个人愿意转变为实现组织共同目标的前提是组织的共同目标能够部分实现个人目标，或有助于实现个人追求。

信息沟通指能够起到传递信息作用的各类方式和手段，如语言、画面、文字等。现实中，信息沟通有许多限制，如信息沟通借助于媒体会产生理解偏差、上下之间的理解阐释过程导致信息失真、在沟通过程中有意识修饰加工导致信息失真等。

（3）正式组织的主要优缺点。

正式组织的主要优点是：责任明确、结构清晰、纪律严明、实战力强；主要缺点是：人情味差，管理缺乏人性化，影响组织的有效沟通、员工的主动性和创造性等。

2. 非正式组织

（1）定义。

非正式组织，是两个或两个以上个人由于地理位置关系、兴趣爱好关系、工作关系、亲朋好友关系等而自然形成的群体，这种群体不是经过程序化或正式化机制而成立的。

（2）非正式组织的主要特征。

非正式组织的特征主要表现为：无明确结构和形态，可辨识性差。因为非正式组织是以个人的心理特征为基础形成的，是自发形成的，主要侧重于人们相互接触的心理侧面和非理性侧面。非正式组织主要是通过感觉、情感、个性特征等因素对成员产生无形的潜移默化的影响。

（3）非正式组织的主要类型。

非正式组织通常表现为两种类型：一是情感型，指组织成员之间由于共同的背景、情感纽带、性格气质等形成的主要满足大家情感需要的非正式组织。二是社会政治力量型，指组织成员之间主要依靠共同的利益、社会性需要、追求、价值偏好而形成的，主要谋求该非正式组织的共同利益、地位、共同价值倾向的类型。

（4）非正式组织的主要优缺点。

非正式组织的主要优点包括：方便平等交流和沟通、利于表达个人思想、减少紧张、提高人员自信等；主要缺点包括：组织的制度控制力弱，主要依靠文化控制，对组织的影响也是双面的，即可以是积极影响，也可以是消极影响。

3. 非正式组织对正式组织的作用

非正式组织对正式组织的作用主要包括：非正式组织创造正式组织产生的条件。如共同的心理基础、习惯、行为方式等，为正式组织正常运转创造条件；非正式组织赋予了组织活力。正式组织只是干巴巴的职能、制度、程序、目标等，是缺乏活力的机械性的行为系统，非正式组织有利于促进信息沟通、维持正式组织的内聚力、维护人的完整人格等。

4. 正式组织对非正式组织的作用

正式组织对非正式组织的作用主要包括：正式组织为非正式组织形成创造了条件。如正式组织形成的共同场所、共同活动、组织结构等，为个人相互接触创造了条件；正式组织为非正式组织长期存在和发展创造条件。有了正式组织，接触和交往才具有持续性和反复特征，非正式组织的长期发育才有了条件。

5. 组织是正式组织与非正式组织的统一体

正式组织与非正式组织是同一组织的两个侧面，互为条件，共存于一个组织中。在两者统一意义上，才能理解组织的本质。

6. 组织的一体化程度

正式组织与非正式组织之间的结合程度，称为组织的一体化程度。一体化程度高时，非正式组织的作用方向与正式组织的目标一致，个人在行为层次、心理层次、价值观念方面与正式组织一致。这种情况下组织整体目标和个人目标都能够在较高程度上实现；一体化程度很低时，非正式组织的作用方向与正式组织的目标相背离，但没有到退出组织协作的程度。这种情况下，正式组织目标的实现受到很大限制，个人的人格也面临严重背离和分裂，正式组织与非正式组织的作用相互抵制，组织会面临解体危险。

下面讲一个非正式组织产生积极意义的例子。有一家企业对销售部门实施目标管理，起初因明确的任务、科学的考核办法、公平及时的奖惩制度显著提高了销售员工的积极性和组织绩效。但后来，销售员普遍认为工作紧张，员工间也缺少联系和交流，多数年度工作会议只有领导和少数员工发言，且多是谈任务、考核、奖惩等事情，因此会议使业绩相对不好的员工压力更大。针对员工的现状，有人建议成立营销沙龙（非正式组织），领导也同意并给予一定经费包场所、用餐等。1～3 个月一次，要求每个员工谈自己销售中的笑话、困难、经验等。一年后，员工觉得水平提高了，业绩和奖金也提高了，朋友也多了，心情也更舒畅了。

（二）实体组织与虚拟组织

1. 实体组织

实体组织就是一般意义上的组织，即为了某种特定的目标，经由分工合作、不同层次的权利和责任制度而构成的人的集合。特点是：功能化（有完成业务活动所需要的全部功能）、内部化（依赖自身资源组织活动）、集中化（将各种功能和资源集中在一起，具有空间上的连续性等）。

实体组织包括盈利组织（企业），也包括非盈利组织，如一些群众团体组织（学会、协会、校友会等），一些事业性单位（学校、研究机构、医院、图书馆等）。非盈利组织一般具有正规性、独立性、非盈利性、公益性等特点。

2. 虚拟组织

（1）定义。

虚拟组织简单讲，是一种没有正式机构的组织，是两个以上的独立的实体，在特定时间内结成的动态联盟。这种组织是一种新的组织形式，它运用技术手段把人员、资产、创意动态地联系在一起，其主要特征包括高度灵活性、能力共享、成员以相互信任的方式行动等。

（2）主要优缺点。

虚拟组织的主要优点包括：可以广泛地整合资源、高度的灵活性、管理费用低等；主要缺点包括：边界模糊、控制难度大、对管理者素质要求高、沟通过程容易发生误解等。

（3）与实体组织的主要差别。

虚拟组织与实体组织的差别主要包括：组织结构的虚拟性（没有法人资格和层级结构）；构成人员的虚拟性；办公场所的虚拟性；核心能力的虚拟性。

（4）主要应用价值。

在组织或企业自身能力难取得竞争优势条件下，可以应用虚拟组织的方式，借用必要的外力，与其他企业或人才合作，扩大企业的能力和服务功能。因此，虚拟组织模式是目前智慧管理者较重视的，他们的基本策略是将有限资源投到关键环节建立竞争优势，其他环节通过建立虚拟组织借用外力解决。

3. 案例：耐克公司的虚拟生产

20 世纪 70 年代初，耐克公司只是一家销售日本运动鞋的小进口商，年销售额不到 3 000 万美元。到 80 年代中叶时，耐克公司成为美国运动鞋市场的领军企业之一，公司的业务范围也从进口鞋的销售扩展到运动鞋的制造、设计、销售等方面。到 1992 年，耐克公司年销售额已达到 10 多亿美元，成为一家世界级企业。采用虚拟生产的组织模式是耐克公司成功的重要因素之一。

耐克公司很重视产品开发设计能力和营销能力的培养，形成了强大的设计和营销部门，产品设计和品牌营销成了耐克的两件有力的竞争武器。而生产能力耐克采取了一种向外部借力的虚拟化策略，利用外部的能力和优势来弥补自身的不足和劣势。耐克公司几乎所有产品都不是自己生产制造的，而是外包给其他的生产厂家。耐克公司的这一策略，不仅使其节约了大量的生产基建投资、设备购置费用以及大量的工人费用，而且它一般都是将产品的生产加工任务外包给东南亚等地的许多发展中国家，这些地方的劳动力成本极其低廉，从而为耐克公司节约了大量的成本和费用。

（三）机械式组织与有机式组织

机械式组织与有机式组织是按照设计原则的不同划分的。

1. 机械式组织

机械式组织是指具有严格的结构层次和固定的职责，强调正规化，有正式的沟通渠道，决策常采用集权形式的传统组织。其主要特征包括：金字塔结构、严格层级关系、基本固定的职责、正式的沟通渠道、集权决策等。

机械式组织的主要优点包括统一指挥、控制力强、秩序井然、纪律严明等；主要缺点包括反应迟钝、机构臃肿、官僚主义、主动性和创造性差、员工压抑等。

2. *有机式组织*

有机式组织是现代设计原则的产物，它强调纵向和横向的合作，职责常常根据需要进行不断的调整，更多地依靠非正式渠道进行沟通，决策常采用分权形式。其主要特征包括：结构扁平化、层级关系弱化、约束制度较少、灵活的职责、非正式的沟通渠道、分权决策等。

有机式组织的主要优点包括决策反应快速、市场适应性强、管理成本低、员工积极性和主动性强、心情放松等；主要缺点包括控制力减弱、统一难度大、职责不清、管理的精细化不足等。

第三节　组织结构的常用类型

了解常用组织结构的形式及其优缺点，是设计组织结构框架的重要知识基础，因为现实的组织结构是这些基本组织结构形式的组合和延伸。

目前常见的组织结构形式有以下八种，即直线型结构、职能型结构、直线职能型结构、事业部结构、矩阵型结构、三维立体结构、委员会结构、团队结构。

其中最基本的组织结构形式是三种：直线职能型结构、事业部结构、矩阵型结构。因为直线型结构和职能型结构可以认为是直线职能型结构的延伸结构，三维立体结构可以认为是事业部结构和矩阵型结构的组合结构形式，委员会结构可以认为是矩阵型结构的延伸，问题型团队结构和功能型团队结构的多数运行模式是矩阵型结构的延伸，执行团队的技能互补也类似矩阵项目组的人员构成特点，后面涉及的母子公司、联盟等组织结构也可以认为是事业部结构权力下放的延伸形式等。因此，应了解这三种基本组织结构形式及其主要的优缺点，且在进行组织结构设计中，依据每个部门对组织结构的突出要求选择对应的基本结构及其延伸形式，会使复杂的组织结构设计工作简明化。

一、直线型组织结构

（一）直线型组织结构的构成特点

（1）组织中各种职务按垂直系统直线排列，不设专门的职能机构或辅助管理机构。

（2）各级主管人员对所属下级拥有直接指挥的一切职权。

（3）上下级之间的关系是：不能越级指挥，但可越级检查；不能越级汇报，但可越级申诉或建议。

如部队的组织结构中，连长的下级是排长、排长的下级是班长、班长的下面是士兵。当然，现实的部队结构中也有参谋等辅助管理部门或职位，因此也不能认为是绝对的直线型组织结构。

如小企业中，厂长一人管理业务、人事、财务等全部工作；厂长下面为各个业务部门主管，业务部门主管执行厂长安排的工作，并对厂长负责；业务部门主管下面是员工，员工执行业务部门主管的安排，并对业务部门主管负责。直线型组织结构如图 4－1 所示。

（二）直线型组织结构的优缺点

1. *主要优点*

机构简单，权力集中，责任明确，命令统一，联系简捷，决策迅速，指挥灵活。

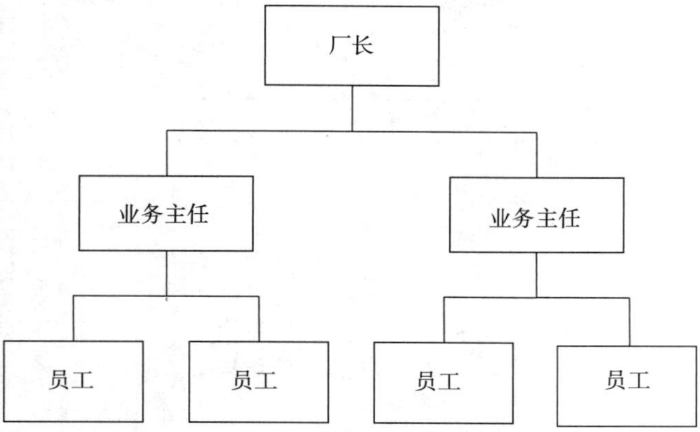

图 4－1　直线型组织结构图

2. 主要缺点

对企业领导（特别是一把手）的素质要求高；组织各部门和成员间横向联系少，协调困难；下属技能单一，不易培养后备管理力量。

（三）直线型组织结构的应用对象

直线型组织结构主要适用于技术、产品简单，没必要按职能实现专业化管理的小型组织。显然，目前这类组织对组织管理的要求不高，因此，这个组织结构不是重点学习的组织结构形式。

二、职能型组织结构

（一）职能型组织结构的主要特点

1. 组织内除直线主管外还相应地设立职能部门

如：厂长的事太多，不可能管理各类具体的事，就安排一些辅助管理的单位和岗位帮助管理，如设置人事部门帮忙管人事，设置财务部门帮助管财务，设置市场部门帮助开拓和管理市场等。相应的下一级各个业务部门也可以设置一些必要的辅助管理岗位等。这些辅助管理部门称为职能部门。

2. 各职能部门在自己分管的业务范围内有权向下级下达命令和指示，直接指挥企业的生产经营活动

各级主管在设置辅助部门时，也将相关的管理权限授给辅助部门的主管，这样厂长可以摆脱日常工作事务。但同时也使员工出现了多头领导，影响了统一领导。职能型组织结构如图 4－2 所示。

（二）职能型组织结构的主要优缺点

1. 主要优点

能适应现代组织技术比较复杂和管理分工较细的特点；可发挥职能机构专业管理和专家的作用，减轻上层主管的负担等。

2. 主要缺点

妨碍和削弱统一指挥，因为存在多个有权发布命令的管理者；易形成多头领导，即一个

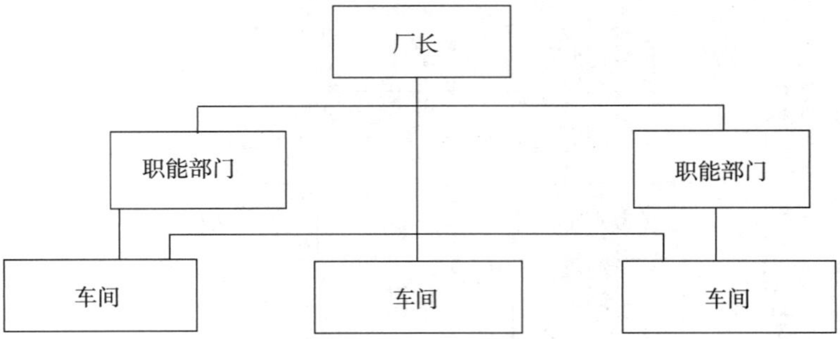

图 4-2 职能型组织结构图

下级有多个指挥的上级；不利于明确划分直线与职能科室的职责权限，易造成管理的混乱等。

（三）职能型组织结构的应用注意

严格讲，职能型组织结构是在直线型组织结构改进过程中的一种不完整的形式，使用过程中容易出现管理混乱等严重问题，因此，在没有对下属的素质有很大把握前，不建议采用这种组织结构。后面学习中，也不将这种组织结构作为重点学习的组织结构形式。

三、直线职能型组织结构

直线职能型组织结构是吸取以上两种结构的优点，并在克服其主要缺点的基础上，形成的一种较成熟的组织结构形式，是需要重点学习和掌握的组织结构形式之一。

（一）直线职能型组织结构的主要特点

1. 设置了两套系统

一套是按命令统一原则组织的指挥系统，由直线管理体系组成，类似直线型组织结构；另一套是按管理专业化原则组织的管理职能系统，类似职能型组织结构的辅助管理部门或岗位组成的系统。

2. 直线人员对其下属实行统一指挥和管理，并负全部责任

这一特点与直线型组织结构相似。

3. 职能人员仅是直线人员的参谋，只能对下级有建议、指导和监督权，没有命令指挥权

这一特点是对职能型组织结构存在问题的改进，避免了多头领导、管理混乱等问题的发生。

4. 大多数决策权集中在最高层

这一组织结构的决策权理论上都集中在最高层，现实中决策权很难完全集中在高层，如高校的组织结构基本属于直线职能型组织结构，但每个学院在人事、财务、工作安排等方面还是有一定决策权的，因此，现实的直线职能型组织结构是书本理论结构的某种延伸状态。直线职能型组织结构如图 4-3 所示。

（二）直线职能型组织结构的主要优缺点

1. 主要优点

领导集中、职责清楚、可保证统一指挥、职责分明、秩序井然、工作执行力强等。

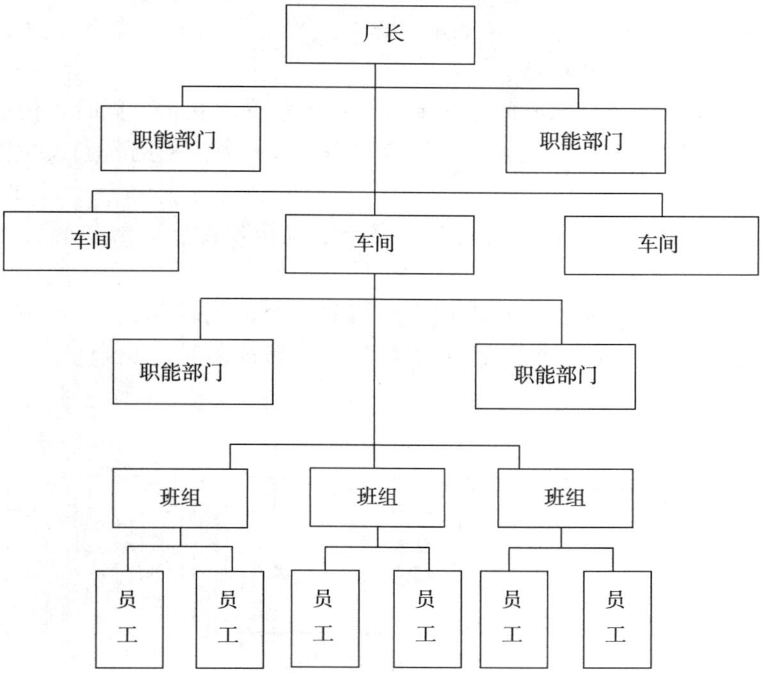

图 4－3　直线职能型组织结构

2. 主要缺点

各职能部门互通情报少、信息沟通少，工作易出现重复、矛盾和不协调；各部门专业化强，管理者技能单一，对从组织内部培养全面管理人才不利；下级权力小，只是执行命令，因此，下级部门主动性、积极性受限制；组织系统沟通路径长，适应性较差，对新情况不易作出及时和迅速反应；管理的层级多，管理费用高等。

当然，这些缺点在现实中是可以通过制定一些制度改进的，如通过增加行政部门的协调职能，定期召开涉及各个部门主管的例会等，就可以增加部门间的横向沟通，减少相关矛盾等。

（三）直线职能型组织结构的适用范围

该组织结构较适合中小型企业或组织，绝大部分企业目前采用该种组织结构形式。但部分大型组织对统一指挥要求较高时，也采用这种组织结构形式作为其组织结构的主体。

直线职能型组织结构是组织设计中的重要单元结构，在组织设计中要把握最关键的优点和缺点。直线职能型组织结构最关键的优点是指挥统一，最大的缺点是下属难有主动性、积极性和创造性，且决策和反应速度慢。

四、矩阵型组织结构

（一）矩阵型组织结构的主要特点

1. 既有按职能划分的部门（横向），又有按产品（项目、服务）划分的部门（纵向）

矩阵型组织结构主要是为了解决直线职能型组织结构横向联系不畅、职位固定、决策层次多、反应慢等问题而设计，初期的部门划分在一定程度上借用了直线职能型结构的做法，但后面的运行模式差异很大。

2. 针对任务的特点和要求，由有关业务部门或职能部门派人参加，组成项目组，但不改变原行政隶属关系，作到条块结合

不难看出，任务由各个部门共同合作完成，加大了横向联系。同时，任务以项目组为单位完成，项目组对相关任务具有较大的决策权，因此，业务沟通路径大大缩短，决策速度显著加快。

3. 矩阵型组织结构形式是基本固定的，每个项目小组是临时组织的，任务完成后，项目组撤消

在一项任务的执行过程中，不是把这个项目从一个部门转移到另一部门，而是不断更换项目小组的成员。每一项目小组都有负责人，但都直接对厂长负责。矩阵型组织结构如图 4－4 所示。

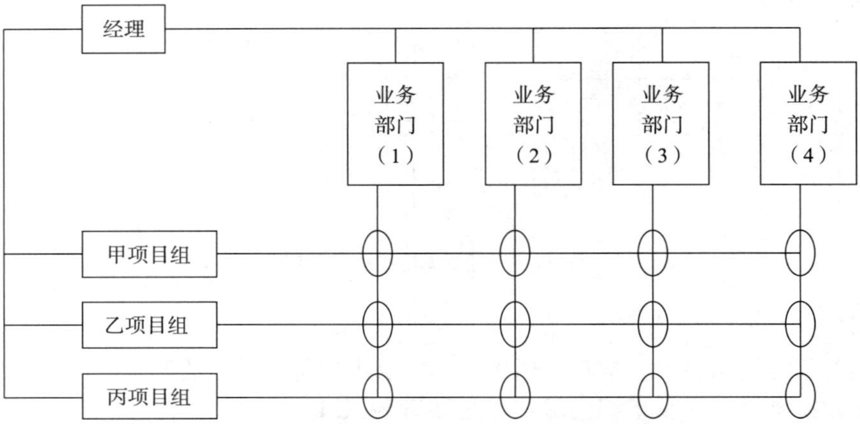

图 4－4　矩阵型组织结构

（二）矩阵型组织结构的主要优缺点

1. 主要优点

（1）各个部门的人力、物力等资源在全单位实现共享，如果运行过程中纳入组织外的资源，其资源共享效益会更大。因此，一般涉及降低组织运行成本等问题时，应该考虑矩阵型组织结构。

（2）项目组来源于不同部门或单位，思考和解决问题的角度、思路、方法等均可能有较大不同，促进了接受新观念、新方法和集思广益。

（3）人员和其他资源均按照任务需要新设立项目组，因此，灵活机动性强、适应性强。

（4）加强了各部门的横向联系。

2. 主要缺点

稳定性差，小组成员易产生临时观念；人员受双重领导，处理不当易产生扯皮和矛盾；项目组人员进出频繁，对项目负责人管理素质要求较高。

（三）矩阵型组织结构的适用范围

矩阵型组织结构较适合大型产品设计公司、研制等创新性质的公司、咨询类的公司或研究机构，需要降低运行成本或需要借用组织内外其他资源等情况。

如：目前许多高校的管理学院开了 MBA 班，且对学校而言，这块教学的经济效益是较好的，原因除相关学费高外，运行成本低也是主要原因，因为采用的是矩阵型组织运行模式。MBA 中心其实就相当于一个学生培养的项目组，本身没有自己的老师，只是按照课程需要利用了本校和其他学校的老师，这些老师只是收了一点课时费，课程结束，老师还是回到了自己的单位，相关工资、福利等成本均不在 MBA 中心开支，这实际上是矩阵型组织运行模式，将老师作为共享资源大大降低了运行成本。

需要注意的是，书本只是讲了人力资源的共享问题，现实中，应该推广到其他有形和无形资源的共享，其实，虚拟组织中的项目合作等也可以认为是矩阵型组织结构资源共享功能的延伸应用。

矩阵型结构是组织结构设计中很重要的单元结构，是否选择这一结构为主体，或是否选择这一结构用于组织的某个局部结构设计，取决于对其关键优势的需求程度。该结构的关键优势为实现资源共享和快速应对市场变化；其主要缺点是多头领导，可能出现管理混乱。

五、事业部组织结构

（一）事业部组织结构的特点

1. 按不同产品（项目、市场等）成立专业化生产经营部门（即事业部）

这里指按照不同的经营业务成立专门的经营部门。

2. 实行“集中决策，分散管理”

这指大的决策权在上层，如重大投资、重要人事的任免等，其他管理权在事业部，事业部不是独立法人，但有较大经营权限。

3. 事业部在经营管理上拥有自主性和独立性，各事业部是利润责任中心

各事业部自计盈亏，各部门的半成品往来按市场价格或内部价格来计算。这样的权力下放和独立核算机制，显著改进了直线职能型组织结构各个部门工作主动性、创造性和积极性不足的问题。事业部制的组织结构如图 4－5 所示。

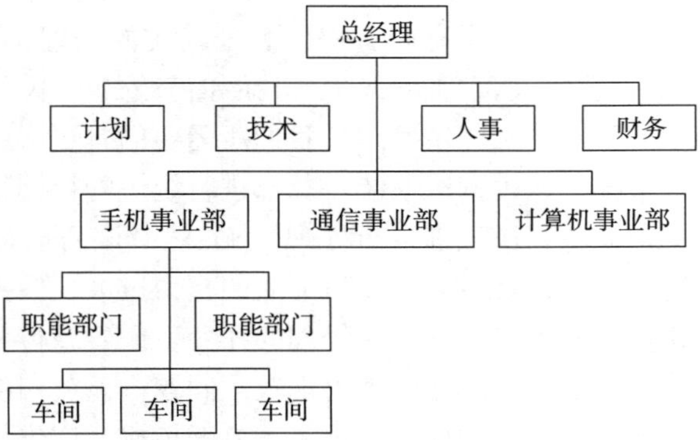

图 4－5 事业部制组织结构

（二）事业部组织结构的主要优缺点

1. 主要优点

（1）建立各个事业部的工作绩效与报酬挂钩，且事业部间形成了一定的竞争机制，大

大调动了各级人员的积极性、主动性和创造性。

（2）经营权力下放，有利于公司高层主管摆脱日常事务，将精力用于重大决策。

（3）有利于将集中管理或联合化和专业化分工结合。

（4）便于事业部内部的产、供、销协调。

（5）有利于培养高级管理人才。

2. 主要缺点

（1）各事业部易产生本位主义，与本部门利益关系不大的任务可能不听上级的指挥。

（2）分权后随着业务的发展和独立能力的增强，可能产生架空公司领导的现象，甚至可能完全失去控制而独立出去。

（3）要求有大量高素质的管理人员和专业人员。

（4）机构重叠，管理费用大。

（三）事业部组织结构的适用范围

企业规模大、产品种类多、产品之间工艺差别较大、市场变化快、要求适应性强的大中型联合企业等，有必要考虑建立事业部组织结构。值得注意的是，现实组织中各个部门的权力大多在直线职能型组织结构和事业部组织结构之间，且各个部门的权力下放程度也可能不一样。有的部门可能需要更大的权力上升为法人而形成母子公司，或实行集团化管理，而两个及以上的公司建立的合作联盟，相互间是合作的关系，相互间的独立权限会更大，这些都可以认为是事业部组织结构的延伸，当然权力下放越多，事业部组织结构的优势发挥会更突出，相应的缺点也会更突出。

如有一家连锁图书公司跨越 7 个地区，拥有 47 家分店。多年来，公司的经营管理基本上是成功的，除了少数分店也兼营一些其他商品以外，绝大多数的分店都专营图书。但是近 3 年来，公司的利润开始下降。就目前来看，公司的 6 个地区经理都全权负责各自地区内的所有分店，并且掌握有关资金的借贷、各分店经理的任免、广告宣传和投资等权力。为了查明原因，新聘任的总经理与 3 位副总经理和 6 个地区经理共同讨论了公司的情况。一位副总经理说："我认为我们需要的是分权而不是集权。我们虽聘任了各分店的经理，却没有给他们控制指挥的权力，应该使他成为一个有职有权、名副其实的经理，而不是只有经理的名，实际做销售员的工作。"另一位副总经理也发言："在如何改的问题上，我认为你的看法是错误的。我认为，我们不需要设什么区域经理。我们所需要的是更多的集权。公司的规模这么大，应该建立管理资讯系统，透过资讯系统在总部进行统一的控制指挥，广告工作也应由公司统一规划共享，而不是让各区域经理自行处理。"显然，该公司目前的事业部划分是以地区划分的，不是以分店划分的，且对区域经理下放的权力过大，一些本应该在总部的权力也下放给区域经理了，如资金的借贷、各分店经理的任免、广告宣传和投资等权力等，真正的实体确没有得到日常的经营权力，因此管理出现较大问题。该公司的组织结构调整可能是复杂的，但至少应该将区域经理手中的投资、重要人事任免权、广告投资等决策权收回总公司集中决策，区域经理的日常经营权力应该下放到各个分店，使之成为自负盈亏的利润中心，区域经理应该主要是协助地区的业务指导和协调统筹等辅助管理工作，当然，也可以考虑以区域为单位建立事业部，使之成为自负盈亏的利润中心。

事业部制是组织设计中很重要的单元结构，是否选择事业部制及其延伸的结构，要关注其主要优点和缺点，最关键的优点是提高各个部门的主动性、积极性和创造性，最需要注意的缺点是影响统一指挥，甚至在后期可能导致公司分裂。所以，对统一要求高的单位规模再大也不能以事业部制为主，如军队、政府等。

六、多维立体型组织结构

（一）多维立体型组织结构的特点

多维立体型组织结构是由三方面的管理系统组成的混合结构。

（1）按产品（项目、服务）划分的部门（事业部），是产品利润中心。即参考了事业部组织结构自负盈亏的做法。

（2）按职能如市场研究、生产、技术、质量等划分的职能机构或参谋机构，是职能利润中心。即服务部门的独立性和利润中心，参考了事业部组织结构的相关做法。

（3）按地区划分的管理机构，形成地区利润中心。即各个地区的管理机构也会加大日常经营权力，利润中心也参考了事业部组织结构的相关做法。

（4）各系统均不可单独作出决定，必须由三方代表通过共同协商才能采取行动。即决策过程参考了矩阵型组织结构的运行模式。

（二）多维立体型组织结构的主要优缺点

1. 主要优点

致使每个部门必从整个组织的全局考虑问题，加大了各个事业部之间的联系。减少了产品、职能、地区各部门之间的矛盾，容易统一和协调。

2. 主要缺点

决策的过程变得复杂，结果可能是相互妥协，而不一定是最优。

（三）多维立体型组织结构的适用范围

这一结构适用于跨国公司或规模巨大的跨地区公司。整体看，这个结构属于事业部制结构与矩阵结构的结合应用，不需要作为基本的组织结构类型研究。

七、委员会结构

委员会一般由不同部门、能力、经验、知识背景的人员组成，跨越专业和职能界限执行某方面管理职能的一种组织结构。

（一）委员会结构的特点

1. 各委员的权力和义务是平等的

也就是说，委员会中的各个委员的地位应该基本平等或差距不大，以便保证平等协商。

2. 各委员知识互补，使决策更加科学合理

知识互补，是为了提高委员会的决策分析能力，产生 $1+1>2$ 的效果，从而提高决策的水平。

3. 各个委员所代表的利益互补，委员一般是相关利益群体的优秀代表

委员会的决策问题中，许多会涉及多个利益方的利益博弈，只有各个委员所代表的利益互补，才能有效平衡各方利益，形成各个利益方均支持的方案。

（二）委员会结构的主要优缺点

1. 委员会结构的主要优点

（1）集思广益，提高决策水平。各委员共同讨论、分析问题，从而形成决策。

（2）促进协调与沟通，平衡协调各个部门或群体间的利益和关系。有些决定仅靠一个部门可能还不够，需要几个部门共同决策。这样有利于各个部门之间的交流与合作。

（3）避免决策权力过于集中。

（4）激发各个部门参与决策的积极性，加深对各个部门决策方案的理解，便于决策的实施。

2. 委员会结构的主要缺点

责任不清，时效较差，决策妥协，权责分离等。

（三）如何科学运用委员会管理

1. 职权和范围要科学

职能不明确、不合理，盲目地赋予委员会过多的职能，会给委员会管理带来混乱和低效率。

2. 规模要适当

实践证明，5～7 人是效率和效果较好的规模。

3. 成员要选择

成员要根据委员会工作目的和性质确定。总的来讲，应具备独立思考和综合分析能力，有较强的理解能力和表达能力，组织成员的级别应比较接近（便于畅所欲言）。此外，还应该尽量具有各种知识结构和代表不同方面的利益。

4. 主席要发挥好作用

一个好的主席应该会精心计划会议内容、安排会议议程，检查会议资料、控制会议进程、引导会议讨论直至形成正确的会议决议。

就组织运行模式看，委员会结构借用了矩阵型组织结构的运行模式，同时也涉及了组织决策、决策团队建设等方面的问题。

第四节　组织设计

整体讲，组织设计的目的是要合理地配置组织的人力、财力等各类资源，实行分工合作，建立相对稳定的工作秩序。显然，这些对提高组织效率、实现组织目标是非常必要的。

在实践中，组织设计主要解决两个方面问题，一是要确定各个成员的职责，二是要确定这些职责之间的关系。因此，组织设计的内容也可概括为两大方面：组织结构设计（静态组织设计），如组织结构图、职位说明书、组织手册等；保证组织结构正常运行所需的各项管理制度和方法设计。

一、组织设计的主要内容

（一）任务分析与工作专业化

根据组织的目标进行管理业务的总体分析和设计。工作专门化是指把组织目标或活动分解为各项单独的专业化的任务，使每个员工能够专门从事某类活动的某个环节的工作，而不是整个活动的工作。也就是说，这部分工作是在为劳动分工奠定基础。

（二）岗位和部门设计

在工作专业化后，就可以依据各个专业化工作的特点和要求设置工作岗位，在每个岗位配备人员后，一些共同的或需要协调的工作活动需要组合在一起，这种方式称为部门化。

部门化主要有五种类型：①职能部门化：指对相关职能岗位进行组合成立部门，如成立财务部门、人事部门等。②产品或业务部门化：指依据相同的产品线或业务组合部门，如手机事业部、冰箱事业部等。③地区部门化：如北京业务部、南区业务部等。④流程部门化：如汽车装配部、喷漆打磨部、产品检测部、运输部等。⑤客户部门化：如零售部、批发部、大客户部、进出口部等。

（三）设计各管理层次，以及各个部门、岗位的责任和权力

这部分内容首先要从最高到最低建立管理层次及其各个部门、岗位的责任和权力，主要解决我的工作是什么？有问题我应该问谁或应该向谁求助？工作情况应该向谁汇报？我的管理权限和范围是否明确等？实际上，就是要建立指挥链、确定管理幅度等问题。

（四）确定决策权限、主体组织结构形态和管理体制

这部分内容主要包括各个层级的决策权限划分、主体组织结构形态的选择等设计工作，并画出基本的组织结构图。这个阶段必须对三个基本组织单元的优缺点理解深入，各个单元结构的延伸结构形态熟悉且运用灵活。

（五）管理的规范化设计

这主要指各种管理条例、章程、制度、标准、方法等方面的设计。如联系制度，即关于控制、信息交流、综合、协调等方式和制度的设计；管理制度，即各管理层次、管理部门、管理岗位的工作内容、应负责任、拥有的职权、工作的基本程序和方法等；以及业务、管理工作，管理方法的标准化等。

高度规范化的组织一般有明确的组织工作、规章制度、工作流程的表述。员工对于从事的工作内容、何时完成工作、如何完成工作几乎没有自主权。而低度规范化的组织则相反，员工拥有较大的自主权。规范化程度的选择取决于组织在统一性和发挥员工主动性、创造性要求方面的协调平衡选择。

（六）激励制度和组织文化的设计

一方面通过激励制度设计提高员工的工作兴趣和积极性，另一方面，通过信仰、价值观等组织文化的培育，进一步激发员工工作的主动性和持久性，真正实现组织与员工的共同进步和共同发展。

二、组织设计的主要原则

（一）目标任务原则

1. 组织设计的全部工作必须以目标为出发点和归宿点

组织设计中的工作内容，岗位责任和权力，考核标准、程序、方法，企业文化培育等，均是围绕实现组织的目标而设计的。

2. 任务和目标就是这个组织、组织的每一部分和每个成员的责任

因此组织机构应该以事为中心，因事设机构、设岗位、设职务，配备适宜的管理人员，做到人和事的高度配合。绝不能因职找事（除非组织发现了新的机会增加或调整的目标），更不能使三个人的事让五个人去干。

3. 目标任务发生重大变化时，组织机构必须相应调整和变革，以适应新的目标要求

如果组织的目标因环境等因素的变化进行重大调整，相应的组织工作内容、岗位和部门

的划分、责任和权力的划分、考核标准的制定、程序、方法等均要按照新的目标要求进行调整。

（二）分工协作原则

分工指按照不同专业和性质将组织的任务和目标分成不同层次的部门或个人的单项任务或目标，并规定出完成各自任务或目标的基本手段和方式。协作规定各个部门之间或部门内部的协调关系和配合方法。

分工协作原则指在组织设计时，既要按照不同专业和性质进行合理的分工，也要规定各个部门之间或部门内部的协调关系和配合方法。

1. 分工的主要优点

（1）可以使人更快地掌握工作技能。分工后，复杂的工作简单化，员工更容易理解和掌握。

（2）可减少变换工作带来的时间和技能损失。熟能生巧，长期从事某方面的工作必然会得到普通人难以达到的工作技能，同时，也减少了转换工作需要适应的时间。

（4）使人们能够共同完成很复杂的工作。其实，复杂的工作不进行分解，别说一个人难承受其工作量，工作的思路也很难清晰，甚至可能被许多人认为是不可能解决的问题。实际上，没有解决不了的问题，只有没有分析清楚的问题。

（5）更利于充分发挥人的长处特点。不同的人有不同的能力和兴趣，适合做不同的工作，分工为发挥人的长处奠定了基础。

（6）专业化分工为发明高效率的机器，甚至人工智能设备等奠定了基础。可以说，人类的进步主要源于分工，分工是知识、技术及其应用的基础。

2. 分工的弱点

（1）分工使某些工作变得非常枯燥。许多人认为工作越简单或越轻松越好，这是错误的。过于简单工作的重复会让人非常枯燥，时间长了会很难受。如一个单位的电梯服务员，整天只是简单地按上下键，工作简单轻松，但时间长了会因枯燥而感到非常困倦和焦虑。

（2）使人的能力不平衡。这点对于管理者尤其不利，所以在提升新干部时，往往会有意让他们到不同部门工作一段时间。

3. 分工应注意的问题

（1）要注意分工的合理性，分工过粗或过细都会影响工作效率。分工过粗其优点难以发挥出来，分工过细其缺点会非常显著。

（2）要注意发挥纵向和横向协调作用。纵向指等级链之间的协作关系，横向指各专业职能管理之间的协作关系。只有分工，没有协作，管理就没有了秩序。

（3）要注意适当丰富员工的工作内容。有时适当丰富员工的工作内容，不仅不会让员工加大工作压力，反而会减少精神压力，有更好的工作状态。如让电梯服务员和其他简单工作的工作人员每两小时换班，这样双方都会感到工作状态更好。

（三）管理幅度原则

管理幅度是一个管理者直接管理的下级人数。管理幅度有限性原理指任何主管的管理幅度都因其能力和精力有限而有限。管理学者格兰丘拉斯发现管理处理的关系数（M）与下属人数（N）成几何级数关系。格兰丘拉斯公式为 $M=N[2^{N-1}+(N-1)]$。

1. 管理幅度过宽造成的管理问题

①下等上，浪费时间。②监督不严，可能失控。③下级感到自己没有得到重视。④上级过于劳累，陷于日常事务。

2. 管理幅度过窄造成的管理问题

①管理层次多，管理人员及费用增加。②信息流通慢、效率低。③管理太严，可能引起下属不满。④管理人员可做的事情太少，感到无聊等。

3. 确定管理幅度应该主要考虑的因素

（1）工作性质和内容。性质相似管理的共享性高，管理幅度可以大一些。如学生班长管理的学生相似性较高，管理幅度可以大一些。

（2）下属的工作能力。下属的工作能力越强，人均花费的管理精力越小，管理幅度可以大一些。

（3）授权程度。授权程度越高，人均需要管理的事情就越少，管理幅度可以大一些。

（4）管理阶层。管理下属的级别越高，问题就会越复杂，管理幅度就需要小一些，相反，越到基层管理幅度越大。

（5）管理技术手段的先进性。管理技术手段、管理人员处理事情的能力越强，管理幅度可以大一些。

（四）统一指挥原则

1. 统一指挥原则的两个含义

（1）下级只受一个上级的指挥。

（2）一个项目和事情只能有一个负责人。

2. 多头领导的主要弊端及常见情况

（1）领导之间容易形成帮派。

（2）领导指令不一致时，下级会不知所措。

3. 为了维护统一指挥原则，要特别注意处理以下关系

（1）正确处理直线经理和职能经理的关系，明确职能经理没有指挥权。

（2）在同一层次的领导班子中，必须明确主辅关系。

（3）规定联系制度时，应该要求一般情况下不允许越级指挥（特殊情况明确规定，当然，可以越级检查），下级也不允许越级汇报（特殊情况明确规定，当然，可以越级申诉）。

（五）责、权、利、能一致原则

1. 责、权一致原则

（1）责任：某一职务应尽的义务和应完成的任务。

（2）权限：管理者调动组织资源的权力。

（3）责、权不一致的不良后果：责大于权时，管理者无法顺利完成赋予的任务；权大于责时，管理者会产生滥用权力的现象，一般会为了本部门的利益损害其他部门的利益，影响其他部门完成任务或破坏组织整体的秩序。

2. 责、权、利、能一致原则

（1）“责、利一致”，是指管理者的责任与其报酬要一致，从而使责权一致这一组织原则变成一种激励方法。

（2）“责、能一致”，是指管理者的责任与其能力相匹配，没有能力的管理者是无法完

成任务的，除非有能人帮助，且其有能力识别能人和相信能人。

（六）机构精简原则

在组织活动能正常开展的前提下，尽可能减少管理层次、简化部门机构，并配置少而精的主管人员。这样做的优点主要包括三个方面：一是使组织精干，反应敏捷，工作效率高；二是节省人员的费用和组织的管理费用；三是减少扯皮，降低协调难度。

（七）弹性结构原则

弹性结构原则是指组织的部门结构、人员的职位和职责是可以随着实际需要而变动的，以便使组织能快速适应环境的变化。

（八）集权与分权相平衡原则

集权与分权相平衡原则是根据组织的实际需要来决定集权和分权的程度。

1\. 集权

集权是把管理权限较多地集中在最高管理层和直线主管人的手中。其主要特点是：对下级授权少，他们一般只有业务决策权；对下级控制较多，下级决策前后都要经上级审核；下级对经营成果拥有的支配权较少，甚至实行统一核算和分配。

集权的主要优点包括：有利于统一领导；有利于协调各部门、单位之间的活动和关系；有利于管理专业化，提高工作效率等。

集权的主要缺点包括：不利于发挥中下级管理人员的主动性和积极性；组织缺乏适应性和灵活性；增加了管理层次，这既提高了管理成本，也影响信息上传下达的速度等。

2\. 分权

分权是把权限分散给中下级和职能机构。其特点主要包括：对下级授权较多，中下级和职能机构均有较多的决策权；对下级的控制较少，常以目标控制为主；下级对人、财、物有较多的支配权，对经营成果有较大分配权。

分权的主要优点包括：有利于发挥下属的主动性、创造性和积极性；有利于提高下级的管理水平，培养管理人才；组织有较强的适应性和灵活性，便于按照客观情况的变化做出决策；有利于高层主管摆脱日常事务等。

分权的主要缺点包括：易于产生各自为政的本位主义；不利于统一指挥和调度等。

需要注意的是，集权和分权是相对而言的，没有绝对的集权（一个人不能独揽一切权力），也没有绝对的分权（实行分权制度时，上级仍然掌握着重大问题的决策权）。

3\. 影响集权和分权程度的主要因素

（1）决策的代价。大的时候不利于分权。如英国脱欧对于英国而言是决策代价很大的，这种决策采用公投的方式其结果是很难预料的。

（2）政策的统一性要求。政策的统一性要求高不利于分权，因为分权后各个部门成为利益主体，本位主义加重，统一协调的难度会加大。

（3）管理的规模。大的时候需要分权，否则高层难以承担繁杂的日常事务。

（4）组织形成的历史。历史长或背景相同有利于形成共识，可以适度集权。

（5）主管人员的数量和水平。主管人员的数量多和水平高时，有利于适度分权。

（6）分散化的绩效。分散化绩效好，意味着组织的现状有利于适度分权。

（7）管理信息化水平的先进性。管理信息化水平高，有利于集权。

（8）组织的动态性和稳定性要求。动态性要求高需要适度分权，稳定性要求高需要适度集权。

(9) 环境影响。当组织发展环境好时，发展的机会较多，分权有利于获得较多的成功机会；当组织发展环境不好时，组织面临的威胁较多，适度集权有利于降低整体风险。因此，集权和分权的程度应该随环境的变化调整。

三、职位、职责、职权和授权

(一) 职位和职责

1. 职位和职责的含义

职位是相对固定的从事某种工作的岗位。职责是某职位应完成某项任务的责任。

2. 设置职位的主要内容

设置职位的主要内容包括：职位名称、职责、工作关系、任用资格等。任用资格是根据职位的繁重性、复杂性和重要性规定各职位担任者的条件，如经历、能力、知识、品德等。

(二) 职权

1. 职权的含义

职权是履行某种职位职责的权限，主要包括人、财、物等各类资源的调度、工作安排的决策权和指挥权等。确定职权的基础是责、权、利、能一致。

2. 直线职权、参谋职权和职能职权

(1) 直线职权：指直线主管的职权。直线主管是指各管理层的一把手，全权负责本单位的全部工作，直接对上级负责。

(2) 参谋职权：是组织中的参谋人员或职能机构所拥有的辅助性职权。

(3) 职能职权：指参谋人员或职能机构的负责人所拥有的原属直线主管的那部分权力。一般而言，职能职权的赋予要慎重，因为直线职权与职能职权如果出现矛盾，会破坏统一原则。

(三) 授权

1. 授权的概念

授权是指上级将自己的某些权限授予下级，但授权者对被授权者仍然有指挥和监督权，被授权者对授权者也有报告和完成任务的责任。

2. 理解授权应注意的几点

(1) 授权不等于授责，而授权又必须授责。授权不等于授责是指授权者对自己上级的责任不会因向下属授权而减少；授权必须授责是指被授权者必须对授权者负责。

(2) 授权不同于代理职务。代理职务的代理者必须承担该职位的责任。

(3) 授权不同于分权。授权主要指上下级之间短期的权责关系。分权是在组织中有系统地授权，这种权力可以依据组织的规定较长时期留在中、下级手中。

3. 授权的一般程序

①确定下属的工作目标或任务。②确定下属的职责。③授予必需的权限。④考察授权的适度性。主要是依据授权过大或不足出现的问题特征来判断授权的适度性，如：一个部门的授权过大容易损害其他部门的利益，那么其他部门就会来反映情况；一个部门的授权过小就会给该部门完成任务带来不便，该部门可能会过多地反映情况等。⑤依据考察的情况对授权的大小进行调整。

4. 授权应遵循的主要原则

①因事设人，视能授权。②明确所授职责和职权范围。③授权适度，更不可越级授权或将不属自己的权限下授。④对被授权者适当控制。

四、组织设计案例讲解

下面分析一个大型代理企业组织管理中存在的问题，讨论其组织变革的思路。

1. 企业的组织现状及其组织管理的问题

（1）主要业务：国外建筑装修材料企业国内总代理（涉及 15 类品种的代理业务）。

（2）企业性质：私营独资企业。

（3）目前的组织结构：主体结构是直线职能型组织结构。有人事、行政、财务等 6 个职能部门，一个技术研究院，15 个分公司，18 个外地区销售机构。

（4）主要问题：一是领导忙于日常事务，分权又怕时间长了分公司与海外代理商建立关系而失去控制；二是每个外地区销售机构 16 人以上，成本高。因为有 15 项业务，业务员至少需要 15 名；三是研究院 2 人，运行模式是项目来后外招人员培训，完成后解散，导致力量不能发展，研发质量不高；四是财务部门办事慢影响各分公司销售，增加人员会增加成本；五是运输部门经常漏发货物，目前是销售员直接与运输部门联系发货；六是分管财务的副总经理是老板娘，常常在各部门走动，且不时对干部员工发号施令。

2. 组织设计变革的基本思路和理由

（1）组织结构的主体建议选择事业部制组织结构，但同时设置由总部直接管理的进出口业务部门。因为该公司业务太多，相互之间差别较大，总经理明显没有精力应付，因此必须加大各个分公司的经营权力才能实现有效管理。当然，权力下放后总经理担心的海外代理渠道失控的问题应该重视，因此，建议成立由总经理直接管理的进出口业务部门，控制海外代理关系。

（2）建议各个分公司和每个外地区销售机构建立矩阵运行模式，同时主要业务管理人员由 16 人降为 3 人左右，同时加大销售人员业务知识培训，以及当地合作业务人员或渠道的建设。具体而言，各个分公司的简单业务可以通过培训业务员的综合素质应对，不需要每个业务对应一个销售员，对于各个分公司的技术型复杂业务可以在需要时联系各个分公司的技术人员协助，完成交易后技术人员又回到自己的分公司。这样每个地区的主要业务员可以降低到 3 人左右，但业务并不受影响，加之当地合作力量的增加，总的业务拓展能力可能会更强。

（3）建议研究院以矩阵型组织结构为主，虚拟组织结构辅助运行的组织结构。具体讲，研究项目确定后，先考虑从各个分公司组织技术人员培训后开展研发工作，项目完成后，这些人员保留在对应的分公司做技术员工，以后需要时再组合相应的项目组，实现技术人员的共享。同时，也可以考虑将共享资源扩大到企业的外部（即对矩阵模式拓展应用），如与高校合作、与其他研究机构合作等，建立相关研发的虚拟组织等，补充研发能力不足的问题。

（4）建议培训和增加财务人员。财务人员在这个公司属于服务各个部门的公共部门，其力量的不够会引起其他部门工作的排队，进而影响企业的整体运行和发展。因此，财务部门日常业务的力量可以适当地多余，相关成本的提高会大大增加公司业务，进而提高整体效益。当然，对于非日常的且非核心的财务业务也可以考虑部分外包。

（5）适度增加运输力量，同时联盟外部运输力量补充不足。运输部门在该公司也是公共部门，其力量的不够会引起其他部门工作的排队，进而影响企业的整体运行和发展，因此，适度增加力量可以增加交货速度是合理的。同时，还应该考虑运输投入较大、管理复杂，如果能建立联盟关系是快速解决问题较理想的方案。

运输部门还存在联系方式不对的问题，可以考虑在销售部门和运输部门间建立一个信息中心，或在两个部门各建立一个信息中心，两个部门的联系主要通过信息中心互动，这样信息的准确度和跟踪强度均会增加。

（6）规范职能权力，明晰责权关系。公司财务总监对各个部门发号施令的行为超过了职能管理者的权限，公司应该明确职能管理者只有建议、监督、指导、服务的义务和权力，没有命令的权力，也不会承担相关的责任。同时告诉直线主管，他们是责任主体，职能管理者的建议可以接受，也可以不接受，但无论是否接受，相关责任均由直线主管承担。

第五节　组织创新

一、团队及其构建

（一）团队和团队结构的概念

团队和一般的群体是不一样的，群体是为了实现某个特定的目标，两个或两个以上相互作用、相互依赖的个体的组合。当然群体包括正式群体和非正式群体。

团队是由核心员工和管理层组成的一个共同体，以合理利用每一个成员的知识和技能协同工作，解决问题，达到共同的目标。显然，团队是一种特殊的群体，是一种为了实现某一个目标个体间相互协作的正式群体，要通过其成员的共同努力产生积极的协同作用，优秀团队的绩效水平一般远大于个体成员绩效的总和。

当企业将团队作为协调组织活动的主要方式时，便形成了组织的团队结构。这种结构的主要特点是，不受部门限制，可以快速地组合、重组、解散，形成相对独立的、高效的、自我管理的、完整地完成某种产品制造流程或服务流程的团队。

如麦当劳的问题解决团队——QC 小组：5～12 人组成，每周碰一次，主要讨论如何改进质量，甚至可对现有的程序和方法提出质疑。一般步骤是：问题确认（有哪些问题）、问题选择（哪些必须马上解决）、问题的评估（问题轻重）、推荐方案、评估方案（可行度、成本等）、决策及实施。

团队是目前较流行的，其优点主要表现在：①如果某种工作任务的完成需要多种技能、经验，团队的效果比群体好（能力互补，形成强大合力和功能）。②提高运行效率。没有了复杂的层级结构，决策速度和准确度均会显著提高。③能充分利用员工的才能，可以让每个员工选择其优势技能。④可依据任务快速组合、重组、解散，适应能力强。⑤全员参与决策过程，增加责任感和成就感。⑥有助于增强组织的民主气氛、合作精神和提高员工的积极性，解决了传统组织员工心理压抑等问题。

（二）团队的主要类型

1. 问题解决型团队

人员一般来源于一些相关部门，如果需要也可以吸收组织外的人员。团队成员数量一般为 5 ~ 12 名。运作模式一般为定期碰头，如每周、每月等。讨论的问题主要涉及提高质量和效率，或改善工作环境，或改进程序和工作方法等。问题解决团队一般没有决策权和执行权，主要是问题的辅助分析、方案建议等。

2. 自我管理团队

自我管理团队是一个真正独立自主的团队式管理组织，团队自主挑选团队成员，自主决策和执行。团队成员数量一般为 10 ~ 15 人。团队的目标、权利和责任范围等较广泛。

3. 多功能型团队

多功能型团队是一种适应性较强的团队，组织先按照专业化特点分为多个专业部门，如研究机构的各个研究所、医院的各个科室等，然后依据问题或项目的不同，在各个部门挑选技术人员组成团队。这种团队运作模式类似矩阵组织结构，因此，成员临时心理、多头领导等缺点容易导致协调处理复杂、不便管理等。

随着信息技术的发展，出现了虚拟团队等其他团队类型，如互联网创新社区等。整体看，除自我管理团队外，其他类型团队的运作模式基本是矩阵结构及其延伸。

（三）团队发展的主要周期阶段及其特征

1. 初期阶段

团队刚刚构建，管理层对各个成员的能力和想法不了解，成员间的能力和想法也不了解，团队的目标和各个成员的定位也不清晰，成员间信任度不够等，导致出现人员不稳定，难沟通和协作，效率低下等问题。这个阶段的主要工作是明确目标，加大交流，建立信任，促进成员间、管理者与成员间、组织任务与成员间的协作。

2. 初见成效阶段

如果在初期阶段成功磨合，那么团队及其成员会有较清晰的定位，成员间会有一定的了解和信任，问题的沟通争辩就会显著增加，效率和绩效也会提高。当然，如果磨合失败，会陷入困境，团队的优势无法发挥，甚至导致团队解散。这个阶段的主要工作是激发士气，促进团队的相互沟通了解、相互学习和共同进步，弥补团队的知识能力短板，加强团结和提高信任等。

3. 持续发展阶段

一旦团队出现初步成果，士气会提高，相互信任感、依赖感、责任感等会提高，沟通顺畅，协作良好，效率显著。这个阶段的主要工作是巩固成果，在激发士气和促进沟通基础上，逐步建立学习和创新的制度和文化，弥补团队的知识能力短板和提高各个成员的能力水平和协作水平等。

4. 成熟阶段

团队各个成员的能力一流，形成了高水平整合力，成员间关系紧密，协作娴熟，效率很高。这个阶段的主要工作是思考如何优化业务，更充分发挥团队的能力，同时建立防治团队出现傲慢的制度和文化。团队是由人组成的，出现显著成绩后开始傲慢也是很容易的，因此，建立相关的制度和文化，保证成员始终具有谦虚谨慎的态度、认真负责的作风、积极向上的斗志等，是十分重要的。

5. 团队发展的后期阶段

团队发展到一定阶段，许多问题和矛盾均有可能出现，如成员的年龄和知识老化，创新士气减弱，傲慢自大，不接受外部建议和观点，还有可能出现利益矛盾等，效率开始下降。

这段时期的主要工作是建立和优化好团队的知识结构和年龄结构，使团队在新老交替上顺利衔接，同时处理好团队的利益关系等。

整体看，团队失败的主要原因包括：组织或个人的目标不明确；责任不清，功能地位不清；部分成员能力不适合；成员协作不良；领导的作风和行为不适当；奖赏偏重于个人，导致协作意愿下降；出现傲慢文化和僵化思维，抑制个人的创新和外部新生事物等。因此，管理者要善于发现团队出现的问题及其原因，及时思考解决方案。

（四）高绩效团队的主要特征

一般而言，一个有效的团队应具有明确的目标、明确的角色与任务分派；应具有平等的责任和权力、非正式的气氛、成员的自觉参与；每一个成员应虚心地倾听、公平竞争、公开地沟通等，具体涉及以下方面：

（1）团队的规模适当。一般不超过 25 人，8 ~ 12 人是效率较高的团队组合规模。有人预测，将来可能出现 30 人左右的大团队，我们认为，如果出现这样的团队，那么这个团队一定是技术协作难度很高的团队。

（2）团队成员的能力、性格等协调互补，协同效应显著。

（3）成员性格特点与工作角色相适应，更好地发挥各自的长处。

（4）共同目标与具体目标结合，即目标和定位清晰。

（5）以团队为基础的绩效评估与奖酬体系。

（6）成员间的相互信任，沟通顺畅。

（7）领导融于团队，且善于激励。

（8）优秀的经验等能快速转化为团队文化、制度等保留在团队中。

（9）团队与环境能及时有效地沟通协调。

好的团体也能对每个成员的行为有促进、塑造和控制作用，如：产生群体压力（理智的、感情的、舆论的等）和从众行为；形成团体行为规范和共同的价值观；形成团体的凝聚力（归属感、责任心、义务感等）；形成团体士气（实现目标的意愿和集体精神的整合）等。

（五）团队的角色管理

团队一般会包括 8 种角色，当然，可能一个成员承担几个角色，也可能几个成员担任某个角色。

1. 创新者

团队需要创新者首先提出新的观点和理念，如果没有创新者或创新者不称职，团队的整体思维会不开阔，整体创新能力会不强。

2. 信息者

创新者新的观点也需要信息的激发，新的观点也需要信息者及时提供资源和信息进行分析和确认，为团队决策提供科学依据等。因此，如果没有信息者或信息者不称职，团队容易出现重大决策失误。

3. 实干者

一个好的决策需要一个好的实施规划，团队需要实干者制订有效的实施计划。如果没有实干者或实干者不称职，团队将会迷茫和艰难。

4. 推进者

一个好的计划需要好的执行者推进或落实，团队需要推进者及时有效地实施计划。如果没有推进者或推进者不称职，团队的工作效率会低下。

5. 协调者

计划推进过程中，协调好各个环节的关系是提高团队领导效果的关键。因此，团队需要有效的协调者，同时，也为每个工作找到合适的人员。如果没有协调者或协调者不称职，团队的整体领导力会下降。

6. 监督者

团队需要监督者，且需要制定相关的制度或文化来保证各个环节的工作质量。如果没有监督者或监督者不称职，团队的工作质量会不稳定。

7. 完美者

团队的工作质量需要完美者不断挑毛病，帮助各个环节找到最佳的质量标准。如果没有完美者或完美者不称职，团队工作的结果就会粗糙。

8. 凝聚者

团队的团结、沟通、信任等需要凝聚者协调。如果没有凝聚者或凝聚者不称职，团队的人际关系就会紧张，团队的功能就不能得到充分发挥。

不难看出，虽然每个人或成员不可能达到完美，但团队可以通过不同角色的组合达到完美。团队中的每个角色都有其优点和缺点，团队管理者要学会用人之长，容人之短，尊重角色差异，发挥各个成员的个性优势。

（六）团队管理的重点和难点

1. 提高团队战斗力的管理重点

（1）补短板。主要是培养能力差的人，补充团队某方面不足的能力等。团队的整体能力类似木桶原理，其水平高低取决于能力最差的成员。

（2）加强协作与配合。主要是要营造团队氛围和团队精神；发挥每个成员的特长，让适当的人在合适的岗位工作；强化团队的向心力和控制力；建立促进沟通、团队学习、内部竞争、合作等团队机制和文化等。协作不强的团队类似木桶间存在缝隙，对整体战斗力会产生很大影响。

（3）打造优秀平台。一个团队的效能是否能有效发挥，需要匹配相应的环境和条件，即与支持团队工作的平台有关。如充分授权让团队的智慧得到较好的发挥；建立让团队成员施展才华的支持系统，如信息支持、成员支持、领导的指导等，帮助团队提高效率或放大其功能；提供个人发展平台，如提供较多的学习机会和空间，铺设多种上升通道等，让每个成员与团队共享成果等。

2. 团队管理的难点

（1）支持员工的个性和多元化与员工利益和组织利益协调的矛盾。特别是新员工的相关问题较严重。

（2）团队绩效考核与员工个人绩效考核的矛盾。如果按照个体考核，容易影响团队的协调；如果团队整体考核，又可能出现少数人不作为。

（3）提高团队绩效和士气与抑制傲慢的矛盾。团队需要保持气质高昂，但不能因此产生傲气而影响团队吸取营养和科学的选择标准。

(4) 团队学习成长与模式僵化间的矛盾。学习积累经验和能力，但同时也会产生较固定的模式，排斥新的事物。

二、无边界组织

(一) 组织的边界和无边界组织

组织的边界包括内部边界和外部边界：内部边界包括部门间的边界或横向边界，也包括层级间的边界或纵向边界。外部边界是指组织与各个环境因素间的边界，如顾客、供应商、政府、竞争者等。

无边界组织是一种不被各种预先设定的内部边界和外部边界所定义或限制的组织，如组织合作、战略联盟、跨职能团队等。

这种消除组织边界的做法确实脱离了传统的组织结构，但这种无边界的组织可以保持较好的灵活性和适应性，还有利于解决组织的僵化等问题。

(二) 虚拟组织和网络组织

无边界组织的管理者一般会采用虚拟组织或网络组织的设计。

1. 虚拟组织

虚拟组织在前面已经有介绍，实际上，现实中有很多人处于这种组织中工作，只是相关人员没有注意自己已经成为虚拟员工。如学生找了一份可以在学生宿舍工作的实习工作，承担一份调研项目或研究项目的工作，老师到其他学校授课，企业将部分业务外包等，都属于虚拟组织情形。

虚拟组织简单讲，是一种由少数核心员工和多数外部雇佣人员组成的组织，如学校的成人教育中心和专业学位中心，老师全部聘用；公司将业务分为多个种类，全部或部分外包给其他公司等。

2. 网络组织

严格讲，网络组织是虚拟组织的一种，是指组织通过建立外部合作网络，将公司的全部或部分工作外包给合作组织。如果这个网络组织由制造商建立，也被称为模块化组织。这种组织的追求是，将每个业务环节包给最擅长的公司或在质量相同条件下包给成本较低的公司。

三、组织结构的扁平化

组织结构的扁平化是指组织通过裁减多余人员、精简机构、再造工作流程、增加授权、扩大管理跨度等措施减少组织层次的过程，其目的是提高组织的运作效率，增加组织灵活性与适应性。

(一) 扁平化是组织的发展趋势

1. 传统组织存在许多弊端

主要表现为内部的官僚作风，信息沟通缓慢，对经营环境变化的反应迟钝，压抑员工的工作积极性和创造力，人员成本消耗过大等。

2. 组织环境变化要求

面对全球经济一体化和激烈的市场竞争，大型企业普遍认识到，从根本上改变金字塔的框架结构，是企业改革的必由之路。

3. 信息化提供了技术条件

信息技术的发展，为组织结构的扁平化提供了必要的技术条件，因为通过信息网络，可以快速地获得和交换信息，且提高了信息传递的可靠性，结构的许多中间层次的作用被大大削弱，使组织机构的扁平化具有实现的可能。

4. 人员素质提高

目前的员工多为知识分子，员工素质普遍较高，其主动性、创新性和自主管理能力的提高，使组织管理层向下级授予更多的决策权和自治权成为可能。

（二）组织扁平化的目标

组织扁平化的目标是：通过减少管理层次，提高信息沟通的速度、准确度和效率，给员工充分授权和提高其主动性和积极性等手段，提高组织的整体运作效率，充分发挥员工的潜能。

四、学习型组织

（一）学习型组织的含义

传统的以等级权力控制为基础的组织，对组织的运行和有效指挥具有重要意义。但进入信息和知识时代后，这种传统的组织模式出现了许多不适应的情况，如传统的组织在发挥员工主动学习、创新等方面明显不足等。因此，管理者开始探寻一种非等级权力控制型管理模式，这是学习型组织产生的起因。

学习型组织目前有多种定义：如哈佛商学院认为，学习型组织是善于获取创造、转移知识，并以新知识和见解修正组织行为，使其快速适应环境变化的组织；彼得·圣吉认为，学习型组织是通过培养整个组织氛围，充分发挥员工的创造性思维能力，从而建立起一种有机的、高度适应性的、扁平的、符合人性的可持续发展的组织等。

我国国内较多的定义是：学习型组织是一种组织形态和组织文化的综合。它可以有意识地、系统地、持续地创造、积累、分享；利用知识资源，努力改变或者重新设计组织自身以适应不断变化的环境，从而获得竞争优势。

简单而言，这种组织要通过组织成员持续的学习，来获取新知识、新技能，从而保证组织的可持续发展。

学习型组织的内涵可以从这几个方面理解：①其基础是促进组织的团结和协调。②其核心是建立“自我学习机制”。即组织成员在工作中学习，在学习中工作，使学习成为工作新的形式。③其精神实质是学习、思考和创新。即学习是指团体学习和全员学习，思考是系统思考和非线性思考，创新是观念、制度、方法等多方面的创新。④其关键特征是系统思考，即要有全局思维、动态思维、联系思维、开放思维、长远思维等。⑤团队是组织学习的基本单位。团队学习要使一个团队的所有成员深度交流，形成真正一起思考的能力，其目的是通过团队思考，得出比个人思考更正确、更科学的结论。

（二）学习型组织的“五项修炼”

1. 自我超越

这是建立学习型组织的精神基础。“自我超越”指充分挖掘潜能、努力获取新知识和技能，为实现目标和理想，积极进取，不断创造，最大限度地实现自我价值。一般而言，实现“自我超越”的人，能够在追求实现他们内心深处最渴望的东西的过程中不断地提升个人的学习意愿和能力。

2. 改善心智模式

"心智模式"是指人们内心形成的处事模式，对待事物的一般看法、态度或价值取向等。它是人们在学习和实践中形成的思维、处事的能力或素质，但有时会阻碍人们接受新的观念或新生事物，影响创新。

改善"心智模式"就是要防止组织或员工固守成见，打破既成的思维模式，在尊重、包容他人想法的同时，能从不同角度认识和看待问题，从而使各个不同个人的心智模式逐渐在开放、互动、沟通的状态下整合为组织共享的共同心智模式。

3. 勾画共同愿景

组织的愿景是指组织未来发展的系统模样，如业务和顾客的规模与结构、市场地位、技术水平、社会形象、员工的素质等。愿景是组织建立价值观和文化信仰的基础。共同愿景是指在一个组织中建立共有目标、共同价值观和使命感。

共同愿景对学习型组织至关重要，因为它为学习提供了焦点和能量。在缺乏共同愿景的前提下，学习只能是"适应型"学习，只有全体员工心目中有了渴望实现的共同愿景时，才会有"创造型的学习"。

成员共同愿景的形成，需要成员摒弃旧思维方式和常规程序，实现坦率沟通，需要成员对组织系统的过程、活动、功能、环境的相互关系思考，需要成员将个人利益与共同愿景结合起来，并将实现组织共同愿景放在首位。

4. 团队学习

团队学习是学习型组织最基本的学习形式。团队学习就是要使员工通过相互交流和启发，取长补短、相互鼓励和帮助、增进感情，最终形成集体智慧和团队合力。

在现代组织中，学习的基本单位是团体而不是个人。它强调"整体搭配"，即具有目标的一致性及共同愿景，能汇聚出共同的方向。当遇到矛盾与冲突时要注重"深度会谈"，即由团体所有成员提出个人愿景，相互交流，集体讨论。

5. 系统思考

系统思考是五项修炼的核心，它要求人们运用系统的观点看待组织的发展在组织实际工作中的系统思考，是要把组织管理置于一个大的环境中，以开放的、相互联系的、相互作用的、动态的思维方式，全方位、多角度地审视事物的运动规律，从而正确把握组织的发展方向。

（三）学习型组织的特征和主要学习模式

1. 勾画共同的愿景

学习型组织要有一个大家都向往的、经过努力可实现的、具有号召性和凝聚力的愿景蓝图，这个蓝图是各个成员的共同理想，能使各个成员朝着组织共同的目标奋斗。

2. 建立团队学习单元

组织由多个发奋学习、努力创新的团体构成。在学习型组织中，团队是最基本的学习单位，组织的所有目标都是直接或间接地通过团队来完成的。

3. 促进组织结构扁平化

通过扁平化，在组织中形成良好沟通、互相理解、互相学习、整体互动、协调合作的良好氛围，产生整体持久的学习和创造力。

4. 强化持续学习

这是学习型组织的本质特征。实现持续学习主要包括：让员工形成“终身学习”习惯；在组织形成“全员学习”氛围；强调“全过程学习”，将学习贯彻在组织的整个过程之中；建立“团队学习单元”，即在重视个人学习基础上，更重视成员的合作学习；注重排除影响学习型组织的障碍，保持有利于持续学习的组织环境。

5. 强化员工的自主管理

学习型组织理论认为，“自主管理”是使组织成员能边工作边学习并使工作和学习紧密结合的重要思路和方法。员工自主管理的优点表现在：利于成员自己发现工作中的问题；自己选择利于发挥员工特长的团队和工作目标；利于自己进行现状调查和原因分析，自己制订对策，自己组织实施，自己检查和评定总结，从而了解全过程的联系；利于员工间的平等交流和形成团队的共同愿景等。

6. 淡化传统组织的边界

学习型组织的边界建立在组织要素与外部环境要素互动关系的基础上，因此，超越了传统的根据职能或部门划分的边界。例如，让顾客或顾客的信息进入市场营销决策，让利益相关者参与组织决策，让技术部门、销售部门、生产部门、财务部门等均参与营销决策、生产决策、采购决策等。

7. 促进员工利益与组织利益的平衡或一致

学习型组织会支持每位员工充分的自我发展，同时员工也会对组织的发展尽心尽力作为回报。这样，个人与组织的利益就趋于一致，两者之间的冲突也必将大为减少，达到家庭与事业之间的平衡。

8. 领导者的角色转变

领导除了完成传统的设计工作外，重点是把握组织发展的理念和方向，并以公仆和指导者的身份参与组织学习的过程，并实施组织要素的整合。即，在学习型组织中，领导者是设计师、仆人和指导者。领导者的设计角色是：他不只是设计组织的结构和发展策略，更重要的是设计组织发展的基本理念；领导者的仆人角色是：他必须有实现组织愿景的使命感，服务组织学习的过程；领导者的指导角色是：他需要界定和协助成员对组织的情况进行正确、深刻的把握，提高成员对组织系统的了解能力，并促进每个人的学习等。

9. 让员工了解组织各个环节的知识，强化员工的沟通和协调

组织中的成员不仅要掌握自己岗位上的技能和知识，而且要学习了解其他岗位工作的技能和知识。这样有利于员工了解组织各个环节的关系及其知识特点，便于员工间的理解和深入沟通，便于员工形成大局意识，提高协作的意愿、深度和效率。

（四）建立学习型组织的几个误区

1. 认为学习型组织的理论难把握

许多管理者认为学习型组织的理论内容太深，难理解，因此在实际中难应用，这是一种误解。其实，学习型组织的基本精神和主要内容在我国已经有许多企业有应用，如海尔、华为等，因此，没有必要神话。

2. 认为建立学习型组织的主要工作是理论培训

有许多管理者认为，建立学习型组织的关键是进行一系列的理论培训。显然这只能为企业创建学习型组织提供理论上的支持，创建学习型组织的主要工作应该在实践中亲手去做。

3. 将创建学习型组织误认为是做思想政治工作

由于组织文化对学习型组织构建十分重要，思想政治工作对于创建学习型组织是很必要的，但不能将建立学习型组织等同于思想政治工作。学习型组织的学习既要把工作的实践过程看成是学习的过程，即边工作边学习，同时，还要将学习的知识用于工作中，即边学习边应用，把工作、学习、研究等联系起来。

4. 把创建学习型组织当作一项短期工作

创建学习型组织是一项长期的工作，应该持之以恒。如果一个企业创建了学习型组织的形式和制度，那也只能说是取得了短期成功。

（五）学习型组织的案例

1. 谷歌的学习型组织构建

（1）让最优秀的员工教学。谷歌甚至只培训在谷歌被验证过有效的理论方法，这种做法有利于最优秀的员工把他们有价值的经验知识共享出来。

（2）刻意练习。他们将刻意练习分为 4 个阶段：明确目标，知道自己想做什么；直接找出学习的对象，从中分析和学习；将自己的选择与大师的选择进行比较，如果结果不同，就找出原因，看看哪种选择更好；最后针对自己的薄弱环节反复训练提高。

（3）只对能够改变行为的课程做投入。对学习项目主要进行几个层次的评估：评价员工对培训的反应；评估受训员工的知识能力或行为的改进，或直接问询参训者通过培训，行为发生了多大的改变；评估培训项目的实际绩效，如对销售额有没有增加，你的成本有没有降低，工作效率是否提升等。

2. 华为的学习型组织

（1）强调学习的主体是人。华为认为人力资本不断增值的目标优先于财务资本增值的目标，但人力资本的增值靠的不是炒作，而是有组织的学习。华为培训的本质并不单是让员工具有某种技能，而是培养他们具备自我学习的能力。

（2）通过建立多层次目标，提高学习动力。华为全面推行任职资格制度，并进行严格的考核，从而形成了对新员工培训的有效激励机制。如华为的软件工程师可以从一级开始做到九级，九级的待遇相当于副总裁的级别。新员工进来后，如何向更高级别发展，怎么知道个人的差距，华为有明确的规定。

（3）建立导师制。华为的导师必须符合两个条件：一是绩效必须好，二是充分认可华为文化。同时还规定每个导师最多只能带两名新员工以确保成效。指导知识包括工作和岗位知识的指导和传授、生活上的指导和帮助等。

（4）岗位轮换。华为认为员工在多个部门工作，有利于丰富工作经历，遇到问题时会更多从全局考量。

（5）授权与决策。华为强调要求最前线发挥主导作用，提高反应速度。这就要求上级对战略方向正确把握，一线组织有及时决策的权力。

五、组织的生命周期理论

学者格林纳（Greiner）将一个组织的成长过程分为五个阶段：创业阶段、聚合阶段、规范化阶段、成熟阶段、成熟后阶段，每一个阶段后期都会出现某种危机和管理问题，均需采取一定的组织管理变革才能化解这些危机。下面介绍组织各个周期阶段的特征与危机。

1. 创业阶段

创业阶段规模小，人员关系较简单，业务也较单一，组织层次少，员工的分工较简单且可以不太明显专业化。因此采用扁平的团队模式或直线型结构的老板模式较合适，以便保持员工与管理者的直接沟通，降低管理成本，让员工尽可能在工作一线发挥作用，如集中在研发、销售等环节上。同时，也有利于每个员工参与决策，集思广益。

这个阶段的管理特点是：管理制度不成熟，也没有必要建立过多的制度造成高的管理成本；企业发展的关键是靠选能人，特别是业务能人；管理的基本模式是靠人管人，决策权均在管理者手中。

但这个阶段的后期会出现成长危机。随着规模的扩大，人员关系会复杂，业务规模会扩大，顾客的数量和地域范围均会扩大，老板一个人管理这么多事显然是很难的，因此，组织必须变革进入聚合阶段。

2. 聚合阶段

这个阶段由于规模大幅增加，导致领导事务应接不暇，出现管理混乱，不得不选择管理帮手，如人事、生产、财务、销售等，同时建立制度实现间接管理。这个阶段比较适合的组织结构是直线职能型结构或矩阵型结构。

这个阶段的管理特点是：管理层次增加，分工较细，管理复杂程度提高，且管理的作用显著提高。管理的重点是构建各类计划和规范的管理制度、员工的专业化技能培训、决策权集中在上层等。

这个阶段的后期，随着规模的进一步加大，业务门类和数量的增多，管理层级增加，管理成本提高，反应速度明显减慢等，员工开始需要权力自主决策以加快市场反应。

3. 规范化阶段

这个阶段，由于规模的进一步加大，业务门类和数量的增多，许多企业出现多元化发展，管理难度显著加大，领导上层忙于日常事务，管理层级增加，管理成本提高，反应速度明显减慢，出现效率下降等问题。需要在规范制度、建立企业文化等基础上逐步放权，将发挥人的主动性、积极性和创造性放在重要位置。较适合的组织结构是事业部制结构。

这个阶段的管理特点是：战略管理、人本管理和文化管理成为重点；重点问题集中决策，一般问题各个事业部自主管理，以便充分发挥下属的积极性、主动性和创造性，同时，让领导层摆脱日常事务，管理好重大决策。

这个阶段的后期，随着各个事业部或子公司的扩大，对于下属部门的控制力减弱，甚至许多事业部或子公司要独立等，因此出现了控制危机。

4. 成熟阶段

随着事业部或子公司的不断扩大，上层对下级的控制越来越难，管控和治理成为公司需要解决的重要问题，这个阶段适合的组织结构是集团化管理。

这个阶段的管理特点是：以资金和人为中心构建规范的管控体系；管理体系和制度较成熟和完善；出现集权趋势，但不会回到直线职能型结构的集权程度；通过建立各种委员会协调各个部门的各类关系等。

这个阶段的后期，集团管理层行政化，出现组织僵化和官僚危机。

5. 成熟后阶段

这个阶段随着管理制度的细化，管理人员的不断增多，组织出现机构臃肿、文山会海、反应迟钝、模式僵化、思想整体保守等组织老化的特征，需要通过大的组织变革来解决这个问题。较适合的组织结构是虚拟组织、网络组织、战略联盟等降低集团控制，加大部门合作的无边界组织。

这个阶段的管理特点是：组织的不确定性显著，可能通过改革重新获得发展，也可能出现分裂或衰退；建立利益共赢、相互依赖的合作关系是管理重点；组织管理层逐步成为协调机构；机构精简和分权力度显著加大等。

六、组织变革的方式和过程

（一）组织变革的概念和内容

组织变革是指组织根据自身的发展运行现状和问题，以及外部环境因素的变化，适时对组织中的组织结构、管理理念、工作方式、人员配备、组织文化、技术等进行调整和改进的过程。

组织变革的内容主要包括对人员的变革、对结构的变革、对技术与任务的变革。①人员的变革：指员工在态度、价值观、技能、认知、行为等方面的改进。②结构的变革：指组织整体结构形态（直线职能型、事业部型、矩阵型、网络型、任务小组等）、分权程度、管理宽度、协调方式、集权程度、职务设计等结构参数的改进。③技术与任务的变革：指对作业流程和方法、机器设备和工艺、工作内容和目标体系等方面的改进。此外，还有一些其他内容，如报偿制度（工资、福利等制度）、考绩制度、控制系统（财务、投资、消费、预算等）、控制指挥系统等方面的变革。

（二）组织变革的主要方式和障碍

1. *组织变革的主要方式*

组织变革一般有三个主要方式，包括：①以组织为中心的变革：指通过改变组织结构、信息沟通渠道和方式、管理制度、工作环境等方面实现的组织变革。②以技术为中心的变革：指通过引进新技术、新设备、新材料、新工艺、改变作业流程和标准等方面实现的组织变革。③以人为中心的变革：指通过改变员工的态度、价值观念、需求层次和种类、行为方式等方面实现的组织变革。

2. *组织变革的主要障碍*

组织变革，特别是大的组织变革很难顺利进行，存在许多障碍因素，如：个体的阻力，指组织的员工对因其固有的工作和行为习惯不愿意改变、保护自己的就业安全和收入安全或因对变革的认识存有偏差产生恐惧等，反对组织变革；群体的阻力，指组织已经建立的组织文化、群体规范、群体的人际关系等难以改变而产生的组织变革阻力；组织层次对组织变革的阻力，如现行组织结构的束缚、组织运行流程的习惯、现有责权体系及其关系的稳定等方面对组织变革产生的影响；外部环境的阻力，如社会习惯、社会舆论等对组织变革产生的阻力等。这些都是组织变革管理者必须事先考虑的，并在组织变革计划中有应对方案准备的。

（三）组织变革的主要过程

组织变革一般要经过诊断组织状态、选择变革方法、分析限制条件、制订变革计划、实施变革计划这些步骤和阶段。

1. *诊断组织状态*

这些状态包括组织所处生命周期的阶段及其问题特征，组织运行中出现的问题，组织与环境的匹配状况，员工的精神面貌和工作效率等。管理者需要选出相对重要和影响大的一些问题，分析根源，在此基础上制订出组织变革计划。

2. 选择变革方法

如果是组织结构方面的问题，可选以组织为中心的变革方式；如果是技术方面存在的问题，可选以技术为中心的变革方式；如果是员工的问题，可选以人为中心的变革方式；如果是多个方面都有问题，可选混合变革方式等。

3. 分析限制条件

确定组织问题和基本的解决方式后，需要分析影响变革实施的限定因素和约束条件，为制订变革计划奠定基础。

4. 制订变革计划

按照计划的要求，对组织的问题制订变革的目标、方式、进度等。

5. 实施变革计划

如确定组织变革的管理机构及其相关权限和支持的资源，跟踪和评估实施变革计划的效果，依据效果确定是否调整变革计划等。

本章的知识点和问题思考

一、主要知识点

（一）名词

1. 第一节的主要名词

个体行为；工作满意度；工作压力；见识；组织学习；组织能量

2. 第二节的主要名词

组织；协作；正式化机制；非正式组织；组织的一体化程度；虚拟组织；机械式组织；有机式组织

3. 第三节的主要名词

直线职能型组织结构；事业部组织结构；矩阵型组织结构；委员会

4. 第四节的主要名词

职位；职责；职权；授权；集权；分权

5. 第五节的主要名词

团队；团队结构；无边界组织；组织扁平化；学习型组织；流程再造；组织变革

（二）简述

（1）简述个体学习的主要路径。

（2）简述个体核心素质的主要表现形式。

（3）简述学习、知识积累、僵化与知识革新的关系。

（4）简述组织能量形成的主要路径。

（5）简述正式组织的优缺点。

（6）简述非正式组织的优缺点。

（7）简述虚拟组织的优缺点。

(8) 简述直线职能型组织结构的主要优缺点。
(9) 简述事业部组织结构的主要优缺点。
(10) 简述矩阵型组织结构的主要优缺点。
(11) 简述组织设计的主要内容。
(12) 简述分工的主要优缺点。
(13) 简述统一指挥原则。
(14) 简述责、权、利、能一致原则。
(15) 简述影响集权和分权程度的主要因素。
(16) 简述授权应遵循的主要原则。
(17) 简述团队的主要类型。
(18) 简述团队发展的周期特征。
(19) 简述高绩效团队的主要特征。
(20) 简述团队管理的重点和难点。
(21) 简述学习型组织的“五项修炼”。
(22) 简述学习型组织的主要特征。
(23) 简述组织的生命周期理论。
(24) 简述组织变革的主要内容。
(25) 简述组织变革的主要方式和步骤。
(26) 简述组织老化的特征。

二、相关问题思考

(一) 现实的组织结构与书本介绍的组织结构的区别和联系
(二) 组织结构设计要抓住哪些关键点
(三) 企业内部部门间的价格如何合理确定和协调(查相关资料)
(四) 从集权和分权的管理角度,谈英国脱欧暴露的管理问题
(五) 举出三个以上适合非正式管理的例子
(六) 说明组织生命周期理论对组织设计和组织变革的重要性
(七) 哪些条件下团队运作效率较高
(八) 为什么大部分人喜欢在虚拟组织中工作
(九) 无边界组织与商业智慧有什么关系
(十) 为什么员工大多反对组织变革

(十一) 等级制还重要吗?随着现代组织的发展,传统的等级制产生了较大争议。如支持等级制度的认为:等级制是基本的组织原则、等级制对任务的完成非常重要、任何组织都需要找到负责人、等级制应用合理时会运行得更好等;反对等级制者认为:等级制产生不必要干预和无意义的控制影响创新、现状的网络信息技术可以互联世界而无须等级制沟通、智能化技术的发展使监管简单化而无须等级制控制等。

(十二) 专业化分工程度与效率的关系曲线为什么是倒 U 形

三、案例分析

(一) 调查一个组织的非正式组织,评价其对组织发展的作用,并分析其原因

（二）调查一些组织或企业，指出一种或多种显著影响效率的制度，介绍其影响的方式和原因

（三）调查一个企业的组织设计工作，并归纳他们的困惑和难点问题

（四）调查一个组织的员工效率情况，说明其效率高或低的原因，并说明其中哪些原因与组织设计有关

（五）就虚拟组织、网络组织、学习型组织各举一例，说明其成功或失败的原因

（六）就不同类型的团队选择其一举例，说明其成功或失败的原因

（七）调查一个企业的管理信息系统，说明其对管理宽度和集权设计的影响

（八）参考组织变革理论及相关研究文献，分析影响中国国有企业组织变革的主要因素

（九）有人预测，未来从事全职工作的员工在企业的占比会逐步减少，即个体会更加灵活，不再依赖单一的雇主。你如何看待这种工作方式

（十）调查一个创新社区，分析其组织运行特点和优缺点

（十一）参考组织力量形成的路径，调查一个企业，说明其组织力量形成的具体制度（或方法）及其形成逻辑

（十二）调研一个企业的发展与组织的变革过程，参考组织周期理论分析其成败的原因

（十三）分析以下分工出现的协作问题，分析原因并提出解决办法

有个工程建设型单位，本来没有专门的市场部，工程建设部里有一部分人负责市场销售工作，后来考虑到市场发展的需要，将工程建设部里负责市场销售工作的人员分离出来，组建了市场部。市场部的成立，为及时跟踪了解市场信息、承接工程项目做出了巨大贡献，但同时因分工问题，市场部和工程建设部间也产生了一些问题和矛盾。

1. 目标的差异

市场部的目标是承接更多的工程项目，项目越多越好，合同额越高越好，但工程建设部则需考虑自身人力和技术水平的限制，必须有所选择。尤其是近两年来，市场部承接了大量的工程项目，超出了工程建设部的能力范围。

2. 方案规划和实施的矛盾

市场部负责前期的方案规划工作，工程建设部负责工程实施工作，有时候，市场部为了能将合同拿到手，会迁就客户答应他们一些不合理的要求，面对于这些要求工程建设部有时候又无法满足，造成工程最终不能按照原设计方案完成，影响合同执行。同时，市场部有时不能及时了解工程建设部的技术发展和设备更新情况，在前期方案规划时未能做出及时的变化。工程建设部在后期实施过程中需要做大量工作说服客户使用单位新的技术和设备。

3. 与客户的沟通向题

由于在合同签订前都是市场部与客户联系，合同签订后市场部又退出，由工程建设部负责与客户联系，因不同人的性格和工作方法不同，加之交接中市场部和工程建设部人员有时衔接不好，造成了客户的反感与不满。

（十四）分析案例中主要观点和措施的理论依据

企业在构建学习型组织时，通常会遇到两只“拦路虎”。首先是“人”的问题，然后是“物”的问题。江淮汽车和莱钢集团就是两位“打虎英雄”。在创建学习型企业方面，中国有“南有江淮，北有莱钢”的说法，它们都获得了创建学习型企业的国家级大奖。通过建立“快乐美丽”的学习型组织，这两家企业不仅让员工在学习中收获快乐，在工作中发现

美丽，也让企业不只是看上去很美，同时还享受着利润攀升的喜悦。

1. 快乐从收获中来

从实际工作和生活中看到成果，这是领导和员工理解、支持和坚持建设学习型组织的基础。将建设学习型组织落实到基层，应用到实际的工作流程中，让员工受惠、企业受益，这是快乐的源泉。

江淮汽车的做法之一是让员工在工作中得到成长。江淮的技术研发部门在进行图纸评审的时候，摒弃了过去由部门领导主导的做法，转而采用由下而上的评审机制，让每一个员工能发表意见。最初，大家都抹不开面子，只有匿名评审才能畅所欲言。渐渐地，人们发现自己“好像比以前能接受别人的意见了”，设计更为完善了。到最后，大家不再需要匿名就能充分地沟通想法。江淮汽车副董事长康易成发现，员工的心态越来越开放，交流时越来越轻松愉快，工作也越来越投入，从用“手”做事转向用“心”做事。

在莱钢集团，这种做法被总结为“工作学习化，学习工作化”。不仅要让员工从中受益，更希望在创建学习型组织的过程中，推动企业发展。莱钢集团的焦化厂就是一个好例子。该厂从事故和故障入手，系统地思考事故和故障的成因，不仅提出要让员工通过培训实现“技能本能化”，还最终形成了“班讲评、周评价、月分析”的生产讲评制度。

另外，重视员工精神上的满足是挖掘快乐的另一种做法。在江淮，一位生产线上的员工被问及进入江淮工作的原因时，他回答说：“因为在这里让我感到快乐。”江淮通过将企业愿景分解到个人的做法，把企业愿景与个人愿景结合起来、统一起来。员工的每一分努力都能为团队发展做出贡献，而团队的发展也能实现个人的愿景。如24岁的张某是专用车分公司的干事，他桌面上放着一块牌子：“现在跟着别人干，半年试着自己干，一年我带别人干”。面对压力，张某笑说，有压力才有动力，他更愿意把愿景当作个人价值的实现。

2. 美丽由“运动”而生

在莱钢集团，学习型企业的构建过程就是一个不断调整、不断创新的过程。在“运动”中，企业构建了新的管理机制、形成了新的发展思路，让美丽由内而外散发出来。

莱钢集团下属的锻压厂在建设学习型组织时，并没有全盘否定原来的管理机制，而是活用了这一管理概念。锻压厂总结了以往的经验和教训，向过去学习，将原有的好的因素整合起来，并针对不足，形成了新的三精管理平台思路，即“经营团队、精细管理、精益生产”。莱钢集团的总经理认为，创建学习型组织是一个扬弃的过程。通过这一新的管理理念可以检视自身机体的问题，在保留自身原有优势的基础上不断创造出新的内涵。

“运动”的内涵除了机体结构的不断创新之外，还包括企业文化的与时俱进。江淮集团的董事长认为，与时俱进的价值观是所有学习组织都有的特征。江淮汽车在2002年年底进行了全体员工的品格培训，由6位老师讲解尽责、整齐、自重、明理等12种品格。这一次培训非常成功，培训由领导“示范品格”，在企业内“精心营造了一种向善、向上、向美的品格氛围”。整个江淮集团形成了充满爱和关怀、倾听与理解的企业文化。这样的企业文化，强调的是合作、尊重，更有利于团队建设。

当很多企业还在对如何建设学习型组织感到困惑的时候，江淮汽车和莱钢集团已经享受到了成功的喜悦。2005年，莱钢集团以打造学习型企业的成功经验获得国家级管理创新成果一等奖，上半年实现主营业务利润比去年同期增长10.95%。而这一年，当国内14家重点汽车企业利润同比下降40%的时候，江淮集团实现了销售同比增长15.54%。

第五章
领　　导

本章的主要内容包括：领导、领导者和领导类型；人性假设理论：经济人假设、自我实现人假设、社会人假设、复杂人假设；实用的领导理论：性格理论、行为理论、权变领导理论；领导艺术；领导者的素质要求和领导班子建设；人力资源管理等。

第一节　领导和领导者

一、领导及其相关概念

（一）领导和领导者的概念

1. 领导的定义

关于领导的定义有多种说法：如领导是一种对下属进行指挥和控制的统治形式；领导是为了达成目标而实施的影响力；领导是一门促进下属自愿完成任务的艺术；领导是上级组织赋予领导者一定的职位和权力（即突出领导岗位和领导的权力）等。

现代管理认为：领导是领导者通过某种方式对个人或组织产生一种影响力，从而有效实现目标的行动过程。由领导者、被领导者和所处环境三个部分组成。

2. 对领导含义的理解

（1）领导的目的是影响被领导者为实现组织目标做出努力。

（2）领导工作的中心是调动人的积极性和创造性，处理好人际关系。

（3）领导的实质是运用有关理论、方法和手段，对被领导者施加影响力。而实施这种影响力的基本手段就是指挥、激励、协调、沟通。

（4）领导涉及领导者和被领导者，必须与群体或组织中的其他人发生联系。

（5）领导的效果取决于领导者、被领导者和所处环境的匹配好坏。

3. 领导者

一般而言，领导既可以是名词的领导职位含义，也可以是动词的领导行为含义，领导者是实施领导行为的人，或是对个体或组织施加影响力的人。

需要注意的是，领导的核心是领导行为，因此，对个体或组织施加影响的人，即使没有领导职务也是领导者，相反，即使有领导职位也不是领导者。

（二）领导与指挥的区别

指挥是指领导者为实现组织目标，借助行政权威，通过命令、指导、帮助等方式，引导管理对象按预定轨道运行的管理行为。显然，指挥只是产生领导力量的一种手段，并不等于领导工作。

（三）领导与管理的区别

1. 领导职能和管理职能的区别

（1）领导职能是管理职能的一部分。

（2）领导的活动主要强调领导者的影响力、艺术性和非程序化管理，而管理则侧重强调管理者的职责，以及管理工作的科学性和规范性。

如：在方向指引上，领导主要通过制订激动人心的愿景来引导，而管理者主要依赖计划与预算方法；在争取员工支持上，领导主要通过言行争取支持和合作，管理者主要依赖人员配备制度；在控制方面，领导主要通过鼓舞与激励的方式，而管理者主要依赖奖惩等控制制度等；从评价标准看，领导主要看员工的满意度、主动性、积极性以及组织内部团结、长期效益等方面，而管理者主要看个体和组织的中短期目标实现程度、工作效率等方面。

2. 领导者和管理者的区别

一般而言，管理职位既可能有领导行为也可能有管理行为，高层管理者领导行为相对更多，但领导者不一定是管理者。如非正式组织的领袖就能产生领导的作用，但不是管理者，没有管理职位的人也可以因有领导行为成为管理者等。同时，管理者也不一定有领导职位和领导行为。如从事管理分析工作的许多人可能不是领导等。

如：刘邦问韩信："像我这样的人能带多少兵？"韩信说："您最多能带十万人"。刘邦又问："那么你呢？"韩信答："我带兵多多益善"。刘邦笑了说："你带兵多多益善，怎么又被我管住呢？"韩信说："陛下虽然不能带更多的兵，但您却善于统帅和指挥将领。"显然，韩信是一名管理者，而刘邦是一名领导者。

二、领导的影响力来源

领导者对个人和组织的影响力来自两大方面的权力，职位权力和个人权力。

（一）职位权力

职位权力是指领导者借用合法职权对个体和组织产生的影响力。一般而言，领导者有由组织法规、群体规范、文化习俗等赋予的权力，这种权力表现为领导者掌握的一些特定资源，如强制性的奖惩权、各类资源的分配权等。

职位权力的影响力具有法定性、单向性、强制性等特点，但权力影响力必须由上级权威机构对领导者合法权力给予支持，领导者也必须是合情合理地运用这些权力，更不能越过法定权力范围滥用职权。

影响职位权力的主要因素包括：①传统观念。有些地方长期积淀了一种社会行为规范或习惯，认为领导与普通人不一样，当了官就自然地能指挥别人。②职位因素。即职位的高低和职位的充分性。一般而言，职位越高，掌握的资源越多，影响越大，同时，职位越正式和充分，影响力越大。如代理职位或没有充分授权的职位，影响力会打折扣。③资历因素。人民对那些资历深、当官时间长的领导者，一般会产生一种敬畏感，因此影响力会增加等。

（二）个人权力（非权力影响力）

个人权力是指领导者因为个人品格、文化和心理修养、知识、才能、与下属的感情等对下级所产生的影响力，表现为领导者的个人魅力、威信等。显然，非权力影响力与领导者的个人素质紧密相关，是领导者自身能力、品格等素质的综合体现。个人权力也被称为领导者的专长权和模范权。

影响个人权力的主要因素包括：

1. 品格

领导者的品格是建立个人影响力的基础。一个好的领导者应该是一个组织或团队的榜样和旗帜。领导只有公平公正、身先士卒、表里如一，才能赢得被领导者的爱戴和尊敬，才会产生更强的影响力。

2. 知识

领导者的知识是赢得员工信任的前提。一个好的领导者应该知识渊博、不断认真刻苦地学习知识和更新知识，才能正确地用好领导的权力，增强组织的信心。

3. 能力

领导者，除知识渊博外，还要勤于思考，使自己成为一个具有洞察、分析、判断、获得机遇、规避风险等能力的智慧领导者，这样才会得到组织成员的认可和信赖。

4. 感情

领导者必须关心员工，真正从员工角度思考问题，将企业、领导者、员工的利益统一起来的同时，还要多与员工沟通交流，成为真正的战友，这样才能得到员工广泛和主动的支持。

需要注意的是，领导的力量不仅可以来源于非权力，而且这个影响力不一定比职位权力的影响小，如联合国为周恩来总理逝世下半旗悼念是联合国当时成立50年罕见的事，这表明周总理的人格魅力已经征服了世界。

三、不同影响方式的领导类型

（一）交易型领导

这指通过满足员工需求将员工努力方向引向组织目标的领导。这种领导的影响方式是较传统的，也是很常见的普通方式，如利用各种物质激励和精神激励的方式影响下属的领导，均属于这种类型。这种领导方式虽然层次不高，但做好也是很难和很需要能力和水平的，特别是精神激励方面。

（二）变革型领导

这种领导改变下属对事情的看法，用新的角度或方法看到老问题，从而激励、调动和鼓舞下属付出更大的努力实现组织目标。他们一般具有较好的语言鼓舞力、应变能力和处理复杂问题的能力。

（三）魅力型领导

这种领导通过人格魅力，如活力、热情、驱动力、智慧、勇敢等，使下属因信任、敬重等产生鼓舞力。他们一般做事会身先士卒，也会严于律己、态度和蔼、关心下属、联系群众等。

（四）愿景型领导

这种领导创造并清晰地描绘一个下属认同的、下属感到有很高价值的愿景，从而引起人们情绪上的共鸣，激发员工的热情和斗志。

愿景型的领导是典型的战略型领导，这种领导产生影响的基本逻辑是提出一个很高价值愿景，指出实现的路径，利用文化培养相关的价值观和信仰，使下属产生持续的、自觉的动力。显然，这种影响一般需要有计划的培育，一旦形成，其影响力巨大。

利用愿景影响方式，必须对方向的正确性有深刻的认识和评估。一个好的愿景对社会产生的影响是正面的，如中国共产党是愿景型领导方式，在我国建立的成就以及对人类发展的影响可以说是名垂青史。一个不好的愿景对社会的影响是负面的，如邪教组织、非法传销组织等均是典型的愿景型领导方式，对社会产生了极大的危害，可以说是遗臭万年。

第二节 人性假设理论

既然领导的效果取决于领导者、被领导者和环境的匹配，因此，领导有必要研究员工的特征。人性假设理论要回答人性的本质是什么，即所谓“人性假设”。该理论将人性的假设归纳为四种类型。

一、经济人假设

经济人假设又称为X理论，是社会心理学家麦格雷戈（D. M. McGregor）在1960年出版的《企业的人性方面》一书中提出来的。

（一）经济人特征

经济人假设或X理论对经济人有以下特征：

（1）人生来就厌恶工作，只要有可能就逃避工作。

（2）人生来就习惯于明哲保身，反对变革，把安全看得高于一切。

（3）人缺乏理性，容易受外界和他人的影响，并做出一些不适宜的举动。

（4）人生来就以自我为中心，无组织的需要，所以对多数人必须使用强迫、惩罚的办法，去驱使他们工作，方可达到组织目标。

（二）对经济人的管理策略

根据经济人的假设，有效的管理策略主要包括：

（1）管理工作重点是计划、控制、监督、惩罚等方面。简单讲，就是重视完成任务，将制度控制放在首位，较少考虑人际关系、精神方面的管理因素。

（2）管理决策集中在上层，与广大员工无关。员工的主要任务是听从管理者的指挥。

（3）将物质激励放在首位，主要是用金钱来刺激工人的积极性，同时对消极怠工者采用严厉的惩罚措施。

泰勒是经济人管理的典型代表，主张把管理者与生产工人严格分开，反对工人参加企业管理。提倡的科学管理，其基本出发点是如何提高生产效率，基本没有提到员工的思想感情。简而言之，对经济人的管理方式是：金钱收买与刺激；控制、监督和惩罚。

二、自我实现人假设

麦格雷戈提出了另一种新的假设理论，与经济人刚好相反，即自我实现人假设，又称为Y理论。

（一）自我实现人特征

自我实现人假设或Y理论对人的本性作了如下假设：

（1）人生来并不一定厌恶工作，要求工作是人的本能。

（2）在适当的条件下，人们能够承担责任，而且多数人愿意对工作负责任，并有创造才能和主动精神。

（3）人所追求的需要与组织的需要并不矛盾，并非对组织的目标产生消极和抵触态度，只要管理得当，能够实行自我管理和自我控制。

（二）对自我实现人的管理策略

经济人重视物质因素，轻视人的主动性作用。自我实现人把注意的重点转移到工作环境上，管理者通过创造一种适宜的工作环境或游戏规则，使员工能在这种环境条件下充分发挥自己的才能或实现其自我价值。因此，管理者的主要任务是考虑如何为发挥人的潜能创造条件，减少和消除员工自我实现过程中所遇到的障碍。在奖励方式上，经济人依靠物质奖励可以有效调动其积极性，而自我实现人需要内在奖励，他们期望在工作中能获得知识才能，充分发挥他们的潜力等。简而言之，对自我实现人的主要管理策略是：重视个人特长；给予充分的权力和责任；采用启发、诱导和信任的方式等。

三、社会人假设

社会人的概念来自梅奥霍桑试验。

（一）社会人的特征

（1）交往的需要是人们行为的主要动机，也是人与人的关系形成整体感的主要因素。

（2）专业分工和机械化的结果，使劳动本身失去了许多内在的含义，工人只能从工作的社会意义上寻求安慰。

（3）工人之间的影响力比管理部门所采取的管理措施和奖励具有更大的作用。

（4）管理人员应当满足职工的归属、交往和友谊的需要，工人的效率随着管理人员满足他们社会需要的程度的增加而提高。

（二）对社会人的管理策略

经济人的假设只重视物质因素，轻视人际关系。社会人重视人的作用和人与人的关系，把物质因素放在次要地位。经济人的假设可以依靠物质刺激调动职工的积极性，社会人的假设可以依靠搞好人际关系来调动职工的积极性。因此，对社会人基本的管理策略应该是重视、尊重、关心员工，在组织中建立良好的人际关系。简而言之，基本的管理策略是：主张员工参与管理；体贴、关心和尊重员工；建立融洽的人际关系等。

四、复杂人假设

复杂人假设的基本内容：

（1）人的需要是多种多样的，而且会根据不同的时期、不同的生活条件和环境而改变。

（2）人在同一个时间内会有多种需要和动机，这些需要和动机相互作用、相互结合，形成了一种错综复杂的动机模式。

（3）人在组织中生活可以产生新的需要和动机。

（4）一个人在不同的组织或同一组织的不同部门工作时会形成不同的动机。

（5）一个人是否感到满足或是否表现出献身精神，取决于自身的动机及其与组织的关系。

（6）人的需要和能力是有差异的，对于不同的管理方式，反应是不一样的。

因此，管理者应该注意分析员工的情况及其所处的状态，对不同人或同一个人在不同情况下采取不同的管理方式。

第三节 几种实用的领导理论

为了解决有效领导的问题，许多心理学家和管理学家进行了长期的调查和实验，从不同角度作了大量研究，提出了许多理论。从研究内容和发展趋势看，领导理论可归纳为：领导特征（品质、性格）理论、领导行为理论和领导情景（权变）理论。也有行为学家们对现有的领导理论大致归结为三种典型的领导理论，即性格理论、行为理论和权变理论。下面介绍几种典型实用的领导理论。

一、领导特征（品质、性格）理论

如果就毛泽东、邓小平、周恩来这三个伟人，要你针对以下问题进行选择：①哪个领导是你喜欢的沟通者？②哪个领导具有谈判才能？③哪个领导有解决问题的能力？④在危机中你会信任谁？⑤哪个领导是有效的监管者？

显然你是很难选择的，因为他们在这些方面都太优秀了，这也表明，优秀的领导者是存在一些共同特征的。

领导特征理论主要研究领导者个人特征对领导有效性的影响。其出发点是：根据领导效果找出好领导与坏领导在个人品质和特征方面的差异，由此确定优秀领导人应具备的基本特征。

如吉布的研究认为天才领导应具备善言辞、智力过人、有自信心、心理健康、有支配他人倾向、外向而敏捷等七大特征。

吉赛利的研究认为有效领导应具备八项个性特征和五项激励个性特征。八项个性特征：才智（言辞才能）、首创精神、督察能力（指导别人的能力）、自信心、适应性、决断能力、性别、成熟程度；五项激励个性特征：对工作稳定的需求、对金钱奖励的需求、对指导别人的权利的需求、对自我实现的需求、对事业成就的需求。

日本企业界要求领导具有十项品德和十项能力。十项品德：使命感、责任感、信赖感、积极性、忠诚老实、进取心、忍耐性、公平、热情和勇气。十项能力：思维能力、决策能力、规划能力、改造能力、洞察能力、劝说能力、对人理解能力、解决问题能力、培养下级能力、调动积极性能力。

整体看，目前相关观点较多，甚至有些还存在较大差异，因为人无完人，不同层次和不同领域的领导者需要的主要素质也存在较大差异，因此，学习相关理论观点要依据本身的领导工作特点进行分析和参考。

目前认为较简洁实用的观点是美国企业界认为一个企业家应具备以下十个条件：合作精神、决策才能、组织能力、精于授权、善于应变、敢于求新、勇于负责、敢担风险、尊重他人、品德超人。

二、领导行为理论

领导行为理论重点研究领导的行为作风类型以及不同行为作风对成员的影响，以寻求最佳的领导行为和作风（有的学者将行为和作风分开研究）。

（一）连续统一体理论

1. 连续统一体理论的观点

早期研究一般认为领导者或者是独裁，或者是民主。1958 年，美国的坦南鲍姆在《怎样选择一种领导模式》一文中提出了领导的连续统一体理论，认为领导既可是独裁的，也可以是民主的，也可以是两者的综合，关键在于领导所处的组织环境。即两者间存在多种方式，形象比喻为连续流。

具体来讲，领导方式不是在两种方式（独裁或民主）中任选其一，连续流提供的是按授予下属权力大小的程度形成的一系列的领导方式。说不上哪一种方式总是正确的，哪一种方式总是错误的，最终领导效果取决于被领导者和环境条件的匹配。

现在有许多人认为民主式领导好于独裁式领导，也似乎成为社会共识，但从连续统一体理论看，这个观点不一定总是正确的，可能对有些员工独裁式领导更有效。

从图 5－1 中可以看出，领导方式存在很多种，其效果取决于被领导者的素质，还有图 5－1 画的圈的配合，这个圈表示组织环境和社会环境对领导方式选择具有影响力。因此，连续统一体理论也属于一种情景理论或权变理论。

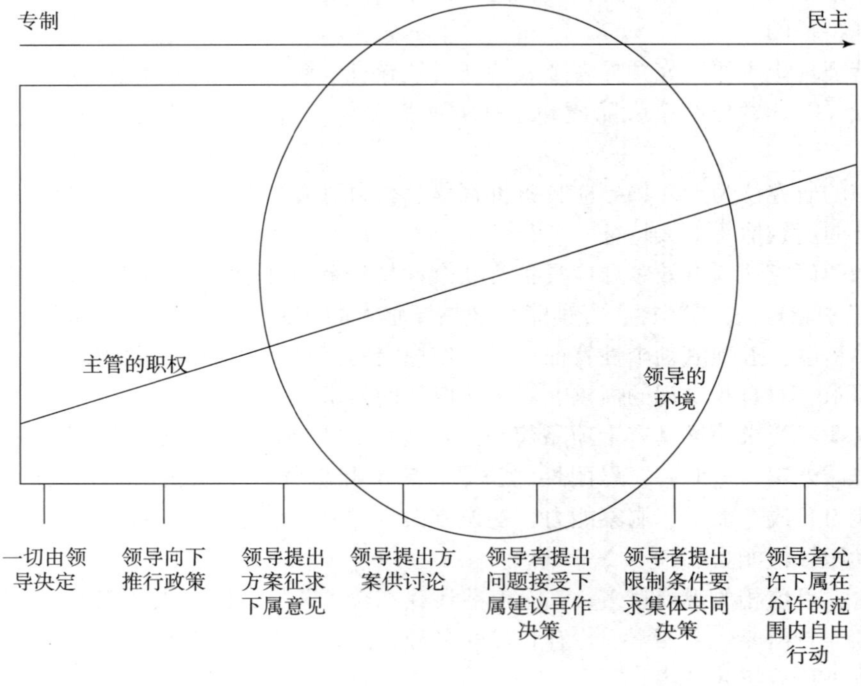

图 5－1　连续统一体理论

2. 连续统一体理论对管理的启发

不难理解，现实中很难有单一的领导方式，但在一定条件下，对特定的员工应该以某种最适合的方式为主。因此，领导者选择领导方式必须深入了解员工的情况以及组织环境的影响。

这种观点如果推广到国家宏观层面，还可以帮助理解一些复杂的问题，如邓小平提出的

“一国两制”构想，用连续统一体理论来看，其正确性是显而易见的。

（二）管理的系统理论（作风理论）

1. 领导作风的分类

1961年利克特发表了《管理新模式》一书，把领导作风归为四类：剥夺式的集体领导：权力集中高层，下级无发言权，上下级互不信任；仁慈式集体领导：权力集中高层，但授予下级一定权力，上下级比较和气；协商式集体领导：重大问题决定权在高层，中下级在一些非重大问题上具有一定决定权，上级对下级有一定信任感，上下级间联系较好；参与式民主领导：下级参与管理，在规定范围内下级有自主决策权，有问题民主协商，最高领导最后决定。

利克特还设计了一个测定表，包括领导、沟通、交往、相互作用和影响、政策、目标的设定、控制和工作指标8个方面，并通过评分和绘成曲线的方法，来判断企业的领导形态属于哪一种类型。研究结果是，大部分成功者采用参与式的民主管理，而成就低的领导大多采用剥夺式的集权领导。

当然，这个结论也不是绝对的，如许多管理学教师在课堂上讲的一个领导风格案例：

休斯敦的工厂一直不能完成预算和生产定额，公司将巴特菲尔德调去当厂长，任务是让休斯敦厂“扭转局面”。

巴特菲尔德很有抱负，崇尚权力。他认为解决问题的最好办法就是加强控制，做出决策，并利用自己的权威来付诸行动，经过初步调研之后，巴特菲尔德下令所有部门削减5%的预算。一个星期后，他下令所有部门下个月产量要提高10%。他要求下属提交新的报告，并对生产保持密切注视。第二个月月末他解雇了三位没能完成生产定额的主管，另有五名主管提出辞职。巴特菲尔德坚持所有的规定和预算必须遵守，绝不通融，巴特菲尔德的努力产生了显著的效果。劳动生产率很快超过标准的7%，五个月后，工厂的预算得到控制，由于他的成绩如此出类拔萃，他在当厂长的第二年年末就被调到了位于纽约的总部。他走后不到一个月，休斯敦工厂的生产率就跌到标准以下15%，预算又失去了控制。

不难看出，巴特菲尔德采用的独裁式的领导风格，形成了一种唯我独尊、强制监管的组织氛围，且产生了一定的成效。但这种领导风格只是在该工厂产生了一种人治管理状态，即人在效果在，并没有将这种管理方式形成一种良性的、员工认同的管理机制或文化保存在公司中，这是巴特菲尔德没有长期效应的原因。

2. 基本的领导形态或风格选择举例（表5－1）

表5－1　基本领导形态或风格选择

情境	领导形态（风格）选择	选择原因
新入厂的青年工人	剥削式的集权领导	员工素质低、自我管理和自我控制能力差，授权不利于员工学习，且可能给企业造成较大损失
生产线上的装配工人	仁慈式的集权领导	需遵守统一的操作规程，有协作要求，强调团队精神，也需一定自主权
公司的福利委员会	协商式的民主领导	委员会的决定以协商一致为基础
科技开发人员	参与式的民主管理	创造性工作，主要靠个人责任心和积极性，领导提供环境条件

（三）二元理论和管理方格理论

1. 二元理论（管理的四分图）

这理论把领导的表现归纳为两类：一类是关心人，另一类是关心组织，然后分别取高和低两种状态，依据领导行为关心组织和关心人这两种行为的组合，提出了“领导行为四分图”，如图 5－2 所示。将领导风格分为四大类，即高体贴与高组织；高体贴与低组织；低体贴与高组织；低体贴与低组织。

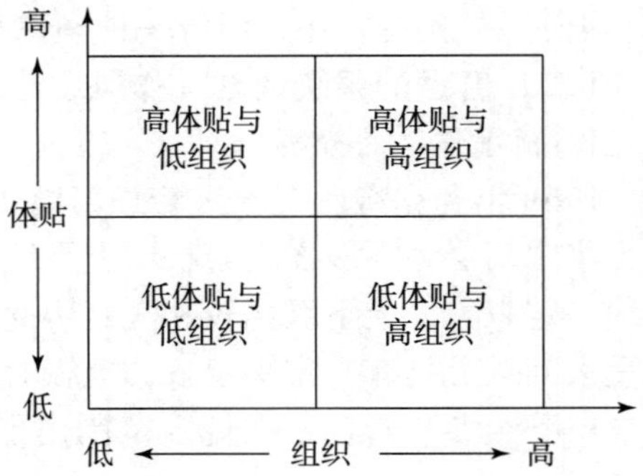

图 5－2　领导行为四分图

2. 管理方格理论

该理论 1964 年由美国管理学者布莱克研究提出，该理论设计出一种管理方格图，以表示主管人员对工作的关心程度（有的书上说是对生产的关心程度）和对人的关心程度。

横坐标——对工作的关心程度，纵坐标——对人的关心程度。

其评价方式与“二元理论”十分相似，只是前者只有 2×2＝4 种组合，而后者具有 9×9＝81 种组合（81 个方格）。其中五种典型的组合表示典型的领导方式，如图 5－3 所示。

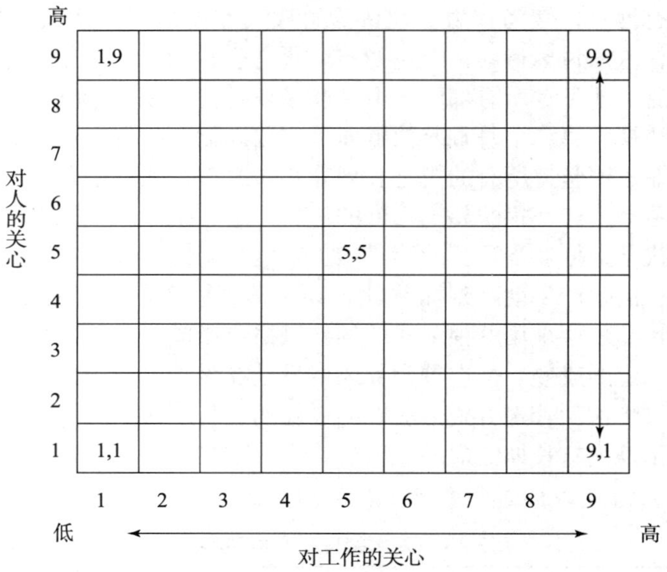

图 5－3　管理方格图

1.1 型方式：表示对工作和人都不关心——贫乏型的管理。

9.1 型方式：只关心工作，不关心人——独裁型的管理。

1.9 型方式：只关心人，不关心工作——俱乐部式的管理。

5.5 型方式：既关心人，也关心工作，强调适中，无进取心，乐意维持现状——中庸之道型管理。

9.9 型方式：对工作和人都很关心，可以使组织目标与个人需求有效结合，——战斗集体型管理。

在这5种类型的管理形态中，布莱克和莫顿认为（9，9）型是最有效的管理，其次是（9，1）型，再次是（5，5）型、（1，9）型，最次是（1，1）型。

（四）不成熟—成熟的理论

1. 不成熟—成熟理论的主要内容

该理论主要集中在个人需求与组织需求问题上的研究，他主张有效的领导者应该帮助人们从不成熟转变到成熟。表5－2为不成熟和成熟的特点。

表5－2　不成熟和成熟的特点

不成熟的特点	成熟的特点
被动性	主动性
依赖性	独立性
办事方法少	办事方法多
兴趣淡	兴趣浓
目光短浅	目光长远
从属地位	显要地位
缺乏自知之明，不能自我控制	有自知之明，能自我控制

2. 不成熟—成熟理论的现实意义

这个理论的现实意义在于提出了一些成熟员工和不成熟员工的表面特征。对于领导者而言，能帮助快速识别、选择和培养成熟的员工。对于员工而言，可以较清晰地衡量自己目前的成熟度，以及将来需要努力的思路。显然，这对于领导者和被领导者都具有重要的现实意义。

三、领导权变理论

领导权变理论，又称情境理论或环境理论。该理论认为，领导是一个动态过程，有效的领导行为并不是一成不变的和永恒的，而是随着被领导者和环境的变化而变化的。领导权变理论的基本观点包括：人们参加组织的动机和需求是不同的，采取什么理论应该因人而异；组织形式与管理方法要与工作性质和人们的需要相适应；管理机构和管理层次，即工作分配、工资分配、控制程度等，要依工作性质、管理目标和被管理者的素质而定，不能强求一样；当一个管理目标达到后，可激发管理人员实现更高的目标。管理的效率与领导者、被领导者和环境的匹配有关，即效率＝f（领导者、被领导者、环境）。

下面介绍几种实用的领导权变理论：

（一）费得勒模型

1. 基本原理和观点

认为任何领导形态均可能有效，其有效性完全取决于是否适应所处的环境。而环境主要有三大方面：领导者与被领导者的关系、职位权力、任务结构。

（1）上下级关系。即领导是否受到下级的喜欢、尊敬和信任，能否吸引下属并使下属愿意追随。

（2）职位权力。即领导者所处的职位权力是否充分，所得到的支持是否有利，对雇用、解雇、晋升、加薪等的影响力度如何。

（3）任务结构。即组织要完成的任务是否明确，其规划和程序化程度如何。

2. 诊断领导风格的指标

费得勒设计了一种“你最不喜欢的同事”（LPC）的问卷。认为LPC分高的人表现了重关系的风格，因为对人宽容、体谅，是关心人的领导；LPC分低的人是更关心任务的领导。

3. 风格与环境的匹配调研

费得勒认为三种环境的重要性并不同，依次是上下级关系、任务结构和职权大小。

将三个环境变数任意组合成八种情况，通过大量的调查和数据收集将领导风格同对领导有利或不利的八种情况关联，以便了解领导有效所应当采取的领导方式。

费得勒的研究结果说明，在对领导者最有利（①②③）和最不利（⑧）的情况下，采用任务导向的效果较好。在对领导者中等有利（④⑤⑥⑦）的情况下，采用关系导向的效果较好，如表5－3所示。

表5－3　费得勒的研究结果

关系导向				好	好	好	好	
任务导向	好	好	好					好
上下关系	好	好	好	好	不好	不好	不好	不好
任务结构	明确	明确	不明确	不明确	明确	明确	不明确	不明确
职位权力	强	弱	强	弱	强	弱	强	弱

4. 费得勒模型的意义

（1）从领导效果出发，而不是从素质出发研究有效领导行为，为领导行为研究提供了新思路。

（2）将领导行为与环境联系起来，要求领导人必须具有适应能力，根据条件变化采用不同领导行为，这八种情境较容易识别，具有可操作性。

（3）费得勒还认为，可在一定程度上通过改造环境以符合领导风格。即既可以考虑改变领导风格适应环境，也可以在一定程度上改变环境适应领导风格。

（二）路径—目标理论

1. 基本原理

（1）领导行为能被员工接受，取决于职工对领导行为的认可和拥护程度，只有大多数职工认识到领导行为能给他们带来近期或长期的利益，领导行为才能被员工乐意接受。

（2）好的领导方式应该是激励性的，有无激励性要看能否使下级需要的满足跟他们工作绩效挂钩，要看能否向下级提供做出高绩效所需的指导、培训、支持和奖励，以形成帮助其提高绩效的环境。

2. 基本观点

该理论认为：最富有成效的领导方式是领导者采取种种手段去设计一种环境，使群体成员潜在地或明显地受到动机的激励，并能对它作出有效的响应。

从本质上讲，路径—目标理论要求最有效的领导者应能帮助其下属实现组织目标和个人目标。因此，领导者必须做好以下工作：

（1）明确规定职位和工作职责，即指出达到目标的“标准和路线”，或计划好被领导者的个人目标。

（2）清除工作中的障碍，促进群体内部的团结和协作。即要促进组织力量的合成。

（3）给下属提供多种满足机会，减少不必要的紧张与外部控制，使其个人目标容易实现。即要让员工爱岗敬业，充分发挥出个人潜能。

3. 对领导行为的分类

该理论将领导行为分为四种类型：支持型、指令型、参与型、成就型，且认为高工作和高关系组合不一定是最好的工作方式，因为任务不明确时，职工更欢迎任务型领导，任务明确且清楚完成的方法时，领导还不断发指令，职工显然会认为多余甚至反感，更希望有关怀、支持和赞扬等。

相关研究结果表明：该理论对于上层职位和专业技术性工作特别有用，因为这些岗位上的领导者的行为，能对工作环境施加较大影响，但用于日常生产工作的效果不明显。

（三）领导的生命周期理论

1. 领导生命周期理论的主要内容和观点

美国学者卡曼提出了领导生命周期理论。该理论指出了有效的领导形态和被领导者的成熟度有关。当被领导者的成熟度高于平均以上时一般应采用低关系、低工作；当被领导者成熟度一般时，应采用高关系、高工作或低工作；当被领导者成熟度低于平均水平时应采用低关系、高工作，如图5－4所示。（注意：这里的成熟是指心理和人格上的成熟，并非年龄的成熟。）

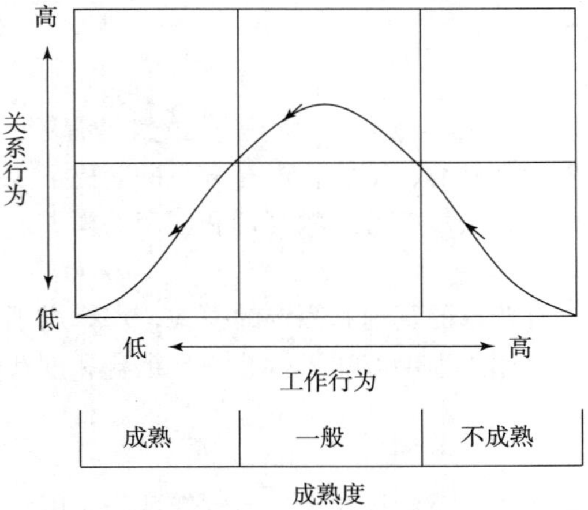

图5－4 领导的生命周期理论

该理论在二元理论的基础上引入了“下属的成熟度”指标，提出了三维结构的领导效率模型。该理论认为，有效的领导行为应该是工作行为、关系行为与下属成熟度的有机结合，领导应根据下属的年龄、成就感、责任心和能力的不同采取不同的领导方式和行为。

2. 领导生命周期理论的主要应用情景

（1）对于没有能力、没有意愿的员工，可认为是很不成熟的员工，对于这类员工的管理应该采用命令或指示的方式，像未成年人一样，告诉他们做什么，如何做，即采用高任务和低关系领导方式。

（2）对于没有能力、有意愿的员工，可认为是较不成熟的员工，对他们既要指导又要给予一定的信任和尊重，即采用说明的方式，高任务和高关系的领导方式。

（3）对于有能力、没有意愿的员工，可以认为是有一定成熟度的员工，对于这类员工的管理应该采用参与方式，像对待有一定能力和独立意识的成年人一样，以提供条件和支持为主，不必过多指挥，即采用低任务和高关系的领导方式。

（4）对于有能力、有意愿的员工，可以认为是成熟员工，对于这类员工的管理应该采用授权方式。像进入社会的成年人一样，极少的指导，给予较充分的信任和权力，即采用低任务和低关系的领导方式。

第四节　领导艺术

一、领导艺术的概念、特点和内容

（一）领导方式和领导艺术的概念

领导方式指领导者在一定的领导环境下，运用权力实施影响的过程中采取的行为方式，如集权型、民主型、任务型、关系型和兼备型等。

领导艺术是富有创造性的领导方式的体现，是灵活运用各种领导方式和原则的能力与技巧。

（二）领导艺术的特点

1. 非模型化

非模型化是指领导的理论方法、经验、案例等，虽然具有较强的学习价值和指导价值，但这些知识都是有存在环境和条件的，不能在没有分析的前提下生搬硬套，也就是说必须具体问题具体分析，领导方式和方法没有普遍的真理和固定的模式。

2. 创造性

既然领导的理论方法没有普遍的真理和固定的模式，那么用于解决问题时就必须具体问题具体分析，在分析基础上对相关理论方法进行选择、组合和创新的应用，可能还要结合其他知识进行综合应用。

3. 娴熟性

领导艺术是一种技巧和才能，需要将知识进行创造性的应用，但这种技巧和才能并不是高攀不可的，更不能说领导的理论方法没有实用价值。实际上，几乎所有的知识都是有环境支持的，环境变了就可能不对，如牛顿第二定律是在没有空气阻力和表面摩擦力条件下成立的，因为现实中各个地区的气候环境均有区别，但科学家还是可以运用不同环境的数据对牛顿理论进行准确的修正。

总之，只要系统地学习领导科学知识，掌握基本的领导理论和方法，并不断与实际结合起来运用，且在应用中或观察学习他人的应用中，思考和归纳相关经验教训，就会不断地提高领导艺术水平，最终成为一个娴熟的领导者。

（三）领导艺术的内容

1. 领导过程的艺术

从领导的过程看，领导艺术有调查研究艺术；预测、决策艺术；组织、指挥艺术；控制、协调艺术等。

（1）调查研究艺术。如学习好的调查案例、调研报告及相关的理论方法，了解和确定调研的基本思路和方法；分析调查重点，精心准备全面且容易理解的调研提纲；选择适当的调研对象；重视调查过程的讨论、跟踪和改进；亲自参与关键环节的调查讨论，及时发现和解决调查过程中的问题；正式调查与非正式调查相结合；直接调查与间接调查相结合；重点问题调查与相关问题调查相结合；基层观点和问题与高层战略问题结合调查分析等。

（2）预测、决策艺术。如把握全局和长远，注意统筹兼顾；把握关键因素和趋势基础上，随机应变；注意决策的时效性，及时获得信息和分析决策，敢冒合理的风险；调动他人，集思广益，借用他人智慧；利用科学技术提高决策的准确度和效率；准确把握决策的权力范围，不做下一级的决策，不做超范围的决策；注意科学理论与经验的结合等。

（3）组织指挥和使用权力的艺术。如发挥好指挥功能，用好法定权力，发挥专家权力，发展威望权力，增强感情权力，显示战略眼光和指挥魄力等；保证指挥正确，多调查、多讨论、多比较、多听意见，及时准确判断，一般不要断下一层次的事、不断重复出现的事、不断下级无建议的事等。

（4）沟通协调艺术。如建立有效的沟通渠道，促进员工间的相互了解与信任；发现问题及时解决，处理在萌芽状态；抓住重大问题（方向上、制度上、素质上等）、代表性的典型问题、带动性的或根源性的问题、热点问题等；针对不同问题选择适当的方法，激发员工的斗志；发掘、充实和加强他们的积极进取精神，提高工作兴趣，激发工作热情；引导员工的工作热情指向组织目标等；注意建立和应用协调工具，如程序表、联席会议、委员会、常设协调机构等。

（5）控制艺术。如发挥制度控制功能，实现过程流程标准化、评价体系标准化、成果等级标准化、技术工艺标准化、日常管理决策制度化等；清晰宗旨、愿景和目标任务，实现定向控制；创造共同信念和价值观，实现自主管理和群体规范相结合的文化控制；通过吸引力、信任、关心关怀、以身作则、适度公平竞争等，实现激励控制；建立相互适应、自行调整的环境，实现弹性控制；利用科学技术提高控制效率和准确度，实现技术控制等。

2. 领导工作的艺术

从领导工作来看，领导艺术有：用人的艺术、决策艺术、组织指挥艺术、沟通和人际关系的艺术、管理时间的艺术等。由于决策、组织指挥、沟通协调等处事的艺术，上面已经陈述，下面只介绍用人、处理人际关系和管理时间的艺术。

（1）用人的艺术。如把握人才的基本要素，即德、才、识、学、体；深入分析和了解职位要求和聘任标准，合理确定招聘条件；尊重选拔人才的原则，德才兼备、注重实绩、扬长避短、坚持人才平等，合理选择人才；知人善任、任人唯贤、用人不疑、疑人不用、用人之长、避人之短，建立尊才爱才环境；讲求人才使用效益和效率，不断进行人才更新、树立发展的人才观念，重视个人素质同时重视群体互补效应等，合理使用人才；授权适度、视能授权重、授权与控制结合；重视思想政治工作，对不同职位建立实效显著的业务等知识培训资料，采用合理的培训方式方法，如理论培训、职务替换、临时提升、设立副职、参与高层研讨会、辅导（传，帮，教）等，培训优秀人才等。

（2）处理人际关系的艺术。除上述沟通协调艺术外，还包括态度平易近人、平等对待下属、尊重他人；注意沟通方法，如倾听认真、控制情绪、语言简明等；为下属创造互信沟通的环境，促进组织的有效沟通；对于人际纠纷要公正公平，严于律己，审时度势；讲究处理人际关系的策略，把握处理问题的主动等。

（3）管理时间的艺术。时间管理是认识和掌握时间节约的规律、节约时间资源、提高利用时间效率等方面的管理工作。管理时间的艺术包括：将时间作为重要资源纳入规划管理，树立节约时间和提高时间效率的观念；对解决的问题依据轻重缓急、问题解决的效果或进展，以及对其他方面的影响等对问题排序，将主要问题放在靠前或最佳的时间段解决；制定时间管理制度，提高个人和组织利用时间的效率；合理利用时间管理工具和方法，如 ABC 管理法、时间进度表、网络计划技术等，提高管理时间的科学性；合并同类问题或相关的问题，实行批量化和标准化处理；运用能力强且适合的人才协助管理问题等。

二、领导艺术的作用和提高路径

（一）领导艺术在管理中的作用

领导的科学理论方法是很重要的，但现实中的理论方法很难生搬硬套，且领导工作中的非常规管理工作也很多，因此，领导艺术在管理中具有重要的作用。具体表现在以下方面：

（1）有利于提高领导者的影响力。艺术高的领导者，在待人处事中表现出的非凡才能，容易赢得下属的钦佩。

（2）有利于提高领导者的应变能力。平庸的领导面对复杂的问题，特别是非常规的复杂问题，往往是不知所措，而艺术高超的领导者，则能灵活采取对策，摆脱困难，开创新局面。

（3）有利于提高领导的工作效率。艺术高超的领导者，对下属的影响力和环境的适应力都很强，能够及时地制定切合实际的路线、方针和政策，也能够得到员工的信任和支持。因此，个人和组织的效率均会提高。

（二）提高领导艺术的途径

（1）提高领导者的个人素质，如政治法律素质、道德素质、业务素质、管理素质、科学技术知识等。

（2）观察、分析、研究和参与社会实践，在这些过程中汲取经验教训，不断提高自己处理工作事务的能力、面对复杂环境的能力、分析问题和解决问题的能力等。

（3）培养创新能力。应根据具体的情况创造性地运用理论知识，并总结经验和方法，保持领导艺术的先进性和灵活性，不断提高领导艺术的娴熟性。

（4）重视领导艺术的基本规律和方法。如一切从实际出发，实事求是，防止主观主义；坚持实践是检验真理的唯一标准；骨干员工和一般员工相结合；理论方法和具体问题相结合；全面分析和把握重点相结合；问题的正面分析和反面分析相结合等。

第五节 领导者的素质和领导班子建设

一、领导者应该具备的素质

总的来说，领导应该是具备知识化、专业化素质的要求的，能有效组织和指挥下属工作的人才能担任。成为领导具有以下要求：

（一）政治和道德素质

政治素质的内容较广泛，主要包括坚持党和国家的路线、方针和政策；强烈的事业心、社会责任感和创新精神；为人正直、严以律己；实事求是、联系群众；任人唯贤、办事公道；成熟冷静等。

（二）知识素质

领导者首先必须是管理方面的专家，其专业知识也应该以软科学为主。领导者还应是通才，必须有广博的知识基础。领导者还面临严峻的知识结构更新问题，要不断学习进步。整体看领导者的素质应该在深入了解相关领域的业务知识和管理知识基础上，尽量宽广，主要涉及文化基础知识，现代管理知识，相关专业知识，相关政策、法规、条例，相关社会知识等。

（三）能力素质

领导的能力素质观点较多，如领导的技能模型包括：个人技能，指目标设定和创造力；人际技能，指谈判、沟通和冲突管理；团队技能（授权、会议管理等）。整体看，领导重要的能力素质包括：

（1）分析决策能力，特别是对战略等复杂问题的分析和决策能力。如对环境变化的调查分析和预测能力；对机会和威胁的判断能力；决策能力、计划能力、超前的预见能力和创新能力等。

（2）组织指挥能力。如善于把人、财、物等有形资源和无形资源合理组合和应用的能力；精于授权的能力和知人用人的能力；勇于负责、敢担风险；劝说能力、培养下级能力、调动积极性能力；思维表达能力等。

（3）人际关系和协调能力。如做到内外、左右、上下各方面工作协调一致；尊重他人、品德超人；对人理解和沟通的能力；处理冲突的能力；组织各类会议的能力等。

（四）心理素质

作为领导者，需要的主要心理素质包括：①对情绪的自我控制能力。领导者可能会遇到许多烦心的事，甚至遭到社会不公平的评价，还常会遇到不冷静的下属等。因此，领导必须始终保持冷静和耐心。②自知之明的能力。一个人能自知之明是很难的，因为要了解优秀的领导者的系统模样，才能知道自己的不足，因此，领导需要客观分析自己的不足，制订系统的改进计划等。③优良性格和坚强的意志力等。

（五）身体素质

领导工作具有很强的工作节奏并承受巨大压力，因此，需要较好的身体和充沛的精力。

二、领导班子的建设

（一）领导班子结构优化的要求

领导班子的结构通常指领导班子中，具有不同专长和特点的成员所组成的方式。优化领导班子结构的基本要求主要包括：

（1）领导班子结构要同所承担的任务相适应。即任务不同，结构不同。

（2）配备领导成员需要遵循互补原则，主要涉及知识互补、专业互补、年龄互补、代表的利益互补。

（3）领导班子应当责权明确、精干、高效。精干指以尽可能少的人数去完成应做的工作，高效指从提高整个班子工作效能出发，设计岗位和选用领导成员。

（4）保持领导班子结构的动态平衡，即随客观形势和领导成员的变化而变化，优化领导班子结构的工作不可能一劳永逸。

（二）优化领导班子结构的主要内容

领导班子建设的目标是提高领导水平和执行能力，相关内容较多，如政治思想建设、组织建设、作风和纪律建设、制度和能力建设等。就领导班子结构的优化而言，主要包括：

（1）年龄结构优化。即班子中的老年、中年、青年的比例应合理，一般为梯形结构，在动态调整中保持领导班子的稳定和生命力。

（2）专业知识结构互补。合理匹配不同专业和职能的人员比例，使之产生强大的合力和处理复杂问题的能力。

（3）补充知识短板。领导班子实际上是整个组织的大脑，是一个领导的团队，其整体协同效应取决于水平低的领导成员，类似于木桶的短板决定了水位一样。因此要提高领导的素质和能力，特别是短板领导成员的素质和能力。

（4）利益结构优化。领导班子的许多决策既涉及全局利益，也涉及每个部门或利益群体的利益，因此决策的公平公正性对政策的顺利执行、员工的工作热情等具有重大影响，而直接影响组织的效益和效率。因此，领导班子的利益结构要互补，以便决策中能平衡利益等。

不难理解，人无完人，但领导班子通过科学的构建，理论上是可以比较完美的，关键是相关职位的领导的知识技能、性格特征等要匹配，且整体互补。

下面给一个4人领导班子的俱乐部案例，他们都有缺点，但组合起来获得了成功。

有这样四个人：兰德里：现任某俱乐部第一教练。他对别人热情有礼貌，说话幽默，从不喝酒，不计私利，工作上严格要求，铁面无私。布兰特，现任该俱乐部老板。他聪明开朗并善于言辞，曾获得数学硕士学位。但以前是一个终日沉迷于社交和酗酒的无赖，且与兰德里的前妻结了婚。奇怪的是他结婚后成了忠于妻子的好丈夫。施拉姆，现任俱乐部总经理。是个社会名流人物。他有演戏的天才，也有经营俱乐部的才能，且与全美体育、文化联合总会的总裁有长期共事的良好关系。他还具有创新精神，敢于对一些质量不好的节目进行嘲弄。默奇森，担任俱乐部副总经理，是个专注小家庭的人。专门负责人事部门工作。他与各大学的天才球员一直保持联系，每逢生日都以俱乐部名义给寄生日贺卡，每次球赛他总是到场，注意发现人才，搞好公共关系，扩大影响。这4人社会背景和个性特点很不一样，但他们合作成功了。当然，分工明确、有职有权又能相互支持是主要成功原因，但专业知识以及特征结构基本合理也是重要原因之一。

第六节 人力资源管理

人力资源管理已经越来越重要，许多现代企业认为员工是他们最重要的资产。他们认为：人力资源管理是企业竞争优势的第一来源，是企业战略的重要组成部分，是影响企业绩效的显著因素等。下面讨论人力资源管理的几个重要环节。

一、人力资源管理需要注意的外部因素

（一）经济对人力资源的影响

经济规模对人力资源的影响至少在人力资源的供求方面是非常显著的，因为在经济增长显著的时期，企业的业务增长导致工作岗位会大幅增长，企业的工资成本和福利成本也会增加。相反，出现经济危机或经济衰退，企业业务的减少会导致就业岗位大幅减少，企业的工资成本和福利成本也会减少。当然，经济对人力资源的影响对不同层次的人力资源市场的影响程度是不一样的，经济衰退对高级人才市场的影响相对要小一些，因为高端人才属于稀缺资源，经济衰退难以改变高端人才供不应求的局面。同时，经济结构、经济政策、经济布局等也会影响人力资源市场。

（二）国家和地区的相关法律法规

政府的法律法规对人力资源管理的影响是很显著的，甚至超过工会等组织的影响，一旦企业的相关管理或规划越过了法律的边界，将会付出很高的成本，包括经济成本和形象等其他成本。如许多涉及同工同酬、反就业性别歧视、反就业年龄歧视、残疾人就业保护、医疗休假、职业安全等法案，对人力资源管理具有很强的约束作用，企业在招聘、晋升、解雇等方面，并没有完全的自由，这是企业必须注意的。

（三）人口、社会习惯、技术进步等方面的影响

人口对人力资源的影响是直接的、多方面的。如：人口数量变化影响人力资源市场的供求；人口的年龄结构，如老龄化趋势等，也会影响劳动力市场供求和工资福利；人口的素质结构，会影响不同层级劳动力市场的竞争强度等。

技术进步和社会习惯的影响也是很大的，如信仰的改变、生活习惯的改变等。互联网技术改变了商业化模式、消费模式、生活习惯等，对就业市场需求结构产生了深远的影响；随着我国环境保护意识的提高，许多粗放的发展模式越来越没有前途，清洁生产、节能减排等行业技术的人力资源市场需求增加。

二、人才的识别和选用

（一）人才及其基本要素

一般认为，人才是德才兼备和全面发展的人。具体而言，人才的基本要素主要包括德、才、识、学、体。德是指人的政治思想和道德品质；才是指一个人的本领、工作能力；识是指对事物的认识和理解能力；学是指文化程度和知识水平；体是指身体素质。

（二）如何识别人才

1. 识别人才的一般思路和方法

领导用人的前提是能识别人才，因此识别人才是领导应该具备的重要能力。一般而言，可以从以下几方面来识别人才：

（1）工作方法是否灵活多样。如果一个员工或管理者很懂业务，就会明显地看出其在工作中具有独立性、创新性、工作质量高、工作兴趣浓厚、可以预见问题变化趋势、及时处理等可以识别的能力特征。

（2）是否有吃苦耐劳、意志坚强的工作精神。没有哪个人可以轻松地成为人才，只有意志坚强、不怕困难甚至迎难而上的人，才具有发展的潜能。

（3）品德是否高尚。一个人能力再强，也不能没有信仰和品德，否则难以支持组织的发展，也得不到员工的信任和支持。品德高尚的领导一般表现出的特征有：严于律己、廉洁奉公；办事公道、公开透明；态度和蔼、平易近人；爱护组织和员工、全心全意地服务组织和员工，有较好的民意基础；社会责任感和使命感强等。

（4）能经受大事难事的考验。大事难事既能考验一个人的能力和水平，如遇到难事波澜不惊，游刃有余等，也能考验一个人的立场、意志力是否坚定，是否有胆有识等。

2. 识别人才时要特别小心的几种人

（1）喜欢炫耀和吹嘘自己的人。

（2）遇到难事不开口，或摸清楚领导意图后，按照领导的意图发表违心观点的人。

（3）吹牛拍马，讨好领导，做表面工作，搞形式主义的人。

3. 建立识别人才的机制和标准

领导也是人，难免有看错人的时候，因此，公司必须建立科学公正的绩效评价标准和行为控制标准，让能力强的人才容易脱颖而出，让品德不好的人能快速发现，并通过教育纠正等。

（三）如何选择人才

1. 选人的依据

（1）职位的要求。一般可以从职位说明书中了解或通过职位的工作分析建立相关要求或标准。如对任务、职责以及有效完成这些工作需要的知识、技能等方面的说明等，为人力资源招聘、培训、工资等标准制订提供科学依据。

（2）素质和能力考查情况。如个人素质方面：身体状况、学习理解能力、记忆力、专注度、创新精神、文化水平、专业知识、工作经历和经验、从事该工作的欲望；管理能力方面：业务知识的熟练程度、组织协作能力、创造一种能有效鼓励环境的能力或案例、规划决策能力、分析与解决问题的能力等；综合素质方面：了解下属的能力、是否尊重他人、是否沉着冷静、是否态度友善、是否善于激励、是否品行端正、是否能吃苦、是否精明果断、是否有敏锐的观察力和正确的判断力等。

以上提出的关于个人素质、管理能力以及综合素质方面，都是很重要的，但要真正以这些标准作为依据来逐条对照选聘主要人员的话，是很困难的，而且也不现实。一方面，人无完人，各方面都好的人是不存在的；另一方面，上述标准也并非一成不变，还可能随着发展而逐步提高。因此，领导选人时，要与职位要求结合起来，确定出有较强针对性的具体标准。

2. 选拔人才的主要原则

能力素质方面要德才兼备；过程结果的考核方面要注重实绩；人才的岗位安排和使用方面，要注意扬长避短，使每人的长处得到发挥；在人才的选择方面，要坚持人才平等，如推荐平等、考核平等、任职平等、晋升平等等，同时，要防治大材小用，更不能小材大用。

3. 选人的主要途径

人才选拔主要包括内部提升、外部招聘两大途径。

（1）内部提升。主要优点包括：对候选人比较了解；候选人对组织的工作也较熟悉；有利于激励组织成员的上进心等。主要缺点包括：容易因循守旧，不易接受新的观念、方式和方法；容易论资排辈；没被提升的人，可能受到一定程度的挫伤，特别是存在不公平时，对组织的气势伤害较大等。

（2）外部招聘。主要优点包括：来源广，甚至有可能招到一流人才；容易使组织接受新的思想和方法；避免因嫉妒而引起的内部不团结；节省培训等方面所耗的大量时间和费用等。主要缺点包括：影响内部成员的工作积极性；应聘者适应工作需要较长时间；对应聘者不可能有全面了解，难免招聘时过多注重其学历、资历等因素，有时可能导致产生很大失望等。

外部招聘还包括一些具体的路径：

网络招聘，包括公司自己的网站招聘。其优点是扩散速度快，信息反馈时间也快，但容易产生很多不合格的人。

员工推荐。目前字节跳动等企业采用这种方式。如果有推荐奖励机制，容易产生一些较优秀的候选人，但多样性需求可能满足得不好。

校园招聘。优点是候选人多，缺点是学生经验不足，只能满足初级职位。

借助专业招聘机构。优点是对相关人才市场认识较深，缺点是责任心没有自己企业高。

4. 选聘过程中应注意的问题

（1）做到人才竞争公平。虽然绝对的公平是做不到的，但我们要尽量做到公平竞争。

（2）要深入了解员工的特长，尽量做到用人之长。

（3）选聘条件要适当。对于每个岗位，要依据实际能力需要、工资福利水平等适当确定招聘条件，太高或太低均会影响招聘的效果。

（4）选拔和考核人才的领导或管理人员，本身应有相关素质和能力。

（5）要注意候选人的潜能，特别是候选人的学习能力、工作热情和毅力、踏实的工作作风、是否年轻、是否对新生事物好奇等。

（6）正确对待和处理好文凭、经历等表面素质与真实水平的关系。

（7）正确对待和处理好工资福利水平、人才水平、工作效率之间的关系。

（四）如何用人

1. 知人善任

即先识别人才，然后才能善任。这是一种基本原则和方法，一个人是德才兼备，还是平庸少能，通过一定方法可以了解，如前面说出的一些识别特征等。

当然，在了解人的过程中，要知道人无完人，不要总是抓住一个人的小毛病不放，应该了解其整体情况、主要优点、可用的特长等。另外，一些有特长的人往往会优缺点伴随，这时，要认真分析其缺点的性质，不要轻易排除一个人才的选用，一般而言，可以使用一些长处明显、短处不严重的人。

2. 用人不疑，疑人不用

即一方面应相信所用的人，另一方面对于那些品质不良的人不能信任和重用。根据这一原则，领导自己首先应该做到：领导本人必需德才兼备，作风正派，做下属的表率；能关心和尊重下属，以诚相待；不嫉贤妒能，正确公正地评价下属的功过是非；不轻信谣言，既任之则信之等。

当然，用人不疑，疑人不用，并不意味难信任的人不能用，信任的人就不需要监管。实际上，对于那些本质上可以，主要能力素质可以，有些小毛病的人是可以用的，同时，要制定好监管的制度，让领导处在一个有边界约束的环境中，使其始终保持头脑清晰、思想纯洁。

3. 把握好用人的基本原则

任人唯贤；人尽其才，才尽其用；用其所长，避其所短；能职相称。以这一原则为基础，真正建立好人才使用的动态机制，实现能者上、平者让、庸者下的动态循环机制。

4. 建立领导选人用人奖惩机制

对于选准人、用好人的领导应该奖励；对于选错人、用错人的领导应对其追究责任，以保证领导能任人唯贤，而不是任人唯亲。

（五）如何考评员工

1. 考核和评价的基本要求

（1）考评指标和标准要客观合理。如含义明确具体、可以衡量，标准的难度要合理等。

（2）考评方法要可行，如考核指标数量要适中，过程尽可能简明等。

（3）考评的时间周期要适当，结合工作的特点合理制定。

（4）考评结果要反馈，要让他们知道哪些值得发扬，哪些需要改进等。

2. 考核的基本过程

（1）确定考评指标。确定考评指标就是要系统确定员工或管理人员的主要绩效评价维度及各个维度的权重。

整体看，绩效是由过程和结果综合评价的，但一般会有偏重，具体与职位的特点结合，如果业绩容易衡量、对其他部门或员工的工作影响小，可以任务指标为主；如果业绩不容易量化、对其他部门或员工的工作影响大，可以行为指标为主等。

具体讲，结果指标主要由组织战略和目标的要求及环境条件确定，过程指标主要由达到结果必要的行为和能力特征等个人特征决定。

（2）确定考评指标的标准。标准是指各个考评指标应该达到的水平值。标准制订应该考虑的主要因素包括：组织对工作和职位的基本要求；标准的水平应该达到的难度，这个难度应该是在现有条件下经过努力可以达到的水平；标准的水平值应该是可以检测衡量的，否则没有考核的意义；标准应该随着组织任务要求和环境条件的变化，以及员工完成情况的变化及时调整。

（3）选择考评的方法。考评方法的确定主要看是以过程考核为主，还是以结果考核为主。过程考核主要是个人特征和能力的考核，如合作精神、工作积极性、人际沟通能力、决策能力等方面；结果考核主要依据组织目标、职位说明书的要求确定指标，其中组织目标是最实际的，其关键是要建立目标分解体系。

(4) 确定考评者。主要是确定考评信息的来源渠道。一般而言，为了保证考评信息的客观公正，应从多方面收集信息，包括：被考评人的上级主管、同事、下属、自我评价、客户或顾客的评价等方面。当然，具体应该以哪些渠道为主，取决于考核指标的信息特征。

(5) 确定考评周期。主要包括月度、季度、半年度和年度等，但一般没有统一的标准，主要依据绩效管理的要求、工作任务的完成周期、职位的工作性质、考核的目的等确定。

3. 考核的方法和工具

(1) 评价量表法。目前最常用的方法。就是将考核的指标、考核标准，以及每个指标的分值或比重、每个指标标准值的完成程度分级，以及各个级别的分数明确，然后对被考评者的各个指标打分，然后计算总分后对绩效情况分级，如极优、优、良、中、差等。

(2) 强制分布法。目前也用得较多，主要是按照规定的比例，取前百分之几为优、百分之几为良、百分之几为中、百分之几为差。一般显现正态分布。使用中，不同单位可以适当修改比例，特别是差的比例不一定要求是硬指标。

(3) 两两比较法。把同批同级的被考核者进行 1 对 1 的比较，构成一个比较矩阵，对于好的得 2 分，两个基本一样的各得 1 分，差的得 0 分。然后计算每个人的总分，最后按照总分排名。

(4) 360 度评价法。即多方来源的评价，如上级、同事、下属、顾客、被考核者本人等。这是一种新型的考评方式，目前许多企业采用这种方式。这种方法的优点是较全面，缺点是耗时。

(5) 目标管理方法。依据被考核者的目标完成情况进行考核，是一种结果导向为主的考核方法。基本过程包括：依据目标分解体系，上下级商讨目标及其标准制订；按照目标达到情况，确定被考核人员的考核结果。这种方法简单明了，但考核的公平性取决于目标制订的科学性和合理性。

(6) 书面描述法。考官以书面形式描述一位被考核人的优点、缺点、主要业绩、发展潜能等，并提出相关结论和改进建议。

(7) 关键事件法。这是一种基于行为或结果影响导向的评价方法。主要依据有效的或正面影响的关键行为或事件，和无效的或负面影响的关键行为或事件，进行行为或结果评价。这种方法一般主要用于以行为考核为主的人员。

整体看，目前对员工和管理者的考核方法较多，学者还可以参考相关专业书籍及相关企业的考核案例进行学习。

(六) 不称职人员的调整问题

现有人员很少能完全符合现有职位制订的人员要求，因此短期调整和长期调整两者都是需要的。相反，在短期内，管理者不得不把注意力放在现有雇员和现有职务上。

1. 不称职人员处理的一般措施

短期过程中，当一个在职的人员不符合标准时，一般有三种方案来改进人与职务的适应性：

(1) 改变职务的内容。具体表现为：转移部分职责，调整分权程度，向弱者提供额外援助等。

(2) 改变在职者。通过指导和训练等，提高不称职人员的素质，克服其本身表现与公司要求的差距。

（3）调动在职者。如果在一个允许时段内不能指望这个人员能胜任这项工作，或该职务内容不能因他而改革，这就必须对他调动或免职。

调动的方式也有很多，如永久解雇、临时解雇、调动去其他岗位、压缩工作时间、提前退休和其他员工共享一份工作等。

2. 选择方案（或措施）时应考虑的因素

（1）该职位与其他职位的关联性有多密切。越密切改变组织来实现人与职务相适应就越难。如推销员不称职时并不搅乱其他人的工作，可以通过缩减他管辖的地区来调整；一个供应主管的不良表现就可能会影响生产、交货等多个环节。

（2）训练能否使人员达到要求。个人的有些缺陷，可以迅速完全地得到纠正，有些缺陷，如决策能力、沟通能力等则需较长期的培养。管理者容易犯这样的错误，只要某人能熟悉日常工作和当前情况，即使他在一段时期里缺乏想象力和人际技能，也认为其可以符合职位需要。

（3）是否有更好的替代者。有一名技术人员，缺乏基本的人际技能，遇事不让人且反应迟钝，但又不得不任用他，因为他的技术知识没有人能替代，只好改变其职务内容。

（4）某人出任某一职位的时间还有多长，以及对职位绩效要求的迫切性。解雇对企业是有一定负面影响的，因此，一般尽量不主动解雇员工，如果某人出任某一职位的时间不长了，对职位绩效要求也不是很迫切，可以等时间到了解雇。

（5）解雇对士气会有什么影响。解雇一个名气高、人际关系好的人可能影响其他人的士气，还可能产生一种普遍的不安全感。这种情况下，解雇应该讲究一些策略，如让他成为一种体面的职务调动，或给他一笔提前退休的离退津贴等。

本章的知识点和问题思考

一、主要知识点

（一）名词

1. 第一节的主要名词

领导；领导者；指挥；管理者；职位权力；个人权力；交易型领导；变革型领导；魅力型领导；愿景型领导

2. 第二节的主要名词

经济人；社会人；自我实现人；复杂人

3. 第三节的主要名词

民主型领导；独裁型领导；任务型领导；关系型领导；参与型领导；指挥型领导；授权赋能型领导；公仆型领导

4. 第四节的主要名词

领导艺术；领导过程的艺术；领导工作的艺术；决策艺术；用人艺术；调研艺术；时间管理艺术；控制艺术

5. 第五节的主要名词

领导素质；领导班子；领导班子结构；知识素质；能力素质；领导班子建设

6. 第六节的主要名词

人力资源外部环境；人力资源；人才识别；人才要素；改变职务的内容；职位分享；关键事件法；书面描述法；360 度评价法；职位说明书

（二）简述

（1）简述领导与管理的区别。

（2）简述领导施加影响力的基本手段。

（3）简述人性假设理论。

（4）简述连续统一体理论。

（5）简述领导的作风理论。

（6）简述不成熟—成熟理论。

（7）简述费得勒模型。

（8）简述路径—目标理论。

（9）简述领导的生命周期理论。

（10）简述领导艺术的特点和内容。

（11）简述领导应该具备的素质。

（12）简述领导班子优化的要求。

（13）简述优化领导班子的内容。

（14）简述人才的识别特征。

（15）简述考评的常用方法。

（16）简述考评的基本要求。

（17）简述考评的基本过程。

（18）简述不称职人员的基本处理思路。

（19）简述不称职人员处理过程中需要考虑的因素。

（20）简述选人的主要依据。

（21）简述选人的主要途径及其优缺点。

（22）简述如何用人。

二、相关问题思考

（一）“一国两制”的合理性可以用哪个领导理论解释

（二）是民主型领导好，还是独裁型领导好

（三）是任务型领导好，还是关系型领导好

（四）一个企业几乎每个领导都有很多缺点，但整体运行还可以，这可能吗?

（五）有的说“用人不疑，疑人不用”，有的说“疑人敢用，用人要疑”，你如何看?

（六）你喜欢做哪个领导的下属，为什么？启发式领导、指令型领导、结果型领导还是过程型领导。

（七）一个公司想解雇一个有影响的元老，请给出处理建议

（八）为什么愿景型领导容易引起较大社会影响

（九）你如何在较短的时间内识别一个员工是否成熟

（十）有人说：“公司倾向提升在现任职务中业绩最佳的人，即便他可能在担任新职务

上并不具有最大的潜力。”这种做法有哪些利弊？

（十一）领导艺术有非模型化的特点，是否意味着书本知识指导价值低

（十二）职位权力和个人权力哪个影响更大，为什么

（十三）为什么考核过程和考核结果很难说哪个更重要

（十四）说明人性假设理论的管理价值

（十五）你期望到一家公司应聘，说一下你需要有哪些关键的准备

三、案例分析

（一）收集一个知名企业家的信息，归纳一些个人素质特征，分析哪些可能是其成功的关键因素

（二）调查和整理一个领导艺术的案例，说明其学习价值和经验教训。如决策艺术、管理冲突的艺术、沟通艺术、组织指挥艺术、选人用人的艺术、控制人的艺术、管理时间的艺术、调查研究的艺术等

（三）调查一个展览等会议活动，分析其管理的任务结构和组织思路，说明该活动组织的优点和缺点

（四）调查一个组织或企业的员工考核方法，说明其优点和缺点

（五）调查一个企业的校园招聘，分析其优点和缺点

（六）调查一个团队领导者案例，说明其成功或失败的关键原因

（七）调查一个学习型组织的领导者案例，说明其成功或失败的关键原因

（八）调查一个虚拟组织的领导者案例，说明其成功或失败的关键原因

（九）调查一个魅力型领导案例，说明其影响下属的原因和过程

（十）调查一个创新团队的领导案例，说明其成功或失败的关键原因

（十一）收集一个传销组织的信息资料，说明其产生负面社会影响的过程，这个过程和结果对领导者有哪些启示

（十二）一个管理人员面临如下困境：他需要有人充任某项工作，而他想用的人又有很多不符合要求的地方。考虑其任职的唯一理由是，在该职位 1 ~2 年将大大增长其阅历，而且是他事业发展的一个重要阶梯。你认为在用这个人之前还有什么其他因素需要研究。

（十三）对以下干部考核和处理事件的看法和建议

（1）起因。张怀志现年 45 岁，初中毕业，参过军，党员，转业后，一直在仪表厂当干部。历任统计、调度、车间副主任、科长、党支部书记等职。1992 年年初，他被调任红星厂厂长，上任后，给企业做了很多实事，企业一直保持在中上水平（同行业），由于他勤勤恳恳，一心扑在工作上，在领导和同事中留下了踏实肯干的形象。

总公司认为张怀志肯定是一位很受拥护的厂长，因此决定在红星厂实行招标厂长的改革试点，让职工投票选举自己的厂长，但投票结果意外，全厂 240 名职工参与投票，30 票弃权，40 票信任，170 人投了不信任票。为此，总公司领导和满怀信心的张怀志都惊愕了，是张怀志真的不胜任工作还是职工中有“阴谋集团”想取而代之，总公司决定调查此事。

（2）调查人在与职工下棋时，边下边聊。职工们说，张厂长确实是一个好人，他任劳任怨、勤勤恳恳、作风正派，但他工作方法简单、态度生硬、主观武断、动辄训斥职工。他一天到晚绷着脸，只知道管职工，却不理解下属，从不和下属谈心。他以共产党员要求自

己，也用共产党员要求别人。在他手下工作没有一点人情味。总公司决定免去他的厂长职务，考虑到他的贡献，把他平调到总公司工作。

(3) 第二天，总公司经理还未起床，汽车仪企业的厂长、书记便来敲门了。他们说："张怀志是个好干部，如改革把这样的干部改掉，那么改革究竟是改好，还是改糟呢?"他们主张："张怀志继续任厂长，若张怀志撤职就先撤了我们（因为我们不如他)"。

总公司最后又决定由张怀志与职工开展对话，首先张怀志检讨了自己的缺点，后来职工发言中，有的肯定了他的优点，有的批评了他的做法，有的直率地说，他再当厂长不合适，尽管有许多优点，但他的能力和陈旧的管理方式不能胜任厂长。后来总公司连夜研究决定，张怀志继续留任，且次日宣布了该决定。

(4) 决定后出现了很多议论：有的说："张怀志敢抓敢管，踏实肯干是个好厂长，其缺点可以在工作中改进"；有的说："当厂长首先得理解人、关心人，敢抓敢管是对的，问题是怎样抓;"有的说："张怀志是个好人，如果把他免掉，一大批比他差的厂是否都免"；有的说："好人不一定是好干部，由'好人'标准来衡量新形势下的领导干部是不妥的，对不能适应新形势的干部应痛下决心免掉一批"；有的说："像张厂长这样的好厂长被解职是悲剧等"。

（十四）分析乔布斯的领导风格和关键的领导素质

苹果电脑创办人乔布斯或许不是经理人的最佳典范，他狂妄、自恋，是个标准的完美主义者，还认为大部分人都是笨蛋。但这些强烈的个人特质，却成就了苹果电脑的独一无二。

在《连线》等杂志的报道中，不难发现乔布斯的几项个人特质，如专注、完美主义、精英主义、专制等。在行销、产品设计与用人标准上，乔布斯都有他的独到见解。

第一，学会说"不"。和其他科技品牌大厂如索尼、三星等比起来，苹果电脑的产品种类并不算多，这是乔布斯专注的结果，他坚持苹果电脑只需专注在他们擅长的领域，把这些产品做到最好。传统观念认为，企业能提供越多产品选择越好。然而每个产品势必耗损企业资源（时间、人力、金钱)，苹果电脑选择稳扎稳打，产品数量少却能获得市场占有率。

第二，顾客放最后。很多企业喜欢声称他们是顾客导向，产品行销人员谦虚地使用问卷或焦点团体访谈来接触使用者，直接问他们到底需要什么。乔布斯却不信这套，他只专注于观察使用者经验，且主要是他自己的使用经验。他认为消费者无法告诉企业如何进行大的科技创新。

第三，不计成本追求完美。不计成本地追求完美，是乔布斯的信念，也是苹果电脑杰出的秘密。产品设计方面，乔布斯认为设计指的是产品"功能"而不是外观。为了贯彻他想让科技产品简单好用的理想，一个产品可能经历了无数次的从头来过，且让不同团队同时参与，而不是一个接一个的线性流程。

第四，只用最顶尖聪明的人。乔布斯有个恶名：地狱来的老板。他对团队的要求很高，也无法忍受不够聪明的员工。要找到最佳员工很难，想自己培养出优秀员工也不容易，最好的办法，就是像乔布斯一样，打造一个竞争者无法取代的环境，和参与者一起完成梦想。

第五，创新=借用与联结。谈到创新，乔布斯从不认为借用别人的点子是件可耻的事。乔布斯给的两个创新关键字是"借用"与"联结"。但前提是，你得先知道别人做了什么。乔布斯时时关注市场动态，无论是新科技或新产品问世，在了解后做改良，借用或联结，是苹果电脑擅长的手段。

第六章
激　　励

本章的主要内容包括：激励的实质和功能；激励过程、理论和激励模式；激励系统设计；激励实务。

第一节　激励的含义、类别和作用

绩效模型中，认为组织绩效的基础是个人绩效，而个人绩效主要取决于三大因素：工作积极性、工作能力、工作条件。激励的主要目的是解决各级管理者和员工的工作积极性和主动性问题。

激励是领导对下属施加影响的基本手段之一，在领导知识中，提出了领导的最低层次是通过满足员工需求影响员工的行为的交易型领导，实际上，交易型领导本身还有不同的水平层次，决定水平高低的是领导的激励能力。

一、需要、动机、行为与激励

（一）需要的含义

需要是人们由于缺乏某种东西而产生的生理或心理上的不平衡状态。员工形成需要必须满足两个条件：一是感到缺乏某种东西；二是期望得到这种东西。

需要注意的是，人的需要具有多样性、结构性、社会制约性、发展性等特征。因此，人的需要永远不可能没有，且可能在同一时间有多种需求，其主要需求还会不断变化。

（二）动机的含义与行为的关系

动机是指驱动和诱导人们去从事某种活动或将行为导向一定目标的动因或心理机制。

人的内在需要是其动机产生的基础，动机的形成是内在需求与外部条件相互作用的结果。动机对人的行为具有三个方面的影响：一是始发功能：即思考其行为的起点；二是导向和选择功能：即选择行动方向的原因；三是维持和强化功能：即保持行动的内在动力。

（三）激励的含义

激励是指领导利用某种外部诱因使下属形成动机，并引导其行为指向目标的活动过程。也就是说，激励是领导或管理者在分析人们需要的基础上，将组织目标与个人需要相联系，通过一定的手段在使员工的需要不断得到满足的同时，激发其工作的积极性，为组织目标的实现自发、主动地贡献自己的力量。

不难理解，激励的效果最终形成需要满足三个条件，或激励工作需要把握三个要点：

1. 被激励的人存在需求，且期望满足这个需求

实际上，人的需求是一定有的，只是不同的人、不同的环境、不同的时期，人的需求重点可能不同，因此，领导制订激励机制，必须分析清楚员工的需求重点。

如：中秋节到了，一个企业的工会给每个员工发两盒月饼。为此工会的同事忙了一天，但员工对此意见不一：有的说月饼不好吃；有的说发实物不如发钱实惠；有的说肯定是工会的人想捞回扣等。听到这些，工会的人气炸了，说："真是好心没有好报"。显然，出现这个结局的关键是没有弄清楚员工的需求重点。

2. 有将满足员工需求与实现组织目标联系起来的办法

也就是说，建立激励机制，首先要明确需要激励员工干什么或要明确激励的方向，且需要将员工做这些事情与满足员工的需求间建立起紧密的联系，或要有建立联系的方法或机制。

有一个管理故事，说："一天，渔夫看到一条蛇咬青蛙，渔夫不忍，救了青蛙。但渔夫又为蛇失去食物而难过，于是就取出一点食物给蛇吃。蛇高兴地游走了。几分钟后，那条蛇又咬了两只青蛙回到渔夫的面前"。这显然不是渔夫想要的结果。

3. 被激励动机有强弱程度的不同，即积极性存在高低之分

也就是说，领导需要注意激励的强度，只有在增加激励力度能相应增加员工积极性条件下，激励才会有效果。实际上，激励的强度并不是越强越好，就激励而言，有一种倒 U 形假说（也称贝克尔境界）：认为当人处于中度兴奋状态时，能把工作做得最好；当人无兴奋时就没有做好工作的动力了；当人处于极度兴奋时，由于压力过大反而影响工作效果。

二、激励的分类

（一）按产生的原因不同可分为外在（附）激励和内在（滋）激励

1. 外在激励

外在激励指直接产生于外部原因的激励。如吸引力、压力等产生的激励属于外在激励。

2. 内在激励

内在激励指激励对象发自内心的一种激励力量，主要表现为认同感、义务感和责任感。即员工自己产生了工作的动力。

人的行为动力一般包括内在动力、外界压力和吸引力三个方面。内在动力是人的认同感和责任感所产生的，外界压力指领导施压在职工身上的一股有形或无形的力量，吸引力指领导让职工对组织目标或工作有兴趣产生的工作动力。

一般而言，一个人的行为，必须受外界压力和吸引力的影响，外界压力和吸引力只有得到激发，才能产生内在动力，内在动力越大，人的积极性越高，主动性越强。

（二）按性质不同划分为物质激励、精神激励和竞争激励

1. 物质激励

物质激励是通过满足人们对物质、金钱、财产的占有欲来激发的激励。显然，收入越低、经济越困难的人，这种方式越有效。

2. 精神激励

精神激励是使人们得到精神上、心理上和事业上的满足而引发的激励。一般而言，所有的人都有精神需求，相对而言，经济条件较好的人精神需求更高。

3. 竞争激励

竞争激励是建立一种竞争的环境和机制，使人们产生一种竞争压力而产生的激励。

必须说明的是，公平竞争产生推动力，不公平竞争产生消极作用。注意，这个公平是指让下属感到公平。具体做法：领导应该树立公平意识，办事公正；应用客观公正的评价标准和科学评价方法；提倡奉献精神但决不让奉献者吃亏；同时，还要让下属知道世上没有绝对公平。

如：一个学校为了鼓励年轻人出成绩，给了很多奖励政策，结果中老年员工认为不公平，积极性大大降低。这个问题目前在我国的许多高校存在，但这种激励机制是有问题的，基本属于激励一部分人的同时，打击另外一部分人。

（三）按对行为的肯定与否定可分为正激励和负激励

1. 正激励

正激励是指对员工行为给予肯定和巩固的激励，即通过满足员工的需要对其行为进行巩固和强化。

2. 负激励

负激励指对员工行为给予否定和阻止的激励，即通过批评、教育或惩罚来抑制或不让其行为再发生。

（四）激励的主要作用

分析激励的主要作用，有利于检测和评价激励系统的效能。整体看，激励系统的作用主要包括以下方面：

（1）激发和调动职工的工作积极性。

（2）将职工的个人目标导向组织目标。

（3）增强组织的凝聚力，促进各部门的协调和统一。

（4）吸引有才能的或组织需要的人才为组织长期工作。

（五）激励应考虑的主要因素

影响激励的因素是很多的，如你选择一份工作可能会考虑很多问题，如薪酬、工作条件或工作环境、良好的同事关系、时间的自由度、发展机会、好的领导、公平待遇、工作的稳定性、晋升的空间、好的福利等。整体看，可以将影响激励的因素归纳为以下6大方面：

1. 思想政治因素

从提高人们的觉悟和责任感的角度，使职工成为有理想、有道德、有文化、守纪律的人。

2. 物质利益因素

通过将员工的工作成果与员工的利益结合起来，提高员工的工作积极性和主动性。

3. 精神需要因素

通过满足员工正当的精神需求来激发其行为和动机。

4. 期望因素

期望指欲望满足的概率。提高员工欲望满足的概率可以提高其信心，从而激励其精神。

5. 环境因素

设计激励的环境，使之通过内因而起作用。如建立道德规范培养人们的义务感；设置目标，引导行为；规定评价标准促进行为；建立竞争机制激发员工潜能等。

6. 个人因素

不同意识、情绪、成熟程度的人，对激励效果有很大影响，个人因素很难直接控制。

三、激励的原则和基本要求

(一) 激励机制设计的原则

(1) 以需求分析为中心。

(2) 精神激励与物质激励结合。

(3) 不同对象和环境采取不同方法。

(4) 领导发挥榜样作用。

(5) 把握适度差异，防止激励一部分人的同时打击另一部分人。

(6) 坚持公正、公平和透明原则。

(7) 把握好竞争与调和的平衡。

(8) 兼顾短期利益和长期效益。

(9) 个体激励、团体激励和组织激励三层联动。

(二) 建立激励机制需要注意的几个问题

(1) 激励要明确方向、问题和目标。

(2) 激励的强度要适中，中等强度较好。

(3) 激励要切中人的需求。

(4) 激励要注意公平和利益的平衡。

(5) 激励要重视员工的工作内容、员工之间的影响和群体文化的激励。

第二节 激励理论

激励理论基本上分为三大类：内容型激励理论、过程型激励理论和综合型激励理论。

一、内容型激励理论

内容型激励理论着重研究激发动机的因素，即研究如何从满足人们生理和心理上的需要来激励员工，主要有需要层次理论、双因素理论、成就需要理论等。

(一) 需要层次理论

需要层次理论是美国心理学家马斯洛（A. Maslow）于 20 世纪 40 年代提出的。他把人类的多种需要划分为 5 个层次：生理需要、安全需要、社交需要、尊重需要与自我实现需要。

1. 对各层次间的相互关系的理解

(1) 这 5 种需要像阶梯一样从低到高，逐层上升。

(2) 一个层次的需要相对满足了，就会向高一层次发展。

(3) 在某一特定的时期内总有某一层次的需要在起着主导作用。

(4) 需要满足了就不再是一种激励力量。

生理需要与安全需要为低级需要，而社交需要、尊重需要与自我实现需要为较高级的需要，低级需要主要是从外部使人得到满足，而高级需要是从人的内心使人得到满足。

需要注意的是，文化信仰的培育和工作的环境是可以改变人的需求层次的，如我国解放战争时期，解放军战士在没有解决温饱问题条件下，精神需求已经达到了主导地位等。

2. 需要层次理论在企业管理中的应用

一方面，如果要激励员工，就要了解员工目前所处的需要层次；然后通过给予适当的协助，帮助他们满足这一层次或更高层次的需要，在此过程中不断激励他们的士气和热忱。

另一方面，掌握员工的需要层次，应对不同层次的员工采取不同的激励措施。如：

生理需要为主的员工，主要考虑用食物、住所等因素进行激励。

安全需要为主的员工，主要考虑用安全的工作条件、雇佣保证、退休金制度、健康保险、意外保险等进行激励。

社交需要为主的员工，主要考虑用和谐的工作小组、同事的友谊、团体活动制度、互助制度、娱乐制度、教育培训制度等进行激励。

尊重需要为主的员工，主要考虑用考核制度、晋升制度、奖金制度、责任、尊重、认可等进行激励。

自我实现需要为主的员工，主要考虑用挑战性和创造性工作、工作成就、相应决策参与制度、授权、自我控制等方式进行激励。

案例：李英40岁了。回首奋斗历程，为早年艰苦而又自强不息感叹不已。当初没有稳定的工作就结了婚，常为生计发愁。后来，李英在某企业找到了一份固定的工作，并很快被提拔为工段长、车间主任，进而升为生产部长。现在他收入已相当可观，也得到了他感到自豪的权力和地位。可现在他觉得自己并没有成就什么，心里空荡荡的。他很想在开发新产品方面为企业做些更大的贡献，可他在研究开发和销售方面并没有什么权力。他多次给企业领导提议能否变革组织设计，使中层单位能统筹考虑产品的生产、销售及研究开发问题，以增强企业的活力和创新力。可领导一直就没有这方面的想法。所以，李英想换单位。显然，李英的需要目前已经上升到了自我实现这一高层次，而现有工作并不能体验到该需要的满足，这是他“思变”的主要原因。

（二）双因素理论

双因素理论是美国心理学家赫茨伯格（F. Herzberg）于20世纪50年代后期提出的。

1. 双因素理论的内容

他把影响人们动机与行为的因素分为两类：激励因素和保健因素。

激励因素是影响人们工作的内在因素，涉及一些较高层次的需要，如成就感、认可和赞赏、工作兴趣、发展前途和晋升机会等。这些因素能显著提高员工满意感，是提高员工的积极性和效率的激励因素。

保健因素是外在因素，包括企业的政策、工资水平、工作环境、同事关系、福利与保障等。这些因素没有激励人的作用，但会起到防止人们对工作产生不满的作用。

该理论有两个要点：

（1）提出了新的满意与不满意观点。

赫茨伯格的这个学说打破了传统的满意—不满意的观点，传统观点认为满意的对立面是不满意，而赫茨伯格认为满意的对立面是没有满意，而不是不满意；不满意的对立面是没有不满意，而不是满意。具体要看是哪一类因素。

激励因素如果满足，可以提高员工的满意感，但不满足也不会产生不满意感，即其满意的对立面是没有满意。

保健因素如果满足不会有满意感，不满足会产生不满意感，即其不满意的对立面是没有不满意。

（2）将激励分为内在激励与外在激励。

双因素理论实际上将激励分为内在与外在两种：内在激励是从工作本身得到的某种满足和兴趣，产生的一种自主的工作积极性和主动性；外在激励是指外部的奖酬或在工作以外获得的间接的满足，产生的一种被动的工作积极性。

2. 双因素理论在管理中的应用

（1）注重对员工的内在激励。

管理中可从以下方面加以考虑：一是重新设计工作任务，使员工的工作内容丰富化，从而使员工能在工作中得到责任、成长和成就感等高层次需求的满足；二是对管理层员工及技术人员可实施目标管理，减少过程控制，扩大其自主权和工作范围，并提供富有挑战性的工作任务，使其能力得到充分发挥；三是对员工的成就及时给予肯定、表扬，使其感到自己受到重视和信任等。

（2）正确处理保健因素与激励因素的关系。

在对员工的激励中，不应忽视保健因素，但也不应过分注重改善保健因素。一方面，给员工提供有竞争力的报酬维持员工的积极性和消除不满情绪。但是，过高的报酬，并不一定能得到相应的工作效率的提高。即保健因素提高与工作效率的关系曲线是倒 U 形，存在饱和点，在饱和点前，提高保健因素才可以有效提高工作积极性；另一方面，在管理中还要善于把保健因素转化为激励因素，如奖金与绩效挂钩等。

3. 双因素理论的局限性

（1）赫茨伯格所采用的研究方法有一定的局限性。如调查对象类型单一，缺乏代表性，调查手段只是一般的问答，可信性不是很高等。

（2）缺乏普遍使用的满意度评价标准。

（3）赫茨伯格认为满意度与工作效率之间存在一定的关系，但他的研究中只考察了满意度，而没有涉及工作效率。

即便如此，双因素理论具有较高的现实意义，企业的相关经验教训也是很多的，如：一家小企业，经营绩效较好，产值和利润每年较快增长。有钱的厂长相信钱是万能的，要在厂里通过大幅提高工资和福利来提高员工积极性：平均奖金月月增加，参加文体活动给钱，参加会议给钱等，什么事都与钱联系在一起。结果导致奉献和理想几乎无人问及，花钱反而起到了副作用。有些人觉得钱没别人多，工作消极，甚至领导参与了员工的赌博等，不久，企业就出现了经营亏损。因此，金钱激励必须与绩效挂钩，且公平合理，根据不同人区别对待。同时，应更重视将思想教育、责任感、领导树立好的榜样等精神激励方法与之配合使用。

（三）成就需求理论

哈佛大学心理学家麦克莱兰认为，组织中人最重要的需求有三种：成就需要、权力需要和归属需要。

1. 成就需要

成就需要是对事业成功的需要，是追求成功的需要。

成就需要者的重要特征包括：工作的主要目的是追求成功；喜欢最具挑战性的工作，做有独特价值的工作；具有浓厚的工作兴趣，不知疲倦；愿意承担责任；经常考虑个人事业的前途和发展问题等。

2. 权力需要

权力需要是期望控制别人和影响别人的需要，是追求地位和威望的需要。

权力需要者的重要特征包括：经常考虑如何提高对别人的影响力；具有控制全局的能力；期望参与组织决策的制定；善于通过说服、帮助、支持等方式影响他人；喜欢学习领导、控制等知识等。

3. 归属需要

归属需要，又称合群需要，是追求交往、友谊、合作等的需要。

归属需要者的主要特征包括：经常考虑如何与他人建立深厚友谊；重视集体活动和社会活动，广交朋友；喜欢与人交谈；喜欢与人共处，怕孤单；喜欢得到别人的表扬；喜欢迎合别人的需要等。

成就需求对成就需要方面的研究较多，对权力需要和归属需要的研究相对较少，且一般而言，优秀的成就需要者和权力需要者对归属的要求较低。

二、过程型激励理论

过程型激励理论着重研究从动机产生到采取行动的心理过程，即在管理中如何为职工设定合理的外在目标来激励员工。相关理论主要有期望理论、公平理论、强化理论、目标理论等。

（一）期望理论

1. 期望理论的主要内容

期望理论是由弗鲁姆（Victor Vroom）在20世纪60年代提出的。这一理论认为：只有当人们预期某一行为能给个人带来具有吸引力的结果时，人们才会采取这一特定行为。

这一理论可用公式表示：

$$激励力量=效价\times期望值$$

激励力量的效果直接表现为人们的积极性。

效价是指被激励对象对所要达到目标的价值的认定。

期望值是指被激励对象对目标能够实现的可能性大小的估计，是一种主观概率。

2. 期望理论在管理中的应用

（1）确定适合员工需要的回报，激发期望得到的心理。

（2）确定一个难度适中的目标，让员工在努力条件下可以完成。

（3）发现员工有困难时，指导和帮助员工提高期望值，调动积极性。

（4）正确处理努力与绩效之间的关系，正确处理绩效与奖励需要的关系，建立好报酬与绩效的联系机制。

（二）公平理论

1. 公平理论的内容

公平理论是美国的斯达西·亚当斯（J. Stacey Adams）在20世纪60年代提出的。亚当斯通过大量的研究发现：

（1）员工对自己是否受到公平合理的待遇十分敏感。

（2）员工的工作积极性不仅受到其所得报酬的绝对值的影响，更受到相对值的影响。所谓相对值，来源于横向比较与纵向比较。

（3）横向比较是将自己所做的付出和所得的报酬，与一个和自己条件相当的人的付出与所得的报酬进行比较，如果所得与付出的比值相等觉得公平（满意），自己的比值大会感到自己多得了（更满意），自己的比值小会感到不公平（不满意）。

（4）纵向比较是指个人对工作的付出与所得与过去进行比较时的比值。比较的结果也有三种：现在的收付比等于过去，他会认为激励措施基本公平，积极性和努力程度可能会保持不变；现在的收付比大于过去，他可能不会觉得报酬过高，因为他可能会认为自己的能力和经验有了提高，因而工作积极性不会因此而有大的提高；现在的收付比小于过去，他会认为不公平，工作积极性会下降。

这里的付出是指每个人对自己（或他人）的努力、资历、知识、能力、经验及贡献的主观估计。所得是指付出后所得到的报酬，如工资、奖金、福利待遇、晋升、发展机会等。

2. 公平理论在管理中的应用

（1）管理者需更多地注意实际工作结果与个人所得之间的公平合理性。

（2）管理者除了制定公平的奖酬体系外，还要及时体察员工的不公平心理，并认真分析、教育员工正确认识、对待自己和他人。

3. 不公平可能产生的后果

（1）出现严重横向不公平时，员工会大大降低积极性，降低士气，把巴结领导作为主要工作，形成腐败等不良风气，导致大量员工离职等。如果是群体性的横向不公平，还可能出现群体斗殴、罢工、游行等事件。

（2）出现严重纵向不公平时，员工普遍情绪低落，还可能出现集体罢工、游行等社会事件。

实际上许多社会问题都与不公平有关。如美国的种族歧视引起的许多社会事件是典型的横向不公平；金融危机后在欧洲一些国家，由于统一货币原因，收入数据普遍下降，结果引起了社会不满，甚至有些国家还出现了骚乱等，这是典型的纵向不公平。

（三）强化理论

强化理论是由美国的斯金纳（B. F. Skinner）提出的。

1. 斯金纳的行为定律（由实验得出）

（1）如果人们的行为得到奖励，会强化员工的这种行为，增加这个行为重复发生的可能性。

（2）如果人们的行为得到惩罚，会阻止员工的这种行为，减少这个行为重复发生的可能性。

（3）如果人们的行为没有奖励，也没有惩罚，这种行为会逐渐停止。

（4）最理想的结果是，人们做一次相关行为后就立即给予强化，这种反复的强化会使这种行为得到巩固。

2. 强化理论的主要内容

强化理论认为，人的行为只是对外部环境刺激所做的反应。该理论着重研究人的内在或外在行为结果对其以后行为的反作用。

所谓强化，是指对一种行为给予肯定或否定（奖励或惩罚），这种行为结果可以在一定程度上影响或控制该行为的重复出现与否。

强化的方式一般按照时间和比率两个维度来安排强化过程。按照时间的维度看，包括固定时间段强化（如计时工资、定期发放报酬等）和随机时间段强化（如不定期发放奖励等）；按照比率的维度看，包括固定比率强化（如计件工资、每出现1次或几次给予奖励或处罚等）和随机比率强化（如累计买10斤价格降低10%，买50斤价格降低15%等）。整体看，固定期限强化的间隔期越短，强化效果越好；可变比率强化的奖励或处罚差别越大，强化效果越好，如差别计件工资比普通的计件工资激励效果更好等。

3. 强化理论在管理中的应用

利用强化的手段控制、改造行为，一般有四种方式。

（1）正强化。

所选强化物要恰当，对于被强化对象要有足够的奖酬力度；强化要有明确的目的性和针对性；强化的顺序必须能确保在以后各个阶段激发所希望的行为再度出现；奖酬宜及时，方法宜多样。

（2）负强化。

在实际工作中，应用负强化首先需规定好哪些行为不符合要求的明确标准，以及若出现这些行为时会受到何种处罚的标准。

（3）自然消退。

自然消退实际上就是对某种行为不予强化，这种行为就会慢慢消退。

（4）惩罚。

惩罚指用批评、降薪、降职、罚款等带有强制性、威胁性的措施来创造一种令人不愉快甚至痛苦的环境，以表示对某种不符合要求的行为的反对或否定，从而降低或消除这种行为重复发生的可能性。

4. 案例分析

例1：有个小企业找大企业帮忙开发订制产品，结果大企业没有按照要求完成，原因是小企业要求不明确。小企业明知是刁难，但没有办法，因为已经给了全款。小企业如何要回款？小企业管理者思考了两者的优势和劣势。一方面，律师能力大企业强，法律理由在小企业这边，所以，在小企业看来，如果直接打官司，双方胜率各为50%；另一方面，大企业可能认为，法律理由在小企业这边，而律师虽然在自己这边，但也不知道小企业是否有高水平律师的帮助，因此，认为如果打官司，小企业胜率应该在75%，对应大企业胜利为25%。于是小企业应用强化理论提出了多层次方案，尽量在直接打官司前要回全款。其方案是，首先与大企业直接协商退款事宜，其次在法院进行立案前协调退回全款，此外，立案打官司要求双倍退还款项，同时还有在“3·15”时对企业坑害顾客行为曝光，并将这一路径和层次告知大企业，且按照计划执行。结果，大企业在法院立案前协调过程中退还款项。显然，如何直接打官司，大企业已经没有退路，必然竭尽全力为自己减少损失，对小企业而言不仅时间可能拖几年，而且因自己没有律师力量，存在输的可能性，因此，利用强化理论，采用层次递进的方式更容易解决问题。

例2：某百货商店，售货员与顾客吵架事件时有发生，为了解决这个问题，该店推出一条规定：凡与顾客争吵的本店员工，一律扣发当月奖金。此招一出，成效显著。本打算冲着顾客发火的售货员，一想到那笔可观的奖金，只好把心头之火强压下去。然而，售货员毕竟是血肉之躯，顾客中也难免有不近情理之人。终于有一天，一位售货员按捺不住同顾客吵了起来。违章处罚，此人被扣发当月奖金，当月奖金是没有指望了。破罐子破摔，月内他又同顾客吵了几次。反正吵一次扣当月奖金，吵多几次还是扣这么多钱。真正受到损害的是该店在顾客心目中的形象。亡羊补牢，管理人员思索：或许规定本身就有欠妥之处，应当予以改进。本案给我们的启示是，管理者要正确应用管理方法和激励理论指导实际工作。吵一次架就扣当月奖金表面看比较严厉，但对人行为的强化往往并不是一次就能完成的，应是一个持续不断的过程。如果该单位的方案改成：营业员与顾客吵一次架进行批评教育，吵第二次架扣若干奖金，吵多次后扣除全月奖金，处罚的纠错效果可能更佳。

例 3：某企业为激励本企业的销售人员，制订了许多奖励措施，包括规定年销售额达到 300 万元者，将获得一辆价值 15 万元的小轿车，但是，几年来公司并没有一人能够获得此项奖励，而且，这一奖励措施也没有产生预期的激励效果。

该企业激励措施存在的问题主要有三个方面：一是从期望理论来分析，激励目标过高，获得概率等于零，因而，对员工没有激励作用；二是从双因素理论来看，只注重外部激励，忽视内部激励作用；三是从强化理论来看，激励措施及目标过于简单，缺乏层次目标。激励方案改进建议为：一是根据强化理论，设计多层次的激励目标；二是按照期望理论，扩大激励概率，把 15 万元的激励额度变成多个激励目标。三是结合双因素理论，增加激励员工精神因素方面的项目，如成就感、责任心等项目，如对达到不同销售目标的员工给予不同的荣誉称号等。

过程激励理论还有一些其他理论，如挫折理论、目标设置理论、归因理论等。

三、综合型激励理论

综合型激励理论主要有波特—劳勒的综合激励模式、勒温的场动力论。

（一）波特—劳勒的综合激励模式的主要观点

综合激励模式是由美国学者波特（Lyman. W. Porter）和劳勒（Edward. E. Lawler）于 1968 年提出的。这一模式较为全面地说明了激励理论的内容。波特—劳勒综合激励模式的主要观点包括：

（1）个人努力的程度取决于个人感觉的奖励价值和得到该奖励的概率。

（2）个人实际能取得的绩效，与个人努力程度、个人能力、个人对任务的理解程度有关。对于复杂的工作，个人能力和个人对任务的理解程度对绩效的影响更大。

（3）个人得到的奖励必须与个人努力的成果挂钩，不能先有奖励后看个人努力的成果。

（4）个人对所得到奖励的满意程度主要取决于报酬的公平性感觉。感觉对自己公平或有利就满意，不公平就不满意。

（5）个人满意的程度会影响其完成下一次任务的积极性。即满意会更加努力，不满意会导致积极性降低或离职。

（二）波特—劳勒的综合激励模式在管理中的应用

波特—劳勒的综合激励模型说明了管理者要想使激励能产生预期效果，就需考虑以下几方面的工作：

（1）如何根据个人能力进行工作分工。

（2）如何设定合适的工作目标。目标太难认为实现的概率低，没有积极性，目标太简单，不易发挥潜能，影响效率。

（3）给予什么奖励需要分析不同人的需求，切中需要的奖励会取得很好的激励效果。

（4）建立有效的奖励制度，使员工满意，才能不断保持积极性。

（5）如何进行公平考核才能使员工感到公平、合理，这是员工真正感到满意的关键。公平的考核应该包括公平的标准制订过程和公平的标准、公平的评价过程和公平的评价结果、公平的奖励办法等。

第三节　激励的常用方法和制度

一、常用的激励方法

常用的激励方法包括：物质激励、目标激励、参与激励、领导行为激励、榜样激励、荣誉激励、兴趣激励、晋升激励、沟通激励、关怀激励、支持激励、数据激励、奖罚激励等。

（1）物质激励。如工资、奖金、福利、住房、交通车、慰问品、入股分红等。一般来讲，个人工作的考核标准明确，绩效大小与他人关系不大，可拉大奖励差距。如工作密切，工作任务只有相互配合才能完成，则不必拉开大的距离。

（2）目标激励。目标是激发职工动机的诱因，如果职工从心理到行为都感到目标责任明确，且目标有社会价值和个人价值，完成好了还会有好的发展前途等，激励效果就更容易产生。

（3）参与激励。让职工参与决策、政策、目标、规章制度等的制定，有利增强组织与职工相互了解和信任，激发职工的主人翁责任感。

（4）领导行为激励。领导用自己优良的思想作风、工作作风与生活作风等，直接得到群众认可、尊重、信任等，有利于感染和教育员工产生积极性。

（5）榜样激励。将优秀的职工立为广大员工的学习榜样。这种方法真实感人，具有较大的号召力，应该注意的是，榜样要来自群众（消除神秘感），榜样事迹要真实。

（6）荣誉激励。鼓励和表彰先进，用荣誉去刺激职工的积极性。凡是在工作上取得成绩的职工，都能得到应有的荣誉和鼓励。通过树立组织不同方面的先进人物，可以启迪员工的心灵。

（7）兴趣激励。通过满足员工的兴趣爱好，改善员工之间的合作意识和气氛，有利于增强组织的向心力和凝聚力。

（8）晋升激励。通过对优秀绩效和能力的员工给予晋升，可以激励员工出好成绩和提高素质。

（9）沟通激励。通过上下、左右、内外的有效沟通，利于员工满足个人尊严感、自我安慰感、舒适感等精神上的追求，也利于创造一种相互沟通的气氛。

（10）关怀激励。即通过对员工思想上、工作上、生活上等方面的关怀，可以激励员工。

（11）支持激励。这里主要指上级对下级工作的支持。如创造好的工作条件、为下级排忧解难等，可以激励员工。

（12）数据激励。用数据表示员工的成绩，如定期公布成果、公布业务考核成绩、公布竞赛名次等，可以产生一种竞争激励效果。

（13）奖罚激励。对人的某些行为进行肯定与奖赏，可以鼓励其保持或发扬这些行为；

对人的某种行为予以否定与批评，可以使人消除这种行为等。

二、常用的激励制度

对于那些有共性的或重复使用的激励方式和方法，可以作为制度固定下来，称其为激励制度，常见的激励制度有：民主管理制度、责任与考核制度、信息沟通制度、思想政治工作制度、薪酬制度、员工持股制度、福利制度、培训制度、员工职业生涯发展制度等。

第四节 激励实务

一、不公平政策的识别特征

（一）参与制度制定的人员构成特征

不公平政策参与制度制定的人员构成，一般由单一利益代表或少数利益的代表构成。或者，虽然由各个方面的利益代表构成，但因代表人的地位、表达能力、个性强势等原因，产生了实际上的不平等。不难看出，组织的公平和民主气氛、领导的公平意识等对制度的公平性具有重要影响。因此，制定公平的政策，领导首先要保证利益代表的均衡性。

（二）政策决策的依据特征

政策的公平还需要在有充分信息基础上的科学分析论证。不公平的政策基本都有一些共同点，其决策依据表现为没有依据，或依据不充分，或依据只有少数人认可等。

（三）政策内容的表述特征

不公平政策的内容表述一般表现为：含义不明确，或标准明显不能得到公认，或经常依据偏向对象的条件变化而变化。

对于极度不公平的政策可能会经常改变内容。一般而言，有依据的定期调整是正常的，没有依据的经常调整很可能是不公正的表现特征。因为，这个政策标准可能在某个时段领导期望奖励的人不符合标准，修改标准后，这些人会达到标准。

（四）应用政策或制度评价员工的过程特征

在政策标准确定后，在政策执行过程中的不公平特征主要表现为间接评价或模糊评价。

实际上，如果政策表述明确了，每个人的成果是可以直接评价排序的或对奖励分级的，如高考分数等，而不公平的领导者可能不期望结果这么明确，因为他期望把最高的奖励或晋升机会给自己偏向的人，于是就采用他能控制结果的投票等间接方式来排序分级。

（五）应用政策标准的评价结果特征

应用政策标准的评价结果看，不公平的结果特征一般表现为不按照政策标准评价、好坏不分或优劣不分、用偏向员工长处比其他人的短处等方式排序等。

结果的不公平在现实中是比较多的，但认为鸵鸟比麻雀小的结果还是不多的。然而，极度不公平时，这种结果也有可能出现。

（六）对考核结果的奖励办法

从对考核结果的奖励办法看，不公平的特征主要表现为相同的结果得到不同的奖励。

整体看，公平对激励有显著影响，政府、公共事业单位、国有企业的严重不公平还可能与腐败有关，因此，深入研究不公平现象的特征，也有利于检查和发现腐败等其他问题。

如，一个单位出现上述6个方面或多数方面均有问题，那其领导层出现腐败的可能性就很高，就应该成为反腐机构的重点关注对象等。

二、员工需要的分析

（一）对员工进行需求分类的主要激励

需求是个体产生行为动机的前提，也是建立有效激励机制的基础。一般而言，个体需求的重点与员工的年龄、性别、教育水平、职业、收入水平、民族文化背景等方面有较大关系。因此，通过这些维度对员工的情况应加以区别，按需求重点的不同进行恰当的激励是很有必要。

对员工进行需求分类的主要激励包括：不同年龄的激励；不同性别的激励；不同教育水平的激励；不同职业的激励；不同民族文化背景的激励。

（二）按照求职需求划分的主要员工类型

（1）安全稳定型。这类员工偏爱有保障的工作。如公务员、事业单位、国有企业等。一般不把工资水平放在首位。

（2）自主独立性。这类人喜欢追求工作自主，不喜欢受约束。这类人喜欢计件工资、目标管理等方式。如销售工作、高付出和高回报工作等。

（3）技术职能型。这类人喜欢追求技术和业务上的水平，在物质回报基本满意条件下，会把有利于提高技术和业务能力的工作环境放在重要位置。

（4）管理型。这类人具有控制和影响他人的强烈欲望，把获得权力和威望的机会放在重要位置。

（5）创业型。这类人渴望创建自己的事业，得到社会的认可。

（6）服务导向型。这类人喜欢帮助他人完成任务，并获得上级和同事的认可，是难得的好帮手好伙伴。

（7）挑战型。这类人喜欢竞争环境，喜欢不断追求创新高度和挑战性的工作。

（8）生活方式型。这类人喜欢权衡个人、家庭、事业之间的利益平衡，期望做兼顾家庭的工作，如在本地工作等。

（三）福利级别套餐和个人套餐

福利套餐计划是企业设计出不同级别的福利套餐，员工依据自己的福利级别或积分分别在对应的级别套餐中依据自己的偏好选择自己的福利品种组合或个人的福利套餐。

如某企业给出的选项包括：各类保险、休假、旅游度假、子女教育补贴、养老金、培训费用额度、接待额度、租房补贴等。某个级别的员工可以从中选择3项福利作为自己的个人套餐。显然，不同的人因为个人偏好不同、需求的重要性不同，选择的套餐也可能不同，但每个人都应该是满意的，因为他们都获得了自己看重的福利套餐。因此，福利套餐机制在满足不同员工个性化需求方面具有较好的适应性。

三、对关键员工的激励方法

关键员工（或核心员工）是企业发展的主要依靠者，研究和实践均表明，企业的大部分绩效是由少数关键员工创造的。因此，他们的积极性对企业发展具有重要影响。

（一）关键员工的需求问题

关键员工的主要激励因素是哪些呢，调查表明，收入和晋升并不是这些人最看重的，挑战性的工作排序靠前，他们喜欢处理复杂问题，提出创新性的方案。此外，他们还看重工作在企业中的重要性，他们期望别人认为其工作很重要，期望他们的工作能得到多方面的支持等。

（二）对关键员工主要的激励方法

（1）形成重视人才的观念、环境和文化氛围，使这些人能得到单位所有人的尊重和支持。

（2）实施人性化的管理，给予一定的权限和自由度，充分发挥他们的潜能。

（3）提供多种有效的工作培训、晋升和发展机会。

（4）建立科学、全面、客观、公正的评价体系，保证激励的公平，也要让有成就的人能脱颖而出。

（5）提供有竞争力的薪金水平，且与绩效挂钩，如虚拟股份、实际参股等，以免他们对保健因素有不满意感。

（6）注意目标任务、授权、能力、利益的匹配。如果能力大于任务，他们会感觉无趣；如果能力小于任务，他们会因压力过大而失去信心和兴趣。

虚拟股份也称影子股份，如果在一定时期内公司的股票上涨了，经营者就会得到与股票市场价格相关的收入。收入的大小按合同中事先规定的股票数量来计算，而数量一般与经营者的工资收入成比例。这种虚拟股份并不是实际股票，但其价值与公司经营状况和股价有关。因此，虚拟股份是使核心员工的绩效与企业目标挂钩的重要方式之一。

斜坡球体理论是将企业放在斜坡，使其经常处于爬坡状态，不进则退。如：海尔使每个人都处于爬坡状态，尤其是干部要不断给自己加压。在海尔，职位越高，责任越重。占企业人数 20% 的干部负有 80% 的责任，而占企业人数 80% 的员工只负 20% 的责任。这就是海尔的 80/20 原则。

四、团队激励

（一）个体激励的弊端

过度的个人激励，可能会出现过度竞争、相互敌意、对立帮派等问题。因此，有必要在建立适度的个体激励的基础上，引入团队合作的集体激励模式。

（二）团队激励的主要方法

（1）愿景和目标激励。通过建立有价值的愿景、难度适中的目标或有挑战性的目标，可以激发员工的热情，提高员工的工作兴趣和完成任务的信心等。

（2）基于团队整体的工作设计。考虑团队的工作需要、各个成员的特长和需求等，对工作和每个成员分工协调进行整体设计，提高员工的整体绩效意识。如以团队装配取代传统的装配线等。

（3）建立团队为基础的绩效考核和奖励制度，形成集体荣誉激励、团体凝聚力、员工责任感、归属感等。如：利润分享，包括固定比例获得利润分享、依据利润增长率高低确定利润分享比例、超过目标利润后的利润全部分享或按照一定比例分享等；成本分享，如节约的成本按照一定比例分享等奖励机制等。

（4）沟通和信任激励。通过对员工的关心、体贴、沟通、问候等感情激励，建立团队成员间良好的沟通氛围和人际关系，形成团队激励。

（5）民主决策制度。在团队中形成民主决策和管理制度，大家参与问题的分析、决策、计划、执行、学习总结等。

（6）公平竞争和正向激励制度。建立科学公平的评价体系，形成强度适度的竞争，促进员工的学习提高。同时以对团队成员好的表现进行正向激励为主。

（7）领导以身作则。领导在工作中身先士卒，严于律己，起到模范带头作用。

（8）数据激励。通过记录每个成员及其团队的整体绩效情况并公布，从而产生数据激励作用。

五、绩效工作方案

绩效工作方案是依据绩效衡量结果来支付员工工资的一种浮动薪资方案。绩效衡量的对象包括个人、团队、部门、组织整体等。浮动薪资方案包括计件工资、奖励工资、利润分享、成本分享、卓越绩效等制度。

显然，绩效工作方案的激励效果与制度公平、强度合理、绩效与工资挂钩等关系紧密。

六、多跑道和多层次的激励机制

在组织或企业中，如果以单一晋升途径，如仅仅只有职位权力分级来激励员工会带来许多不良后果，如相关职位少竞争过于激烈、员工不安心本职工作、领导不愿推荐比自己优秀的人才等。因此，建立多跑道的激励制度非常必要。

不同的员工、同一员工的不同阶段等，其需求重点不同，也必须有不同的激励机制。因此，建立多层次的激励制度符合激励的理论，如需求层次理论、人性假设理论等。

如联想根据高科技企业的发展特点提出了多跑道激励。如：让有突出贡献的业务人员的工资和奖金比上司高，这有利于他们安心现有的工作，不是苦心想进领导层，从而创造出好业绩和体现人生价值。其实，这种制度在华为也做得很成功。显然，联想的多跑道激励方法，能让员工在普通的岗位实现人生价值，这为员工实现自我价值开辟了广阔空间，有利于将广大员工的利益与公司利益融为一体。同时，也降低了竞争难度，符合期望值理论等。

本章的知识点和问题思考

一、主要知识点

（一）名词

1. 第一节的主要名词

需要；动机；行为；激励；个人绩效；组织绩效；倒 U 形假说；内在激励；外在激励；激励模式；物质激励；精神激励；竞争激励；公平；正激励；负激励；行为动力；内容型激励理论；过程型激励理论

2. 第二节的主要名词

自我实现需要；保健因素；激励因素；成就需要；归属需要；权力需要；激励力；横向

公平；纵向公平；付出；所得；正强化；自然消退；满意感

3. 第三节的主要名词

目标激励；参与激励；领导行为激励；榜样激励；荣誉激励；兴趣激励；晋升激励；沟通激励；数据激励

4. 第四节的主要名词

员工需要；福利套餐；核心员工；安全稳定型职业需求；自主独立型职业需求；技术职能型职业需求；服务导向型职业需求；挑战型职业需求；团体激励；多跑道激励机制；绩效工资方案

（二）简述

(1) 简述动机的主要功能。

(2) 简述激励形成的主要条件。

(3) 简述激励的主要作用。

(4) 简述激励应该考虑的主要因素。

(5) 简述需求层次理论。

(6) 简述双因素理论。

(7) 简述成就需求理论。

(8) 简述期望理论。

(9) 简述公平理论。

(10) 简述强化理论。

(11) 简述波特—劳勒的综合激励模式。

(12) 简述激励机制设计的基本原则。

(13) 建立激励机制需要注意的几个问题。

(14) 简述常用的激励方法。

(15) 简述常用的激励制度。

(16) 简述不公平政策的识别特征。

(17) 简述员工需要分析的主要维度。

(18) 简述员工求职偏好的主要类型。

(19) 简述核心员工的激励方法。

(20) 简述团队激励的主要方法。

(21) 简述多跑道和多层次的激励机制。

二、相关问题思考

(一) 激励的强度越大越好吗

(二) 福利套餐激励方式有哪些理论依据

(三) 个体激励和团队激励各自有哪些优点和缺点

(四) 为什么国家的政策需要特别注意公平问题

(五) 竞争激励方法需要注意哪些问题

(六) 有哪些方法或机制可以将个人的需要与组织的目标联系起来

(七) 你如何在较短的时间内识别一个政策的公平性

（八）说出1～2条建立多跑道激励机制的思路

（九）说出一些可能对你有激励作用的事项。工资、奖金、减少工作时间、延长假期、带薪休假、报销费用、灵活的工作时间、安全保障、养老金、购房补贴、表扬、给予有价值的资格、制定一个有价值的目标等。然后分析一下你的需求层次

（十）如果你是一个小公司的老板，打算如何获得高级人才

（十一）引进新技术设备是否有可能影响员工的积极性，举例说明

（十二）学习一篇关于激励的论文，总结几个实用的知识

（十三）查一下相关论文，说出2个有实用价值的员工满意度分析模型

（十四）如果你受到了一个较大的挫折，你打算如何应对

三、案例分析

（一）如果你的员工消极怠工，你打算如何调查分析和处理

（二）调查和整理一个企业的激励系统，总结一下，包括了哪些主要的激励方法和激励制度。说明其主要的优点和缺点

（三）调查一个高新技术企业的核心员工激励机制，说明其优点和缺点

（四）调查一个组织或企业的员工考核方法，说明其产生激励的逻辑

（五）调查一个团队激励的例子等，分析其激励机制的优点和缺点

（六）调查一个激励部分人同时打击另外部分人的激励制度，并提出解决问题的思路

（七）调查一个企业激励员工为顾客提高优质服务的制度，说明其成功或失败的关键原因

（八）你最近是否为做一件事付出了重要努力，你的动力来源于哪里，是如何形成的

（九）调查一个激励制度对不同人的激励效果，分析其原因

（十）调查一个管理者，了解他认为激励员工的好的经验、方法和制度，并归纳和简单地分析

（十一）用激励理论分析以下激励制度的优点和缺点

联想认为，激励是一个永远开放的系统，要随时代、环境、市场的变化而变化。20世纪80年代他们注重集体精神和满足基本的物质需要，90年代联想人自我意识更强了，公司就出台新的激励方案，提出："多一点空间就会多一点办法"。

联想还根据高科技企业的发展特点提出了多跑道激励。如：让有突出贡献的业务人员的工资和奖金比上司高，这有利于他们安心现有的工作，不是苦心想进领导层，创造出好业绩和体现人生价值。

联想还注重分析员工的需求，并分清哪些是合理的，哪些是主要的，哪些是现在能实现的等。并将激励的方法与激励的目的结合，使激励方法与效果一致。对不同人、不同工作、不同情况制订出不同的激励制度。

联想还采用国际上经典的期权模式。将预留的未公开上市的股票认股权作为报酬的一部分，事先奖励给公司高层管理人员和技术骨干。

联想还以制度方式确定不同职位的职责和价值贡献度，并建立了科学规范的绩效考核体系。这一方面有利于对员工贡献的承认，另一方面也为价值分配提供客观依据，使员工的绩效与回报建立联系。

（十二）用激励理论分析以下制度的有效性

海底捞创始人张勇说“让员工把公司当成自己的家”，那么如何才能让员工把海底捞当成家呢？张勇说把员工当成自己的兄弟姐妹，比如在北京，海底捞的员工住的都是正规住宅，里面有空调和暖气，每人的居住面积不小于6平方米。不仅如此，宿舍必须步行20分钟之内可到工作地点。很多在北京打工的餐馆工作人员都住在北京地下室，而老板却住在楼上。

北京的交通太复杂，服务员工作时间长，还都是年轻人的服务员需要充足的睡眠。所以海底捞给员工的住房都是城里最好的小区，有专人负责保洁，换洗床单被套。光是住宿费，一个门店就需要花费50万元。

为了激励员工的积极性，公司每个月都会给优秀员工、优秀经理家里的父母寄几百元钱，很多家里都没有多少钱，每个月能收到几百元钱就非常高兴，并且劝说自己的孩子在海底捞好好干。

此外，在海底捞工作满一年的员工，若一年累计三次或连续三次被评为先进个人，该员工的父母就可探亲一次，往返车票公司全部报销，其子女还有3天的陪同假，父母享受在店就餐一次。

所有店员享有每年12天的带薪年假，公司提供回家往返的火车票。工作一年以上的员工可以享受婚假及待遇；工作满3个月以上的员工可以享受父母丧假及补助；工作3年以上的员工可享受产假及补助。还会给优秀员工配股，一级以上员工享受纯利率为3.5%的红利。

公司还出资专门建立了寄宿学校，让员工的孩子免费在学校上学，公司还设立了专项基金，每年会拨100万元用于治疗员工和直系亲属的重大疾病。虽然这样的福利和员工激励制度让海底捞的利润率缩水很多，但这样的举措让员工更加卖力为海底捞付出。

第七章
沟通与协调

本章的主要内容包括：沟通的概念、要素、作业和类型；沟通的影响因素；有效沟通和无效沟通；协调和冲突管理；人际关系、上下沟通、同事沟通等沟通实务。

第一节　沟通的概念

一、沟通的概念、要素、目的和作用

（一）沟通的概念和目的

美国心理学家沙赫特做了一个让人与世隔绝的实验，他以每小时 15 美元先后聘请 5 位志愿者，让其进入一个与世隔绝的小屋，里面除了提供必要的物质生活条件外，没有任何社会化信息进入，实验待的时间为 2 小时至 8 天，待了 8 天的人表示，如果再待 1 分钟就要被逼疯。实验结论是，沟通对每个人都必不可少，每个人都害怕孤独。

沟通简单讲，是指一方将信息传递给另一方，期待其作出反应的过程。就一个组织的管理而言，也就是管理者与被管理者之间、管理者之间、被管理者之间或组织成员与外部公众之间发生的，旨在完成组织目标而进行的信息发送、接受与反馈过程。

沟通应该包括以下方面的含义：

（1）沟通是沟通者之间意识的传递和交流。

（2）意识的传递必须编制成能表达意识含义的信息，而这个信息必须能让沟通双方的人准确理解。

（3）信息的编码和译码需要沟通者拥有相关知识，知识的质量影响了信息的质量和沟通的质量。

（4）信息传递必须借助于一定的方式和媒介或传递渠道。如语言必须借助于口、耳和空气；文字必须借助眼和光；邮件必须借助网络、计算机等。

（5）沟通的主要目的是让对方理解各自的意识或观点。当然，也有许多人认为沟通的目的是达成一致协议或让对方接受自己的观点等。

（二）沟通的主要作用

（1）可以收集各类信息，如决策信息、计划执行情况信息等，使决策和管理更加合理和有效。

（2）可以改善人际关系、为员工提供情绪表达途径、稳定员工的思想情绪、满足员工的社会需要、统一组织行动等。

（3）组织目标和成员目标一般并不一致，通过有效的沟通，可以使组织成员的行为与

组织要求趋于一致。

（4）沟通对组织成员的行为具有控制作用。如沟通可以让员工了解组织的相关制度、政策等，让员工的行为符合相关规定等。

（5）沟通是组织与外部环境联系的桥梁。任何组织都处在一个大的社会环境中，与社会进行能量交换和信息交换。

（三）沟通的要素

从沟通的定义和沟通形成的过程看，沟通的关键要素包括：

（1）信息发送主体：即信息产生的源头。

（2）信息编码或信息：指信息发送体将自己的意识或观点编制成可以传递的信息。

（3）信息接收主体或沟通的对象：指信息发送的对象，或沟通的另一方。

（4）信息传递的媒介或渠道：即信息通过什么方式和借助什么媒介进行传递。

（5）沟通的环境：指影响沟通进行的因素，如信息干扰因素，包括沟通的场景、社会文化背景等外部环境；个人的心情、态度、知识能力等内部环境等。

（6）信息的译码：指信息接受体对信息的接受和理解的过程。显然，这与信息接收主体的知识背景和对信息的重视程度等有关。

（7）信息反馈：即沟通对象对信息发送者回应信息的过程。

（8）沟通的目的：信息发送主题的沟通目的是否明确，对沟通的有效性具有重要影响。

即沟通是沟通主体或信息发送者在明确沟通目的的前提下，将自己期望表达的意识和观点编制成为可以传递的信息，然后，通过某种渠道或媒介传递给客体或信息接收者，客体对信息进行译码理解后，给主体反馈信息的过程，其中，信息往返传递的过程中还会受到噪声等环境因素对沟通的干扰。

二、沟通的主要类型

（一）按照沟通主体的不同，分为人际沟通、组织沟通、群体沟通和跨文化沟通

（1）人际沟通：人与人之间的情感和信息传递、交流的过程。它是组织沟通等其他类型沟通的基础。

（2）组织沟通：是在特定的环境下，以组织内的人际沟通为基础进行的部门之间的纵向沟通、横向沟通、团队沟通、冲突处理、跨文化沟通等。

（3）群体沟通：指发生在特定关系的人群中的沟通。

（4）跨文化沟通：指发生在不同文化背景下的人们的信息、感情等交流和传递的过程。

（二）按照信息载体的不同可分为语言沟通、非语言沟通和电子沟通

（1）语言沟通：包括口头沟通、书面沟通等。

（2）非言语沟通：包括身体语言，如动作姿态、服饰仪态、空间位置等；副语言，如音、调、语气、节奏等；物体操纵，如物体的运用、环境的布置等。

（3）电子沟通：如电子邮件、视频、电话、计算机、传真机、复印机等，使沟通行为更加有效。

（三）按照沟通途径的不同可分为正式沟通和非正式沟通

（1）正式沟通：指依据组织程序进行的沟通，如会议、文件的传达，任务的协商等。按照信息的流向不同，正式的沟通可分为下向沟通、上向沟通、横向沟通、外向沟通等。

（2）非正式沟通：指没有组织制度约束的沟通，如沟通对象、沟通时间、沟通内容等均是没有计划和规定的。非正式沟通通常是利用社会关系进行的沟通。

（四）按照是否有信息反馈可分为双向沟通和单项沟通

（1）双向沟通：指有反馈信息的沟通。如讨论、面谈等。

（2）单向沟通：指没有信息反馈的沟通。如通知、指示等。

（五）按照沟通的内容可分为情感沟通、业务沟通、制度沟通和组织外部沟通

（1）情感沟通：指感情、冲突、美感、道德、价值观等方面的沟通。

（2）业务沟通：指与工作内容等方面相关的沟通。

（3）制度沟通：指与组织的任务、责任、权利分配等体制，以及绩效评价、利益分配机制等方面的沟通。

（4）组织外部沟通：指与组织外部的各类个体、群体、组织、政府等的沟通。

第二节　沟通的有效性

一、有效沟通的影响因素

影响沟通的因素或产生沟通障碍的原因主要涉及三大方面：主体因素、客体因素和环境因素。

（一）主体因素

主体指信息的发送者，包括组织和个人。

1. 组织作为主体的主要影响因素

（1）组织已有的社会形象或公众形象。如产品和技术的形象、服务质量和态度的形象、员工和领导的整体形象、文化形象、视觉形象、信誉形象等。这些形象会影响信息接受主体对信息的接收和理解，良好的形象有利于提高沟通的有效性。

（2）信息媒介的选择。组织信息传递的媒介较多，如网络等电子媒体、报刊等印刷媒体、各类广告代言人、赠送带有信息的物品等。显然，沟通媒介选择的合理性会影响沟通的效果。一般而言，媒介的选择需要考虑沟通内容的特点、沟通对象的特点和组织的成本。

（3）组织的结构。组织有许多类型的结构，其中传统的等级制组织结构是显然不利于组织内部沟通的。

（4）领导的风格。领导的风格有许多种，整体看，以指挥为主的领导风格不利于领导和员工的双向沟通，以支持为主的领导风格利于领导与员工的双向沟通。

（5）组织的文化。一般而言，组织的文化表现为专制和人治型文化，不利于双向沟通，民主型文化利于双向沟通。

（6）组织的战略和环境。如果组织的战略需要一种讲纪律、强控制的管理文化配合，显然是不利于有效沟通的；如果组织的社会文化环境、民主气氛弱，也是不利于有效沟通的等。

2. 个体作为主体的主要影响因素

（1）个体的性格、气质、态度、情绪、价值观、心理预期等，会影响沟通方式选择和沟通效果。

（2）个体关注问题的重点、个人的知识水平和个人形象等，会影响信息编码的可理解性，沟通对方的态度、兴趣、理解程度等。

（3）个体沟通媒介的选择是否适当等，也会影响信息的准确传递和沟通效果。

（4）信息本身的质量和传递方式，如简明性、新颖性、传递的重复率、信息刺激的对比度等。

（5）沟通联络方式选择不当，或原则、方法使用不活造成沟通障碍。如语言系统选择不当，可能导致误解、歪曲等。

（二）客体因素

客体指信息接受主体或沟通对象，其影响因素主要包括：

（1）个人的性格、气质、态度、情绪、价值观等的差别，会使信息在沟通过程中受个人的主观心理因素制约。

（2）受到个人记忆、思维能力的影响，往往会降低信息沟通的效率。

（3）客体常常忽视对自己不重要的信息，不关心组织目标、管理决策等信息，而只重视与自身物质利益有关的信息，也可能使沟通发生障碍。

（4）信息的发送者和接收者之间的关系或地位不对等、关注的重点不同等也会形成沟通障碍等。

（三）环境因素

影响沟通的环境因素主要指物质、空气、噪声、色彩等物理环境和文化等社会环境。这些因素主要包括：

（1）信息的发送者和接收者的空间距离太远、接触机会少、社会文化背景不同、种族不同而形成的社会差异等影响信息沟通。

（2）噪声等干扰因素会影响信息的传递准确度、沟通者的心情和情绪等。

（3）光线、色彩、对比度等因素会影响沟通者心情感受、分散注意力等。

（4）空气的气味、湿度等也会影响沟通者的情感、行为等。

二、沟通的无效和有效问题

（一）无效沟通及其形成原因

1. *什么是无效沟通*

无效沟通是指沟通的主体或客体没有或部分没有达到沟通的预期目标。显然，对于无效沟通的认定标准目前只能是一个定性的标准，很难量化，且沟通效果的认定也只是双方的一种心理感觉。

随着对沟通研究的不断深入，沟通是否有效也开始有了一些客观的指标评价体系，如目标实现程度、信息理解程度、双方的价值判断标准、双方的态度和行为等。

现在有效沟通的标准也有一些争议，如有些学者认为沟通的有效性标准主要是信息是否被双方准确理解，不是双方是否达成协议等。

2. *形成无效沟通的原因分析*

产生无效沟通的例子和原因都很多，整体看，主要包括以下几方面：

（1）沟通的目的不明确。沟通的主体在沟通实施前，没有认真思考沟通的目的、必要性等问题，因此，沟通中要表达的意识和观点也不明确等。

（2）信息的编码有误。沟通的主体因为其知识水平、态度、情趣等方面的原因，没有将自己的意识和观点准确表达在信息编码中。如错误表达、偏离主题的表达、不简明的表达、采用难懂的术语或方式表达、采用过多不必要的细节、语速过快、语调怪异、语气对方难以接受等，均会影响沟通的有效性。

（3）沟通的渠道和媒介选择不当，导致信息传递出现障碍、信息遗漏、信息失真等，影响沟通的有效性。

（4）客体或信息接收者的素质、态度、情趣和行为等问题。如客体没有准确译码的能力、不集中注意力或不倾听、对主体缺乏信任不愿意配合沟通、情绪激动拒绝沟通和反馈等，影响沟通的有效性。

（5）沟通的环境问题。如噪声、气候、光线、气温等自然环境和周围的物理环境、工作环境等问题，可能导致信息传递受阻、失真、主体不能准确表达信息、客体不能有效注意接收信息等，影响沟通的有效性。

（6）沟通的时机和策略问题，如沟通的时间不够、沟通的地方选择不合适、沟通的方式有误（如应该书面沟通的选择电话沟通等）、沟通对象不合适（如应该找主管的找员工等）等，影响沟通的有效性。

（7）沟通双方的差距问题，如地位不平等、制度标准不公正、双方文化背景差距大、组织职责划分不清楚等，影响沟通的有效性。

（二）如何实现有效沟通

有效沟通是沟通者和沟通对象都期望达到的目标，但达到有效沟通是较困难的，需要系统地满足沟通的条件，如环境的配合、沟通者态度情趣的配合、渠道方式的适合、沟通时间的适合、沟通信息的质量等。

1. 实现有效沟通需要遵循的主要原则

（1）准确性和完整性原则：包括沟通目标准确和完整、信息表达准确和完整、信息传递准确和完整、客体对信息的理解准确和完整等。

（2）具体化原则：指沟通的整个计划要完整具体。如目标内容要具体、沟通对象要具体、沟通的时间和地点要具体、沟通的渠道和方式要具体等。沟通是一个系统的计划过程，特别是复杂的沟通问题，如重大谈判问题、重大冲突事件的处理问题等。

（3）清晰化原则：如沟通的思路要清晰、信息的表达内容要清晰、信息表达的语言要清晰等。这是得到对方倾听、理解和合作的前提。

（4）简明原则：如沟通的意图和目标简明、沟通的内容和信息表达要简明等。

（5）礼貌原则：沟通者的言语表达、态度行为等尊重礼仪和礼貌，分寸把握要适当，具有沟通的素养、技巧和能力。

（6）换位思考原则：沟通中不能只考虑自己，还要站在对方角度考虑问题，才能得到对方的配合，进入更深层次的沟通。

2. 有效沟通的过程控制

（1）沟通计划的分析制订。

沟通的必要性分析或评估：如沟通的目的和原因，不沟通或沟通失败的后果，沟通的最好结果和最坏结果以及最有可能的结果分别如何等。

信息及其分析评估：如沟通的信息资料准备情况，对自己经验和能力的评估情况，对沟通对象的了解情况及其评估，如性格、水平、地位、可信度等。

沟通各个环节可能出现的难点及其解决方案情况评估：如各个环节的困难有哪些，可能出现哪些意外情况或难以进行的结果，可能影响沟通的环境因素，分别是否已经有了较适合的应对方案等。

沟通的内容及其预期目标制订：依据以上的分析确定具体的沟通内容和预期目标。

沟通的实施计划制订：如沟通方式和渠道的确定。是书面沟通，还是电子沟通或语言沟通，是直接沟通还是间接沟通，是通过组织正式沟通还是非正式沟通等；制订计划实施的步骤、时间、地点、人员以及各个步骤涉及的主要内容和阶段性目标等。

（2）沟通计划的整体检查和评估。

如目标和观点是否清晰，观点的表达是否简明准确和容易被对方理解，沟通的渠道和方式是否适合，沟通的时间、地点、时机的选择是否合适，出现意外或沟通障碍或冲突的排除或解决方案是否合理及其结果如何等。

（3）具体沟通过程的准备情况评估。

如沟通的具体时间和时机选择是否合理，沟通的时长如何控制，对方是否愿意参加这样的沟通或其同意沟通的理由，对方如何看待这一问题及其可能的预期目标，沟通的场地如何布置，哪些情况会表现出对方是否愿意继续沟通的意愿，分别如何应对等。

（4）换位思考评估。

如假设你是对方，这些计划的目标、内容、沟通方式、沟通时机等的选择是否合理、是否应该适当调整等。

第三节　协调与冲突管理

一、协调的概念和内容

（一）协调的概念

协调是指组织的管理者运用组织内外资源和条件，正确处理组织内外各种关系，平衡组织成员间的权利和责任，避免潜在冲突的发生并化解现有的冲突和矛盾，以达成组织目标的全过程。

广义的协调包括组织内部协调和跨组织协调。组织内部协调的核心活动是有效沟通、冲突管理、建立良好的人际关系；跨组织协调的核心是建立有效的社会网络关系。

（二）协调的内容

协调的内容比较广泛，主要包括组织内部的协调和外部的协调两大部分。

1. 组织内部的协调内容

如权利和利益的协调问题，主要是集权和分权的合理程度及其平衡问题，股东、组织、员工、领导层等的权利和利益关系问题等；部门之间的协调问题，包括部门之间的业务关系协调、部门之间的联系关系协调、职能部门与直线部门之间的关系协调、资源和任务的分配与协调等；内部人际关系的协调问题，包括上下级的人际关系、同事间的关系等；组织的各类冲突协调问题等。

不难看出，内部协调工作主要在计划、组织工作中通过分析、沟通、决策等方法解决。

除人际关系协调外，组织的内部协调工作主要表现为计划工作和组织工作的范畴。

2. 组织外部的协调内容

如组织与消费者的关系协调；组织与供应商的关系协调；组织与行业内相关组织的关系协调；组织与政府的关系协调；组织与社区的关系协调等。

显然，外部协调工作应该主要在战略计划的指导下，通过沟通、形象策划、优质服务等方式实现。

二、冲突及其主要类型

（一）冲突的定义

冲突是一种过程，这种过程始于一方感觉到另一方对自己关心的事情产生消极影响或将要产生消极影响，因而使双方产生了矛盾。这个矛盾可能出现在个人与个人之间、个人与组织或群体之间、组织或群体与组织或群体之间。

（二）冲突的主要类型

1. 按冲突的影响来分，冲突可分为建设性冲突和破坏性冲突

（1）建设性冲突。

我们一般将具有积极作用的冲突称为建设性冲突。这种冲突表现为以下特征：

一是目标基本一致，只是在方法和手段上面出现矛盾，关心的是组织的目标如何更好地实现。争议的结果一般能提高技术或管理的创新及其效率。

二是双方均愿意甚至期望了解对方的观点。双方均期望通过沟通达成一致。

三是以解决问题为中心，对事不对人。

（2）破坏性冲突。

我们将具有破坏性作用的冲突称为破坏性冲突。一般这种冲突是一种为了自身利益或信仰或形象等发生的冲突。这种冲突主要表现为以下特征：

一是关心的重点不是组织的利益，而是个人或群体在冲突中的胜负。

二是不愿意了解对方观点，甚至阻碍沟通，不想给对方表达的机会等。

三是争论中主要是对人或对对方进行攻击。

四是冲突的结果会造成组织的整体关系紧张、士气低落、效率下降等。

如你正在主持一个会议，意见对立的双方由争辩发展到恶语相向，你会怎么办呢？显然，会议争辩本来应该属于建设性的冲突，但发展到恶语相向，表明这个会议已经由建设性冲突转化为了破坏性冲突。作为会议的主持人，应先把双方争论的问题和关注点记录下来，然后建议大家安静或休会一段时间，等大家心平气和坐下来后，应再次阐述本次会议的目的是商量某一问题的解决方法，不是争论谁输谁赢。等局面控制后，再要求双方各派一名代表将己方的意见、观点、计划总结出来，通过轮流发言分别阐述自己的理由，最后形成一致意见。

2. 按内容不同，可分为目标冲突、认知冲突、感情冲突和程序冲突

（1）目标冲突主要是因为理解不同、价值观不同、需求不同等产生的一种目标导向或预期不一致的状态。

（2）认知冲突是指对待某个问题出现观点、认识、看法等不一致产生的冲突。

（3）感情冲突是指情绪、相互不喜欢或不信任等产生冲突。

（4）程序冲突是指在解决问题时因为程序看法或主张的差异，或对程序理解的差异导致的冲突。

如两个在一家具市场工作的员工，一位是基层推销员，一位是公司信贷部的经理，这两位都是女性，彼此认识多年，个人关系较好，但她们两人却时常发生冲突。因为推销员期望给主要顾客采用赊购方式，而公司信贷部的经理期望将公司在信用贷款方面的损失减少到最低程度。显然，她们之间的冲突毫无个人问题，是各自的工作要求导致的。这个冲突是因为职位不同，看待问题的角度和对工作任务的理解不同，产生了工作不协调的冲突问题，属于目标冲突和程序冲突的范畴。

解决这类问题的主要做法应该是明确工作规则、政策和程序，即通过工作标准化明确各自的工作目标、职责和权限，理顺工作关系，减少和防止冲突的产生。当然，她们两者之间加强沟通，进一步了解彼此的工作职责与任务，也有益于促进她们之间的工作协调。

3. 按照冲突发生的层次和范围不同，分为个人心理冲突、个人间的冲突、群体冲突和组织冲突

（1）个人心理冲突：指个人面对相互反向或排斥或互不相容的目标时，体验到的一种心理上的冲突。

（2）个人间的冲突：指个人间因为利益、观念差异等矛盾产生的各类冲突，包括领导与员工间的冲突、员工与员工间的冲突、领导与领导间的冲突等。

（3）群体冲突：指两个个体以上的群体间产生的冲突，如领导层与员工层产生的冲突，不同部门间的冲突，不同派别间的冲突等。

（4）组织冲突：指两个以上的组织间发生的各类冲突，如组织间的竞争和合作中出现的意见、利益、目标等方面的冲突等。

如某公司出现了一次减薪的冲突。因经济环境变化，公司出现了经营困难，员工本应每年加两次薪的习惯，今年没有按时履行。管理层认为，公司目前处于困难之中，又要求员工体谅并考虑适当减薪，但工会讨论的结果是：25%同意，但要求管理层作出同样牺牲；多数员工犹豫，有的甚至反对。对此，管理层没有任何承诺，其后，公司经营更加困难，甚至传出要解雇员工的消息。此时，员工开始同意减工资，但要求公司情况好时员工可以以一定方式分享公司的利润补偿。可领导层又没有给予正面回答。对此，员工很不满。

这个冲突是上下级间的群体冲突，问题产生的原因是管理层回避沟通产生的，具体而言，是员工提出有条件减薪要求后，领导处理问题的态度和方式不适当引起的冲突，责任主要在管理层，适合用协商方式解决。首先，要员工减薪是合理要求，因为公司有困难，员工也有义务帮公司渡过难关；员工提出有条件减薪的要求也是合理的，但领导处理问题的态度没有协商意愿，对员工没有应有的尊重，对员工的良好意愿没有积极响应。管理层应该充分肯定员工的牺牲精神，积极主动与员工沟通，同时，进一步明确共同利益和冲突强化的严重后果，通过协商达成共识。

三、冲突产生的原因及过程

（一）冲突产生的原因

（1）个人本身的原因。

如个人的基本价值观、认知的差异、性格、素质、品德、知识、经验、权力欲望等方面

的差异都有可能成为产生冲突的原因。

（2）利益和资源的争夺。

如双方或多方的经济利益不一致、对现有资源的争夺、对成果分配的争夺等可能诱发冲突。

（3）信息不对称。

如信息沟通渠道是否畅通、来源是否一致、得到的信息是否全面或一致等都是冲突产生的原因。

（4）职位差异。

如所在的职位不同，会导致看问题的角度不同，常会引起意见分歧形成冲突。

（5）职责不清、权利划分模糊、分工不适当等。

如各种类型组织自身的职责、职权划分的混乱和矛盾，会导致相互推卸责任等引起冲突；分工粗细不当，导致成员所负责的工作的模糊程度越高，冲突出现的潜在可能性就越大等。

（6）组织变化导致不习惯。

如组织变化引起员工习惯的改变和对未来的不同预期改变等，可能引起的冲突。

（7）组织的风气不正。

如组织整体的没有规矩、风气不正而引起冲突等。

简单讲，冲突产生最关键的原因是利益、权利和文化。其中文化冲突是最难协调的冲突，表现为价值观的冲突，如国家间的冲突、民族间的冲突、组织间的冲突等；利益是产生冲突的根源，包括政治利益、经济利益、个人利益、国家利益、组织利益、民族利益、社会利益等，但利益形成冲突常常会与权利和文化因素有关。

（二）冲突形成的主要过程

冲突是一个由差异矛盾产生冲突意识，再到冲突行为意向，再到冲突行为的逐步发展和变化的过程。目前关于冲突形成过程研究，较有影响的是美国行为科学家庞迪提出的五阶段模式。

第一阶段：出现潜在的矛盾或冲突

如个体或组织在发生交往的过程中，逐步积累一些不一致或矛盾，如果这些矛盾积累过程中，双方缺乏必要的沟通和合适的方式处理，就有可能形成冲突。因此，这个阶段为冲突的潜伏期。

第二阶段：出现认识和感觉冲突

随着矛盾积累到一定程度，就会被冲突方主观认识到，甚至还可能出现相关紧张和焦虑，使矛盾和冲突问题逐步明朗化。这个阶段是冲突的认知期。

第三阶段：出现冲突的行为意向

在冲突主体之间出现感知冲突后，双方如果没有采取合适的处理方式，有可能导致双方开始考虑行为方向与行为策略选择等问题，这个阶段是冲突行为的意向和策略思考阶段。

第四阶段：出现行为冲突

在冲突主体思考行为的方向和策略后，会正式地做出或落实其冲突行为，以实现自己的目标或阻止对方目标的实现等。显然，这一阶段会使冲突公开化，具有公开的冲突行为，如相互施加影响的动作等。这一阶段是冲突的公开阶段。

第五阶段：冲突结果的形成

在冲突双方或多方出现公开甚至激烈的一轮或多轮行为冲突后，最终会出现一个冲突的结果，一般包括双赢结局、双损结局、一赢一输的结局。如果出现双损结局和一赢一输的结局，可能会为以后的新冲突形成潜在条件，因此，冲突的结果可能并不意味冲突的结束。

整体看，冲突结局可分为功能正常的和功能失调的两种。功能正常的冲突会提高组织的工作绩效，功能失调的冲突会降低组织的工作绩效。

四、冲突管理的主要方法和策略

冲突管理一般涉及两大方面：一是防治冲突的发生，将冲突处理在萌芽状态；二是促进和引导建设性冲突，控制和消除破坏性冲突。所以，促进建设性冲突，预防破坏性冲突，将破坏性冲突转化为建设性冲突，控制和消除破坏性冲突均是冲突管理的范畴。

（一）冲突管理的基本原则和方法

1. 预防为主的原则

一是建立组织本身对冲突的免疫能力。如合理地建立组织责权制度，简明管理流程等；提高人员素质，合理配备人员，减少性格格格不入的人员在一起等；培育利益共同的理念、价值观和文化，以及倡导建设性冲突和厌恶破坏性冲突的文化和风气等；实现信息共享，健全沟通渠道；建立科学、明确、公平的考核制度和绩效分配制度，一定限度实现岗位轮换，强化岗位间的相互了解和理解等；对员工和管理人员进行培训，使每个人都有一定分析和处理冲突问题的能力等。

二是在组织出现破坏性冲突苗头时，及时处理，将问题处理在萌芽状态。

2. 分类管理原则

一方面，组织中应该建立快速识别建设性冲突和破坏性冲突的分类机制和标准，从而实现有效激励建设性冲突和遏制破坏性冲突；另一方面，对于一般的破坏性冲突可以由组织本身的免疫能力解决，将处理力量及时放在关键的、对组织绩效和风气影响大的关键破坏性冲突上。

3. 双赢原则

处理破坏性冲突时，应该始终保持公平公正的立场，采取价值观教育和引导方法、在双方理由基本合理时采用协议方法、在冲突难调节时设立中介部门评价或仲裁等缓冲方法等，尽量让双方心服口服，以便矛盾能够得到长期解决。

4. 把握冲突要害的原则

在处理冲突前，应该认真沟通调查冲突产生的原因，并进一步确定关键原因，在此基础上有的放矢，找到化解冲突的钥匙。

5. 制度化原则

将一些经典的、大家公认的案例解决办法，转化为组织的制度或文化保留在组织中，不断提高组织自身免疫冲突的能力。

6. 艺术性原则

冲突涉及不同类型的人员、组织等，如何对不同的人员采取及时应对的策略，稳定其情绪，保持良好的沟通氛围等，均需要领导有丰富的经验和应变能力。因此领导本身需要不断提高相关素质和能力。

（二）基本的冲突管理策略

1. 竞争策略或强制策略

这是一种不合作的冲突解决策略，结局是创造胜败结局、运用对抗优势或权力优势迫使对方认输。

一般情况下不应该使用这种策略，因为会产生新的矛盾和将来可能出现更大的冲突，也会损害自身的社会形象。

竞争策略一般应用的情况包括：情况紧急，必须快速处理；冲突对组织影响大，且自己基本确信观点或问题的对错，不利于久拖；必须保护自己，应对完全不讲理的人；自己有显著优势，对方或多方不合作，且冲突结局对组织未来发展影响不大等。

2. 协作策略或合作策略

这是一种能正视分歧，具有共同协商解决问题的意愿和态度，寻求合作方式和共赢结局的冲突管理策略。这是一种较受社会欢迎的管理策略。

协作策略一般应用的情况包括：问题对双方利益重大，均无法妥协；期望自己的处理方式得到对方和社会的认可，将冲突转化为将来的合作机会；冲突处理的公正性对组织形象影响较大，对将来的发展影响较大；双方力量均衡，且有合作意愿等。

3. 回避策略

这是一种既不满足自己目标，也不满足对方目标的策略。一般用拖延、不理睬、转移目标等方式不将冲突列入考虑对象，忽略冲突并希望其消失。回避策略有利于暂时避免问题扩大化。

回避策略一般应用的情况包括：双方均没有能力解决冲突问题；输赢对自己影响不是很重要；冲突各方均有不合作态度；相互信任度低，缺乏沟通的基础等。

4. 迁就策略

这是一种退让、屈服和顺从，甚至将对方利益放在自己利益之上的策略。

迁就策略一般应用的情况包括：对方力量优势过大；对方对自己很重要，自己对对方不重要，继续冲突不利于自己目标的实现；自己没有有效的反击手段等。

5. 折中策略

这是一种通过多轮谈判，双方作出部分让步、寻求共赢结局的策略。这是大家较广泛使用的策略。

折中策略一般应用的情况包括：冲突双方或多方没有一方有能力把控局面；双方未来的关系对双方很重要；双方的目标相反，但力量均衡，竞争策略和合作策略均不适合；问题过于复杂，作为短期解决办法等。

6. 教育和培训

这是实行教育和培训计划，统一有关人员的认识，协调他们的期望和目标，在部门或整个组织范围内改变工作方法和组织气氛，也是减少冲突的一种策略。

（三）难以相处的人的应对问题

有学者从减少对本人的焦虑和控制对方行为的角度讨论过相关问题，相关的方法主要有：

（1）控制好自己的情绪。即当很生气的时候要控制情绪，让自己始终保持冷静和思考的状态。

（2）适当限制联系。特别要尽量限制与这些人的不必要互动。

（3）通过第三人采取非正式的沟通方式，化解其心中的问题，同时，换位思考对方的感受。

（4）表扬其工作好的地方或行为，不予理睬不好的行为。通过强化逐步规范好其行为。

（5）有礼貌的反抗。有礼貌地说出对其行为不满的地方，或不能接受的地方。

（6）对特别难缠的人应该团结对其不满的人共同应对其错误行为。当然，其过程应该公正，不要以领导地位强迫压制员工的正当行为和正当利益。如果员工遇到这类领导也应该通过法律途径捍卫自己的利益。

第四节　沟通实务

一、人际关系处理

（一）人际关系的概念、类型和作用

人际关系是指人们在团体交往过程中，由于相互认识、相互体验而形成的心理关系。它反映着在团体活动中，人们相互之间的情感距离和相互吸引与排斥的心理状态。

人际关系状态的类型主要包括：协调型人际关系、友好型人际关系、亲密型人际关系、不协调型人际关系、紧张型人际关系、敌对型人际关系。

人际关系的作用或功能主要表现在：沟通信息、完善自我、融洽感情、提高效率等方面。

（二）人际交往的主要目的和影响因素

1. 人际关系的目的和动因

人们进行人际交往的目的一般有三个方面：满足容纳和包容的需要；满足支持、支配和控制的需要；满足感情的需要。

而心理学家魏斯认为，人一般存在的基本需要包括：依附需要；社会整合需要；获得支持，实现价值的需要；建立可靠同盟的需要；寻求指导的需要；关心他人的需要。这些都是人际交往的动因。

2. 影响人际关系的主要因素

（1）客观因素主要包括：距离的远近性；态度、性格和价值观的相似性；交往的频繁性；需要的互补性；人品的修养和仪表的吸引性等。

（2）主观因素主要包括：人际知觉的偏见，如首因效应、近因效应、晕轮效应、刻板效应等；自我认知的偏见，如对自己的认识和评价往往不恰如其分，容易过高或过低估计自己等。

（三）建立人际关系的基本准则

1. 换位思考

如：将心比心，相互沟通了解和理解、建立信任等。

2. 善于沟通

如：多一些笑容、多一些赞美、多一些感谢，不要炫耀、少干预、尊重差异等。

3. 双赢思维

如：换位看待利益关系、动态看待利益关系、正确对待竞争与合作的关系等。

4. 坚持原则

如：尊重规则、制度、规范、文化；守住个人底线等。

（四）上下级关系和同事关系的处理

1. 领导与下属相处时应注意的主要问题

（1）不要以自己是上级的态度处理关系，尽量通过提高自己的人格魅力，得到下级的尊重和认可。

（2）善于向下级清楚表达自己的意向或观点。

（3）了解下级的真实意向，并尽量满足其合理的需求。

（4）关心下级的工作和生活，多为下级办有益的实事，但难做的或不应该做的事也应该说明原因，或果断拒绝。

（5）信任下级，并委以工作和责任。

（6）当下级出现可原谅的错误时，明确告诉他，任何人都会犯错。

2. 下级与领导处理关系时应注意的主要问题

（1）明确弄清楚领导对自己的希望和要求。

（2）表现出对工作的依靠、忠诚和兴趣。

（3）尊重领导的权威，适当地寻求领导的帮助和指导。

（4）提高自己的素质、能力和真诚，让领导觉得办事踏实。

（5）认识到领导也有困难、问题并且也会犯错，正确评价领导的优缺点。

3. 与同事相处应该注意的主要问题

（1）对其他人的工作尽量给予支持和帮助。

（2）无论何时都要保持礼貌，保持对人的坦诚。

（3）在人格上保持一定修养，努力使自己成为乐观、积极、阳光的人。

（4）努力使自己真正成为群体的一员，了解和尊重群体规范。

（5）表示出对他人的重视和赞扬，承认别人的价值。

（6）善于征询意见和表达自己的意见。

二、倾听的不良习惯与改进

简单讲，倾听是接收口头信息和非语言信息、确定其含义并做出反应的过程。即倾听不完全是听的问题，是耳朵、眼睛和心理综合行动反应的行为和过程。

（一）倾听在沟通中的作用

（1）可获得重要信息，还可能激发自己的灵感。

（2）多听少言可以掩盖自己的弱点。

（3）多听、用心地听，才能说出有针对性和有实际作用的建议。

（4）倾听可以激发对方的说话欲望，获得更多的信息。

（5）倾听才可能发现能说服对方的关键意见。

（6）倾听有利于获得友谊、信任和对方的尊重。

（二）倾听的个人不良习惯

1. 用心不专

如倾听时不关注其说话内容，关心其他方面，或表现出不认真的态度等。

2. 急于发言

在对方还没有说完时，急于发言打断对方说话。

3. 排斥异议

只选择听自己赞同的观点，不听与自己不同的观点。

4. 保护自己的心理定式

对方在说的时候，自己已经有了一个结论或决定，因此，不想听别人的观点和解释。

5. 不让对方解释或辩解

如表现出不愿意继续倾听的意图和行为等。

6. 敷衍、抵触和激动等不良行为、态度或习惯

（三）倾听双方的改进

1. 倾听者习惯的改进

（1）克服自我心理，注意对方的存在。如倾听不要走神，适当地使用目光接触、赞许性点头、适当时候用自己的话复述对方的内容等。

（2）要有耐心，不要随意插话。在合适的时机完成倾听者和说话者的角色转换，不要过快地思维跳跃等。

（3）尊重对方的意见和观点的差异。不要有偏见，也不要认为自己的观点就一定正确，认真了解不同的观点。

（4）不要激动，要控制好情绪。

2. 说话者习惯的改进

沟通需要双方的努力，说话方也需要注意一些问题，特别是语言表达方面：

（1）要尽量简明，不要说得太细，对方的记忆是有限的。

（2）不要使用难理解的省略语言、专业术语、方言等。

（3）不要在短时间内包含太多信息。

（4）尽量保持口头语言和身体语言一致。

三、上下级沟通问题

（一）沟通的意图分析

1. 上级找下级沟通的主要意图或需求

得到任务安排上的支持；执行上级的指令；反馈任务完成的情况；主动帮领导分忧；提供可靠信息。

下级应该适应领导的风格，分析其关注重点，简单清晰地说明问题的情况及其你打算的解决思路和方法。

2. 下级找上级沟通的主要意图或需求

得到领导的关心和理解；得到领导的支持和指导；得到清晰的任务指令；得到及时的意见反馈；得到保持对问题沟通和协调的意愿等。

上级应该注意说明任务要求和对下级的期望，表示理解和支持的态度，信守承诺，同时

对不合理的要求也要果断拒绝。

（二）和领导沟通应该注意的问题

1. 不要吹嘘，更不能答应明显不会做的事情，树立可靠形象

和领导说话要思考自己的言辞，避免说大话和说错话，领导不喜欢大话和说话太随意的人。

对于领导安排的工作也不要事事同意，明显不能做的事应该和领导说明原因，请有经验的人指导或请领导安排有能力做的人，当然，都不能做的难事，领导要求进行研究性的工作，可以努力去做的。

2. 少说多听，少说多做，树立踏实形象

一方面，沟通中少说多听，尽快清楚领导的意图和要求，并在适当的时机确认其要求，以免错误执行领导的指令产生不良后果；另一方面，领导最关心的是你做了多少，不是你说了多少。

3. 勇于为领导分忧，树立敢担责任的形象

对于都不愿意做的事，也要在说明真实情况的基础上，勇于为领导分忧，且尽量努力把事情做好，做的过程中及时反馈进展和工作情况。

4. 尊重领导，不要损害领导面子和形象

四、同事间的沟通问题

（一）沟通的意图分析

一般而言，同事、同学间的主要沟通意图或需求可能包括：协商解决问题的办法；得到理解和尊重；得到支持和帮助；得到心理、精神和情感上的满足或安慰等。

（二）和同事沟通需要注意的主要问题

1. 表现出对沟通的兴趣和重视

如注意倾听、适当反馈等。

2. 少说多听

尽快清楚沟通的意图和需要提高的帮助、支持和安慰。

3. 谦虚谨慎，不要吹嘘

轻浮的人、吹嘘的人，一般不会得到同事的喜欢，时间久了可能会令人厌恶，甚至被孤立。当然，谦虚不是不要自信，是不要自负。

4. 礼貌待人

对人多一些合理的赞许，多一些感谢，不要将自己的观点强加于人，尊重差异等。

5. 在能力范围内尽量提供帮助，但也要学会合理拒绝

在同事有困难时应该尽量提供帮助和支持，但对于部分要求也要学会合理拒绝。许多人为了面子甚至委屈自己答应别人的请求，结果不仅没有保住面子，反而损害了自己的尊严。一般而言，自己不能做的事、做不到的事、不喜欢做的事、职责外的事、实在没有精力做的事等，应该拒绝。具体而言，拒绝时应该先弄明白需求，然后，语言不强硬但意识明确果断，同时表示对同事的理解，自己只是对事不对人。对不能马上分清楚的事情，可以尽快问清楚后答复或拒绝。

6. 不在背后议论别人的同事

背后议论别人，容易降低别人对你的信任，甚至会使别人害怕与你交往。

7. 不谈论敏感问题

一般而言，同事应该多议论与工作相关的问题，少打听对方家里的私事、工资收入、没有核实的谣言等。别人打听时可以模糊回答，如还行等，或借故回避，如我先处理点别的事等。

本章的知识点和问题思考

一、主要知识点

（一）名词

1. 第一节的主要名词

沟通；沟通主体；沟通客体；沟通渠道；人际沟通；组织沟通；非语言沟通；电子沟通；正式沟通；非正式沟通；双向沟通；单向沟通；情感沟通；制度沟通；组织外部沟通。

2. 第二节的主要名词

有效沟通；无效沟通；沟通环境；沟通目标；沟通的准确性原则；换位思考原则；沟通的具体化原则。

3. 第三节的主要名词

协调；冲突；外部协调；内部协调；建设性冲突；破坏性冲突；目标冲突；认知冲突；感情冲突；程序冲突；个体冲突；群体冲突；组织冲突；跨文化冲突。

4. 第四节的主要名词

人际关系；倾听；心理定式；上向沟通；下向沟通；横向沟通；斜向沟通。

（二）简述

（1）简述沟通及其主要作用。

（2）简述沟通的要素。

（3）简述影响沟通的主要因素。

（4）简述无效沟通的特征及其形成原因。

（5）简述有效沟通的原则。

（6）简述实现有效沟通的步骤。

（7）简述沟通前期准备的主要内容。

（8）简述沟通计划制订的主要内容。

（9）简述冲突产生的原因。

（10）简述冲突形成的过程。

（11）简述冲突的主要管理原则和方法。

（12）简述冲突的基本管理策略及其匹配的情景。

（13）简述人际关系及其类型。

（14）简述人们建立人际关系的主要目的。

（15）简述影响人际关系的主要因素。

(16) 简述人际关系建立的基本原则。
(17) 简述领导与员工处理关系应该注意的主要问题。
(18) 简述下级与上级处理关系应该注意的主要问题。
(19) 简述同事间处理关系应该注意的主要问题。
(20) 简述倾听的不良习惯及应该注意的问题。
(21) 简述和领导沟通应该注意的问题。
(22) 简述和同事沟通应该注意的问题。

二、相关问题思考

(一) 沟通的核心和本质是什么
(二) 如何依据沟通要素思考提高沟通效果的思路和方法
(三) 为什么人际沟通是各类沟通的基础
(四) 为什么提高沟通效果是一个系统工程
(五) 吹嘘有哪些坏处，为什么吹嘘对自己很不利
(六) 信息技术是如何影响人际沟通和组织沟通的
(七) 管理者可以使用哪些标准来评价沟通的有效性
(八) 沟通环境是如何影响沟通效果的
(九) 沟通的主体是如何影响沟通效果的
(十) 沟通的客体是如何影响沟通效果的
(十一) 沟通高手有哪些心理素质特征和知识素质特征
(十二) 组织如何提高冲突的免疫能力
(十三) 为什么冲突对组织不是越少越好
(十四) 有哪些思路方法可以激发组织的建设性冲突
(十五) 遇到破坏性冲突，谈一些你的主要处理步骤和方法
(十六) 面谈中，倾听者和说话者分别需要注意哪些问题

三、案例分析

(一) 比较一下语言沟通、非语言沟通和电子沟通方式的优点和缺点，并分别匹配一个适合应用的情景或实例

(二) 学习几种正式的沟通网络或渠道，比较其优缺点，并分别匹配一个适合应用的情景或实例

(三) 学习几种非正式的沟通网络或渠道，比较其优缺点，并分别匹配一个适合应用的情景或实例

(四) 比较正式沟通和非正式沟通的优缺点，并分别匹配一个适合应用的情景或实例

(五) 对目标冲突、感情冲突、认知冲突、程序冲突分别举一个实例

(六) 调查或给出一个冲突调节的案例，评价其解决的结果，分析其解决的好或不好的地方及其理由

(七) 利用冲突管理的原则评价一个冲突管理成功或不成功的案例，并指出关键原因

(八) 分析一下你目前的人际关系需求，期望通过人际关系帮忙解决你的哪些问题

（九）调查和整理一个企业的沟通系统，并对沟通方式和渠道进行归类

（十）学习一下关于人际关系处理技巧和能力素质要求，归纳一下自己的不足

（十一）归纳一些吹嘘的方式和行为态度，说明哪些是有可能无意中出现的和需要注意的

（十二）分析一些同学关系好和不好的原因

（十三）分析你喜欢的同学类型和不喜欢的同学类型，然后比较并评估一下自己的优缺点

（十四）对照倾听的不良习惯，比较和评价自己的优缺点

（十五）如果你有一个商业业务需要与客户沟通，写一个准备的工作提纲和沟通计划

（十六）你有一个项目期望有同学或同事参与进来，你打算采取的沟通内容和沟通方式，说明理由

（十七）调查一个组织的沟通制度的沟通效果，分析其原因

（十八）调查一个管理者，了解他们认为沟通员工好的经验、方法和制度，并作归纳和简单的分析

（十九）调查一个有较好业绩的销售员，了解他们认为客户沟通好的经验、方法，并作归纳和简单的分析

（二十）如果你是厂长，如何处理这两个车间的矛盾

厂长陆广威今年一直为本厂第一原料车间和聚合车间的不正常关系伤脑筋。从工艺流程上看，这两个车间是紧密衔接的，理应密切协作，才有利于全厂及这两个车间自身的利益。因为，聚合车间的生产固然依赖第一原料车间及时供应合格的原料，但后者的奖金也取决于前者对其产品的顺利接受。

聚合车间现任主任马辉是工程师出身，工作认真负责，但对人际关系不太敏感。第一原料车间主任张正是工人出身，精明能干，反应快，点子多，但自负而固执。在去年年终评比时，这两位主任之间闹了些矛盾。事后马主任颇为后悔，再三向张主任解释道歉，诚恳希望修复两车间及他们个人间的关系。但张主任却一直耿耿于怀，甚至演化为成见，处处找马主任的别扭，直到发展为宁可本车间奖金受损，也不让聚合车间取得方便。

陆厂长觉得这件事主要责任在第一原料车间的张主任，但他又是本厂的一位得力骨干。经过多次调解教育，未见张真正的改变，陆厂长只好把他调任采购科科长，把能力虽然稍弱但原则性颇强的原任该车间党支部书记李瑞调任车间主任。

陆厂长觉得为彻底解决这一隐患，他在征询厂长办公室工作人员的意见时，得到下列五条建议：

(1) 把新上任的李主任找来，向他明确指出搞好与聚合车间的关系，对他的车间及全厂会有哪些好处。

(2) 向李主任强调，现在存在着与聚合车间改善关系的有利条件和机会。

(3) 和马主任个别谈话，指出第一原料车间领导刚换人，新上任的李主任诚恳宽厚，赶快抓住这一良机，修好相互关系。

(4) 同时约见李、马两主任，要求他俩迅速改善关系，消除原有矛盾的后遗症。

(5) 不必做什么工作，他们自己会建立起良好协作关系来的。

你觉得这些建议如何，厂长的处理办法如何?

（二十）分析新入职大学生应该注意的沟通问题

某公司从各院校招聘一批学习优秀的毕业生充实公司各个部门，从南京某大学金融专业毕业的小洁在导师的推荐下，被招聘到该公司风险管理部，部门内有一位做财务出身的李女士带她学习业务。

到公司实习一个星期后，小洁就陷入了困境中。在学习业务中，她感到有些工作力不从心，有很多工作上的问题，感觉带她学习业务的李女士不是很愿意和她说话，这让她产生了困惑，她甚至认为这是带她的前辈不愿意带而故意疏远。

李女士到部门主管张经理那儿汇报工作，把这些天来小洁的情况告诉张经理，并希望张经理找小洁谈话，促进她进步和改进。

“小洁啊，你在跟李女士学习业务中有些浮躁，语气不太谦和，态度不行啊”，部门主管张经理找到小洁说到。

“是嘛，哎？有这个问题？怪不得李女士最近都不愿意跟我说话，感觉她不愿意带我呢。”

“小洁，你上进心很强，工作也很认真，在公司今后的发展中会有作为的，但李女士说你有时直呼她为‘哎’让她感到很不舒服，没有对待前辈的态度啊。”

“啊？是嘛，真的太不好意思了，这可能是在学校养成了习惯。”

“嗯，还有啊，经常打断她说话这点也不好呀，不能认真地把她说的话听完就说‘这个我知道了’，这是不能耐心倾听啊。”

“嗯，是的，我以为我弄明白了，我会做了呢，这我会改善自己的，耐心倾听。”

“而且李女士认为你迫切寻求答案，在她手头有工作或者会议时。你总是很急，在部门其他同事讨论问题时经常插入发言并使用‘我认为’这些语句，希望你能好好改进。”

显然，小洁这一代人受到的关心多而付出的关心少，相对来说不善于体谅他人，她没有很好地进行从学生到职员的角色转换，仍然以一种个性化的、平等地位的方式处理新人与前辈的关系。此外，这部分人群的主要特点是：成就动机较强，期待别人的认可，急于把自己的所学运用到实践中去，因此渴望受到较少的限制，拥有更大的自由发展空间，具有很强烈的挑战和创新精神，不甘于维持现状；理论水平高但缺乏实践经验，对现实的看法比较理想化；做事急躁，更渴望看到结果而忽略过程等。

从大学生本人和企业的角度分别说明应该注意的问题。

第八章
控　　制

本章的主要内容包括：控制及其与计划的关系；控制的过程和步骤；控制的类型；控制的原则要求、基本策略、艺术和技巧；常用的控制方法和工具；人员控制、成本控制、生产控制、研发控制、模式控制等控制实务。

第一节　控制概述

一、控制的概念

控制是根据事先规定的标准，监督检查各项活动，并根据偏差或调整行动或调整计划，使两者相吻合的过程。简单而言，控制就是管理者确保实际活动与规划活动相一致的过程，是监督、比较和纠正绩效偏差的过程。

控制是管理过程不可分割的一部分，具有使管理活动适应环境变化、限制偏差的积累、处理内部复杂局面、降低成本等功能。

二、控制与计划的关系

计划、组织和控制是管理的基本功能或职能，缺一不可。没有计划就没有后面的组织活动，没有组织活动也就没有对组织活动效果的评价和控制，没有控制就无法评价和保证计划的实现。

控制与计划的关系主要表现在以下方面：

1. 计划为控制提供衡量的标准

没有计划，控制就失去方向，组织活动的效果好坏也就没有了基本的衡量标准。

2. 控制是计划得以实现的必要保证

离开了适当、必要的控制，计划将流于形式，相当于只有安排工作没有检查工作，计划显然无法完成。

3. 计划和控制的效果分别依赖于对方

没有具体和完整的计划，就没有具体和完整的控制标准，控制工作就很难做好；没有好的控制工作，计划很难落实好。其实，许多有效的控制方法首先就是计划方法，如预算、目标管理、网络分析技术、滚动计划法等。

三、控制的重要性

计划的实现存在许多影响因素，包括组织的外部因素和内部因素。如：市场因素（如消费者、供应商、竞争对手等的变化)，政策因素（如金融、税收、产业、技术、贸易等政策变化)，汇率因素等外部因素。对外部风险的应变能力，运营能力（如客户服务水平、产品适合度、运作水平、生产成本、安全状况等)，财务能力（资产的变现能力、现金回收和结算速度、再投资的机会、财务数据水平、投资评估能力等)；领导因素（如领导的素质、职权的合理性、沟通和激励制度等的合理性、非法或欺诈行为、乱用权利等)，信息技术因素（如信息不对称、信息不完整、技术不成熟或落后等）等内部因素。因此，没有科学的控制管理，计划是很难实现的。

巴林银行的倒闭就是一个控制疏漏产生恶果的典型案例。1763 年，弗朗西斯・巴林在伦敦创建了巴林银行，是世界首家“商业银行”，从事信贷、股票、证券、期货业务。里森于 1989 年到巴林银行工作，1992 年被派到新加坡分行的期货与期权交易部任总经理。里森设立了另一个 88 888 的错误账号要求使用，未得到总部同意。此账号为里森日后制造假账提供了机会，1994 年 7 月，88 888 账号的损失已达到 5 000 万英镑。里森身兼交易与清算两个角色，这是巴林制度上的漏洞。巴林总部曾有一个内部通讯注意到问题的严重性，但未得到重视，巴林总部也曾查过账，被里森搪塞过关。1995 年 2 月，里森在进行日经期货和日本政府债券的投机交易中遭到毁灭性失败，为巴林银行带来的损失达到 86 000 万英镑，10 月巴林银行被宣布破产。组织中一个员工行为的失控，导致了组织命运的终结。

控制工作的重要性我们可以简单归纳为四个方面：

一是组织适应内外部环境变化的重要保障。通过监督控制，可以预测和及时发现环境变化对组织计划的影响程度，并事先或及时采取措施纠偏。

二是提高组织整体管理水平的有效手段。通过监督控制，及时发现问题和解决问题，始终保证组织活动在计划的范围内高质量运行。

三是强化各级员工责任心的必要手段。监督控制系统可以保证信息的及时反馈，各级员工均知道自己应该做什么，要求是什么，如何考核，考核不达标是什么后果等。

四是保护组织和组织资产的重要手段。目前存在许多可能毁灭组织和组织资产的因素，如自然灾害、社会危机、领导丑闻、内部重大安全事故等，管理者必须通过建立全面控制体系、应急控制的计划管理等将这些影响降至最小。

第二节　控制的过程

一、实现有效控制的基础和前提

控制的基础与前提主要有以下几点：

一是控制要有明确、完整的计划。简单讲，控制首先要知道需要控制的内容包括哪些，分别要求是什么，这些都需要在计划分析和目标体系中得到明确答案。

二是控制要有明确的组织结构。即，监督控制中的信息获取、衡量对比、纠偏等工作应该由哪些部门、哪些人员负责应该明确。

三是控制要依据有效的信息及其处理方法。即，如何获取信息、如何计算评价信息、如何衡量偏差的等级标准、如何实施纠偏的措施或流程等，都应该有明确的规定。

总之，控制系统至少要明确控制内容，控制实施人员和控制的方法、制度、流程等。

即：控制系统 = 控制内容 + 控制者 + 控制方法

二、控制的基本过程

控制的过程大致可分为四个基本环节：一是确定控制标准；二是衡量实际工作绩效；三是将实际工作绩效与标准进行比较并分析偏差；四是采取管理行动纠正偏差。

（一）确定控制标准

确定控制标准，就是要确定评定实际工作绩效的尺度或要求，控制标准的制订依据来源于计划。

1. 常见的控制标准的类型

控制标准的类型一般包括：实物量标准，即非货币标准，如实物的个数、重量、体积、移动的距离等；价值标准，即货币标准，如收入、投资、成本、利润等；时间标准，如工作周期、考核周期、交货周期、信息反馈周期等；质量标准，如产品的品质评价维度及其要求、客户的服务评价维度及其要求、合格率、优等率等。

2. 制订控制标准的要求

为了方便控制工作的顺利进行，提高控制的效率和效果，对控制标准的要求一般包括：①简明。如含义单一、容易理解、有具体容易把握的衡量标准，如量化的标准等。②适用。如标准与计划的内容和要求一致，控制的标准体系能完整和系统地反应计划的内容和要求，保证计划的全面实现等。③可行和易操作。如标准的达到难度适当，标准的信息获取和评价衡量要求容易实现，便于管理等。

3. 制订控制标准的一般方法

制订控制标准的方法一般包括：统计方法、工程方法和经验估算法。

（1）统计方法。

统计方法指利用本单位、相关单位、相关行业的历史数据进行统计分析确定的结果作为控制的标准。但统计因数据受多方面因素的影响，过去的技术水平和经济环境等均难代表现在，统计分析的合理性很难保证，特别是中长期的数据统计分析结果，误差较大。因此，一般是统计结果结合现实适当修正。短期的数据标准一般是：（最高值 + 4 × 平均值 + 最低值）/6。

（2）工程方法。

工程方法指对控制的内容进行全面科学的分析和测定得到的标准。这种标准准确度较高，但获得的成本高，时间也较长。如劳动定额的确定、生产能力的测定、设备使用参数的确定等。

（3）经验估算法。

经验估算法指有经验的技术人员、管理人员等直接凭经验制定相关控制标准。这种方法的优点是简单快速，缺点是科学依据不充分，但准确度和合理性不一定很低。关键是相关人员的经验是否丰富。

4. 控制标准必须有具体的配套实施办法

如一个餐厅为了提高服务水平，规定至少 90% 的顾客到达 3 分钟内要得到问候。显然，只有这个标准是不够的，因为没有具体的配套测量方法和相关的运作指标或方法。如 90% 如何统计，是按照时间段的总数占比，还是按照多少人计算一次，是全部时间段检查，还是随机抽查等，均需要具体化后才能实施控制过程。

其实控制标准在组织中是很多的，也是很常见的，如职位说明书就是对员工的一些基本的管理标准，如库存员的工作标准包括：严格执行财产发放规定；保证入库货物质量合格，货和票相符；每月向领导报告物质发放和库存情况；每季度必须进行一次盘点；熟悉货物名称、性能、使用情况和保管要求；库房堆放整齐，分类清楚；做好防火、防盗、防潮、防腐、防虫工作；严格执行公司员工文明礼貌用语及规范；加强工作协调，临时任务应服从安排等。

5. 确定标准的基本程序

（1）确定实现目标或计划良性运行特征或指标。即如何才能算达到合格的要求。

（2）选择确定控制标准的方法。如这个标准适合用什么方法制订，应该由哪些人来制订较合理等。一般情况尽量让下级参与，民主评议，取得上下级一致的目标。

（3）确定每种指标的标准。按照上述方法和人员要求制定相关控制标准。

（4）确定控制标准的检测手段和规范行为的控制制度。即说明这个标准应该如何检查信息和分析信息等。

（二）衡量实际工作绩效

衡量实际工作绩效是控制工作的第二个阶段，也是控制过程中工作量最大的阶段，其关键工作是测量绩效值。

1. 常用的绩效测量方法

常用的测量方法有四种：直接观察、统计报告、口头报告、书面报告。

（1）直接观察的主要优点和缺点。主要优点：可以获得第一手资料，保证信息不失真，信息收集的范围集中等；主要缺点：有些人存在偏见，只采集自己重视的信息，信息采集的成本高，可能因人的注意力漏掉部分信息等。

（2）统计报告的主要优点和缺点。主要优点：能直观显示数据之间的关系等；主要缺点：只能提供有限的信息，有些信息容易忽视。

（3）口头报告的主要优点和缺点。主要优点：可以提供语言和非语言的信息反馈，获取信息的速度快等；主要缺点：信息被报告人加工容易失真，信息不能保存等。

（4）书面报告的主要优点和缺点。主要优点：信息全面、正式，且容易保存和查找；主要缺点：需要较长时间准备。

测量的方法实际是信息的获取和处理过程，主要是保证信息及时获取和质量合格的信息获取，因此具体方法的选择应该分析测量内容的特点和要求。

2. 测量的主要内容

测量的内容是控制标准所涉及的内容和要求。当然，测量过程中如果发现部分标准难以实施测量，或这些标准与计划任务的完成没有联系，可以建议对这些控制标准进行重新评价和修正等。

（三）将工作绩效与标准比较并分析偏差

1. 结果的比较

这个阶段的第一步，是对实际绩效的测量值与控制的标准值进行比较，然后列一个方便看出结果的比较表等。比较的结果无非有这样几种可能：高于标准、等于标准、低于标准。

2. 可接受偏差范围的制订

从实际情况看，比较偏差的结果很少是与标准相等的，如果完全按照与标准相等来确定是否合格是不现实的，也不符合管理的弹性原理。因此，一般会按照制订的一些范围值确定等级或是否进行纠偏管理行动。

一般而言，偏差在接受的范围内可以不进行纠偏行动，否则应该进行偏差原因分析和纠偏行动。

3. 偏差原因分析

形成偏差的原因较多，主要涉及四大方面：

一是员工的工作不力。如素质能力不够，工作积极性不够等。

二是控制的标准不合理。如控制标准过高，员工努力也难实现，出现过大的负偏差；或控制标准过低，导致普遍出现过大的正偏差。

三是组织内部条件出现变化。如技术条件显著改进，产品质量显著提高，营销力度、广告投入等显著加大，设备突然增加或减少，业务骨干跳槽，相关部门没有按时提供必要的生产资料、出现安全事故等。

四是组织外部的条件出现变化。如出现自然灾害、出现经济危机、出现突发疫情、出现政策方法变化、出现金融和财税政策的变化、出现原材料涨价、竞争对手优势扩大、消费者习惯变化、出现新的技术和产品等。

(四) 采取管理控制的措施

依据偏差分析、偏差接受范围分析、偏差形成原因分析等工作的结果，管理者可以进行相关控制的决策和纠偏行动，相关决策包括维持不变、改进员工绩效、改进控制标准等。

一般而言，如果偏差在接受的范围内，外部条件和内部条件没有出现超预期的变化，可以维持现有情况不变。

如果偏差不在接受的范围内，且外部条件和内部条件没有出现超预期的变化，分析发现是员工的问题。如果是正偏差，应该积极总结经验、肯定成绩，维持现有情况不变；如果是负偏差，且主要是员工能力问题，可考虑培训、指导、调整工作岗位等方式解决；如果是积极性问题，可考虑健全和改进激励制度等方式解决。

如果偏差不在接受的范围内，且外部条件和内部条件没有出现超预期的变化，分析发现主要是控制标准不符合实际。如果是正偏差，可考虑适度调高控制标准的难度；如果是负偏差，可考虑适度调低控制标准的难度。

如果偏差不在接受的范围内，且分析原因为外部条件或内部条件出现超预期的变化。如果是短期外部因素变化可以考虑控制标准的短期调整，如果是长期外部因素变化可以考虑控制标准的长期调整，具体为有利时调高控制标准的难度，不利时调低控制标准的难度；如果是内部条件短期变化，可以考虑控制标准的短期调整，如果是内部条件长期变化，如新技术引进等，可以考虑控制标准的长期调整，具体为有利时调高控制标准的难度，不利时调低控制标准的难度。

下面讲一个简单的案例说明控制调整的基本过程。如：某航空公司对客舱保养员的工作不满，他们在航班交接之际没有打扫干净客舱，而且按规定，他们每天要清洁50架次飞机，可他们只完成40架次。如果你是相关管理员，如何解决这个问题？

现在控制的内容、标准和偏差均清楚，需要做的工作是分析原因和制订修正措施。若是员工的工作问题，可通过挑选、培训、指导员工或改进激励制度等方式使他们做得更好；若是航班交接的时间太短，可通过修改交接时间、降低干净标准等方式解决；若50次太多或对干净的标准要求太严，可通过适当减少次数、明确和降低干净标准等方式解决。

第三节　控制的典型类型

一、事后控制、同期控制和预先控制

根据控制时点可以将控制分为事后控制、同期控制和预先控制。

（一）事后控制

事后控制也称为反馈控制，是一种在工作结束之后进行的控制。即在工作之后，发现出了问题，再进行纠正。

事后控制是一种最传统的控制类型，如现在的质检部门对产品进行检查，不合格的要求返工等。事后控制是对前一道流程的质量考核，也是指导下一道流程的必要环节，是控制系统各个环节的联节点。

事后控制的主要优点是从结果入手，明确问题，也是对后续流程质量的保证。主要缺陷是损失已经造成，损失无法挽回，即存在时间的滞后问题。

（二）同期控制

同期控制也称为现场控制、事中控制，是一种在工作进行之中同步进行的控制。即从工作的开始到结束这段时间进行的控制，这是一种主要为基层主管人员所采用的控制方法。

同期控制的主要优点是：直接获得一手信息，有问题及时纠正，以免产生损失，但控制效果取决于实时信息的获取质量；主要缺点是：控制成本高，人的精力和能力有限，难免出现疏漏等。为了提高控制效果，目前许多行业的现场控制中应用了信息技术。

（三）预先控制

预先控制也称为前馈控制，是一种在工作开始之前进行的控制。即通过调查分析、可行性研究等，分析出一些可能影响计划实施或目标实现的重要因素或问题，在工作开始前进行预先处理，或制订一些解决预案，在问题出现时进行有准备的处理。

预先控制主要是控制“过程”的影响因素，主要优点是：控制在工作开始之前展开，因此可以防患于未然，特别是一些可能给组织带来重大损失的隐患，必须实行预先控制，预先控制适用于一切领域的一切工作等。主要缺点是：预先控制对活动信息的要求较高，要对“过程”的影响因素及其发展规律有比较透彻的了解，并且预防的成本也较高，对一些重大问题还要建立专门的预备系统等，如战略物资储备库、危机预警系统等。

这三种控制是相互联系的，现实中也是综合使用的，只是不同的工作可能以某种控制类型为主。

如为了解决员工间的恶性骚扰问题，我们的控制措施可能包括：

预先控制方面：招聘时仔细筛选，谨慎录用有前科的人员；实行员工推荐制度，对于有问题的员工惩罚推荐者；让员工参与相关规章制度的制订，明确哪些属于骚扰行为及其零容忍政策；对员工进行相关教育和培训或列入岗前培训内容中；安装相关的技术检查设备；安排专门的人员不定期地视察；培训员工特别是女员工在相关情况下如何保护自己等。

在同期控制方面：检测工作环境中不利的环节并完善好；要求员工间保持适当的距离；领导以身作则，树立榜样；建立举报热线和快速干预机制；提供现场识别和处理设备等。

事后控制方面：点名或不点名发布典型骚扰事件及其处理结果；进行专业的事件认证调查和结果认定；补充或完善相关政策漏洞；按照规定对当事人进行必要的处罚或批评，对受害人安慰等。

二、集中控制和分散控制

按控制的结构分，控制可分为集中控制和分散控制。

（一）集中控制

集中控制的特点是由一个集中控制机构对整个企业进行控制。即相关控制信息由统一的控制机构进行采集或汇总，分析、处理等，控制标准由统一的控制机构制订或改进，绩效测量由统一的机构组织实施等。

集中控制的主要优点是：方式简单明了，控制的指标和标准统一，控制职能集中，便于整体协调管理等；主要缺点是：组织规模大和控制问题复杂情况下，集中处理繁忙，容易出现排队，控制的指标体系及其标准难统一，结构层次多信息传输慢，适应性差等。

（二）分散控制

分散控制的特点是由若干分散的控制机构来共同完成企业的总目标。即各个局部的控制问题由各个局部的控制机构解决，分别确定控制的指标体系和标准；分别采集和分析信息；分别测量绩效和偏差；分别采取纠偏措施等。这种控制方式主要适用企业结构复杂、业务类型较多的组织或企业。

分散控制的主要优点包括：控制组织分散，可以并行运行，问题解决的速度和效率显著提高，控制的标准、制定的标准和处理的措施更加符合实际，对问题研究和执行的速度加快，适应性提高，便于制订新的控制制度等；主要缺点包括：各个局部的标准与整体的目标控制标准可能脱节，影响整体协调性，缺少部门间的联系，影响部门间的协调，各个部门的相关人员的素质、责任感等参差不齐，影响整体控制水平等。

集中控制和分散控制的选择，主要应该考虑组织的规模和业务特点，如专业较单一的小型高校的员工绩效考核标准可以基本统一，由统一的机构进行考核；综合型大学由于各个学院的差别很大，员工的考核标准自然应该分院设置、分院考核，当然也有必要建立一个统一的业务指导和协调部门。实际上，集中和分散是相对的，很难做到绝对的集中和绝对的分散，即现实中是部分集中控制，部分分散控制。

三、正式控制、群体控制和自我控制

按控制力的来源看，控制可以分为正式控制、群体控制和自我控制。

（一）正式控制

正式控制是在组织中由管理者设计和建立起来的机构、人员、制度等来进行控制。如规划和预算控制、审计控制、标准化管理、绩效考核管理等。

正式控制的主要优点是：严肃性、规范性、合法性、强制性等，有利于使控制管理纳入制度化、规范化轨道等；主要缺点是：缺乏灵活性，不利于创新等。

（二）群体控制

群体控制是通过非正式组织形成的群体价值观和行为准则来实现对各个群体成员的控制。这种控制虽然没有明确的规定和处罚，但对成员具有较大的控制力，因为不遵守群体控制的成员有被孤立、排斥等问题。

群体控制的主要优点是：不用组织监督，不会造成组织和员工的矛盾，控制力由群体成员的相互监督产生，具有较强的自我约束力，且具有持久性等；主要缺点是：群体控制力具有两面性，可能产生正面效应，也可能产生负面效应。群体规范的产生需要较长时间的引导和培育等。

（三）自我控制

自我控制是指通过对员工的教育和引导，培育员工的责任感、义务感等，使员工有意识地使自己的行为指向组织目标。如提高员工素质和责任感，培养自觉性，增强信任和适当授权、建立个人绩效与报酬挂钩等。

自我控制的主要优点是：控制力强，是员工自觉控制，有利于建立较好的员工与组织的关系，控制力持久等；主要缺点是：自我控制力的形成需要较长时间的教育引导，对员工的素质和能力要求较高等。

现实中应该三种控制力并行培养，且相互协调，防止相互冲突。如在涉及组织的基本秩序、安全、目标任务、资源配置等，应该建立完整有效的正式控制系统；涉及员工行为规范、道德规范、积极性、主动性、创新性等方面的控制，应该通过培养组织文化，产生群体控制力和自我控制力解决。

四、直接控制和间接控制

依据控制所用的手段分，可以将控制分为直接控制和间接控制

（一）直接控制

直接控制是指主要通过行政命令和手段对被控制对象直接进行控制的形式。如直接指导、说明、帮助、指挥、命令、培养等，使控制对象能够顺利满足要求或实现组织目标。

直接控制的主要优点是：对控制对象的控制具体，对每个环节的情况了解，控制有针对性，控制效果较好等；主要缺点是：控制成本高，控制管理的负责人工作量大，可能因过度接触或管理得太细，导致被管理者不理解、出现反感甚至反抗、焦虑等问题，不利于发挥个人主动性和创造性等。

（二）间接控制

间接控制是指不对运行过程直接干预，而是通过间接的手段引导和影响运行过程，从而达到控制的目的。如目标管理、制度政策管理等。

间接管理的主要优点是：管理过程简明，员工能实现自我管理，利于发挥员工的主动性和创造性等；主要缺点是：缺乏细节指导，员工在执行过程中可能困难较多，甚至可能完不成目标等。

现实中，具体采用哪种控制方法，取决于管理的层次、工作的性质、员工的素质等。相对而言，基层管理的直接控制较多，高层的间接控制较多；个人工作绩效对他人工作绩效影响很小的工作适合间接控制，否则适合直接控制；工作细节较难把握，对结果影响较大，且

代价也很大的工作适合直接控制，否则可以间接控制；员工素质较低的适合直接控制，素质较高的适合间接控制等。

五、程序控制、跟踪控制、自适应控制和最优控制

按照确定控制标准值的方法，控制可以分为程序控制、跟踪控制、自适应控制和最优控制。

（一）程序控制

程序控制是指其控制标准与时间有关，即随着时间而变化。如自动生产线、信息处理流程、财务管理流程、项目立项流程等。

这种控制是组织正式控制中较普遍的方式，有利于过程规范、衔接规范、秩序规范等。

（二）跟踪控制

跟踪控制是给控制对象一个参考对象，并给出两者之间的关系或联系机制，通过检测参考对象来实现控制。如通过销量控制产量，通过产量控制原材料采购量，通过距离控制空间范围，通过绩效控制奖金量、通过成本控制价格等。

这种控制方式主要是控制组织活动间的协调平衡，也是组织中较普遍的控制方式。

（三）自适应控制

自适应控制是控制系统本身依赖过去的情况，归纳经验教训确定后续行动的控制。

这种控制是目前最复杂的控制，如战略控制始终要依据环境的变化和工作进展进行综合分析后确定后续方案和方向，学习型智能控制系统，领导班子面对新问题的分析处理等。

（四）最优控制

最优控制是为让控制指标取最优值的控制。如成本最低方案、利润最大化方案、材料最少方案、距离最短方案等。一般而言，控制指标是在一定条件下，如附加参数等，与多个其他指标建立函数关系，然后求得最优解。

六、开环控制和闭环控制

按控制信息有无回路，控制可以分为开环控制和闭环控制。

（一）开环控制

开环控制是控制系统不把输出信息返回原输入端的控制方式，即没有反馈回路的控制系统。这种控制适应于有规律的、流程化的作业控制，不适合需要考虑环境条件变化的复杂控制等。

（二）闭环控制

闭环控制或反馈控制，是一种按照工作结果和工作条件的变化确定控制措施的控制方式。即控制方案依据输入信息和输出信息的变化确定，增加了信息反馈环节，从而构成了闭合回路。这种控制方式是组织中最普遍的控制方式，如战略控制、管理制度的改进、激励制度的调整、客户服务制度等。

控制的类别还有很多，如按问题的重要性不同，控制可分为任务控制（基层的作业）、绩效控制（用财务数据控制经营状况）和战略控制（战略计划和目标的控制）；按目的和对象的不同可将控制分为纠正偏差和调整控制标准等。

第四节　有效控制的要求和技巧

一、有效控制的要求和原则

（一）控制必须反映计划的要求

如：控制的目的是保证计划任务的按期完成；控制的任务标准必须反映计划目标分解体系对各个层次、各个部门及其成员的任务要求；控制的行为标准必须考虑计划任务完成过程的需要；控制的信息收集、差距评价等必须反映计划的要求和计划执行过程的特点；控制措施的制订必须考虑实际绩效与计划要求的差距范围等。

（二）控制必须反映计划实施的关键影响因素

计划实施的过程中存在许多直接和间接的因素，无论是考虑控制资源和能力的有限性，还是考虑控制工作本身的效果和成本要求，都需要分析和选择出关键控制点，通过对关键控制点的有效控制，实现对整个计划实施过程的有效控制。

（三）控制必须注意可能出现的例外因素

管理者必须对计划实施可能产生较大影响的例外因素进行分析，并制订有效应对的备用控制方案，以免出现这些例外因素时束手无策，导致计划无法实施或计划停滞，给组织的发展带来巨大损失。

（四）控制需要注意趋势分析

有效的控制必须关注控制事态的变化趋势，预测未来可能出现的偏差，及早采取预防措施，以保证计划能在合理的期限内完成或更好地完成。

（五）控制要讲求经济效益

控制工作本身是需要消耗组织的资源和能力的，是有成本的，如果某项控制措施所支出的成本大于控制所取得的收益时，就必须降低相关的控制成本，更换其他的控制方式或取消一些不重要的控制等。所以，一般的控制工作应该通过完善制度等方式提高组织的自控能力实现，需要投入的控制应该核算成本和收益。

如：通过建立库存保障生产的连续性和销售的稳定性，以免出现生产停工、销售断货、延期交货、订单流失等带来的利益损失，但库存也存在许多成本，如库房的投入或租赁成本、产品的积压成本、管理成本、资金占用成本、保险费用、产品变质或报废成本等，这些均需要认真核实，确定出合理的库存规模。

（六）控制的标准要客观，信息的获取要准确及时

控制的标准应该客观，能准确反映计划的要求，且方便衡量和考核。同时，控制信息的获取方法要合理，能够准确、及时和完整地获取相关信息，以便及时衡量、分析偏差和采取有效控制措施。

（七）控制制度必须符合法律法规和社会道德规范

控制制度必须在国家的法律法规允许的范围内，也要符合基本的社会道德规范、价值观、文化、习惯等，否则，不仅难以发挥控制作用，反而给组织或企业的公众形象带来较大负面影响和损失。

案例：连锁快餐经营的关键控制点有哪些？

(1) 每个餐厅的菜单应该基本相同。

(2) 产品的质量应该基本相同。控制的基本方法应该包括：制作程序乃至厨房布置等实现标准化、原材料渠道统一或标准统一；分店的经营者和员工们都遵循一种标准化、规范化的作业和统一的技术培训等。

(3) 餐厅布置和标识的视觉设计基本统一。

(4) 合作方与公司的利益一致。控制的方法包括：使经营者成为分店经理的同时也成为分店的所有者，因而有利润激励；慎重选择合作方，深入调查后挑选那些具有卓越经营管理才能的人作为店主，以保证合作的成功率；注意监督检查，加强事后控制，事后如出现其能力不符，则撤回经营授权等。

二、控制的艺术和技巧

(一) 控制要考虑组织的适应性和员工的可接受性

控制系统的构建必须考虑与组织的结构相适应，能够较好地依托组织实施相关活动。相关控制标准和控制过程必须考虑员工的可接受性，如标准的难度是否适中，员工是否可以通过努力完成，控制的严格度是否在员工身体和心理的承受范围内等。

(二) 综合和灵活使用控制方法和控制策略

任何一种控制方法和控制策略均有其突出的优点和缺点，以及不同的应用环境条件，而实际问题都是复杂的，需要多种方法和策略的综合应用，方法和策略间也需要通过综合应用实现优势互补。

如控制的基本策略包括市场控制，即通过价格、利率、税率等政策进行实现控制；科层控制，即通过制度实现控制；文化控制，即通过建立信仰、价值观、群体规范等实现的群体控制和自我控制等。在应用中，一般是对某个控制问题选择以一个控制策略为主，其他策略为辅。其中，控制问题需要的关键控制功能应该匹配主要控制策略或方法的突出优点，其他辅助策略的优点弥补主要控制策略的缺点和其他需要的辅助控制功能。

(三) 注意控制过程的领导艺术和人际关系艺术

控制主要表现为上级对下级工作的控制，因此，难免要涉及上下级和人员之间的关系，必须注意控制的艺术，如注意沟通语言艺术和批评的艺术；鼓励职工参与控制标准的制定；坚持不带偏见的控制态度与做法；以事实为依据，坚持从实际出发、从问题的需要出发，让事实说话，而不能根据主管人员的权威或臆断来分析；利用人际关系实施控制，如利用企业的人际关系实施控制，利用有影响力的人对其周边人的影响实施控制，通过建立群体文化让员工间的相互影响产生控制等。

(四) 强化计划部门的龙头地位

计划的制订、实施和控制过程，均需要各个部门的配合，如情况调查、信息的收集、问题讨论的组织等。因此，计划部门的职能需要强化，如：确立计划职能在公司管理中的龙头地位，对其他管理职能具有一定的统筹作用等。

(五) 搞好控制相关的配套性工作

控制过程涉及许多方面，需要大量信息和依据的支持，因此需要做好相关辅助性工作。如：建立原始记录和档案（电子或纸质的等）管理制度；注意对反控制行为的控制；建立预警系统提高应变能力；建立管理信息系统提高信息分析和处理能力；规范管理流程，特别是目标的下达流程，确保目标能层层分解落实；制订清晰的经营计划流程和预算流程，使经营计划能与预算有效衔接；优化绩效考核指标体系，明确考核的关键指标和水平，以及相应的职责和权利，建立相关激励制度；完善公司预算跟踪、汇报体制、规范业绩跟踪和分析报表；加强以计划和控制为核心的全面预算管理，使之成为集事前、事中和事后监管为一体的现代控制手段等。

第五节　常用的控制方法和工具

一、预算控制

简单讲，预算是计划的基本形式之一，也是一种计划技术，是未来某一个时期具体的、数字化的计划。

企业为了达到收入目标和控制费用，需要对各个部门、各类活动、各个项目等分别制定分预算，规定各个部门、各类活动等的收入和费用标准，在此基础上，对各个分预算进行综合平衡，编制出包含各个方面的、相互联系的、未来某个时期内的整体预算或全面预算。

预算控制是指依据各类预算的收入（或任务）和费用标准，检查、监督和考核各个部门的活动或项目，也保证其既能实现收入目标（或任务目标），又能控制目标的实现成本。

（一）预算涉及的主要内容

不同的企业预算的内容可能有一定差异，一般而言，预算主要涉及：经营预算，如销售、生产、采购、费用及成本等，这些可能产生现金收付的生产经营活动的预算；投资预算，如固定资产投资、股权投资、债权投资、筹资等进行资本性投资活动的预算；财务预算，如现金流、预计损益表、预计资产负债表等反映现金收支、经营成果及财务状况的预算；专项预算，如需要有关部门审批的项目所作的财务安排等预算。

具体操作涉及以下方面：

（1）收入预算。收入预算是从财务角度预测某部门或活动或项目或产品的未来成果，如某个产品在某个区域的某个月、某个季度、某个年度的销售收入预测等，然后在此分预算基础上，综合出整体的收入预算及其分期的收入预算。

（2）支出预算。支出预算是预测各个部门或活动或项目或产品的费用或成本支出。如材料支出预算、人工成本预算以及营销服务预算、广告宣传预算、库存成本预算、资金成本或财务费用预算、损耗成本的预算、税金等其他支出的预算。然后在此分预算基础上，综合出整体的支出预算以及分期的支出预算。

（3）现金预算。现金预算是预测各个部门或活动或项目或产品的未来现金流入和流出，以及在此基础上的整体现金流入和流出预算和相关的分期预算。现金预算只列入有现金流的项目，没有产生现金流的项目，如应收账款、未产生的支出计划等均不得列入。

（4）资金支出预算。依据上述收入和支出预算可以预测未来的盈利状况，因此，需要考虑对未来这些盈余资源的利用制订相应的长期预算，如固定资产投资、研发投资、市场开发投资、人才建设投资等各类投资预算。

（5）资产负债预算。依据上述预算标准可以对年度末的财务状况进行预测，如资产和负债情况等，因而可以及时采取措施。

（二）预算控制的一般程序

（1）深入了解企业在过去财政年度的预算执行情况和企业在未来年度的战略规划，以此作为企业制订预算的重要依据。

（2）制订出企业的总预算。

（3）将企业总预算确定的任务层层分解。

（4）企业高层决策者在综合企业各个部门实际上报的预算之后，调整部门预算，之后将最终确定的预算方案下发各个部门执行。

（5）组织贯彻落实预算确定的各项目标，在实施过程中予以监控，及时发现问题并采取相应的纠正措施。

（三）预算控制的优缺点

（1）预算控制的主要优点。标准明确具体，便于分析、考核、控制和授权，也有利于各个层次的管理者精打细算，提高效率；由于包括分预算和全面预算，便于及时发现问题出现的部门或项目，也便于引入数据竞争和激励，及时发现有问题的业务和需要发展的业务等。

（2）预算控制的主要缺点。预算也具有局限性，如：预算很难覆盖所有工作，容易出现部分工作因没有预算安排不下去；预算在预测的基础上编制，很难预测准确，可能成为某些效率低下的管理人员的保护伞，也可能误判高效率者；预算缺乏灵活性，一旦出现突发事件或环境出现变化，预算的跟踪调整可能反应滞后，也可能使管理者为了满足预算要求忽视部门本身的核心目标等。

（四）常见的预算编制方法

（1）弹性预算。预算随业务量的变化机动调整的预算方法。

（2）滚动预算。每完成一个月或一个季度就增加一个月或一个季度，使预算永远保持12个月。这种方法便于跟踪调整，提高预算的环境适应性。

（3）零基预算。不考虑过去的预算，一切以零为基础，按照当前的战略和规划来编制预算标准。

（4）概率预算。对具有不确定性的项目，先估计发生各种变化的概率，然后依据其出现的概率编制预算。这种方法适用于难以预测的项目，如新业务的开拓等。

案例：某公司的预算控制失控问题

某公司的总经理看了送来的内部审计报告。报告中指出，公司的财务预算已经失控，下一年度预算方案也有一大半指标过高，认为如果将这些项目承包他人，至少可少20%费用。总经理决定对此进行深入调查。

财务经理介绍了财务预算的过程：先由下属项目单位报部门预算，然后由财务部门汇总，并进行资金平衡。下属单位和财务部门都采用公式“下年预算＝本年预算×（1＋变动率）”。而且根据习惯，现有工程项目的开支一般要优先保证。

关于审查批准增加投资的项目方面，每个部门每年都接到20份左右来自各部门的预算外资金申请，其中获批的比例约为50%。他们的增资理由主要是临时性机会、市场发生变化使原预算不能执行、产品项目等开发工作出现新进展等。

该公司的预算问题主要涉及以下几方面：一是公司应该依据条件的变化调整计划，依据新的计划和上年的实施情况调整预算，不应该用固定公式；二是旧项目是旧计划要求的任务，在新的一年不一定应该具有优先地位，应该按项目在新计划实现过程中的重要度排序；三是预算标准的确定方法不科学，主要是由下属自己报。应该灵活采用统计、技术检测、检验、定额或与相似企业比较等方法更科学地按新年计划的要求确定预算标准等。

（五）6S 全面预算及其管理系统

6S 全面预算及其管理系统是由中国华润公司探讨的一种多元化企业的系统化管理模式。

（1）建立各级利润中心编码，形成编码体系，包括各级利润中心，使整体的管理排列清晰，将部门、业务、资产均纳入监管。

（2）建立利润中心管理报告体系。每个利润中心按照集团规定的格式和内容编制管理会计报表，如营业额、损益、资产负债、现金流量、成本、费用、应收账款、不良资产等，并附简单分析与自我评价。以这些分报表为基础，在集团形成整体管理报告。

（3）建立利润中心预算体系。通过上下结合反复修正的办法，将任务层层分解，落实到每个部分和每个人的每个月的责任体系中。

（4）建立利润中心评价体系。对每个利润中心均建立与之匹配的评价体系，主要依据是获利的能力、过程、结果等相关的指标，包括定性指标和定量指标，没有在评价范围的其他绩效由集团另外决定其奖励。

（5）建立利润中心审计体系。通过审计强化全面预算管理的执行。

（6）建立利润中心经理人考核体系。考核依据包括绩效、管理者的素质、道德等方面，得出经理人员的现在的表现、今后的发展潜力、能够胜任的职务和工作建议等。

不难看出，这套体系具有标准明确具体，便于分析、考核、控制和及时发现预算出现偏差及其问题，也便于引入利润中心的数据竞争和激励，让有能力和经验人员和有潜力的业务脱颖而出，同时，还考虑了预算不能覆盖的业务的处理方法，以及部门间的公平问题等。但对于出现市场环境变化或突发事件，相关体系如何适应等问题没有应急措施和调整的办法等，也表明该体系存在一些缺陷，特别是战略上的缺陷。

二、比率分析

比率分析是利用资产负债表、利润表等财务数据，列出一些有分析价值的比率，分析和评价企业的财务状况和经营状况，并针对状况采取事前、事中或事后的应对措施。

（一）反映企业财务状况的比例指标

（1）流动比率 = 流动资产/流动负债。反映企业的偿还流动负债的能力，流动资产越多，流动负债的偿还能力越强。

（2）负债比 = 总负债/总资产。一般而言，企业的利润率高于利息率，且负债不影响所有者权益时，就可以考虑提高负债获得更多利润。当经济环境对企业有利时，适当提高负债率有利于企业获得发展机遇，当经济环境对企业不利时，过高的负债率意味着较大经营风险。

（3）销售利润率 = 销售净利润/销售总收入 =（销售总收入 − 销售成本 − 费用）/销售总收入。这个指标反映企业的盈利能力，数据意义是单位销售额的利润。需要注意的是，销售利润率与销售毛利率不同，销售毛利率 =（销售总收入 − 销售成本）/销售总收入，即销售毛利率没有考虑经营期间的管理费用、财务费用等费用。

（4）资金利润率 = 企业净利润/企业占用的全部资金，是反映企业资金利用效率的指标。

此外，还有净资产收益率、权益净利率等其他常用的财务比率指标。

(二) 反映经营状况的比率指标

(1) 库存周转率 = 销售总额/库存评价值，反映库存数量的合理性、投入库存的流动资金的效率等状况。

(2) 固定资产周转率 = 销售总额/固定资产，反映单位固定资产对销售收入的支持力度、固定资产的利用效率等状况。

(3) 销售收入与销售费用的比率，反映单位销售费用对销售收入的支持度，以及广告等销售管理活动的效率等。

(4) 总资产周转率 = 销售收入/总资产，反映单位资产对销售的支持度、资产的利用效率等。

反映经营状况的比例指标还有较多，如还有应收账款周转率（过高说明销售政策可能过严产生客户丢失，过低说明销售政策过松产生货款丢失风险等）、流动资产周转率等。

如华尔街对企业的效率度量指标包括：每个员工的净收入、每个员工的营业收入、应收账款周转率（赊销收入额/应收账款平均余额）、库存周转率（售货成本/平均存货价值）、资产周转率（销售额/总资产）等。

案例：英特尔公司的比例控制

英特尔公司的生产计划主要是在所有产品间分配可利用的生产能力。公司的配置方法是按利润率排序，利润率高的产品优先获得生产能力。销售部门在生产计划会上说明预计订货量，财务部门按每个产品利润率对订单进行等级排序，然后依次安排生产能力。20 世纪 70 年代，公司的产品有三大类——DRAM 芯片、EPROM（可擦除可编辑只读存储器）、微处理器。DRAM 芯片是当时的主要利润来源，20 世纪 80 年代，由于日本的 DRAM 芯片进入市场，产品价格大幅下降，而微处理器竞争压力不大，公司的配置系统成功将生产重点转入微处理器，保护了公司利益。

三、审计控制

审计控制是对反映企业或组织资金运行过程及其结果的会计记录及财务报表进行审核、鉴定，判断其真实性和可靠性，为控制和决策提供依据。依据审计的主体和内容的不同，可以将审计分为三种主要类型：由外部审计机构——如会计师事务所等——委派的审计人员进行的外部审计；由内部专职人员对企业财务控制系统进行全面评估的内部审计；由外部或内部的审计人员对管理职能、政策、决策、管理系统、研发等活动及其绩效进行评估的管理审计。

(一) 主要的审计类型

外部审计：是外部审计机构委派审计人员进行的审计，主要是检查财务记录、凭证等是否真实和合规，是否存在虚假和欺骗行为等。外部审计对企业或组织具有重要控制作用，有利于促进和指导被审计单位提高诚信和尽量避免不合规的行为。外部审计相对内部审计的主要优点是审计人员不属于被审计单位，能更好地保证审计工作的独立性和公正性；主要缺点是外来审计人员对具体的情况不熟悉，被审计单位也可能不积极配合等，因此外部审计工作很难深入。

内部审计：是由内部专职部门或人员进行的审计工作，其内容比外部审计更加广泛，除财务数据的真实性和准确性等检测外，还要分析相关数据、相关工作流程、相关管理系统等的合理性和有效性，并提出必要的改进建议。因此，内部审计对审计人员的能力和水平要求更高，对审计工作的要求更细。内部审计的主要优点是：审计人员对本单位的情况更加了解，审计工作可以做得深入、细致；此外，内部审计没有时间限制，可以一年多次，也可以不按照固定时间进行，只要存在需要和必要，可以随时进行或持续进行。

业务审计：审计不局限于财务活动，而是与资金、资产、资源、效益等相关的各类业务活动，只有在对业务及其关系深入分析基础上，才能发现效益提高的思路和方法。业务审计包括广泛的内容，如财务审计、人事审计、生产审计、供应和销售工作的审计等，每项业务审计又包括一些具体的内容，如财务审计的内容包括：货币资金、应付或应收账款、库存、固定资产等资产审计；收入来源的合规性等财务收入审计；超标消费、违纪和违规消费等财务支出审计；财务监管的合规性和有效性、业务处理的合规性、会计科目的合规性、成本和费用核算的合规性等财务制度审计；利润核算等经营审计等。人事审计包括：人事政策和程序的合理性和有效性审计；人事管理的合法性审计；人力资源的质量和效率审计等。

管理审计：是对企业或组织的管理工作及其绩效进行全面评价和鉴定。为了保证客观公正和避免出现内部矛盾，通常聘用外部专家进行相关工作。管理审计需要涉及影响绩效的因素等问题的深入分析，管理审计的指标主要从管理的过程和管理的结果来分析。从结果指标看，包括财务指标和非财务指标，如与管理能力、偿债能力、营运能力、风险控制能力、成长潜力、社会贡献等相关的指标，构成结果控制的标准；从过程看，包括宗旨、远景、目标和战略规划的制订和执行，管理原则、程序、规则和方法的制订、选择和应用，管理过程的具体操作办法等方面的分析评价等。

（二）审计控制的原则和要求

1. 提高审计控制的预防功能和事中控制功能

整体而言，审计控制属于事后控制，其缺点是损失已经产生或问题已经出现，因此提高审计控制的预防功能对组织和管理者均有好处。如：明确审计的内容、要求及审计的时间和方式等，并要求相关单位、管理者或人员事先深入了解，有利于管理者提高合规意识和质量效益意识，预防严重违规问题的发生；建立审计预警系统，通过预警系统及时或预先发现可能出现的严重问题，及时增加或提前进行部分审计工作，从而分析出问题的原因和处理办法；审计的内容包括过程和结果，实现过程与结果的结合等。

2. 明确审计的对象、目标和范围

审计工作本身需要成本，也有时效性要求，为了提高效率和效果，需要明确审计的目标，并依据目标明确审计的对象和范围，然后，依据单位的业务或项目特点确定关键内容及其审计程序和方法等，以免出现盲目审计和人财物等资源浪费。

3. 客观性和准确性原则

首先，信息的客观性和准确性本身属于审计的主要内容；其次，审计工作也必须根据已发生的经济事项和客观事实为依据，以免审计结论、在此基础上的预测等的失真和处理方法及其建议的错误。同时，审计工作所用的数据要准确，数据的计量单位、统计口径、分析程序等要一致，分析方法要选择合理且一致，以免出现错误的比较和错误的结论等；另外，为了获得客观数据或依据，审计人员在审计过程中应该注意利用和获得多方面的协作和支持，特别是各个相关部门的员工和群众的帮助和配合。

4. 合规性原则

首先，审计的目标、内容、程序、方法等的确定和执行必须以法律法规为准绳；其次，审计过程必须执行和维护国家的法律和政策、行业的法律法规，对于部分内部审计还要考虑企业或组织的规章制度等，且判断的标准要统一；另外，法律法规很难覆盖实际工作中的所有问题，对于缺乏法律依据的问题，需要审计人员提高素质和经验，以法律法规为依据，具体问题具体分析，对问题作出合理的处理。

5. 关键性原则

为提高审计工作的效率和效果，审计内容的选择应该体现关键性原则，如对单位工作绩效影响大的项目，容易出现违规且负面影响较大的项目，可能产生较大经济损失的项目等。也就是说，审计控制本身是一种重点控制，不是全面控制。

6. 独立性、制衡性和公正性原则

审计部门应该依法规定独立行使审计监督权，保证不受其他部门、社会团体和个人的干涉。审计人员在执行审计任务时，也必须遵守个人职业规则，确保独立完成审计任务，维护审计结果的客观和公正。同时，必须强化审计人员的责任意识和法律意识，加强对审计工作质量和其行为的合规性监督，保证审计人员认真客观地承担好审计责任。

7. 保密性原则

审计人员必须遵守审计的保密纪律，因为审计资料都是重要的经济情报和财政情报资料，许多是企业或组织的重要机密，如果审计人员不能保守秘密，会给企业或组织造成巨大损失。

四、损益控制

损益控制是依据损益表对各类活动及其效益的分析和控制的方法。损益表中详细列出了收入项目、各类成本项目和费用项目，依据其数据的变化等可以发现影响绩效的关键因素或业务或活动，然后分析偏差及其原因，制定纠偏措施。

损益控制的优点是依据具体，不足是以损益表上的依据为表象依据，还需要深入分析与能力、资源、机制等相关的本质原因，才能提出有价值的、可操作的办法。

五、质量控制

质量不仅指产品质量、服务质量等衡量结果的质量标准，还包括工作质量。质量控制是对影响质量的各类活动的控制，包括与质量标准相关的产品或服务或任务的要求和工作过程的监督和控制，也包括为保证质量控制而进行的组织设计等其他方面的控制。

（一）全面质量管理

全面质量管理是指把企业作为一个完整的有机体，以提高和确保质量为核心，对组织的全体人员、组织活动的全过程及其影响因素，运用现代的管理思想、管理方法和管理技术，建立一套科学、严密、高效的质量保证体系，实现标准化、目标化和规范化的管理。

全面质量管理的内容包括：①实行全员管理，使全部部门和员工参与到质量管理活动中，做到人人做好自己的工作、配合好相关人员的工作、重视工作质量和质量改进等。②实行全过程管理。对工作的所有过程，包括直接和间接的影响质量的各类活动和各个工作环节进行管理。③实行全因素的管理。深入分析影响质量的各类因素，分类管理，尽量避免质量事故的发生。如员工的质量意识、员工的素质和水平、技术设备的水平、工作环境条件等。

（二）PDCA 循环

PDCA 循环是全面质量管理最基本、最重要的工作程序和方法。PDCA 循环将质量管理活动分为计划（Plan）、实施（Do）、检查（Check）和处理（Action）四个阶段。其中，计划阶段主要包括 4 个工作步骤：分析现状找出质量问题、分析产生问题的原因、找出主要原因和根本原因、制订解决问题的方案和计划；实施阶段是指对计划方案的执行和实施；检查阶段是指将执行结果与计划目标进行比较，找出偏差，并归纳成功经验和失败教训、制度纠偏措施；处理阶段主要包括 2 个具体步骤：对成功的经验建立相关的制度和标准巩固，对没有解决的问题或新发现的问题安排进入下一个 PDCA 循环。

（三）六西格玛质量管理

六西格玛是一种改善企业质量流程管理的技术，以几乎“零缺陷”的完美追求，带动质量大幅提高、成本大幅度降低，最终实现财务成效的提升与企业竞争力的提高。这一定义包括四层含义：一是以高质量标准为目标；二是运用科学的工具和管理方法，优化流程的设计，保证提高质量的同时降低成本；三是代表一种组织流程的设计、改进和优化的管理技术和方法；四是一种提升企业竞争力和持续发展能力的经营策略。

1. 六西格玛的质量标准

1 个西格玛的失误率 69/100，企业无法生存；2 个西格玛的失误率 30.8/100，企业存在大量资源浪费；3 个西格玛的失误率 6.68/100，属于一般水平；4 个西格玛的失误率 0.621/100，属于较高水平；5 个西格玛的失误率 230/百万，很高的水平和很强的竞争力；6 个西格玛的失误率 3.4/百万，极限水平，意味管理卓越，竞争力强大。

2. 六西格玛质量管理的主要特征和作用

六西格玛质量管理的主要特征分析质量问题的关注重点是顾客满意度；对于问题的确定、设计和优化的成效等均以统计数据为依据；改进和优化的对象是业务流程，包括影响顾客满意度的各类直接流程和间接流程；通过高标准让员工知道自己工作存在巨大提升空间，从而主动分析自己流程的不足和实施优化，变被动管理为全员主动管理；淡化部门边界，强化各个部门工作中的合作，甚至以流程为中心将部门整合为团队。

六西格玛质量管理的主要作用利于提高顾客的满意度和忠诚度；利于提高管理的能力和服务水平；利于降低运营成本；利于建立全员主动管理意识、树立顾客至上的理念、追求工作卓越的优秀企业文化等。

3. 六西格玛质量管理的主要实施流程

（1）确定创造顾客价值的核心流程。

步骤 1：对包括研发、材料、生产设备、价格、交货时间、售后服务等直接影响因素，也包括员工素质、信息管理系统等间接影响因素进行分析，识别核心流程。一般从三个维度鉴别核心流程：一是与提供顾客产品和服务的关系密切度；二是该流程的边界是否清晰；三是流程的作用或绩效是否明确和显著。步骤 2：确定业务流程的服务顾客和关键绩效。在质量管理中，一个流程的下一步流程是其顾客或服务对象。步骤 3：绘制核心流程图。将核心流程按照其相互关系绘制出整体的流程图。

（2）分析顾客需求及其满意度。步骤 1：收集和分析顾客数据。如建立先进适用的顾客反馈系统，建立顾客反馈数据库，对数据进行分析，并将结果传给高层；步骤 2：确定顾客的需求及其满意度评价指标；步骤3：确定各个核心流程的顾客的关键需求及其满意度评价指标。

（3）确定核心流程的绩效评价指标体系及其质量标准。步骤1：选取绩效评价指标，依据是顾客重视，数据可得等；步骤2：构建关键绩效评价体系及其质量标准；步骤3：确定指标数据的获取路径和处理方法。

（4）对核心流程进行绩效评价。步骤1：进行数据收集准备；步骤2：实行绩效分析评价；步骤3：对评价结果的准确性和有效性进行检测；步骤4：确定各个核心流程存在的质量问题和优化方向。

（5）对流程的设计、改进和优化。

六西格玛质量管理的业务流程设计主要采用DFSS（Design for Six Sigma）方法，改进和优化主要遵循五步循环改进法即DMAIC模式。

DFSS设计方法的主要步骤：步骤1，分析选择一个有价值的六西格玛设计项目，为六西格玛管理提供明确方向；步骤2，调查顾客或下道工序的看法和建议；步骤3，创建备选设计方案；步骤4，选择最优化设计；步骤5，验证最优化方案；步骤6，记录相关数据和规则等。

五步循环改进法即DMAIC模式：步骤1，定义（Define），主要是明确问题、目标和流程，明确服务的对象和绩效指标，明确需要达到的水平标准，明确达到标准的时间等；步骤2，评估（Measure），分析和明确问题的主要原因或根本原因；步骤3，分析（Analyze），对主要原因进一步分析和确认其逻辑关系；步骤4，改进（Improve），拟订多个可供选择的改进方案，从中评选出最理想的改进方案付诸实施；步骤5，控制（Control），根据改进方案确定控制标准，保证实施改进的过程不偏离控制标准。

（四）国际质量标准体系

国际标准化组织简称ISO（International Organization for Standardization），为了便于商品和服务的国际交换，以及在智力、科学、技术和经济领域的国际合作，除电工和电子领域外的所有领域建立标准化体系，电工和电子领域的相关工作由国际电工委员会（International Electro technical Commission，简称IEC）承担。ISO涉及成员国家或地区160多个，包含2 856个技术委员会，制定出的国际标准超过10 000个，包括服务、产品、知识等。

1. ISO 9000标准的核心内容

ISO 9000质量体系标准包括了3个体系标准和8条指导方针。3个体系标准分别是ISO 9001、9002和9003；8个指导方针是ISO 9000－1至4和ISO 9004－1至4。其中ISO 9000－1：质量管理和质量保证标准。第一部分：选择使用指南；ISO 9001：质量体系，设计、开发、生产、安装和服务的质量保证模式，明确指出了20条要素；ISO 9002为制造产品的组织明确指出了19条要素；ISO 9003为检验的组织明确指出了16条要素。ISO 9000标准5～7年修订一次。

2. ISO 9000的精髓

（1）以满足顾客需要为核心。全面了解顾客需要，确保顾客与整个组织交流，系统检验顾客满意度，同时，兼顾其他利益相关方的利益等。

（2）重视全过程控制。识别质量管理体系所需要的核心过程，确定每个过程的控制标准和方法，以及对过程的检查标准和分析方法等。

（3）强调以预防控制为主。如要求全员参与，培育员工的质量意识、职业道德、顾客意识、敬业精神、责任感、知识经验技能等，将员工的责任标准与各个流程的质量标准衔接等。

（4）强调改进质量是持续过程。从顾客的需求看，是不断变化和进步的；从科学技术和管理的进步看，实现高质量的手段是越来越先进的；从企业本身看，追求卓越是企业责任和发展的需要。因此，标准和要求必然会越来越高。

（5）重视高层领导的主导作用。由于是全过程的质量管理，无论是建立统一的目标、方向和全员参与质量管理的环境，还是明确过程的关系，控制、协调和改进体系等，这些均需要高层领导发挥重要作用。

六、绩效控制

绩效控制有许多种方法，如目标管理、标杆管理、KPI、平衡计分卡等，目标管理和标杆管理在计划部分已经介绍，下面介绍几种其他方法。

（一）关键绩效指标（KPI）

1. 关键绩效指标的理解

KPI（Key Performance Indicator）是战略目标经过层层分解产生的可操作的战术目标体系，是衡量战略实施效果的关键指标和关键监测指标。KPI 也是一种将企业战略转化为内部过程和活动的机制或办法，是一种战略实施手段。

KPI 指标体系可以理解为：最关键的绩效指标，对企业成功具有重要影响的因素，是企业价值创造的关键驱动因素，是员工工作绩效和工作行为直接的衡量标准。KPI 还可以发现企业运营和员工发展存在的主要不足，并通过采取有针对性的措施，激发员工潜能，提供企业运营效率。

2. 关键绩效指标的优缺点

主要优点：通过 KPI 指标的整合和控制，使组织利益与个人利益达成一致，有利于公司战略目标的实现；利于企业形成以市场为导向的经营思想等。

主要缺点：KPI 指标比较难全面界定，如许多职能部门的工作是辅助性的，绩效很难直接与战略目标衔接等；过分依赖关键考核指标，非关键绩效的许多必要的工作容易出现责任真空，可能产生一些考核上的争议，因此 KPI 并不是对所有岗位都适用等。

3. 关键绩效指标体系的设计步骤

步骤 1：关键战略目标涉及的领域。战略目标体系一般基于企业战略的关键成功因素，通过这些因素的分析确定战略目标涉及的关键领域。如经过成功的关键目标、成功的关键驱动因素、成功的关键瓶颈因素等的分析，一个企业的战略目标涉及的关键领域包括市场领先、技术和产品领先、效益领先等。

步骤 2：确定每个领域或目标的关键绩效要素。如经过关键成功因素的核心内容分析、实现路径和手段分析等，确定出市场领先的关键绩效要素涉及市场规模领先、销售渠道领先、顾客的满意度领先等；技术和产品领先包括开发技术、制造技术、核心技术、产品质量等；效益领先包括利润、资产效率等。

步骤 3：确定关键的绩效指标。如从指标的有效性、可控性、可测性、重复性、重要性等原则出发，确定出市场的具体衡量指标主要为市场占有率、销售增长率、顾客重复购买率等；技术和产品方面的具体衡量指标主要为新产品的收入占比排名、年均专利数量排名、产品的平均生产成本排名、产品的废品率排名等；效益方面的具体衡量指标主要为年度利润总额、利润增长率、销售利润率、净资产收益率、存货周转率等。

步骤4：为KPI赋予权重。对权重的分配主要从指标对经济效益的影响程度、可控制性、可测量性三个方面进行适量分配，且应注意的是关键指标通常权重最小不小于5%，最大一般不超过30%，权重一般为5%的倍数。

步骤5：关键绩效指标的分解。对于可以直接分解的指标，如产量和销量、利润等可以通过上下结合等方式分解到部门和个人；对于难直接分解的指标，还需要将流程的各个环节特征及其指标进行分析后分解到各个部门和个人，如产品的质量问题，涉及采购部门的原料合格率、生产部门的制造合格率，还有库存和搬运过程的破损率等。

步骤6：补充一般的绩效指标。关键绩效指标不能覆盖各项工作，需要建立一般绩效指标来完善。部门一级的一般绩效指标主要与流程、制度、服务职能等有关，个人的一般绩效指标主要与部门绩效的直接分解、个人岗位的工作过程和职责等有关。

（二）价值评估法（EVA）

1. 概念的理解

价值评估法简称EVA（Economic Value Added），也称经济增加值，是扣除了资本成本之后的企业真实利润，也称经济利润。即：

EVA ＝税后营业净利润－资本总成本

＝税后营业净利润－资本×资本成本率

＝总投入资本×［总资产报酬率－资本成本率（或企业加权平均资本成本）］

其中，资本成本率＝用资费用额/(筹资额－筹资费用)。

具体而言，不同行业或不同类型的公司，EVA的计算公式有不同的形式，如上市公司EVA常用的计算公式为：

税后净营业利润＝营业利润＋财务费用＋当年计提的坏帐准备＋当年计提的存货跌价准备＋当年计提的长短期投资减值准备＋当年提的委托贷款减值准备＋投资收益＋期货收益－EVA税收调整

资本总成本＝债务成本＋股本资本成本＝债务资本成本率×债务资本×(1－所得税税率)＋股本资本成本率×股本资本

其中债务资本成本率一般是中长期银行贷款基准利率，股本资本成本率＝无风险收益率，无风险收益率一般用较长的国债年收益率，如20年国债收益率等。

因此，提高EVA一般有三个基本思路：提高资产报酬率（如提高资产周转率等）；降低资本的成本（如通过低成本的筹资方案降低资本成本等）；当总资产报酬率－资本成本率＞0时提高投入资本，反之减少资本占用。

EVA的计算由于各地区或不同时期的会计制度和资本市场现状存在差异，计算方法也可能不同。主要差别在于：在计算税后净营业利润和投入资本总额时可能需要调整某些会计报表科目的处理方法；资本成本的确定需要参考不同地区的相关历史数据等。

2. EVA的主要优点和缺点

主要优点：指标反映企业真正的财富创造价值，不是表面的利润；EVA不仅仅是一种绩效评价指标，还是一种建立全面财务管理和薪酬激励体制的框架，基于这个框架，企业可以向投资人宣传他们的目标和成就，投资人也可以用经济增加值选择最有前景的公司。

主要缺点：虽然采用EVA能有效地防止管理者的短期行为，如减少低效率投资等，但管理者为了自身的利益，有可能更关心任期内各年的EVA，然而股东利益的最大化需要未来每年有较好的经济增加值；EVA对非财务信息重视不够，如产品、员工、客户、创新等非财务信息未涉及；EVA指标只是反映企业的表面经营情况，没有反映未来经营收益情况，也不能说明产生差距的本质原因；EVA指标不能完全替代传统的会计利润指标，传统的会计利润仍然具有重要的信息价值。

相关案例：（1）1987年可口可乐正式引入EVA指标，可口可乐提高EVA主要有两个思路：一是将资本集中于盈利好的软饮料，逐步放弃速饮茶等业务盈利较差的业务；二是适度增加低成本的负债规模，使平均资本成本从16%降至12%。结果可口可乐EVA连续6年平均增速为27%，股价上涨300%。（2）安然公司在破产前就被财务专家用EVA发现了经营恶化趋势，当时，公司的规模和效益均在增长，而EVA是在年年下滑，可见EVA更能反映企业经营的真实情况。

（三）雷达图

雷达图分析法是日本企业界进行企业实力评估时设计的一种财务状况综合评价方法。雷达图分析法利用企业的收益性、安全性、流动性、成长性和生产性五个方面的财务比率，对企业财务状态和经营现状进行直观、形象的综合分析与评价。因此，雷达图既是一种绩效评价方法，也是一种比率控制方法。

一般而言，收益性指标主要涉及资产报酬率、所有者权益报酬率、普通股权益报酬率、普通股每股收益额、股利发放率、市盈率、销售利税率、毛利率、净利润率、成本费用率；安全性指标主要涉及流动比率、速动比率、资产负债率、所有者权益比率（股东权益比率）、利息保障倍数；流动性指标主要涉及总资产周转率、固定资产周转率、流动资产周转率、应收账款周转率、存货周转率；成长性指标主要涉及销售收入增长率、税前利润增长率、固定资产增长率、人员增长率、产品成本降低率；生产性指标主要涉及人均销售收入、人均净利润、人均资产总额、人均工资等。

在应用中，雷达图分析方法的维度可据企业特点及分析问题的要求调整。如对于有些公司可以从偿债能力、盈利能力、经营能力和发展能力四个方面进行雷达图分析等。

雷达图分析的主要目的是比较与竞争对手的优劣势，但并不是所有指标就是好的，要具体问题具体分析，如：负债率为0并不一定是好事等。

雷达图分析方法的基本过程：

步骤1：确定分析的维度及其具体的指标体系。

步骤2：确定每个指标的先进水平。实践中，可以在行业中选择相关一流企业10家左右，每个指标选择水平最好的企业的水平值，这样构成一个接近满分的虚拟指标体系，也可以直接查询相关行业数据选择最好指标作为指标的满分值。

步骤3：将所有指标均匀分布为等边多边形，外围比值为1（即最优值比最优），然后在该多边形内以各个指标比值为0.1、0.2、…0.8、0.9等形成多个层次的多边形虚线，构成所谓雷达图形。

步骤4：确定行业各个指标的最低水平值，实践中，可以选择行业中很差的10家左右企业取每个指标最差的企业的对应值，也可以查询行业的相关数据确定。对每个指标与对应最优指标计算比值（显然为0~1间的数字），并在雷达图中连接标出相关回路图。

步骤5：计算本企业各个指标与最优指标的比值（显然为0～1间的数字），在雷达图中画出本企业的相关回路图。

步骤6：比较最优和最差值，确定各个指标的差距和水平，确定需要改进的关键指标，分析其原因，提出改进目标和实施计划。

当然，雷达图还有多种画法，也有多种用途。类似雷达图的绩效评价方法还有标杆管理、竞争力分析评价等。

案例：以下雷达图（图8－1）错在哪里?

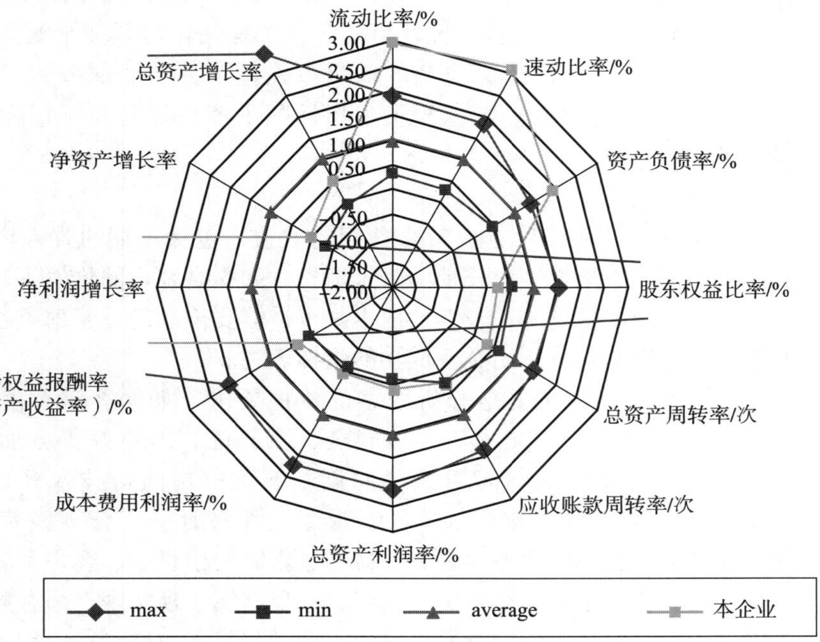

图8－1　雷达图

图中因为各个指标的满分状态确定有问题，导致本企业的某个指标超过了最优指标，雷达图不能形成封闭的回路。实际上，如果自己企业的某个指标确实最好，也可以用自己企业的这个指标作为最优指标。

（四）平衡计分卡和战略地图

1. 平衡计分卡的含义理解

平衡计分卡（Balanced Score Card）是世界上较流行的管理工具之一，有利于解决一些传统财务评价指标的弊端，如：财务评价指标反映的是企业过去的经营成果，不能反映企业现在和未来的业绩水平；单纯的财务评价指标不能全面衡量公司的经营状况和管理者的业绩水平，有些经营活动是难以用财务数据来衡量的；财务评价指标只反映结果，不反映过程等。

平衡计分卡的狭义含义是与战略地图相并列的一种管理工具，广义的含义是以战略管理为核心实现组织整体协调发展，并提供战略实施效率。因此，平衡计分卡是一种战略管理工具，也是一种绩效管理工具，还是一种管理沟通工具。

2. 平衡计分卡的基本内容

平衡计分卡中的目标和评估指标来源于企业战略，它把企业的使命和战略转化为有形的目标和衡量指标，主要从财务、顾客、内部经营过程、学习和成长4个方面来综合衡量企业业绩，其逻辑是财务绩效目标依据股东等需求制订，要实现这些财务目标需要明确应该满足顾客哪些需求，要让顾客满意需要明确我们应在哪些业务中处于领先水平以及应该匹配的相关先进流程、技术和管理，要达到相关先进水平需要通过学习取得怎样的进步等。这样在每个层面确定具体的目标和指标。

平衡计分卡的要点包括两个方面：一是以战略为中心。如给出战略衡量指标系统、指出战略管理的层次和框架、将战略与运营管理衔接等；二是强化协调和平衡。如从组织体系上协调整合为整体、以指标评价保障协调的效果、强调财务与非财务的平衡、强调长期目标与短期目标的平衡、强调客观指标与主观指标的平衡、强调先行指标与滞后指标的平衡等。

3. 平衡计分卡的指标分析框架

（1）财务层面的绩效依赖于给企业带来长期的效益，包括短期的收入增长，如销售收入增长率、利润率、资产报酬率等；长期的收入增长，如提高客户的价值等；短期的成本指标，如销售毛利率、资产周转率等；长期的成本减少，需要依赖运营管理流程的优化等。财务层面需要明确的关键问题是分析出企业成功的指标表述。

（2）顾客层面的评价指标主要是分析顾客的价值要求，如顾客满意度、顾客保持率等，主要涉及价格低、质量好、交货快、功能全、服务优、形象好等方面。而价格、质量、交货与采购、生产、交付等与运营流程的创新有关；功能与技术开发的创新有关；服务与顾客服务流程和客户管理流程等有关；形象与服务社会、合规经营等流程和管理有关等，具体指标包括：客户满意率、客户保持率、新客户增长率、客户利润贡献率等。简单讲，包括产品或服务特征指标、客户关系指标、形象指标。现实中，顾客层面应该是利益相关者的利益满足要求，即企业的持续发展必须与利益相关者协调发展，相关评价指标应该更多。

（3）内部流程层面的评价指标主要与采购、生产、交付、渠道等运营管理流程，客户管理和服务流程，技术研发与创新，社会等环境管理流程有关。具体指标包括：生产量、产品的成本、劳动生产率、产品合格率、流程错误率、新产品销售占比、客户数据质量、安全事故次数、社区投资增长率等。简单讲，主要涉及优化运用流程、提高客户服务和管理能力、提高创新能力、强化社会责任等。

（4）学习与成长层面的评价指标涉及人力资源的有效利用，为内部流程的优化提供支持。主要涉及员工的能力，信息技术对人力的辅助支持作用，制度、文化等管理机制对人力潜能发挥的作用等。具体指标包括：员工满意度、产品开发周期、员工的流动比率、员工的培训时间、企业信息化水平（可以定性描述不同水平的特征进行半量化）、员工对领导的满意度等。

4. 平衡计分卡的因果关系

平衡计分卡的逻辑关系，可以用图8－2表示。

从图中不难看出，平衡计分卡是把组织战略目标转换成相互关联的财务与非财务指标相结合的指标体系，是一套提供企业战略信息的框架，建立了业绩驱动因素与结果的关系，将

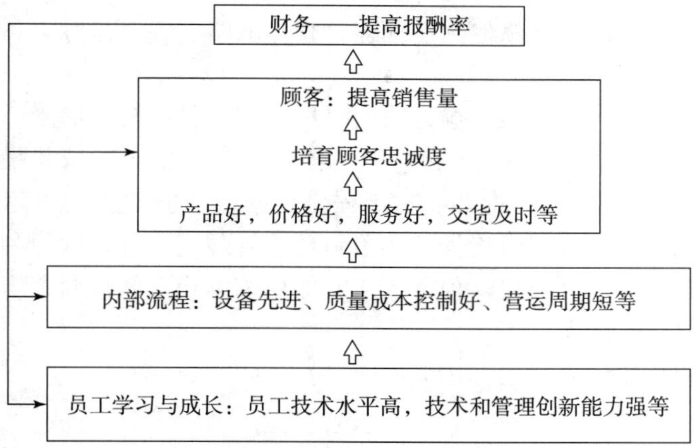

图 8－2　平衡计分卡的逻辑关系

企业战略目标在财务、顾客、内部流程和学习与成长四个方面依次展开，使之成为具有因果关系的局部目标，并进一步发展为对应的评估指标，与各部门和个人的目标联系起来，使战略运作达成一致。从一定程度上讲，这个因果关系图也是一个最简单的战略地图。

5. 平衡计分卡体系

一个企业有总公司的平衡计分卡、各个职能管理部门的平衡计分卡、各个流程的平衡计分卡、各个部门的平衡计分卡，部门又与员工的绩效目标结合起来，形成了相互联系的、多层次的平衡计分卡体系。

6. 平衡计分卡的使用

从绩效评价上讲，平衡计分卡的使用步骤如下：

（1）建立平衡计分卡的多层次模块体系，并分别建立模块或子模块的关键考核指标体系。

（2）确定各个指标在对应模块或子模块中的权重。

（3）确定模块或子模块对应指标的控制标准或要求或标杆。

（4）确定各个指标偏差的级别及其对应的考核级别和得分。

（5）收集相关指标的实际数据。

（6）计算实际数据与标准的偏差。

（7）衡量偏差的级别，并计算考核得分。

（8）计算考核总分及其对应的最终考核结果。

（9）分析产生偏差的原因，对考核结果适当修正，同时，对相关工作提出改进方案并实施。

从过程管理上讲，可以通过建立相关模块体系及其对应的指标体系，确定各个指标的控制标准或标杆，确定实时实际数据（时间段自己定）的检测路径和方法，确定实时数据比较和偏差的计算方法，确定偏差幅度如预警标准，对达到预警标准的指标及时分析原因，及时研究方案，及时纠正偏差等。

7. 战略地图

战略地图是对战略要素之间逻辑关系的可视化表述方法。直接现实意义是在企业的各项活动和资源与战略目标之间建立可视化的逻辑联系。战略地图建立可视化的基础是平衡计分卡的基本逻辑和框架，因此，战略地图也是包括整体战略、各个流程、各个部门等多层次的体系。

有学者将战略地图的构成框架比喻为四层楼房：房顶是使命、愿景、战略目标；财务层是财务战略目标（长期效益最大化）；客户层是客户价值目标（产品和服务的满意度、与客户的沟通与关系、企业形象等）；内部业务流程层是创造价值的关键流程，如运营流程、客户关系和服务管理流程、技术创新流程、形象和环境管理流程等；学习和成长层是人力、信息、资本、制度等支持层，且与战略预算衔接。然后依据相互的传导逻辑和路径关系运用箭线衔接，形成可视化战略地图。

如某电力企业的整体战略地图（图 8 -3）。

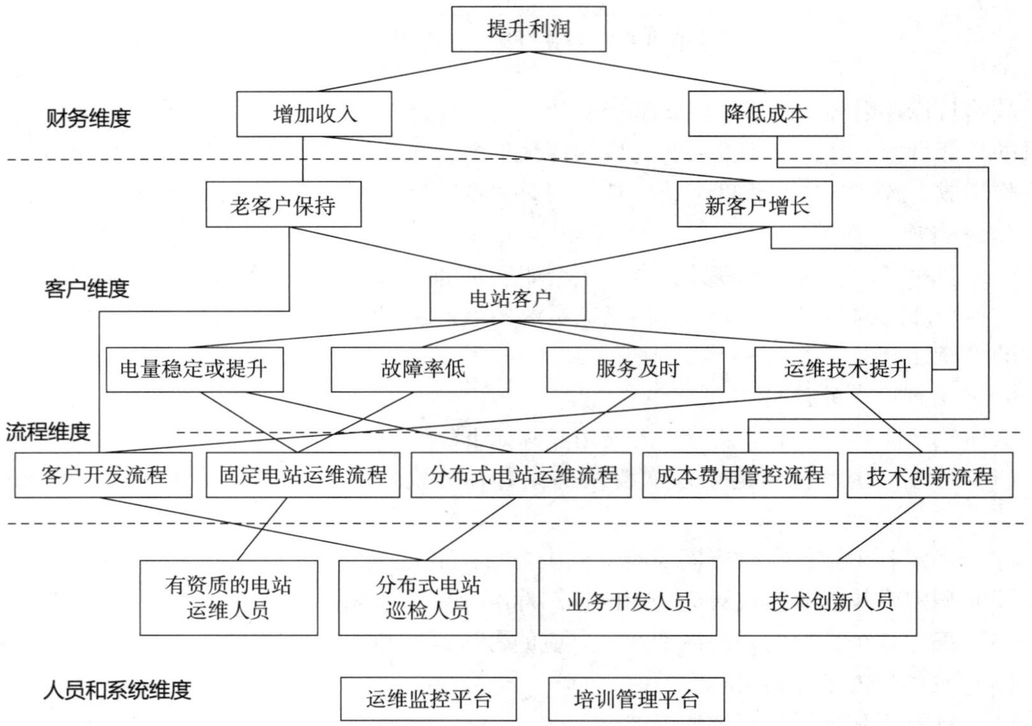

图 8 -3　某电力企业的整体战略地图

这个战略地图的优点是通过线路厘清了模块相互间的逻辑关系，并用线路衔接。但线路没有用箭线，逻辑关系不是很清楚，且财务层面缺乏长期理念，内部管理层面缺乏服务模式创新和客户关系、社会形象和社会责任方面的管理流程，技术创新及其功能和作用理解狭隘，学习与成长方面缺乏制度、机制、信息管理支持等，整体看形式大于内容，相关分析不够深入。

又如肯德基的整体战略地图（图 8 -4）。

这个战略地图太粗了，作为模块体系划分是可以的，且逻辑关系没有用箭线衔接，看不清相互间的逻辑关系等。

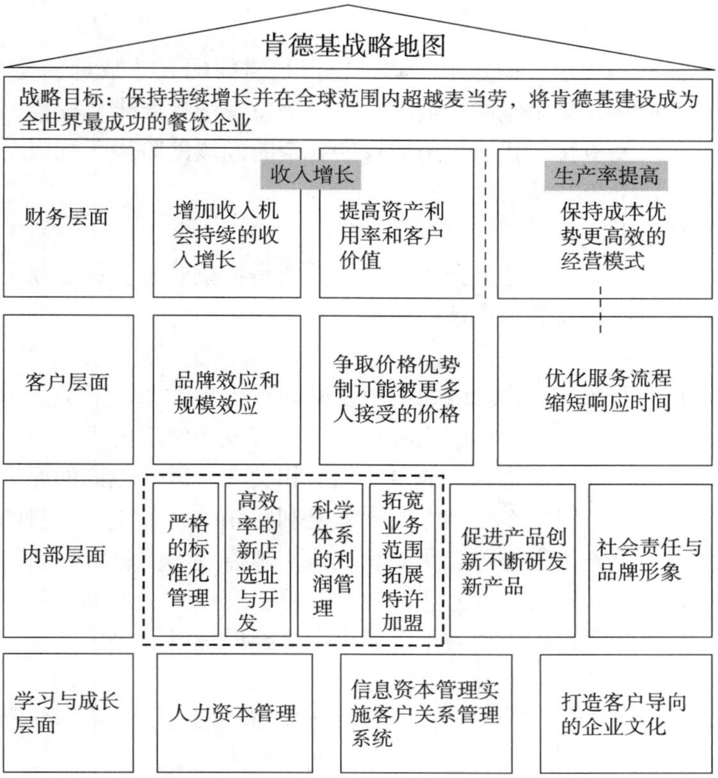

图 8－4 肯德基的整体战略地图

战略地图的主要开发步骤：

（1）分析、制订和理解宗旨、愿景和战略目标。相关方法参考计划的相关部分。

（2）分析股东及其核心利益相关者的利益诉求及其差距，确定要达到的财务战略目标和社会效益目标或社会责任目标。

（3）分析目标客户及其价值主张，确定相关指标并与财务战略目标和社会效益目标协调匹配，即建立清晰的逻辑关系。

（4）分析顾客的价值主张和相关评价指标及其对公司管理、创新等流程的要求。如成本领先包括顾客的购买价格、使用费用、维修和服务费用、产品的安全性及使用出现故障时给顾客带来的损失最小化等整体成本；产品领先主要是了解前卫顾客的高端需求，目前产品的缺陷，新需求、新模式和新的理念等，开发出具有显著竞争优势的产品；在顾客解决方案方面，主要是从顾客角度，提供满足顾客需求的全方位产品或服务来建立与客户的长期关系；在系统锁定方面，主要是通过提高顾客的转移成本，为顾客产生长期价值来保留顾客和市场地位。在这些分析的基础上，分析公司内部流程的要求和目标，及其指标和标准。这个阶段的主要参考知识和方法包括环境分析、蓝海战略、市场细分、情景规划、客户满意度评价模型、IDIC 模型、UTAUT 模型等。

（4）确定关键流程及其流程图，依据上述要求系统确定各个流程的整体目标，以及各个时间段的阶段目标，并与上述要求建立逻辑和传导路径的关系。这个阶段的主要参考方法包括价值链、全面质量管理、六西格玛、流程再造、作业成本计算、各类国际质量标准等。

（5）依据各个流程的要求，确定出实施这些流程需要的人才数量、类型、知识、技术、设备水平、培训激励机制、文化建设、组织结构、信息系统等要求和标准，以及各个阶段的实施行动方案，建立相关预算，并与各个流程的各个时间段的阶段目标以及顾客、财务层次的目标建立逻辑和传导路径的关系等。

（五）绩效棱柱模型

介绍绩效棱柱的书籍不多，这里介绍的主要目的是期望管理者在建立平衡计分卡时，用绩效棱柱的相关思路和理念改进相关评价体系。

1. 绩效棱柱的要素

绩效棱柱是用五个方面分别代表组织绩效及其内在因果关系，五个关键要素包括：利益相关者的满意、利益相关者的贡献、组织战略、业务流程和组织能力。

利益相关者满意需要分析谁是我们的主要利益相关者，以及他们的愿望和利益诉求；组织战略是要表明我们应该采用什么战略方案来满足利益相关者和组织本身的利益，并平衡协调好两者的利益关系；业务流程是要表明组织战略实施需要的关键流程及其关系；组织能力是指这些业务流程需要什么样的能力才能开展和改善；利益相关者的贡献是要分析为了培育和发展组织能力，需要利益相关主体为组织做出什么样的贡献。

2. 绩效棱柱模型的三个基本观点

（1）如果组织希望长期生存和繁荣，那么把注意力仅仅放在一个或两个利益相关者（如股东和顾客）身上是不可取的，甚至是不可行的。

（2）如果想把真正的价值传送给股东或实现股东利益，那么组织的战略、流程及能力就必须进行整合和协调。

（3）利益相关者应该认识到它们与本组织之间的关系是互惠的，如果利益相关者期望得到一些利益，他们也应该为组织贡献自己的力量。

3. 绩效棱柱模型的逻辑思路

组织期望获得长期成功，首先要非常清楚地了解谁是他们的主要利益相关者以及他们的愿望和要求；其次需要明确采取什么战略可以保证实现分配给利益相关者的价值；最后绩效测量需要贯穿于绩效模型的五个方面，而且结合企业的实际情况，每一个方面又可以进一步细化和分解为许多具体问题，而每一个问题都必须用计量指标来表示，如在利益相关者的满意层面，可考虑的计量指标包括：股东利益、投资回报率、股价、经济附加值、市盈率、净资产收益率等；银行等债权人利益：资产负债率、流动比率、速动比率、利息保障倍数等；员工利益：评价工资的相对水平、雇员忠诚度、满意度、离职率等；客户利益：客户满意度、客户投诉率、客户保留率、新客户增长率等；合作伙伴利益：投诉次数、项目完成率等；政府和监管方利益：违规事件的次数及性质、税收等。

4. 绩效棱柱模型的主要优点和缺点

主要优点：考虑了所有重要的利益相关者利益，利于组织的持续发展；将战略作为创造绩效的起点；整体的要素框架设计得非常有弹性，且利于自我完善。

主要缺点：绩效棱柱模型在实际操作中仍然存在着一些问题。如：非财务指标难精确计量；财务指标与非财务指标的权衡和搭配困难；由于管理者的报酬大多依据财务绩效而制订，这不利于建立非财务绩效与管理者报酬之间的联系；绩效模型涉及的方面过多，相关指标也较多，可能分散管理者的注意力，甚至导致失去关注重点；过分强调根据实际与标准的对比，还可能陷入一种自我封闭等问题。

第六节 控制实务

一、人的控制问题

控制工作从根本上说是对人的控制，因为其他方面的控制都要靠人来实现，所以人员控制是管理控制中最主要的内容。

人员控制最常见的方法就是监督检查和绩效评估，这些都依赖于岗位责任制的建立、评价与管理。从现实角度和综合思路看，对人的控制方法主要涉及以下几方面：

（一）制度控制方法

这是对人控制的基本方法，由组织制订相关控制制度，如岗位责任制、绩效考核办法、薪酬制度等，通过明确规定相关行为准则及其遵循或违反的后果，交给相关部门监督和强制执行。需要注意的是，制度的制订必须符合组织目标的要求、符合国家和地方政府的法律法规、符合社会道德和文化习惯、符合人的承受范围。同时，不影响员工必要的创新环境，且执行过程人人平等。简单讲，只要制度合理，执行公平公正，制订过程和执行过程透明，奖罚分明，制度控制就可以发挥出较好的作用，否则，还可能起到副作用，甚至还可能制造出合法腐败等严重问题。

（二）行政控制方法

行政控制方法指领导借助组织赋予的行政权威，运用命令、规定、指示、条例、指导、帮助等行政手段，按照行政系统和层次，直接指挥和控制下属工作的方法。行政方法也具有一定的强制性，但管理效果与指挥的科学性和合理性、领导的知识能力和经验、领导的威望和与员工的关系、领导决策分析过程是否严谨、领导对员工的情况是否了解、领导是否有指挥的魄力等因素有关。

一般而言，员工会听从领导的指挥，但制度的规定很难面面俱到，但指挥的工作超出了制度对员工规定的责任范围，员工也是有可能拒绝的，因此，行政方法和制度方法无论如何完善也会有漏洞，相反，过度细化的制度还会影响员工的创造性和主动性，因此，对人控制还必须与教育等其他方法结合应用。

（三）政治思想和文化教育

政治思想和文化教育是指通过培训、教育、宣传等方式和方法，提高员工的素质、责任感、价值观、信仰等，从而提高员工的自我控制能力。当然，教育方法需要明确教育的方向和内容，选择合理有效的教学方式和方法，通过长期的坚持建立相关组织文化，还需要与制度、经济等其他管理方法结合，才能取得较好的自我控制效果。

（四）建立群体规范形成群体控制

通过制度建设、教育培训、文化建设、非正式组织的引导等，逐步建立员工共同遵守的制度、纪律、道德、修养、信仰、价值观等大家认同的行为模式，形成员工间相互监督、相互鼓励、相互帮助等群体控制效果。当然，群体控制必须与组织目标的需要一致，也必须符合社会法律法规和道德规范等。

（五）薪酬控制方法

薪酬控制方法是经济控制方法的范畴。薪酬是一个员工为组织工作所得的报酬，主要分为三部分：一是直接薪酬，如基本工资、绩效工资、绩效奖金、加班补贴、利润分红等；二是间接薪酬，如医保、休假、额外津贴、子女抚养补贴等；三是非经济报酬，如好的办公室、配备专车、减少工作时间、配置秘书、好的岗位头衔等。

1. 确定薪酬的原则和方法

薪酬管理应遵循的主要原则包括：一是公平原则，也是最重要的原则。包括外部公平（即确定薪酬须考虑行业、地区和竞争对手的薪酬水平，保证薪酬水平的竞争力，以便吸引和留住优秀人才）和内部公平（即确定薪酬需要考虑组织内的不同职位和员工间的不同贡献，保证每个员工感到薪酬水平对自己公平），因此，组织内部需要对所有员工进行绩效评价，并根据评价的结果确定其薪酬；二是适宜性原则。即招聘的人才水平和薪酬水平应当考虑自身的条件及其能力；三是合法性原则。即薪酬管理政策要符合国家法律和政策，符合基本的社会行为规范等；四是与组织的目标一致原则等。

2. 确定薪酬的常用方法

（1）市场定价法：指通过对行业、主要竞争对手等相关人才薪酬水平的调查来确定薪酬水平的方法。该方法的主要目的是实现外部公平。这种方法主要用于确定高级人才、稀缺人才以及整体基准水平的研究。

（2）工作评价法：以每个职位在组织中的相对重要性为基础确定薪酬水平的方法。基本步骤包括：①调查典型工位的市场基准水平，再考虑本身条件及其战略需要确定本单位的基准职位薪酬。②比较每个岗位的相对重要度，如两两比较法等。③将类似职位归为统一等级，确定各个等级的薪酬基准，且可以进行适当的微调。④以考核为标准确定绩效等其他薪酬水平，在每个等级中按照绩效形成必要的差别激励机制。该方法的主要目的是促进内部公平。

（3）技术确定法：以技术和知识为基础确定薪酬，主要目的为获得技术证书的员工确定基准薪酬，无论其技术是否被单位应用。

（4）能力确定法：能力包括与职位适应的基础能力和能给组织产生竞争优势的战略能力。

3. 绩效薪酬制度的常见类型

（1）生产类员工的绩效薪酬。主要是通过数量和质量两个方面确定绩效收入的，即绩效收入 = 绩效系数 × 绩效标准，绩效系数 = 产量系数 × 质量系数，产量系数 = 实际完成数量/标准产量，质量系数按照与质量标准的差距制订系数计算规则确定。

（2）服务类员工的绩效薪酬。服务人员的工作数量可以用服务人数、服务时间、服务收入等指标考核，具体内容要与企业或组织的业务匹配。服务人员的工作质量主要可以从顾客满意度或顾客投诉次数、礼貌交流等；服务能力可以从出错率或服务的可靠性、对顾客需求的理解能力、与顾客的交流能力、安全性等；服务态度可以从缺勤率、违规率或次数等方面来考核。

（3）管理人员的绩效薪酬。主要内容包括岗位任务完成进度和质量，管理素质和能力对工作效率和工作方法的改进作用，工作的态度，缺勤率、协作作用、违规率或次数、下属的评价等。

二、成本控制问题

（一）成本的主要来源

1. 产品和流程设计

产品结构设计。产品结构中可能有许多非必要功能模块，或过强的功能模块，或没有实际功能的模块，或落后的技术结构导致的高成本等，这些是产品成本高的主因和根源性原因。

产品材料和零部件的设计。是否选择了性能合理、价格合理、供应充足或有价格下降预期的原材料和零部件，对于产品的成本及其趋势控制具有重要影响。

关键流程设计与布局。关键流程本身的实现技术和方式设计、流程间产出的平衡、流程间逻辑关系的确定与衔接等，对于生产效率的提高和成本具有重要影响。

2. 成本和费用

组织结构和机制的设计。组织结构和机制是否能简明有效，涉及管理费用、流程的执行效率、产品合格率、产品积压成本、产品损坏率、产品的市场开拓与管理的有效性等方面的问题，因此对成本具有较大影响。

成本和费用管理方法的有效性。如是否运用了信息系统等高效率控制和管理技术、是否预算合理且及时发现和合理控制了偏差、管理的方法是否适合对应的问题等，均对管理费用、销售费用、财务费用等产生重要影响。

3. 供应

供应管理过程中，商家的选择、购买的时机、购买批量、运输方式的选择、库存管理等均对供应的材料和零部件的价格、质量、购买管理费用等产生较大影响。

4. 规模

规模主要涉及固定成本和变动成本的问题，如复制 2 个字的时间成本为 2 秒，打出 2 个字的成本为 1 秒，因此，就两个字而言，直接打比复制操作单位字的时间成本更低，而如果复制 100 个字，时间也差不多是 2 秒，平均每个字的时间成本为 0.02 秒，显然复制操作时间成本更低。这是因为，复制操作的固定时间成本为 2 秒左右，而变动成本接近 0。因此规模越大，在固定成本几乎不变的情况（如设备和厂房的投资）下，单位产品的成本就越低，甚至会逐步接近变动成本。

但规模产生是有条件的，如产品的标准化要求高，具有相关技术和设备的支持、需要有较高的前期投资等。一般而言，规模大，意味着产品的标准化程度高、产品的适应性差、顾客的体验较单一等。

5. 经验

这个经验包括组织体制、机制、商业模式、文化的逐步适应和成熟，员工的知识、技能、适应性等经验和成熟度的提高等，这些提高会大大提高效率，一般而言，传统的行业，成熟员工效率是新员工效率的 3 倍左右，技术行业的效率差距更高。因此，适当提高工资竞争力提高招聘员工的层次，或适当投入培训费用提高员工素质等，是有利于降低成本和提高品质的。

6. 质量

内部质量故障产生的损失包括：废品损失、返工费、停工费、事故处理费、产品降级费等。

外部故障产生的损失包括：索赔费、退货换货费、保修费、诉讼费、降价费等。

需要注意的是，质量控制工作复杂，成本高，需要深入分析质量的成本和损失构成。如预防成本包括：培训费、奖励费、改进费、评审费、专业人工费、信息费等；鉴定成本包括：各个环节检验费、设备及其调试费、试验材料费、办公费、人员费等。

成本管理的工具较多，如预算管理、目标管理、六西格玛等，均对成本控制有重要作用，下面介绍几种其他方法。

（二）JIT

1. JIT 一般分为“大 JIT”和“小 JIT”

大 JIT 又称精益生产，目标是消除企业生产作业活动中各方面的浪费，包括员工关系、供应关系、技术、物料、库存等。

小 JIT 主要重视库存计划，实现按需生产，追求各个环节的 0 库存目标。

JIT 的主要目标是追求：废品量最低、准备时间最短、生产提前期最短、库存最低、减少搬运量、机器损坏低、批量尽量小。

2. JIT 的基本组成

产品设计。标准化设计、模块化设计、质量。

过程设计。小批量、缩短作业调整准备时间、制造单元、柔性生产等。

人员/组织要素。尊重员工、员工交叉培训、成本会计、领导力等。

制造计划与控制。稳定计划、拉式系统、看板管理系统、与供应商合作等。

3. 最优生产技术（OPT）

基本思想是将所管理的对象抽象为一条链，明确系统管理的关键是管理系统中最薄弱的环节，系统的一切优化活动都应该围绕这些最薄弱的环节展开。

4. 敏捷制造（AM）

其要素为生产技术、管理技术、人力资源。

核心内容包括 4 部分：战略部分、技术部分、系统部分、人员。其中战略部分包括：可配置性、柔性人员、虚拟企业、供应链管理、并行工程、核心能力等；技术部分包括：设备、信息技术、模块化设计、实时控制、多媒体技术等；系统部分包括：系统设计、系统集成、数据库管理等；人员包括：知识员工、员工授权、培训教育、柔性能力等。

5. 大规模定制

大规模定制指以大规模生产的成本和速度为单个客户、小批量多品种的市场，定制加工任意多数量产品的一种全新的生产经营模式。

大规模定制兼顾了规模经济和范围经济。其原理是用标准化部件实现规模经济，而部件的多种组合形成多种产品满足不同客户，实现范围经济。

（三）库存的 ABC 管理

库存是有经济价值的任何物品的停滞与储存。如：材料、半成品、成品、设备及其备件等。财务报表的类别为有形资产。

库存按照生产过程中的状态可以分为原材料、在制品和成品库存；按作用分类包括周转库存、安全库存、调节库存、在途库存；按用户的需求特性分为独立需求库存和相关需求库存。

库存的 ABC 管理是将库存物品分级为：A、B、C。

A 类物品占类别的数量 20% 左右，所占资金的比例 80% 左右，管理办法选择紧控制。即：准确确定订货批量，完整精确记录，高管检查，紧密跟踪，最高作业优先权，尽量减少库存时间等；

B 类物品占类别的数量 30% 左右，所占资金的比例 15% 左右，管理办法选择一般控制。即：固定时间记录和检查，按照经济批量购买，只有紧急情况才给作业优先权等；

C 类物品占类别的数量 50% 左右，所占资金的比例 5% 左右，管理办法选择简单控制。即：简单的记录，半年或一年盘点一次，可以每次较大批量补充等。

（四）订货批量

订货量（一般）= 平均订货提前期天数 × 日平均需求量 + 安全库存量，如果是计算重要的大批量物质购买，购买批量需要进行最优化计算。如经济购买批量。

经济购买批量 = (2 × 年度计划进货量 × 平均每次订货费用/单位存货变动储存成本)$^{1/2}$

经济购买批量只是一个静态的计算结果，管理中应该灵活处理，如物料是否为供应紧张的，价格趋势是上涨还是下跌等，均需要适当考虑。

（五）学习曲线

学习曲线是表示单位产品生产时间与所生产的产品总量之间的关系的曲线。学习曲线可以用来估计未来产能、成本，也可以用于支持价格决策、投资决策和成本决策。

学习曲线主要基于存在三个基本假设：一是每次完成一个任务，都会提高下次完成任务的能力，使下次完成同样任务的时间减少；二是单位产品生产时间的下降速度是递减的；三是单位产品生产时间的减少规律可以大致通过建模进行预测或按照经验数据预测。

学习曲线也可以用于个体能力的预测，支持对员工的考核和聘用工作，如通过学习曲线，要求 1 年后员工能够达到合格工人的要求，假设标准是每天能生产 10 个合格产品，通过学习曲线参考表的数字，对应找到 12 个月时生产数量为 10 的曲线，再看该曲线在第 3 个月时的数字，假设为 6 个，那么，在试用期 3 个月结束时，转正的员工至少应该能每天生产出 6 个合格的产品等。

（六）成本的对象与分配

对成本进行量化分析并分配到成本对象，是成本管理的基础工作，如一个产品的整体成本对象是产品，一个产品的组装成本的对象是组装作业，一个产品的库存成本的对象是库存等。成本的对象分配主要包括直接成本分配法和间接成本分配法两种。

直接成本分配法：就是将成本直接分配到成本对象。条件是成本与成本对象存在客观和明确的联系，或通过分析可以基本确定成本和成本对象的关系。

间接成本分配法：指不能较准确地找到成本和成本对象关系时进行间接成本分摊的方法。这种方法会影响成本分配的准确度，应该尽量找到一些逻辑关系提高准确度。如同一个厂房生产了多种产品，那么可以找到不同产品的使用时间大致分配成本等。

三、产品开发控制问题

（一）新产品及其分类

新产品是在产品的结构、性能、材质、技术特征等的某方面比老产品有显著改进和提高的产品，具有先进性、相对性、时间性、空间性、价值性等特征。注意：只是外观、包装等方面的简单改进不算新产品。

新产品的分类主要有两种方法：一是按照产品的新颖程度可分为全新产品（新原理、新结构、新技术、新材料等）、改进产品（新功能、新型号等）和换代产品（部分采用新结构、新技术、新材料等）；二是按照地域特征可分为国际新产品、国家新产品、地区新产品和企业新产品。

（二）产品创新的主要方向和基本模式

产品创新的主要方向：增加功能、提高功能、优化结构、改进规格或尺寸、增加新用途、设计和生产流程的标准化、节能化、环保化、美化等。

创新的基本模式包括：自研、委托外研、合作研究、技术购买或引进。

（三）产品开发的主要过程

（1）计划。主要从战略等需求出发，说明开发新产品的必要性、用途或目标市场，开发的技术、市场和条件评估、开发的目标和路径等。

（2）概念开发。调查产品的概念及其可行性，明确市场对产品的性能要求，以及生产实现方案和原型试验等。

（3）系统设计。对产品进行平面设计、各个子系统或模块的功能说明及其接口，以及产品的最终装配过程及其流程等。

（4）细节设计。选择各个部件和原材料，定义标准及其误差容许范围，完整工业设计并建立相关文档。

（5）测试和完善。对产品进行性能、可靠性、寿命等测试，申请获批相关上市手续，依据测试结果进行设计修改等。

（6）投入生产和试销。评估生产的样品，检测并完善生产系统的运行情况，对关键顾客进行试销，并制订进一步的销售计划。

（四）顾客需求确定法（QFD）

顾客需求确定法（QFD）也称质量功能展开，一般由销售部门、研发部门和生产部门共同执行，主要是了解顾客的需求及其重要性，再研究这些需求的技术要求，并制订相关的技术标准。

如销售部门了解到汽车顾客有车门容易关闭的需求，且很重要。研发部门就将这一需求表述为技术语言或表述出技术特点，即关闭车门的能力要低。生产部门对比竞争对手及本企业的情况，确定出改进的标准为将目前的关闭能量降低20%等。

（五）价值工程

1. 价值工程的概念

价值工程（Value Engineering，简称VE）是以产品功能分析为核心，以提高产品的价值为目的，力求以最低寿命周期成本，实现产品使用所要求的必要功能的创造性设计方法。

价值工程涉及价值 V、功能 F 和成本 C 三个基本要素，且定义价值 = 功能/成本，或 $V=F/C$，其比值为价值系数。

2. 价值工程优化产品结构的步骤

（1）分析产品各个模块的功能和成本。

（2）分析各个模块功能的必要性，并减去不必要的功能及其对应的模块或该模块的子模块。

（3）对于必要功能系统，确定每个子功能的重要程度及其权重。

（4）计算每个功能的成本占比。

（5）计算各个功能的价值系数。

（6）对于价值系数大于1的适度增加成本或成本不变，对于小于1的适度降低成本，实现成本与功能的匹配以及产品结构的优化。

如，有一个学生设计出一个电子产品的信息接收放大器，比如电视天线等。就核心功能而言，成本约5元，但他又期望产品包装精美，使包装费达到20元，加上开发成本分摊，他最后销售定价每个100元。这个问题我们可以这样分析，首先城市现在基本不需要这种信息接收放大器，因此，只能卖到偏远地区，而这些地区人均收入低，显然对于包装的美观要求不高，当然应该重视安全使用的要求，而一般包装的实现难度也不高，因此，包装的成本高于核心部件是不合理的，且定价对于目标市场而言有点偏高。

3. 价值工程应用中需要注意的问题

一是功能重要程度的打分问题。一方面，重要度应该主要从必要度和实现难度考虑其权重，如必要度10分，难度3分，重要度可以等于 $10\times3=30$ 分等；另一方面，必要度与顾客的偏好有关，需要分析顾客的需求层次等问题。如收入低的顾客关心产品的实用功能，高收入的顾客更关心美观、时尚、荣耀等其他功能等。

二是现实中，去掉不必要模块后，应该主要考虑高成本模块的价值合理性，对于很小的部分可以做一般管理。如一个手提包的背带与包的衔接处，就是一个整体成本不高的地方，但这个地方容易坏，而坏了整个包就不能用了，因此，适度增加一点成本提高衔接的寿命是值得的。

4. 价值工程的其他应用

价值工程主要是做产品结构优化的，但其应用范围可以涉及许多有形和无形的相关领域。如：投资预算方面，可以首先清理不必要的预算项目，按照预算项目的重要度权重和其预算成本计算价值系数，对小于1的价值系数项目适度降低预算投资标准，实现预算的优化；教学改革方面，可以依据知识的重要度确定是否开设课程，以及匹配相关课程的课时数等，实现教学课程的结构优化；在机构改革中，可以分析各个部门、各个岗位的必要度，减掉不必要的部门和岗位，依据部门和岗位的重要度权重匹配人力和其他资源，价值系数低的应该适度降低资源配置等。

四、生产控制问题

（一）运营的主要流程

运营的主要流程包括：计划、采购、制造、配送、回收5种流程。

1. 计划

计划指实施供应链战略所需要的一系列过程，及其用于监管供应链的标准体系。

2. 采购

采购指选择需要的各类供应商，完善定价、发货、支付等过程。

3. 制造

制造指生产产品和提供服务的环节中，对人、财、物等资源的调度，包括速度、质量、效率等控制标准。

4. 配送

配送或物流过程，指将产品送到仓库或客户的运输过程，一般需要通过供应网络协调产品流动和信息流动，信息系统主要管理客户订单以及与货款回收相关的单据等。

5. 回收

回收包括损耗品、次品、客户退回的多余产品的回收或对持有问题产品顾客的支持，还可能包括售后所需要的各类后续支持性工作。

（二）流程分析的几个相关问题

（1）堵塞或阻塞。下道工序无法完成上道工序的任务量，而货物又无库存区时，出现的流程阻塞问题。

（2）窝工。上道工序无货供给下道工序时，会出现无事或等工，即窝工问题。

（3）瓶颈。流程中的某个环节生产能力最小时，会限制整个生产能力，即为瓶颈。

（4）缓冲区。即库存区，如果没有库存区，流程容易出现大量堵塞和窝工现象。

（三）流程的主要绩效变量及其关系

（1）节拍 = 时间/产量，即：单位产品的产出时间。

（2）产出率 = 产量/时间，即：单位时间的产量。

（3）产能利用率 = 实际产量/生产能力。

（4）准备时间 = 生产设备的准备时间 = 产品类型转换时间。

（5）运行时间 = 单个产品的生产时间 × 批量。

（6）操作时间 = 准备时间 + 运行时间。

（7）流程时间 = 准备时间 + 运行时间 + 排队时间。

（8）在制品库存 = 产出率 × 流程时间……李特尔法则。

（9）总库存 = 在制品库存 + 原材料库存。

（10）供给天数 = 原材料库存/产出率。

例：一家汽车装配厂，购买一套整车配件（称为水箱）每个 450 元，每个车的装配时间为 10 小时，工厂每天工作 8 小时，平均每天产出 240 辆车，原材料库存平均为 750 个水箱。则：总库存 = 在制品库存 + 原材料库存 = 产出率 × 流程时间 + 原材料库存 =（240/8）× 10 + 750 = 300 + 750 = 1 050；总库存的价值 = 总库存 × 单个成本 = 1 050 × 450 = 472 500。

（四）设施布置的基本类型

1. 工艺专业化布置

以工艺建立工作重心，如医院的布局。

主要优点：满足多样性工艺需求，利于提高员工专业技能，设备通用性好等。

主要缺点：在制品库存大、设备利用率低、物流慢效率低、监管环节多和管理复杂等。

2. 对象专业化布置

以产品建立工作中心，如汽车装配线等。

主要优点：产量高，单位产品的成本低，物流运输费用低，人工和设备利用率高，各个环节管理标准化。

主要缺点：适应能力差，设备故障或人缺勤对系统影响大等。

3. 成组单元布置（成组技术）

对相似工艺、相似加工设备、相似流向等产品进行合理分类，每个类别建立工作中心。

优点：具有对象专业化的优点，又有较高的适应性；适合多品类、中小批量的生产；加工较快、运输量和在制品库存少；生产准备时间减少；工人组成团队完成任务，改善人际关系，也丰富了工人的工作内容等。因此，成组技术既能发挥对象专业化布置和工艺专业化布置的优势，又可以在一定程度上弥补两者的缺点。

4. 定位布置

有些产品大，如房产等建筑产品，产品难移动或不能移动，需要将设备等移到产品处进行。注意的重点是材料、设备、人员等的合理安排，各个活动的协调等，因此，涉及的管理内容较多，管理难度更大。

（五）设施布置的常用方法

1. 物料流向图法

依据原材料、在制品及其他物料在生产过程中的总流动方向来布置工厂的各个车间、仓库等的方法。一般依据场地不同，会形成线性或U形图。

2. 相关度布置法

依据各个单元间关系密切度布置，得出较优方案。

密切度一般分为六个等级：绝对必要（5分）；特别重要（4分）；重要（3分）；普通（2分）；不重要（1分）；不考虑或不易接近（0分）。

关系密切的主要参考依据是：共同的记录、共用人员、共用地方、人员间接触多、文件接触多、流程的连续性、工作的类似性、共用设备、可能的不良次序等。

基本步骤是：绘制单元相关图；编制相关度积分表；按照密切度布置。

3. 从—至表法

从—至表是一种记录单元间物料运输情况的矩阵式图表，目的是使总的移动距离最小。

基本步骤是：

（1）编制初始零件从—至表，表格数据为零件移动次数，方格与对角线距离表示两个单元的距离数。

（2）让从—至表次数最多的单元尽量靠近，改进从—至表。

（3）计算总的移动距离 = 各个移动次数 × 移动格数的和。

（4）对改进前后进行比较，也可以反复几次，对总的移动距离进行比较，取最小的布置方案。

（六）产能及其影响因素

1. 生产能力的概念

生产能力是指在一定时间内，输入的资源在先进合理的技术组织条件下实现的最大产出量。其中，制造类企业一般用单位时间段的产量表示，服务类企业常用单位时间段服务的人数表示。

2. 生产能力的分类

生产能力主要包括：设计能力、查定能力和计划能力。设计能力指设计任务书和技术文件中规定的生产能力；查定能力指经过实际核准后的生产能力；计划能力指企业依据设计能力和市场变化，预算的计划期内的能够实现的能力。

3. 生产能力的影响因素

（1）人员能力。以人为主的生产能力的计算为：生产能力 = 人员数量 × 出勤率 × 劳动时间 × 劳动定额。即人员影响产能可以从 4 个方面影响。

（2）设备能力。以设备为主的生产能力的计算为：生产能力 = 设备数量 × 完好率 × 开动率 × 运转时间 × 设备生产率。即设备影响产能可以从 5 个方面影响。

（3）管理能力。主要是影响有效产能和产能的利用率：有效产能 = 生产能力 × 生产利用率。显然，管理决定生产利用率。

4. 生产能力的常用表示方法

产能一般有两种度量方法：一是产出度量法，如汽车年产 30 万辆、医院平均每天接诊的患者等；二是投入度量法，如医院拥有的床位数量、企业拥有的设备数量等。

（七）产能的常用计算方法

1. 工艺专业化布局单个产品的产能核算

工艺专业化布局的特点：单个工作中心内部设备相似，各个工作中心是并联关系，每个中心可以面对多类产品。

工作中心某类产品的生产能力 = 有效工作时间 × 工作中心设备数量/单位产品台时数

如：某工艺加工中心有 10 台相同的设备，加工单一的 A 产品，如果加工一个 A 产品的台时数量为 4 小时/台，年工作日为 250 天，每天工作时间 8 小时，设备利用率为 80%，那么，年生产能力 = 250 × 8 × 0. 8 × 10/4 = 4 000 件。

2. 工艺专业化布局多个产品的产能核算

工艺专业化工作中心生产多种产品时，生产能力的核算是对一个生产组合计算生产能力，一般采用代表产品法。

代表产品法是按照产品的工作量，将其折算成某个代表产品的产能的方法。如我国能源种类较多，每年整体能耗是多少，就需要用某个代表产品来衡量，我国一般用标准煤表示。

代表产品法主要是两个步骤：①计算每个产品的转换系数 = 该产品的工时定额/代表产品的工时定额。②计算代表产品表示的生产能力 = 各个产品产能分别乘对应的转换系数后求和。

例：某工作中心共 8 台同种设备，生产 4 种产品。全年有效工时为 4 650 小时，产品 A 的工时为 25 小时，产品 B 的工时为 50 小时，产品 C 的工时为 75 小时，产品 D 的工时为 100 小时。企业对 A、B、C、D 四种产品的计划产品数分别为 200、200、100、100。显然，若以 B 为代表产品，该中心的年最大生产能力 = 4 650 × 8/50 = 744；A、B、C、D 四种产品的转换系数分别为 0. 5、1、1. 5、2；A、B、C、D 四种产品的实际计划产能折算为 100、200、150、200；整体的计划产能利用率 = 650/744 = 87%

3. 对象专业化工作中心生产能力的核算

对象专业化工作中心的特点：产品单一，设备种类多，多为装配线、连续流程类，设备间为串联关系。

产能核算方法：以关键设备（能力最小的设备）的能力为标准计算工作中心的能力。即产能 = 有效工时数 × 关键工序的设备数量/关键工序的定额时间。

例：某企业的一条产品生产线，有 7 道工序，各个工序的单件定额时间（单位为分钟）分别为：$t1 = 2.2$；$t2 = 3.54$；$t3 = 3.54$；$t4 = 2.41$；$t5 = 3.50$；$t6 = 9.9$；$t7 = 9.9$。其中，6、

7两道工序为3台设备，其他均为一台设备，且设每年工作时间为300天，每天8小时，设备利用率为90%。

显然，工序2和工序3的时间定额为3.54，是时间最长的关键工序，因此，该流水线的年生产能力=300×8×60×0.9×1/3.54=36 610件。

五、常见的排序控制问题

（一）作业排序问题的分类

排序问题按照行业可分为制造业的排序和服务业的排序；按照排序对象可分为劳动力排序和生产作业排序；按照服务者数量可分为单服务者排序和多服务者排序；按照加工路线可分为单件作业排序和流水作业排序；按照对象到达情况可分为静态作业排序和动态作业排序。

（二）作业排序的优先规则

（1）最短加工时间规则——SPT。车间拥挤优先选择加工时间最短的工件。

（2）最早到期规则——EDD。交货严时优先选择最早进入排序工件。

（3）先到先服务规则——FCFS。负荷不多时早进入早排序。

（4）最小关键比例规则——SCR。交货要求严（交货期－当前期）/余下加工时间。

（5）最小工作量规则——LWKR。车间拥挤时余下加工时间最小的工件。

（6）最多工作量规则——MWKR。外包时把余下加工时间最长的留自己。

（7）最小松弛规则——SLACK。交货要求严（到期日期－当日）－加工时间最小的。

（三）排序的主要绩效评价指标

工件流程时间；总流程时间；平均流程时间；工件延期时间；时间跨度和平均工件库存数量。

（四）$n/2$ 排序—约翰逊算法

对于 n 个工件，每个工件有两道工序的排序问题（总加工时间最短）。约翰逊算法的步骤如下：

（1）做 n 个工件在两台设备的加工工时的矩阵（列为设备、行为工件）。

（2）在工时矩阵M中找到最小元素，相等可选其一。

（3）最小在上行，即第一台设备时，对应工件排在最前，最小在下行，即第二台设备，对应工件排在最后。

（4）在矩阵中删除该工件后，重复（2）~（3）步。

（五）服务业员工的工作排序问题

目标是在满足员工满意度条件下，用尽量少的员工满足服务量。如：一个需要每天上班的服务企业，如何让员工连续休息两天，且尽量放在周末的条件下人员最少。基本步骤是：

步骤1：从每周的人员需求中，找出服务人员需求中连续两天需求和最少的。有多种选择时，优先选择接近周末的，作为第一个员工的休息时间，其他的时间为该员工的上班时间。

步骤2：确定员工1在步骤1确定的两天休息。然后在其他的5天中减1后再重复步骤1，确定第二个员工的休息时间。

步骤3：重复步骤1和步骤2，直到所有服务员工的工作休息日安排完。

步骤4：检查每天的上班人数与需要的人数情况，一般会有些天会有多余，这些天可以作为机动岗位。

六、常用的战略控制方法和工具

除上述平衡计分卡和战略地图等战略控制工具外，下面介绍一些其他的常用战略控制分析方法和工具。

（一）控制重点的选择

相关调查表明，战略实施中常遇问题按出现频率看，排序前十的因素依次为：实施过程比预定计划慢；出现没有预料的重大问题；行动协调不好；竞争对手的行为和危机出现使注意力从战略实施转移；员工没有实施能力；对低层员工培训不足；不可控的外部因素变化；管理者领导和指导不足；关键实施任务和行动描述不清晰；对行动管制不力等。显然，这个调查结果，为我们建立控制系统和确定关注的重点问题具有一定的参考价值。

（二）领导与战略的匹配问题

派克·J·帕尔玛（Parker J. Palmer）认为：领导是具有非凡权力的人，他能够运用这种权力创造一个其他人赖以生存、活动、发展的环境，这种环境既可能像天堂一样光明，也可能像地狱一样黑暗。

1. 战略领导

战略领导是企业或组织中拥有并实施战略领导能力的人，能在不稳定的环境中有效影响他人的行为。

战略领导的工作主要包括六项内容：决定战略方向；开发和维持核心竞争力；开发人力资本；建立一种有效的组织文化；建立强调伦理准则；建立均衡的组织控制，如建立新的组织文化、组织模式、考核系统、薪酬系统等。

2. 领导风格对战略实施模式的影响

指令型领导的战略实施模式。一般由计划人员向战略领导者提交企业经营战略报告，根据该报告，战略领导者深入分析后完成战略的制订，战略制订后，强制下层管理人员执行。这种战略模式的优点是效率高，指挥统一。主要缺点是战略制订与执行分离，可能出现不合实际等问题。

合作型领导的战略模式。一般先由战略领导者和其他高层人员一起对战略问题进行充分讨论，形成较一致的意见，制定出战略并实施。主要优点是领导能了解较准确的信息。主要缺点是战略往往是不同目的参与者相互妥协的产物，且较耗时。

转化型领导的战略模式。一般战略已经制定好，领导者主要考虑制定出好的实施方案，但需要对组织结构、人员、计划、控制系统等进行一系列的变革，以促进战略的实施。这种领导方式虽然缺乏战略灵活性，但一般比指令型领导会更有效。

文化型领导的战略模式。一般是领导运用企业文化手段，向全体员工宣传战略思想，建立共同的价值观和行为准则，使全体员工在共同文化基础上参与制定和实施企业战略。这种模式具有很多优点，但会要求员工有较高的素质。

增长型领导的战略模式。战略领导主要是考虑如何激励下层管理人员制定和实施战略的积极性和主动性。即给下层有较大的自主决策权，减少集体决策的不利影响。

3. 战略与领导风格的匹配

进攻型或发展型战略，如前面讲的各类扩张模式等。匹配领导风格类型为探索者和征服者；领导的行为特征为：创造性、独立决策能力、急性子、反应快、对新事物好奇、有魄力、不容易受传统影响、胆大心细、知识面广、对弱信号反应快等。

稳定型战略，如投资不变战略、维持战略、收获战略或利润战略等。匹配领导风格类型为冷静和稳健；领导的行为特征为：原则性和时间性强、能自我控制、注重稳定、遵守协议、指挥统一、有教养、稳重、执行严格、重例行管理等。

退缩型战略，如退出战略、放弃战略、转向战略、依附或找靠山战略、破产或清算战略等。匹配领导风格类型为节约型和应变型；领导的行为特征为：管理精细、尊重程序、不主动创新、观念传统、思维灵活广泛、懂人情、善社交、行动果断等。

（三）组织结构与战略的匹配

一般而言，战略的变化会要求组织结构发生相应的变化，因为组织结构在很大程度上决定了目标和政策是如何建立的、决定了资源的配置。

1. 战略与组织结构的关系

组织结构是为战略服务的，是战略实施的组织保证；原有组织结构制约着新战略的制定和实施，如历史原因、物质和心理因素、员工素质和观念因素、认识和情感原因等；没有组织结构的变革很难在战略上实现实质性创新。当然，现实中完全与新战略匹配的组织结构是不存在的，原结构的影响会延续到新战略的整个实施过程，因此，战略制定还需要在一定程度上迁就原有的组织结构。

2. 战略实施的组织工作内容

明确实现组织战略目标所必需的各种活动，即进行目标分解和业务设计；将各种必要的活动进行组合，以便安排给方便管理的单位或部门，即进行任务分配，建立责任制；将各部门所必需的职权授予各个管理者；为各职位配置适当的人员；对组织建立信息沟通路径和制度；进行组织文化建设；根据战略的要求进行组织创新和变革等。

3. 业务竞争战略与组织的匹配

成本领先战略。结构匹配：较扁平的、较集权的结构；结构特点：注重生产环节的管理、成本控制、资源共享、规模经济等。

差异化战略。结构匹配：团队或矩阵型结构；结构特点：注重研发和市场环节，注重动态的、快速反应的、组织文化较浓的、非强制的结构。

集中战略。结构匹配：较扁平的、具有较好弹性的结构；结构特点：既要在特定领域形成低成本，又要满足特定顾客的差异化需求。

4. 职能战略与组织的匹配

研发部门。结构特点：扁平、分权、自由的团队式等，目的是培养创新能力、合作精神、共同解决问题的效率等。

销售部门。结构特点：扁平、授予必要的个人权利、注重绩效挂钩等，目的是便于直接与顾客沟通并决策、提高市场开拓能力等。

生产部门。结构特点：集权、责权明确、管理严格、反应快速、技能标准化等，目的是提高生产效率、产品质量、生产的适应性、及时性等。

（四）文化与战略的匹配

文化是组织长期培育形成的价值准则、基本信念和行为规范，是实现企业愿景与使命的世界观和方法论，是指导企业经营的哲学，主要内容涉及宗旨、愿景、共同的价值观、作风和传统习惯、行为规范和规章制度等。

1. 企业文化的三个层次

核心层：员工共同信守的基本信念、价值观、职业道德、精神风貌等，是形成物质层与中间层的基础。

中间层：规范、约束和塑造员工行为制度，规定员工应遵守的行为准则等。如各种管理制度、企业风俗习惯等。

物质层：作为企业文化的表层和外显部分，如企业名称、标志和标识、办公室、车间设计和布置，产品特色和外观等。

2. 文化与战略的匹配

进攻战略。匹配目标：培育持续学习和创新的文化；文化特点：员工间等级不明显，行为较自由，鼓励冒险、开拓、尊重个性、不怕失败。

稳定战略。匹配目标：维持稳定，严谨，管理精细，规范化的文化等；文化特点：等级分明、行为规范、秩序井然、执行严格、尊重权力等。

撤退战略。匹配目标：稳定人心、注意企业形象、减少损失等；文化特点：加强沟通、安定人心、提高士气、建立良好的公众和社会形象等。

（五）战略实施的7S模型

7S模型是麦肯锡公司设计的企业组织七要素，包括战略（Strategy）、结构（Structure）、制度（System）、作风（Style）、员工（Staff）、技能（Skill）、共同的价值观（Shared Values），其中前三个为硬件，后四个为软件。

具体讲，战略主要确定企业目标及其实现基本途径；结构主要做好组织结构设计，包括业务设计、组织结构设计、任务分配等；制度主要包括责任制度、控制制度、薪金和激励制度、沟通协调制度等；作风主要包括办事认真、讲究效率、谦虚谨慎、忠于职守、勤奋好学、遵守纪律、严守机密、对人尊重、团结同事、勇于开拓、顾全大局等；员工主要指战略实施过程各阶段需要的各种人力资源的开发与管理；技能是指战略实施中员工需要的相关技能；共同的价值观是文化建设的核心部分，具有导向、约束、凝聚、激励和辐射作用。

（六）商业模式画布

1. 商业模式画布概念

商业模式画布是《商业模式新生代》的作者亚历山大·奥斯特瓦德提出的，他将一个完整的商业模式以结构化的方式划分出四个视角、九个模块，以更直观地去描述、分析和评价一个企业的商业模式。

2. 商业模式画布的四个视角

商业模式画布的四个视角是：企业的目标顾客群和提供何种产品及服务；满足服务的具体产品或服务；提供产品或服务的具体技术、方法、能力等；实现顾客价值过程中的企业盈利模式等。

3. 商业模式画布的九个模块

（1）顾客细分。企业要分析、确定、获得和期望服务的顾客对象或目标市场。一旦选定目标顾客群，就需要深度理解并为之设计好商业模式。

（2）价值主张。价值主张是为目标顾客提供为其创造价值的产品和服务，包括：价格、性能、交货时间、服务响应、使用方便、易上手等。

（3）关键业务或活动。实现和创造价值主张，需要有一系列核心业务和资源，以便获得新的顾客或市场、维系和巩固顾客关系。

(4) 核心资源。核心资源指支持各类企业活动运行的各类重要资源，如人才、资金、技术、网络、关系等，保证价值主张的实现。

(5) 关键的合作伙伴。商业模式的运行需要外部各类伙伴和资源的合作。如供应商、战略联盟、投资合作等。

(6) 顾客获取渠道。渠道即向顾客传递企业价值主张的渠道和方式，包括：了解产品和服务的渠道和方式，帮助顾客评估和选择产品和服务的渠道和方式，巩固顾客关系的渠道和方式等，如建立广泛的营销网络、提高品牌价值、提高顾客满意度、提供顾客方便度，消除顾客不安全感等。

(7) 客户关系。为了巩固老顾客、开发新顾客、提供市场竞争地位和提高营销水平，企业既需要优化产品和服务，又需要与目标客户建立好的关系。因此，需要在客户识别、细分、互动、个性化服务等方面加强顾客黏性，也需要通过优化客户关系管理流程维护客户关系等。

(8) 成本结构。成本结构指企业在实现商业模式全部过程中发生的全部成本及其结构，包括产品和服务的提供和优化成本，维护客户关系和合作关系的成本等。

(9) 收入来源。收入来源即企业在满足顾客的价值需求过程中，可以获得的各类收入，包括直接的、间接的、短期的、长期的等。

商业模式画布的九个模块为企业系统分析商业模式提供了可视化的思路和方法。

4. 商业模式画布的主要应用步骤

(1) 外部环境、内部条件、客户需求的调研和分析。

(2) 对企业商业模式现状进行分块分析，归纳问题。

(3) 分模块分别分析问题的原因，并研究解决方案。

(4) 评价方案，制订商业模式优化的计划。

(5) 比较商业模式优化前后的效果，进一步改进优化方案。

本章的知识点和问题思考

一、主要知识点

(一) 名词

1. 第一节的主要名词

控制；控制标准；组织的外部风险；组织的内部风险

2. 第二节的主要名词

统计方法；工程方法；经验方法；直接观察；统计报告；口头报告；书面报告

3. 第三节的主要名词

事后控制；同期控制；预先控制；集中控制；分散控制；正式控制；非正式控制；市场控制；群体控制；自我控制；文化控制；直接控制；间接控制；程序控制；跟踪控制；开环控制；闭环控制

4. 第四节的主要名词

控制的经济性原则；例外原则；合法性原则；关键性原则

5. 第五节的主要名词

预算控制；非预算控制；零基预算；弹性预算；滚动预算；全面预算；比率分析；审计控制；损益控制；质量控制；PDCA 循环；六西格玛；DMAIC；国际质量标准体系；KPI；EVA；平衡计分卡；战略地图

6. 第六节的主要名词

JIT；大规模定制；ABC 管理；学习曲线；新产品；全新产品；价值工程；并行工程；在制品库存；总库存；工艺专业化；对象专业化；成组技术

（二）简述

（1）简述计划和控制的关系。

（2）简述控制的重要性。

（3）简述实现有效控制的基础。

（4）简述控制的基本过程。

（5）简述制订控制标准的常用方法和基本程序。

（6）简述形成计划偏差的主要原因。

（7）简述纠正偏差的一般思路。

（8）简述控制的原则和要求。

（9）简述控制的艺术和技巧。

（10）简述控制的基本策略。

（11）简述预算控制的基本程序。

（12）简述预算控制的主要优点和缺点。

（13）简述财务控制比率分析。

（14）简述经营控制比率分析。

（15）简述审计控制的原则和要求。

（16）简述六个西格玛的主要特征。

（17）简述六个西格玛的主要实施流程。

（18）简述 ISO 9000 的精髓。

（19）简述 KPI 的优点和缺点。

（20）简述 KPI 指标体系的主要设计步骤。

（21）简述雷达图的基本分析过程。

（22）简述平衡计分卡的分析框架。

（23）简述平衡计分卡的使用步骤。

（24）简述战略地图的主要开发步骤。

（25）简述确定薪酬的基本方法。

（26）简述成本的主要来源。

（27）简述产品创新的主要方向和基本模式。

（28）简述并行工程。

（29）简述价值工程的应用领域。

(30) 简述流程的主要绩效指标。
(31) 简述设施布置的常用方法。
(32) 简述影响产能的主要因素。
(33) 简述战略与领导风格的匹配问题。
(34) 简述业务竞争战略与组织的匹配问题。
(35) 简述文化与战略的匹配问题。
(36) 简述商业画布的内容及其主要应用步骤。

二、相关问题思考

(一) 为什么计划的实施需要控制
(二) 为什么控制标准必须有配套的实现办法
(三) 为什么控制的信息需要准确及时
(四) 为什么要综合应用控制策略
(五) 为什么控制需要给战略计划部门更大的权限
(六) 为什么控制需要包括控制内容、控制者和控制方法
(七) 衡量绩效主要测量什么？如果发现有些标准难测量怎么办
(八) 预先控制主要分析什么
(九) 为什么多元化企业需要分散控制，分散控制有哪些优点和缺点
(十) 提出两种自我控制的形成思路或方法
(十一) 提出一种群体控制的形成思路或方法
(十二) 程序控制和跟踪控制的区别
(十三) 提出一种实现最优控制的思路或方法
(十四) 开环控制适应哪些情况，是否需要考虑环境因素
(十五) 制订控制标准和控制方法需要考虑员工的哪些问题
(十六) 控制工作需要做好哪些基础工作
(十七) 预算的局限性要求我们注意哪些问题
(十八) 借助雷达图的分析过程思考制订出竞争力分析的过程
(十九) 审计控制的独立性目前有哪些影响因素
(二十) 谈一下六西格玛对你工作的指导作用
(二十一) 谈一下精益管理的重要性
(二十二) 为什么建立关键绩效指标体系需要补充一些一般的绩效指标
(二十三) 价值工程是否可以辅助分析投资预算的合理性，说明基本分析过程
(二十四) 谈一下战略地图的理论和现实意义

三、案例分析

(一) 就垄断企业的信息不对称问题提出一个解决思路和方法，说明其逻辑
(二) 就正式控制和非正式控制各举一例，比较各自的优缺点
(三) 举出 4 个定性控制指标的量化方法，说明其在控制中的意义
(四) 调查一个企业的管理信息系统，说明其控制的关键问题及其控制效果

（五）调查一家连锁店（快餐、超市等），说明其控制的关键点及其控制的优点和缺点

（六）举一个预先控制的例子，分析其成本和效益

（七）就过程控制举一个例子，说明其遵循了哪些理论和方法

（八）调查一个单位的控制系统，说明哪些是集中控制，哪些是分散控制，分析其优点和缺点

（九）就开环控制和闭环控制各举一例，分析其各自的问题特征和方法特征

（十）设计一个管理的最优控制系统，说明可能应用的场景

（十一）调查一个控制制度，评价其控制效果，分析其好或不好的理由

（十二）举一个市场控制的案例，说明其控制效果和原因

（十三）调查一个企业的文化控制系统，说明其效果和原因

（十四）分析一个传销组织的文化控制过程，说明其对管理的积极和消极意义，对于管理者和被管理者分别有哪些警示作用

（十五）找一家被ST的上市公司，分析其近5~10年的EVA数据，说明其问题和原因

（十六）学习一家企业的竞争力评价指标体系及其应用过程，说明其指标体系及其应用方面的优点和缺点

（十七）调查一家企业的平衡计分卡，或设计一套平衡计分卡评价指标，分析和评价该企业的问题

（十八）调查一个企业的关键流程及其管理状况，参考六西格玛框架制订调研问题和进行分析评价

（十九）利用审计控制的原则和要求，分析一个企业审计工作的好或不好的原因

（二十）分析一个企业战略地图的优点和缺点

（二十一）调查一个企业对员工的控制系统，说明其效果和原因

（二十二）调查三个企业对人员管理的制度，说明哪些对人的行为有塑造作用

（二十三）调查一个非正式组织吸引和控制组员的方式和方法，说明其对管理的积极意义或消极影响。

（二十四）调查一家企业的薪酬制度，说明其基本思路和方法

（二十五）参考成本来源框架，调查和分析一家企业的成本问题

（二十六）调查一家企业的生产流程，用JIT的方法和理念评价其存在的问题

（二十七）利用价值工程评价一个产品结构和功能的合理性，并结合实际说明价值工程方法在应用中应该注意的问题

（二十八）调查和分析一个新产品研发失败的原因，归纳其经验教训

（二十九）调查分析一家企业影响产能的原因，并提出一些改进措施

（三十）分析一家企业兴衰的过程，及其对行业环境的变化和领导的风格，说明战略与环境和领导风格的匹配问题

（三十一）参考商业模式画布，调查、分析和评价一家企业商业模式的优缺点

（三十二）对不可预见的问题是否可以建立控制标准和控制体系，举例说明

（三十三）分析邯钢“模拟市场核算，实行成本否决制”的优点和缺点

邯钢“模拟市场核算，实行成本否决制”的主要内容

（1）确定目标成本：以市场价格为依据通过“倒算法”推出，即市场销售价格→目标

利润→目标成本。

(2) 以国内先进水平为依据定指标。

(3) 分产品测定目标利润，且刚性执行。

(4) 实行成本否决。目标成本层层分解，层层签订成本协议，个人奖金与目标成本挂钩。

(5) 效果：五年实现利润21.6亿元，有8亿靠挖掘成本。

(三十四) 依据控制的过程、方法、原则要求等分析恒大事件的根源及其经验教训。

2017—2018年是恒大集团疯狂激进的一年，这一年，中国恒大的股价达到了历史巅峰时刻，最高达32.50港元，许家印则以2 900亿元的身价首次登顶中国首富。2019年7月的财富世界500强榜单中，中国恒大（HK.03333）以704.8亿美元的营业收入位列138名，较2018年大幅上升92位，在中国500强榜单中排名16位。2020年恒大现金流隐忧开始暴露，快速扩张带来的巨额负债（约2万亿港元）给恒大的发展带来了风险，2020年年底开始，国家开展对房地产的重拳打压，金融机构贷款难，终端销售迅速降温，恒大现金流紧张。2021年，恒大风险频出，开始疯狂“自救”。

目前关于恒大事件的原因分析主要涉及的观点包括：①恒大为了大规模扩张，收购了大量项目和资产，同时也欠了过高的债务。②随着国家房地产调控政策的趋紧，楼市环境越来越差，收购的资产很难消化，带来了很大风险。③2021年，在“三条红线”和“限贷令”的共同影响下，房企融资困难，购房者的房贷受到限制，这对高负债的恒大是致命的打击。④恒大经营业务太多，其他经营基本上都是亏损，如汽车等，基本都处于需要房地产输血培育的时期，房地产出现问题时，出现多个问题相互影响，造成了财务黑洞。⑤市场及投资者们对于恒大的信任度下降，出现债务追讨。如2021年7月，从广发银行向恒大集团追讨1亿多元的债务开始，其他银行也开始主动向恒大讨债，导致恒大出现了信任危机，许多处于开发中的项目，都进行了延期或停工处理。⑥恒大分红比例过高，导致利润不断分出去，负债率不断提高，风险承受能力越来越弱等。

主要参考文献

[1] 鲍丽娜，等．管理学习题与案例［M］．大连：东北财经大学出版社，2007.
[2] 暴丽艳，等．管理学原理［M］.3 版．北京：清华大学出版社，2014.
[3] 贝赞可，等．战略经济学［M］.3 版．詹正茂，等译．北京：中国人民大学出版社，2006.
[4] 陈莞，等．管理工具［M］．北京：经济科学出版社，2003.
[5] 崔志明，等．技术预见“市场德尔菲法”的特点及实施程序探讨［J］．科学学与科学技术管理，2004（12）.
[6] 戴淑芬．管理学教程［M］.2 版．北京：北京大学出版社，2005.
[7] 杜胜利．企业业绩评价［M］．北京：经济科学出版社，1999.
[8] 窦令成．沟通力［M］．北京：人民邮电出版社，2017.
[9] 德鲁克．管理的实践［M］．齐若兰，译．北京：机械工业出版社，2009.
[10] 方振帮，等．战略性绩效管理［M］.3 版．北京：中国人民大学出版社，2010.
[11] 法约尔．工业管理与一般管理［M］．周安华，等译．北京：中国社会科学出版社，1982.
[12] 菲利普·科特勒，等．市场营销原理与实践［M］.16 版．楼尊，译．北京：中国人民大学出版社，2015.
[13] 弗雷德，等．战略管理［M］.8 版．李克宁，译．北京：经济科学出版社，2001.
[14] 弗雷德，等．战略管理（上册）［M］．李东红，等译．北京：清华大学出版社，2003.
[15] 郭文臣．管理沟通［M］.3 版．北京：清华大学出版社，2017.
[16] 郭嘉．几种德尔菲法的派生形式［J］．预测，1985（3）.
[17] 甘华鸣，等．战略流程操作手册［M］．北京：中国物资出版社，2004.
[18] 哈罗德·孔茨，等．管理学精要［M］.6 版．韦福祥，等译．北京：机械工业出版社，2005.
[19] 韩伯棠，等．战略管理［M］．北京：高等教育出版社，2004.
[20] 韩晶，等．农产品生产企业认证绿色食品的影响因素——基于鱼骨分析法［J］．天津农业科学，2017（10）.
[21] 黄凯．战略管理竞争与创新［M］．北京：石油工业出版社，2004.
[22] 胡健宏．管理学原理教学案例库［M］．北京：清华大学出版社，2005.
[23] 何述东，等．电力负荷短期预测的改进神经网络方法［J］．电力系统自动化，1997（17）.
[24] 加里·德斯勒，等．人力资源管理［M］.14 版．刘昕，译．北京：中国人民大学出版

社，2017.
[25] 加里·阿姆斯特朗，等．市场营销学［M］．12版．王永贵，等译．北京：中国人民大学出版社，2017.
[26] 金占明，等．企业管理学［M］．北京：清华大学出版社，1995.
[27] 蒋贵凤，等．战略管理与组织行为学案例教程［M］．北京：清华大学出版社，2013.
[28] 库林特，等．战略管理竞争与全球化［M］．吕魏，等译．北京：机械工业出版社，2005.
[29] 林新奇．国际人力资源管理［M］．上海：复旦大学出版社，2005.
[30] 卢向南，等．网络企业管理［M］．北京：高等教育出版社，2001.
[31] 刘亮，等．管理案例研究方法与应用［M］．北京：北京大学出版社，2020.
[32] 刘丁凤，等．鱼骨分析法在急诊分诊护理管理中的应用［J］．医疗装备，2017（1）.
[33] 刘松博．领导学［M］．2版．北京：中国人民大学出版社，2013.
[34] 刘志坚．管理学原理与案例［M］．2版．广州：华南理工大学出版社，2006.
[35] 刘林青，等．企业战略管理实验实训教程［M］．武汉：武汉大学出版社，2008.
[36] 刘翼生，战略管理［M］．2版．北京：清华大学出版社，2003.
[37] 李德伟，等．管理学基础［M］．北京：清华大学出版社，2006.
[38] 李帮义，等．市场营销管理［M］．北京：科学出版社，2011.
[39] 罗德·内皮尔，等．战略规划的高效工具与方法［M］．曲云波，等译．北京：企业管理出版社，2007.
[40] 罗伯特·雅格布斯，等．运营管理［M］．任健标，译．北京：机械工业出版社，2015.
[41] 莱杰尔·斯莱克，等．运营战略［M］．刘晋，等译．北京：人民邮电出版社，2004.
[42] 迈克尔·贝叶，等．管理经济学［M］．6版．王琴，译．北京：中国人民大学出版社，2017.
[43] 迈克尔·希特，等．战略管理概念与案例［M］．12版．刘刚，等译．北京：中国人民大学出版社，2017.
[44] 吕竑，等．运营管理［M］．2版．北京：科学出版社，2018.
[45] 邱冬阳，等．移动互联时代打车App商业模式经济学分析［J］．重庆理工大学学报，2016（6）.
[46] 秦杨勇．战略绩效管理［M］．北京：经济管理出版社，2011.
[47] 乔忠．管理学［M］．4版．北京：机械工业出版社，2018.
[48] 乔忠．管理学［M］．3版．北京：机械工业出版社，2012.
[49] 全国工商管理硕士入学考试研究中心．管理分册［M］．北京：机械工业出版社，2001.
[50] 任浩．战略管理——现代的观点［M］．北京：清华大学出版社，2008.
[51] 斯蒂芬·罗宾斯，等．管理学［M］．13版．刘刚，等译．北京：中国人民大学出版社，2017.
[52] W·钱·金，等．蓝海战略［M］．吉宓，译．北京：商务出版社，2006.
[53] 王利平．管理学原理［M］．北京：中国人民大学出版社，2000.

[54] 王海涛，等．灰色系统理论在电力需求滚动预测中的应用［J］．华南理工大学学报，2001（9）．
[55] 王晓君．管理学［M］．北京：中国人民大学出版社，2004.
[56] 王德中．企业战略管理［M］．重庆：西南财经大学出版社，1999.
[57] 项宝华．战略管理艺术与实务［M］．北京：华夏出版社，2002.
[58] 徐艳海．管理学原理［M］．北京：北京工业大学出版社，2000.
[59] 徐芳．团队绩效测评技术与实践［M］．北京：中国人民大学出版社，2003.
[60] 杨文士．等．管理学原理［M］．北京：中国人民大学出版社，1997.
[61] 杨叶．基于灰色关联的基本公共服务均等化综合分析［J］．统计与决策，2014（15）．
[62] 杨东龙．财务管理精要词典［M］．北京：中国经济出版社，2002.
[63] 杨颂，等．基于KJ法的用户潜在需求发掘方法研究［J］．商业文化，2012（5）．
[64] 余淑均．管理沟通——理论、案例及应用［M］．北京：电子工业出版社，2017.
[65] 赵星义，等．大学生创业指导教程［M］．北京：新华出版社，2009.
[66] 赵涛．管理学常用方法［M］．天津：天津大学出版社，2006.
[67] 周萍．鱼骨分析法在急诊分诊护理中的应用［J］．中国煤炭工业医学杂志，2015（4）．
[68] 周修亭，等．市场营销学［M］．郑州：郑州大学出版社，2009.
[69] 周毕文，等．管理考试［M］．北京：人民邮电出版社，2003.
[70] 周三多，等．管理学——原理与方法［M］.4版．上海：复旦大学出版社，2003.
[71] 周三多，等．管理学习题与案例［M］.2版．北京：高等教育出版社，2005.
[72] 张立辉，等．内部控制与公司治理：战略的观点［M］．北京：中国税务出版社，2006.